最新重要判例 200

労働法 第8版

Article 11. The people shall not be prevented from enjoying any of the fundamental human rights. These fundamental human rights guaranteed to the people by this Constitution shall be conferred upon the people of this and future generations as eternal and inviolate rights.
Article 12. The freedoms and rights guaranteed to the people by this Constitution shall be maintained by the constant endeavor of the people, who shall refrain from any abuse of these freedoms and rights and shall always be responsible for utilizing them for the public welfare.
Article 13. All of the people shall be respected as individuals.
Their rights to life, liberty, and the pursuit of happiness shall, to the extent that it does not interfere with the public welfare,
be the supreme consideration in legislation and in other governmental affairs.

大内伸哉

弘文堂

第 8 版はしがき

　第 7 版が刊行されてから 2 年近くが経過した。働き方改革の影響は徐々に浸透し、デジタル変革やパンデミックとの相乗効果もあって、労働法が対象としてきた雇用社会は大きく変化しつつある（フリーランス新法の制定は、その象徴的な出来事といえる）。ただ、こうした変化が判例の動向に本格的な影響を及ぼすには、もう少し時間を要するであろう。

　第 8 版でも、いくつかの判例の加除を行った。最高裁判決は、割増賃金に関する熊本総合運輸事件と誠実交渉義務に関する山形大学事件を追加し、それぞれ日本ケミカル事件、カール・ツァイス事件と入れ替えた。また高裁判決は、公益通報者保護法に関する神社本庁事件と労組法上の労働者性に関するセブン–イレブン・ジャパン事件を追加し、それぞれ大阪いずみ市民生活協同組合事件、セメダイン事件と入れ替えた。地裁判決は、有期雇用の雇止めに関するドコモ・サポート事件を追加し、本田技研工業事件と入れ替えた。このほか、労働者派遣における労働契約のみなし申込み制に関する東リ事件・大阪高裁判決を追加し、競業避止義務違反の退職金の減額に関係する三晃社事件・最高裁判決を削除して、懲戒解雇の場合の退職金の減額に関する小田急電鉄事件・東京高裁判決の解説に移した。またプリマハム事件と東京書院事件は、第 7 版までは地裁判決を掲載していたが、同判決を引用した高裁判決の掲載に変更した（他の同種事件と取扱いを統一した）。

　各事件の解説では、限られた紙幅のなかで、できるだけ新たな法律や裁判例に関する情報を盛り込むように努めた。巻末には、第 7 版までと同様、事件番号の新旧対照表（第 8 版と第 7 版）を掲載している。

　初版から15年、編集者の清水千香さんには、ずっと伴走してもらってきた。こちらの脚力が衰えても、なんとか第 8 版までたどりつけたのは、清水さんのおかげである。その有り難さをかみしめる今日この頃である。

2023年12月 1 日

大 内 伸 哉

凡　例

1　【判旨】欄で判例集などから直接に引用した部分は、「　　」で囲んだ。
2　判例、判例集、法令名等の略称は、下記の略語表によった。

●判例

最大判（決）	最高裁判所大法廷判決（決定）
最 1 小判（決）	最高裁判所第 1 小法廷判決（決定）
最 2 小判（決）	最高裁判所第 2 小法廷判決（決定）
最 3 小判（決）	最高裁判所第 3 小法廷判決（決定）
高判（決）	高等裁判所判決（決定）
地判（決）	地方裁判所判決（決定）

●判例集略語

民集	最高裁判所民事判例集	労判	労働判例
刑集	最高裁判所刑事判例集	判時	判例時報
集民	最高裁判所裁判集　民事	判タ	判例タイムズ
労民集	労働関係民事裁判例集	労経速	労働経済判例速報
下民集	下級裁判所民事裁判例集		

●法令名略語

育介法	育児休業、介護休業等育児又は家族介護を行う労働者の福祉に関する法律
労働契約承継法	会社分割に伴う労働契約の承継等に関する法律
行執労法	行政執行法人の労働関係に関する法律
高年法	高年齢者等の雇用の安定等に関する法律
個人情報保護法	個人情報の保護に関する法律
国公法	国家公務員法
均等法	雇用の分野における男女の均等な機会及び待遇の確保等に関する法律
最賃法	最低賃金法
自賠法	自動車損害賠償保障法
障害者雇用促進法	障害者の雇用の促進等に関する法律
職安法	職業安定法
短時間有期雇用法	短時間労働者及び有期雇用労働者の雇用管理の改善等に関する法律
短時間労働者法	短時間労働者の雇用管理の改善等に関する法律（2020年 4 月 1 日から上記法律名に変更）
地公法	地方公務員法
フリーランス法	特定受託事業者に係る取引の適正化等に関する法律
労安衛法	労働安全衛生法
労調法	労働関係調整法
労基法	労働基準法
労基則	労働基準法施行規則
労組法	労働組合法
労契法	労働契約法
労災保険法	労働者災害補償保険法
労働者派遣法	労働者派遣事業の適正な運営の確保及び派遣労働者の保護等に関する法律
労働施策総合推進法	労働施策の総合的な推進並びに労働者の雇用の安定及び職業生活の充実等に関する法律（旧雇用対策法）

●告示・通達略語

厚労告	厚生労働省告示
労契法施行通達	労働契約法の施行について（平成24年 8 月10日基発0810第 2 号）

●文献略語

人事労働法	『人事労働法──いかにして法の理念を企業に浸透させるか』（弘文堂・2021）

最新重要判例200　労働法　　―目　次―

第1章　個別的労働関係法

1　労働契約総論

(1)　業務命令

(2)　プライバシー保護

(3)　労働契約上の権利・義務

(4)　労使慣行

2　労働契約各論

(1)　労働契約の成立等

(2)　採用・試用期間

4　労働基準法およびその関連法

⑴　労働憲章

⑵　労働者概念

⑶　賃　金

⑷　労働時間

第2章　集団的労使関係法

(1)　労働組合

(2)　団体交渉

(3)　労働協約

(4)　団体行動

(5)　不当労働行為

最新重要判例 200 労働法

第 1 章　個別的労働関係法

1　業務命令の適法性—国鉄鹿児島自動車営業所事件

最2小判平成5年6月11日〔平成元年(オ)1631号〕

> 鉄道会社が駅員に対して、火山の降灰除去作業に従事すべきとする命令は適法か。

●事実●　鉄道会社Aは、経営上の危機に瀕するなか、経営能率の向上や職場規律の健全化等が、企業としての将来を決する重要な課題となっていた。A会社のB営業所も、職場規律の確立のために、職員の服装の乱れを是正することなどの指示を上級機関であるC自動車部から受けていた。そこで、B営業所の所長Y₁は、職員に対し、勤務時間中のワッペン、赤腕章の着用を禁止するとともに、氏名札と着用場所が競合するD労働組合の組合員バッジの着用を禁止し、着用者に対して取外し命令を発していた。Y₁は、組合員バッジの取外し命令に従わない職員に対しては本来の業務から外すようCから指示を受けていた。なお、組合員バッジの着用は、A会社と対立的なD組合の組合員であることを勤務時間中に積極的に誇示する意味と作用を有し、勤務時間中にも職場内において労使間の対立を意識させ、職場規律を乱すおそれを生じさせるものであった。

A会社の職員であり、D組合の組合員でもあるXは、昭和60年7月23日、組合員バッジを着用したまま点呼執行業務を行おうとしたため、Y₁はバッジの取外し命令を発したが、Xはこの命令に従わなかった。そこで、Y₁は、Xを点呼執行業務から外し、B営業所構内に降り積もった火山灰を除去する作業（降灰除去作業）に従事すべき旨の業務命令を発した。その後も同様の業務命令を発した日が、同年8月末までの間に9日あった。降灰除去作業は、かなりの不快感と肉体的苦痛を伴う作業であるが、B営業所の職場環境を整備して、労務の円滑化、効率化を図るために必要なものであり、従来、A会社の職員が必要に応じてこの作業を行うことがあった。

Xは、降灰除去作業に従事すべき旨の業務命令は違法であるとして、Y₁およびB営業所首席助役Y₂に対して慰謝料の支払いを求めて訴えを提起した。1審および原審ともに、Xの請求の一部（10万円）を認容した。そこで、Yらは上告した。

●判旨●　原判決破棄、自判（Xの請求棄却）。

「降灰除去作業は、B営業所の職場環境を整備して、労務の円滑化、効率化を図るために必要な作業であり、また、その作業内容、作業方法等からしても、社会通念上相当な程度を超える過酷な業務に当たるものともいえず、これがXの労働契約上の義務の範囲内に含まれるものであることは、原判決も判示するとおりである。しかも、本件各業務命令は、Xが、Y₁の取外し命令を無視して、本件バッジを着用したまま点呼執行業務に就くという違反行為を行おうとしたことから、Cからの指示に従ってXをその本来の業務から外すこととし、職場規律維持の上で支障が少ないものと考えられる屋外作業である降灰除去作業に従事させることとしたものであり、職場管理上やむを得ない措置ということができ、これが殊更にXに対して不利益を課するという違法、不当な目的でされたものであるとは認められない」。

●解説●　労働者は、労働契約の締結にともない、使用者の指揮命令に従って労務を提供する義務を負う。指揮命令権（労務指揮権）は、労働契約に内在している使用者の権限といえる。また労働義務そのものに関わるものではないが、使用者が業務遂行に関わる命令（業務命令）を発することもある。このような業務命令は、労働契約上、当然に内在している使用者の権限とまではいえないものが多いが、就業規則の合理的な規定に根拠のあるものであれば、労働契約の内容となる（労契法7条。法定外健康診断受診命令について、→【78】電電公社帯広電報電話局事件）。労務指揮権や業務命令権は、それが労働契約上、想定されていないような内容であれば、労働者はそれに従うことを拒否することができる（生命・身体に危険がある地域での労働義務の強制を否定する趣旨の判例として、千代田丸事件—最3小判昭和43年12月24日）。

本件では、降灰除去作業に従事することは、労働契約上の義務の範囲内と認定された（かつ、バッジ着用は職務専念義務に違反するので、取外し命令に従わないXを点呼執行業務から外す措置も適法とされた）が、原審は、この業務命令は懲罰目的によるもので命令権の濫用として違法となると判断したのに対して、最高裁は、職場管理上やむをえない措置であり、ことさらに不利益を課すものでなく、違法、不当な目的もないとして適法と判断している。

なお、裁判例の中には、組合マーク入りのベルトを着用していた組合員に、教育訓練として、就業規則全文の書写し等を命じたことについては、命令に至った経緯、目的、態様等に照らして不当であり、使用者の裁量を逸脱、濫用したとして、不法行為に該当するとしたものもある（JR東日本〔本荘保線区〕事件—仙台高秋田支判平成4年12月25日〔上告審も同判決を維持〕）。

＊〔人事労働法111〜112頁〕

2　人事権行使の限界──バンク・オブ・アメリカ・イリノイ事件

東京地判平成7年12月4日〔昭和63年(ワ)12116号〕

人事権の行使は、どのような場合に権利濫用となるか。

●**事実**●　X（昭和9年12月生まれ）は、Y銀行A支店の総務課課長（セクションチーフ）として勤務していたが、昭和57年4月、Y銀行の新しい経営方針に協力的でないことを理由に、オペレーションズテクニシャン（ライン組織からはずれ、所属課のチーフの指導監督に服する職位）に降格され（本件降格）、これに伴い、役職手当が5000円減額となった。

昭和59年9月、Xは、輸出入課に配転され、対外的書類送付、サイン等の業務に従事した。Xは、かねて総務課への配転を希望していたところ、Y銀行は、同61年2月、Xを総務課に配転し、受付業務を担当させた。同業務は、それまで20歳代前半の契約社員が担当していた。Xは、同年5月から、備品管理・経費支払事務の仕事を担当するようになった。

Y銀行は、平成2年9月、A支店の業務再編成・人員縮小を理由にXを含む6名を解雇した。Xは、Y銀行の降格を含む一連の行為は、Xを含む中高年従業員を辞職に追い込む意図をもってなされた不法行為であるとして慰謝料の支払いを求めて訴えを提起した。

●**判旨**●　一部認容（慰謝料100万円）。

Ⅰ　「使用者が有する採用、配置、人事考課、異動、昇格、降格、解雇等の人事権の行使は、雇用契約にその根拠を有し、労働者を企業組織の中でどのように活用・統制していくかという使用者に委ねられた経営上の裁量判断に属する事柄であり、**人事権の行使は、これが社会通念上著しく妥当を欠き、権利の濫用に当たると認められる場合でない限り、違法とはならないものと解すべきである**」。

Ⅱ　「**しかし、右人事権の行使は、労働者の人格権を侵害する等の違法・不当な目的・態様をもってなされてはならないことはいうまでもなく、経営者に委ねられた右裁量判断を逸脱するものであるかどうかについては、使用者側における業務上・組織上の必要性の有無・程度、労働者がその職務・地位にふさわしい能力・適性を有するかどうか、労働者の受ける不利益の性質・程度等の諸点が考慮されるべきである**」。

Ⅲ　Xの本件降格は、Y銀行に委ねられた裁量権を逸脱した濫用的なものと認めることはできない。

しかし、総務課（受付）への配転については、それまで20代前半の女性の契約社員が担当していた業務であり、勤続33年で、課長職経験のあるXにふさわしい職務であるとは到底いえず、Xが著しく名誉・自尊心を傷つけられたと推測される。「備品管理等の業務もやはり単純労務作業であり、Xの業務経験・知識にふさわしい職務とは到底いえない」。「Xに対する右総務課（受付）配転は、Xの人格権（名誉）を侵害し、職場内・外で孤立させ、勤労意欲を失わせ、やがて退職に追いやる意図をもってなされたものであり、Y銀行に許された裁量権の範囲を逸脱した違法なものであって不法行為を構成する」。

●**解説**●　人事権は、法律上の概念ではないが、労働契約の締結にともない、採用、配置、人事考課、異動、昇格、降格、休職、解雇等に関して、使用者に認められる権限と解されている。もっとも、使用者は、これらの権限を、無制限に行使できるわけではない。たとえば、本件でも問題となっている降格については、それが職能資格制度上の降格であれば、労働契約上の具体的な根拠が必要と解されているし（→【42】アーク証券事件）、また役職や職位の降格のような場合でも、法律上の差別禁止規定により制約されたり、判旨Ⅰが述べるように、権利濫用法理にも服することになる（→【43】東京都自動車整備振興会事件等を参照）。

人事権の行使が、どのような場合に権利濫用となるかについては、配転や解雇等のように、個別に制限法理が構築されているもの（配転は【33】東亜ペイント事件、解雇は労契法16条）もあるが、判旨Ⅱは、一般的に、「使用者側における業務上・組織上の必要性の有無・程度、労働者がその職務・地位にふさわしい能力・適性を有するかどうか、労働者の受ける不利益の性質・程度等の諸点が考慮されるべき」と述べている。

本判決は、課長職の経験のあるベテラン社員の降格と配転について、本件降格（職位の降格）は権利濫用とならないが、総務課（受付）への配転はこの労働者にふさわしくない職務への異動であり、人格権を侵害し、退職に追いやる意図をもってなされたものとして、Y銀行の裁量の範囲を超えており不法行為に該当するとした。現在では、これは「過小な要求」型のパワーハラスメントに該当すると評価されるであろう（→【123】さいたま市環境センター事件［解説］）。

* ［人事労働法126～128頁］

3 業務命令と労働者の私的自由—イースタン・エアポートモータース事件

東京地判昭和55年12月15日〔昭和53年(ワ)2285号〕

> 口ひげをそるよう求める業務命令に違反したハイヤー運転手に対する下車勤務命令は有効か。

●事実● ハイヤー事業を営むY会社の「乗務員勤務要領」によると、「車両の手入れ及び服装」として、「ヒゲをそり、頭髪は綺麗に櫛をかける」と規定されていた。またY会社では、運転手の服装、身だしなみ等について、奇異な服装、長髪、サングラスの着用等をしないように注意を与えていた。

Y会社で運転手として働くXは、これまで上司からひげをそるように何度も注意を受けていた。Y会社は次回の乗車までにひげをそるようにと口頭の業務命令を出したが、Xがこれに従わなかったため、Xに下車勤務命令を出した。

Xは、ひげをそってハイヤーに乗務する労働契約上の義務のないことの確認と下車期間中の賃金の支払いを求めて訴えを提起した。

●判旨● 一部認容(賃金請求の部分は棄却)。

Ⅰ 「口ひげは、服装、頭髪等と同様元々個人の趣味・嗜好に属する事柄であり、本来的には各人の自由である。しかしながら、その自由は、あくまでも一個人としての私生活上の自由であるにすぎず、労働契約の場においては、契約上の規制を受けることもあり得る……。企業が、企業経営の必要上から容姿、口ひげ、服装、頭髪等に関して合理的な規律を定めた場合……、右規律は、労働条件の一となり、社会的・一般的に是認されるべき口ひげ、服装、頭髪等も労働契約上の規制を受け、従業員は、これに添った労務提供義務を負うこととなる」。

Ⅱ 「Y会社は、ハイヤー運転手に端正で清潔な服装・頭髪あるいはみだしなみを要求し、顧客に快適なサービスの提供をするように指導していたのであって、そのなかで『ヒゲをそること』とは、第一義的には右趣旨に反する不快感を伴う『無精ひげ』とか『異様、奇異なひげ』を指しているものと解するのが相当である」。

Ⅲ Xの口ひげに関して、顧客からの格別の苦情はなく、Xの口ひげにより、Y会社の品格や信望が低下した等の証拠がない本件においては、Xが口ひげをはやして勤務したことによりY会社の円滑かつ健全な企業経営が阻害される現実的な危険が生じて

いたと認めるのは困難である。Xが本件の業務命令に従うことが、労務提供義務の履行にとって必要かつ合理的であったとはいえない。

●解説● ひげ、服装、頭髪等は、個人の趣味・嗜好に属する事柄であるが、職場において、使用者が合理的な規律を定めているときには、労働者はそれに拘束されることになる(判旨Ⅰ)。

もっとも、労働者の私的自由への配慮も必要であり、使用者が定めた規律とそれに基づく命令は、業務上の必要性によって基礎づけられた合理的な内容のものである必要がある。

このような観点から、本判決は、Y会社で禁止されている口ひげは、不快感を伴う「無精ひげ」等を指すと限定解釈し(判旨Ⅱ)、Xが口ひげをはやして勤務することは、企業経営への現実的な危険をもたらしていない(判旨Ⅲ)として、結論として、Xは、Y会社からの業務命令に従う必要はなかったと判断している(同旨のものとして、郵便事業事件—大阪高判平成22年10月27日。大阪市事件—大阪高判令和元年9月6日〔任意にひげを剃るよう求めることは適法〕も参照)。

服装・頭髪に関しては、ある裁判例は、トラック運転手が髪の毛を短髪にして黄色く染めて勤務したことについて、「労働者の髪の色・型、容姿、服装などといった人の人格や自由に関する事柄について、……具体的な制限行為の内容は、制限の必要性、合理性、手段方法としての相当性を欠くことのないよう特段の配慮が要請される」と述べて、解雇事由には該当しないと判断している(東谷山家事件—福岡地小倉支決平成9年12月25日)。一方、バス運転手の制帽着用義務違反については、懲戒事由に該当すると判断した裁判例がある(神奈川中央交通事件—東京高判平成7年7月27日〔減給処分が有効とされた〕等)。

このほか、性同一性障害の生物学的には男性である労働者が女装を禁止する業務命令に従わなかったためになされた懲戒解雇を、使用者が適切な配慮をしていれば企業秩序や業務遂行に著しい支障をきたすとはいえなかったとして無効とした裁判例(S社〔性同一性障害者解雇〕事件—東京地決平成14年6月20日)や、同様のケースでタクシー運転手の化粧を理由とする就労拒否について、使用者に帰責性があるとして労働者の賃金支払請求権(民法536条2項)を認めた裁判例もある(淀川交通事件—大阪地決令和2年7月20日)。

＊〔人事労働法72~73頁〕

4 労働者の人格的利益の保護──関西電力事件

最3小判平成7年9月5日〔平成4年(オ)10号〕

> 職場でのプライバシー侵害行為について、使用者は損害賠償責任を負うか。

●事実● Xら4名はいずれもY会社の従業員であり、A労働組合の組合員であった。A組合は、労使協調路線をとっていたが、Xらは、組合内少数派として独自の活動を展開していた。Y会社は、Xらを「不健全分子」とみて、その行動を監視し、他の職員との接触・交際を排除させる孤立化施策を行った。具体的には、職制自らまたは従業員に指示してXらを職場の内外で監視したり、尾行したりすること、外部からくる電話の相手方を調査確認すること、ロッカーを無断で開扉してXら所有の手帳を写真に撮影すること、警察と情報交換して私生活にわたる事実についての情報を入手することなど、種々の方法でXらを職場で孤立化させた。そこで、Xらは、Y会社の行為によって思想信条の自由、名誉、人格が侵害されたとして、不法行為による損害賠償と謝罪文の掲示・掲載を求めて訴えを提起した。1審は、損害賠償の請求を認めた（慰謝料80万円）が、謝罪文の掲示等は認めなかった。原審は、Y会社の控訴およびXらの附帯控訴をいずれも棄却した。そこで、Y会社は上告した。

●判旨● 上告棄却（Xらの損害賠償請求認容）。

「Y会社は、Xらにおいて現実には企業秩序を破壊し混乱させるなどのおそれがあるとは認められないにもかかわらず、Xらが共産党員又はその同調者であることのみを理由とし、その職制等を通じて、職場の内外でXらを継続的に監視する態勢を採った上、Xらが極左分子であるとか、Y会社の経営方針に非協力的な者であるなどとその思想を非難して、Xらとの接触、交際をしないよう他の従業員に働き掛け、種々の方法を用いてXらを職場で孤立させるなどしたというのであり、更にその過程の中で、X₁及びX₂については、退社後同人らを尾行したりし、特にX₂については、ロッカーを無断で開けて私物である『民青手帳』を写真に撮影したりしたというのである。そうであれば、これらの行為は、Xらの職場における自由な人間関係を形成する自由を不当に侵害するとともに、その名誉を毀損するものであり、また、X₂らに対する行為はそのプライバシーを侵害するものでもあって、同人らの人格的利益を侵害するものというべく、これら一連の行為が

Y会社の会社としての方針に基づいて行われたというのであるから、それらは、それぞれY会社のXらに対する不法行為を構成するものといわざるを得ない」。

●解説● 1 本件では、労働者の信条を理由とするさまざまな嫌がらせが行われたことが不法行為（民法709条）に該当するかが争われ、本判決は、Y会社の一連の行為は、「職場における自由な人間関係を形成する自由」やプライバシーを侵害すると述べた（査定差別に関連した同様の差別事件については、→【84】東京電力〔千葉〕事件）。本件のような、使用者が、正当な理由なしに、従業員の退社後に尾行をしたり、ロッカー内の私物の写真撮影をしたりすることが、プライバシー侵害に該当することは、今日では異論はないところであり、現在では、こうした行為は、「個の侵害」型のパワーハラスメントと評価されるであろう（→【123】さいたま市環境センター事件［解説］。なお、機密情報が赤旗に掲載された事件の調査過程で、使用者が従業員に共産党員でない旨の書面提出を再三要求したことが精神的自由を侵害した不法行為に該当しないとした判例もある［東京電力事件─最2小判昭和63年2月5日］）。

2 信条を理由とする差別が、労働条件に関して行われた場合には労基法3条に違反することもある（国籍や社会的身分による差別も同じ）。同条違反の法律行為は無効となるし、事実行為は不法行為による損害賠償責任の問題となる。さらに、今日では、ハラスメントに関係する事件などにおいて、使用者に職場環境配慮義務違反があるとする裁判例が多い。この場合には債務不履行責任として法律構成することも可能となる（→【133】福岡セクシュアル・ハラスメント事件［解説］）。

人格的利益に関係する近時の裁判例として、日常生活で通名を使用してきた在日韓国人の労働者に本名の使用を勧奨することが、職場環境配慮義務に違反し、さらにプライバシーや社会生活の平穏という人格的利益に違反する不法行為に該当するとしたもの（カンリ事件─東京高判平成27年10月14日［慰謝料50万円を認めた]）、在日韓国人の労働者のいる職場において、国籍による差別的な思想を醸成したり、放置したりする職場環境配慮義務違反があった場合には、使用者は、当該労働者の人格的利益の侵害として、損害賠償責任を負うとしたもの（フジ住宅事件─大阪高判令和3年11月18日［慰謝料120万円を認めた]）などがある。

＊［人事労働法71～72頁］

5 監視とプライバシー──F社Z事業部事件

東京地判平成13年12月3日〔平成12年(ワ)12081号・16791号〕

使用者による労働者の電子メールの監視行為は、プライバシー侵害にあたるか。

●事実● Yは、Z事業部の事業部長であり、Xは、Z事業部の営業部長のアシスタントとして勤務していた。Yは、Xに対し、仕事や上司の話をしたいという理由で飲食の誘いをしていたが、Xはこれに消極的な態度をみせていた。Xは、Yが仕事を理由に飲み会に誘うので困惑しているという内容を、会社の電子メールを利用して夫Aに送信しようとしたが、誤ってY宛に送信してしまった。Yは、このメールを機に、Xの電子メールを監視し始めた。Z事業部では、アドレスが社内に公開され、パスワードは各人の氏名をそのまま用いていたため、Yは容易にXのメールを閲覧することができた。Xがパスワードを変更して閲覧ができなくなった後は、Yは、会社のシステム管理者に、X宛の電子メールを自分に転送するように依頼し、Xに送信されるメールを監視した。Xは、同じZ事業部に勤務するAとともに、Yがセクシュアル・ハラスメント行為をしたこと、および、私的な電子メールをXらの許可なく閲覧したことを理由に不法行為に基づく損害賠償を請求した。

●判旨● 請求棄却。

Ⅰ 社員の電子メールの私的使用は、社会通念上許容されている範囲にとどまるものであるかぎり、その使用について社員に一切のプライバシー権がないとはいえない。しかし、電子メールの送受信は社内ネットワークシステムを通じて行われるものであるから、利用者は、電話と同じプライバシー保護を期待することはできず、システムの具体的情況に応じた合理的な範囲での保護を期待しうるにとどまる。

Ⅱ 「職務上従業員の電子メールの私的使用を監視するような責任ある立場にない者が監視した場合、あるいは、責任ある立場にある者でも、これを監視する職務上の合理的必要性が全くないのに専ら個人的な好奇心等から監視した場合あるいは社内の管理部署その他の社内の第三者に対して監視の事実を秘匿したまま個人の恣意に基づく手段方法により監視した場合など、監視の目的、手段及びその態様等を総合考慮し、監視される側に生じた不利益とを比較衡量の上、社会通念上相当な範囲を逸脱した監視がなされた場合に限り、プライバシー権の侵害となる」。

●解説● 労働者による電子メールの私的利用について、使用者が就業規則や特別規程を設けて、規制することは許される。また、そのような明文の規定がない場合であっても、職務専念義務に違反することなどを理由に、私的利用を制約することも認められる(裁判例として、日経クイック情報事件──東京地判平成14年2月26日等)。

もっとも、労働者の電子メールの私的利用は、それが社会通念上許容される限度では認められてよく、その範囲内ではプライバシー権も認められるという考え方もある(判旨Ⅰ。グレイワールドワイド事件──東京地判平成15年9月22日も参照)。その意味で、電子メールの私的利用は、私用電話の場合と似ているが、社内ネットワークを用いる電子メールについては、期待しうるプライバシーの保護の範囲は、通常の電話装置を利用する私用電話よりも低減するだろう(判旨Ⅰ)。

本件は、事業部の長による部下の電子メールの監視が問題となった事件であるが、本判決は、監視の目的、手段およびその態様等を総合考慮し、監視される側に生じた不利益とを比較衡量の上、社会通念上相当な範囲を逸脱した監視がなされた場合にかぎり、プライバシー権の侵害となるとする(判旨Ⅱ)。

本件では、セクシュアル・ハラスメントの疑惑を持たれている当事者による監視であり、当初は個人的に監視をしていたなどの問題点があるものの、Y以外に監視をするのに適した者はいないこと、途中から担当部署に依頼して監視していること、Xらによる電子メールの私的利用の程度は、社会通念上の限度を超えていることなどから、Yの監視行為が社会通念上相当な範囲を逸脱したとまではいえず、Xらが重大なプライバシー権侵害を受けたとはいえない、と判断された(判旨外)。

このほか、職場でのカメラ設置や携帯電話のGPS機能をとおした監視も、業務上の正当な目的によるものであれば、原則として、プライバシー侵害にはならないと解されよう(東起業事件──東京地判平成24年5月31日を参照)。

なお、以上のような監視や調査は、個人情報の取得をともなうので、個人情報保護法の規律(→【6】B金融公庫事件[解説])に服することになる。

＊[人事労働法73〜74頁]

6　健康診断とプライバシー —B金融公庫事件

東京地判平成15年6月20日〔平成12年(ワ)20197号〕

> 労働者に無断でB型肝炎の検査をし、感染者であることを理由として採用を拒否する行為は適法か。

●**事実**●　Xは、Y公庫の平成9年度採用選考に応募し、4次面接と理事面接を終えた後、A診療所で健康診査を受けた。Xの肝機能の検査数値が高かったため、Y公庫は、Xに対し、B診療所で検査を受けるよう指示した。しかし、Xには、B型肝炎ウイルス検査を行うことを知らせていなかった。検査終了後、担当医師は、Y公庫に対し、XがB型肝炎ウイルス感染による肝炎の所見があると伝えた。

　報告を受けたY公庫は、Xに対して、C病院で肝機能の精密検査を受けるよう勧め、Xもこれに同意したが、この時も、Y公庫は、Xに、B型肝炎ウイルス検査の結果が陽性であることを伝えなかった。Xは、C病院で、精密検査を受け、その後、医師から、B型肝炎ウイルスに感染しているとの説明を受け、はじめて感染の事実を知った。Y公庫の採用担当者は、Xと面談し、Xに対し不採用の決定を伝えた。

　Xは、B型肝炎ウイルスに感染していることのみを理由とする不採用は不法行為となること、および無断でのB型肝炎ウイルス検査も不法行為であることなどを主張して、損害賠償を求めて訴えを提起した。

●**判旨**●　一部認容（不採用の不法行為該当性は否定し、プライバシー権侵害の不法行為該当性は肯定）。

　「**企業は、特段の事情がない限り、採用に当たり、応募者に対し、B型肝炎ウイルス感染の血液検査を実施して感染の有無についての情報を取得するための調査を行ってはならず、調査の必要性が存在する場合でも、応募者本人に対し、その目的や必要性について告知し、同意を得た場合でなければ、B型肝炎ウイルス感染についての情報を取得することは、できない**」。

●**解説**●　本件は、使用者が採用過程において労働者の健康情報を取得する行為が、プライバシー侵害の不法行為となるかどうかが争われた事件である。従来、最高裁は、使用者の「採用の自由」、とりわけ「調査の自由」を広く認めてきた（→【16】三菱樹脂事件）が、こうした立場に対しては、労働者のプライバシー保護の視点が希薄であるという批判がなされてきた。

　本判決は、B型肝炎ウイルスに感染しているという事実は、他人にみだりに知られたくない情報であり、本人の同意なしにその情報を取得されない権利は、プライバシー権として保護されるべきであるとし（判旨）、本件のような本人の同意のない違法な検査について、プライバシー侵害の不法行為の成立を認めた（HIV検査に関する、T工業〔HIV解雇〕事件—千葉地判平成12年6月12日も同旨。なお、従業員へのHIV感染の事実の告知について、その方法に配慮が欠けていたとして不法行為の成立を認めた裁判例として、HIV感染者解雇事件—東京地判平成7年3月30日）。

　現在では、使用者による労働者の個人情報の取得には、個人情報保護法が適用される。同法は、ほぼすべての民間企業に適用されるものであり（適用対象事業者は、16条2項を参照）、労働関係にも大きく関わる。たとえば、個人情報は、不正の手段による取得は禁止されるし（20条1項）、とくに健康等に関する情報は要配慮個人情報（2条3項）とされ、原則として、事前の本人の同意がなければ取得できない（20条2項）。このほか、利用目的の特定（17条1項）や目的外利用の禁止（18条1項）が、また個人情報がデータベースで管理されている「個人データ」（16条3項）については、正確性の確保（22条）、安全管理措置を講じる義務（23条ないし25条）、第三者提供の禁止（27条1項）などが定められている。個人情報保護法の履行確保に関しては、個人情報保護委員会による監督（146条ないし148条）もある。また、職安法上も、求人企業や職業紹介事業者らに対して、求職者等本人の同意や正当事由がないかぎり、業務の目的の達成に必要な範囲内で個人情報を収集し、収集の目的の範囲内でこれを保管および使用する義務を課しており（5条の5）、同法に基づく指針（令和4年厚労告198号）も、個人情報の収集は、「本人から直接収集し、本人の同意の下で本人以外の者から収集し、又は本人により公開されている個人情報を収集する等の手段であって、適法かつ公正なものによらなければならない」と定めている（第五の一(三)）。

　個人情報保護法違反となるような目的外利用は、ただちに私法上違法とされるわけではないが、プライバシー侵害の不法行為となりうる（裁判例として、天神会事件　福岡高判平成27年1月29日、北海道社会事業協会事件—札幌地判令和元年9月17日）。

＊［人事労働法74～76頁］

7 就労請求権—読売新聞社事件

東京高決昭和33年8月2日〔昭和31年(ラ)897号〕

解雇が無効であった場合に、労働者は就労を求める権利を有するか。

●**事実**● Xは、新聞事業を行うY会社に雇用され、見習社員として勤務していたところ、見習期間の満了時に、健康上社員として不適格であるなどとして、「やむを得ない会社の都合によるとき」という理由により解雇の意思表示を受けた。そこで、Xは、この解雇の意思表示は事実無根で無効であるとして、①解雇の意思表示の効力の停止、②賃金の支払い、③就労の妨害排除を求める仮処分申請を行った。1審は、①および②は認容したが、③については、「労務の提供は、労働者が使用者に対して負う義務であって、労働者が使用者に対して有する権利ではない」として却下した。そこで、Xは抗告した。

●**決定要旨**● 抗告棄却(③については申請却下)。

「労働契約においては、労働者は使用者の指揮命令に従って一定の労務を提供する義務を負担し、使用者はこれに対して一定の賃金を支払う義務を負担するのが、その最も基本的な法律関係であるから、**労働者の就労請求権について労働契約等に特別の定めがある場合又は業務の性質上労働者が労務の提供について特別の合理的な利益を有する場合を除いて、一般的には労働者は就労請求権を有するものでないと解するのを相当とする」。**

●**解説**● 労務を提供して就労することは労働者の労働契約上の義務であるが、それにとどまらず、労働者は使用者に対して就労をさせること(労務を受領すること)を求める権利(就労請求権)があるかどうかは議論のあるところである。就労は労働者の自己実現につながり、その拒否は人格的利益を侵害するという観点から、就労請求権を肯定する見解もある。しかし、本決定は、労働契約等に特別の定めがある場合、または業務の性質上労働者が労務の提供について特別の合理的な利益を有する場合を除くと、一般的には労働者に就労請求権はないとしている(日本自転車振興会事件—東京地判平成9年2月4日も同旨)。通説も同旨である。ただし、裁判例の中には、労働契約は特定人間の継続的な契約関係で、強度の信頼関係を必要とするものなので、契約当事者は、信義則上、その給付の実現について誠実に協力すべき義務があるとして、就労請求権を肯定するものもある(高北農機事件—津地上野

支決昭和47年11月10日)。

実際に、就労請求権が問題となることが多いのは、不当解雇がなされた場合である。本件でもそうであるように、就労請求権を被保全権利として、就労妨害禁止の仮処分が認められるかという形で問題となる。

就労請求権を原則として否定する通説によれば、解雇が無効と判断され、労働契約関係が存続しているとされても、使用者は、労務の受領を拒否できることになる。ただし、使用者の受領拒否により労働者の労務提供義務は履行不能となり、そのことについて、使用者に帰責事由があると解されるので、使用者は賃金は支払わなければならない(民法536条2項)。

就労請求権が認められるかどうかは、労働契約の解釈の問題である。就労請求権の否定は、その解釈準則にすぎない。そのため、本決定が述べるように、労働契約に特別の定めがあるなど特約がある場合には、就労請求権は認められることになる(大学教員の教授会の出席や学生への講義についての権利性を認めた裁判例として、梅檀学園事件—仙台地判平成9年7月15日)。

本決定の述べる「労務の提供について特別の合理的な利益を有する場合」に該当するかどうかの判断においては、従事する職務の専門性が大きな意味をもつと考えられる。たとえば、ピアニストや調理師のように、特別の技能を維持するために就労を続ける必要のある職務に従事する労働者であれば、就労請求権が肯定されることもあろう(調理人について、スイス事件—名古屋地判昭和45年9月7日)。

さらに今日では、労働者にとって職業能力の維持・向上が重要な意味をもつという理由から、特別の技能をもっているかどうかに関係なく、労働者一般について、就労請求権を認めるべきという見解もある。たとえば、「キャリア権」の観点から、労働者の職業キャリアの形成に重要な意味をもつ職業訓練として最も効果的なのは、実際に労務に従事することを通した訓練(OJT〔On the Job Training〕)であることを理由に、就労請求権を肯定する考え方などが有力に主張されている。

就労請求権を否定しても、使用者による就労拒絶が、その状況や態様などによっては、労働者の人格権侵害の不法行為に該当し、精神的損害が認められることはある(民法709条)。一方、就労請求権を肯定しても、就労の履行強制までが認められるわけではなく、損害賠償責任を追及できるにとどまる。しかも、労働者には賃金請求権があり財産的損害はないので、結局、精神的損害の賠償だけとなろう。

＊〔人事労働法113〜114頁〕

8　競業避止特約の有効性─フォセコ・ジャパン・リミテッド事件

奈良地判昭和45年10月23日〔昭和45年(ヨ)37号〕

退職後の競業行為を制限する特約に基づく差止め請求は認められるか。

●事実●　冶金用副資材の製造・販売を業とするX会社は、その従業員であったY₁、Y₂との間で、X会社の技術的秘密を保持するために、①Yら両名は雇用契約の存続中、終了後を問わず、業務上知り得た秘密を他に漏洩しないこと、②Yら両名は雇用契約終了後満2年間、X会社と競業関係にある一切の企業に直接にも、間接にも関係しないこと、という秘密保持義務と競業避止義務を課す本件特約を締結していた。Y₁とY₂は、X会社に約11年勤務した後、X会社を退職し、競業会社Aの取締役に就任した。X会社は、Yら両名に対し、本件特約に基づいて、特約違反行為(競業行為)の差止めを求める仮処分を申し立てた。

●判旨●　請求認容。

Ⅰ　「競業の制限が合理的範囲を超え、Yらの職業選択の自由等を不当に拘束し、同人の生存を脅かす場合には、その制限は、公序良俗に反し無効となることは言うまでもないが、この合理的範囲を確定するにあたっては、制限の期間、場所的範囲、制限の対象となる職種の範囲、代償の有無等について、X会社の利益(企業秘密の保護)、Yの不利益(転職、再就職の不自由)及び社会的利害(独占集中の虞れ、それに伴う一般消費者の利害)の3つの視点に立って慎重に検討していくことを要する」。

Ⅱ　本件特約による制限期間は2年間という短期間で、制限の対象職種はX会社の事業と競業関係にある企業であり、制限の対象は比較的狭いこと、場所は無制限であるが、これはX会社の営業の秘密が技術的秘密である以上やむをえないと考えられること、退職後の制限に対する代償は支給されていないが、在職中、機密保持手当がYら両名に支給されていたこと、これらの事情を総合すると、本件特約は合理的な範囲を超えているとはいえない。

●解説●　労働者が、使用者の事業と競合する事業を自ら始めたり、あるいはそのような事業を営む別会社に就職したりする競業行為は、使用者の利益を侵害するものとして、就業規則等で禁止されていることがある。このような競業避止義務は、雇用関係が存続中は、副業規制にも抵触するものであり、義務違反行為が懲戒解雇事由とされている場合も多い(副業規制一般については、→【29】小川建設事件)。一方、退職した後まで競業避止義務を課すことができるかについては、労働者の職業選択の自由とも関係し、議論がある。

まず、退職後の競業避止義務は、信義則上、当然に認められるものではなく、そのような義務を課すためには、特段の根拠が必要となる。本件では、在職中から、競業避止特約が結ばれていたことから、競業避止義務の法的な根拠はあることになる。

ただし、競業を制限する範囲が合理的範囲を超えれば、公序良俗違反として無効となる(民法90条)。本判決は、公序良俗違反となるかどうかの判断基準は、「制限の期間、場所的範囲、制限の対象となる職種の範囲、代償の有無等」について、①使用者側の利益(企業秘密の保護)、②労働者側の不利益(転職、再就職の不自由)、③社会的利害(独占集中のおそれ、それにともなう一般消費者の利害)の3つの視点から判断すべきものとしている(判旨Ⅰ)。本件では、制限の期間が2年であること、制限の対象となる職種の範囲が限定されていること、在職中に機密保持手当が支給されていたことなどから、公序良俗には反しないとされた(判旨Ⅱ。一方、退職後の競業避止義務の特約を公序良俗に反し無効とした裁判例として、メットライフアリコ生命保険事件─東京高判平成24年6月13日等)。

競業避止義務違反に対しては、使用者は、損害賠償請求や退職金の不支給・減額(→【96】小田急電鉄事件[解説])という対応をすることがあるが、さらに競業行為の差止め(義務の履行)を請求することができる。ただし、これは、労働者の職業選択の自由を制限する程度が大きくなるので、使用者の営業上の利益が現に侵害されるか、侵害される具体的なおそれがある場合に限定すべきとする裁判例もある(差止め請求を否定した裁判例として、東京リーガルマインド事件─東京地決平成7年10月16日等。同じ判断枠組みを用いながら肯定した例として、トーレラザールコミュニケーションズ事件─東京地決平成16年9月22日)。

就業規則に退職後の競業避止義務の定めがある場合の効力については、就業規則が退職後の労働者に適用されるのか、労契法7条や10条の「労働条件」(合理性と周知があれば内容規律効が発生する)に該当するのかについては争いがある(合理性を否定した裁判例として、モリクロ事件─大阪地判平成23年3月4日)。

なお、退職後の競業避止義務について、就業規則の規定や個別の合意がない場合でも、「競業行為が、社会通念上自由競争の範囲を逸脱した違法な態様で元雇用者の顧客を奪取したとみられる」場合には、不法行為が成立することがある(サクセスほか[三佳テック]事件─最1小判平成22年3月25日[結論は否定])。

＊[人事労働法120〜121頁]

9 秘密保持義務—メリルリンチ・インベストメント・マネージャーズ事件

東京地判平成15年9月17日〔平成13年(ワ)1190号〕

> 労働者は、どのような場合に秘密保持義務違反の責任を負うか。

●**事実**● 投資顧問会社Yで、顧客担当の責任者としての地位にあったXは、上司から自らを排除することを目的として受けた嫌がらせについてA弁護士に相談した際に、Y会社の見込み顧客リスト、既存の顧客らからの通信文、特定の顧客につき言及された社内メール、営業日報、見込み顧客に対するY会社のアプローチの方法を記した書類、Y会社内における人事情報に関する書類等（本件各書類）をAに交付した。その際、Aは、Xの同意なしにこれらの資料を第三者に開示しない旨の確約書をXに差し入れていた。Y会社は、Aへの資料交付は秘密保持義務に違反するとして、これを回収してY会社に返還するようXに要請したが、Xはこれに応じなかった。Y会社は、Xを秘密保持義務を課している就業規則の規定に違反するとして懲戒解雇した。Xは、この懲戒解雇は無効であるとして、労働契約上の権利を有する地位にあることの確認等を求めて訴えを提起した。

●**判旨**● 請求認容。

Ⅰ 従業員が企業の機密をみだりに開示すれば、企業の業務に支障が生ずることは明らかであるから、**企業の従業員は、労働契約上の義務として、業務上知り得た企業の機密をみだりに開示しない義務を負担している。**

Ⅱ 投資顧問業者にとって、顧客に関連する情報管理を行うことは、企業運営上、きわめて重要なことであり、Xは、企業秘密に関する情報管理を厳格にすべき職責にあった者であるので、Xが、Y会社の許可なしに、企業秘密を含む本件各書類を業務以外の目的で使用したり、第三者に開示、交付することは、特段の事情のない限り、許されない。

Ⅲ Xが本件各書類をAに開示、交付したのは、自己の救済を求めるという目的のためであり、それは不当な目的とはいえないこと、XはAから確約書を得ていることをあわせ考えると、特段の事情があるというべきであるから、Xが秘密保持義務に違反したとはいえない。

●**解説**● 1 本判決は、自己に対する嫌がらせ問題の証拠を示すために企業秘密を第三者に提供したことについて、秘密保持義務違反の成立を否定した裁判例である。

労働者は、労働契約に基づく付随的義務として、信義則上、秘密保持義務を負う（判旨Ⅰを参照。その他の裁判例として、古河鉱業足尾製作所事件—東京高判昭和55年2月18日等）。就業規則上も秘密保持義務が定められていることが多く、それに違反した労働者には、懲戒処分や解雇がなされたり、損害賠償請求がなされたりする。使用者からの履行請求（差止請求）も、就業規則（あるいは個別的契約）により義務の内容が具体的に特定されていれば可能と解される。

本件において秘密保持義務違反が否定されたのは、秘密を開示した相手が弁護士であり、しかも無断での情報開示をしない旨の確約書があることから、義務違反を否定する「特段の事情」が認められたという理由による（このほか、日産センチュリー証券事件—東京地判平成19年3月9日も参照）。

秘密保持義務が、労働契約関係が終了した後も課されるかについては議論がある。信義則上、退職後も同義務が課され続けるという見解もあるが、労働契約上の明確な根拠が必要であるとするのが多数説である。ある裁判例は、退職後の秘密保持義務を定める特約は、「その秘密の性質・範囲、価値、当事者（労働者）の退職前の地位に照らし、合理性が認められるとき」は、公序良俗（民法90条）に反せず有効であると述べている（ダイオーズサービシーズ事件—東京地判平成14年8月30日）。なお、こうした特約がない場合でも、退職後の漏洩を目的として在職中に情報を持ち出した場合には、漏洩行為も含めて労働契約上の秘密保持義務違反となりうるとした裁判例もある（レガシィ事件—東京高判平成27年8月6日）。

2 在職中、退職後を問わず、秘密保持義務違反については、不正競争防止法の適用を受けることがある。同法の定義する「営業秘密」（2条6項。「秘密として管理されている生産方法、販売方法その他の事業活動に有用な技術上又は営業上の情報であって、公然と知られていないもの」）について、それを保有する事業者から示された場合において、図利加害目的で使用、開示する行為は「不正競争」に該当し（2条1項7号。そのほかにも同項4号〜6号、8号〜9号等を参照）、そのときには、差止請求（3条1項）、廃棄・除却請求（3条2項）、損害賠償請求（4条）、信用回復措置の請求（14条）等が認められる。さらに、営業秘密侵害罪（21条）という刑罰による制裁もある。

＊〔人事労働法120〜121頁〕

10 引抜行為の適法性—ラクソン事件
東京地判平成3年2月25日〔昭和62年(ワ)5470号・12499号〕

退職後に、元の会社の従業員を引き抜く行為は適法か。

●**事実**● Y₁は、英会話教室を経営するX会社の取締役兼営業本部長であった。Y₁が責任者を務め、マネージャー(部長、課長、係長の4名)とセールスマン(24名)からなる部署(営業組織)の英語教材の売上げは、X会社の全体売上げの8割を占めていた。Y₁は、X会社の経営が悪化してきたことから、同じ英語教材販売会社Y₂へ移籍する意思を固め、X会社に取締役を辞任することを告げたうえで、Y₂会社の役員と接触し始めた。

Y₂会社とY₁は、Y₁の部署の従業員を、X会社に知られないように、Y₂会社に移籍させようと計画した。具体的には、まずマネージャーらを個別に説得し、そのうえで、セールスマンらを慰安旅行と称した旅行に招待し、その場で移籍を説得することを計画し、そのとおり実行した(本件引抜行為)。その結果、マネージャー4名とセールスマン17名がY₂会社に移籍した。

X会社は、Y₂会社に対して不法行為による損害賠償請求を、Y₁に対して、主位的には、取締役の忠実義務違反を、予備的には、雇用契約上の債務不履行または不法行為を理由とする損害賠償請求をするために訴えを提起した。

●**判旨**● 一部認容(Y₂会社とY₁の損害賠償責任は認める)。

Ⅰ 「会社の従業員は、使用者に対して、雇用契約に付随する信義則上の義務として、就業規則を遵守するなど労働契約上の債務を忠実に履行し、使用者の正当な利益を不当に侵害してはならない義務(以下、『雇用契約上の誠実義務』という。)を負い、従業員が右義務に違反した結果使用者に損害を与えた場合は、右損害を賠償すべき責任を負う」。

Ⅱ 「企業間における従業員の引抜行為の是非の問題は、個人の転職の自由の保障と企業の利益の保護という2つの要請をいかに調整するかという問題でもあるが、個人の転職の自由は最大限に保障されなければならないから」、単なる転職の勧誘に留まるものは違法といえず、当該行為を「直ちに雇用契約上の誠実義務」違反と評価することはできない。

Ⅲ しかしながら、その場合でも、従業員は、「退職時期を考慮し、あるいは事前の予告を行う等、会社の正当な利益を侵害しないよう配慮すべき」であり、「引抜きが単なる転職の勧誘の域を越え、社会的相当性を逸脱し極めて背信的方法で行われた場合には、それを実行した会社の幹部従業員は雇用契約上の誠実義務に違反したものとして、債務不履行あるいは不法行為責任を負う」。

そして、「社会的相当性を逸脱した引抜行為であるか否かは、転職する従業員のその会社に占める地位、会社内部における待遇及び人数、従業員の転職が会社に及ぼす影響、転職の勧誘に用いた方法(退職時期の予告の有無、秘密性、計画性等)等、諸般の事情を総合考慮して判断すべきである」。

Ⅳ Y₁はX会社の幹部従業員で、本件引抜行為の影響を熟知する立場にあったし、引抜の方法も、X会社に知られないように内密に計画・準備し、あらかじめ移籍後の営業場所を確保し、備品を搬入するなどの準備をした後、慰安旅行を装ってホテル内の一室で移籍の説得を行うなど、その態様は計画的かつきわめて背信的であった。このような移籍の説得は、もはや適法な転職の勧誘にとどまらず、社会的相当性を逸脱した違法な引抜行為であり、Y₁は、「雇用契約上の誠実義務」に違反したものとして、X会社が被った損害を賠償する義務を負う。

●**解説**● 労働契約に付随する労働者の信義則上の義務の1つとして、使用者の正当な利益を不当に侵害してはならないという誠実義務があり、これに違反した労働者は損害賠償責任を負う(判旨Ⅰ。在職中であれば、懲戒処分を受けることもある)。誠実義務の代表例は、競業避止義務や秘密保持義務であるが、本件では、労働者の引抜行為が、この義務に違反するかが問題となっている(なお、本判決は、Y₁の取締役としての忠実義務違反[会社法355条参照]は、取締役辞任後の行為であることを理由に否定している)。

無期労働契約では、労働者には退職して転職する自由がある(民法627条1項。有期労働契約でも、1年経過後は原則として同じである[労基法附則137号])ので、第三者が転職を勧誘したとしても、それだけでは違法とすることはできない(判旨Ⅱを参照)。しかし、元従業員が退職にともない、同僚の従業員を自分の転職先に勧誘する行為は、その態様いかんでは、誠実義務違反と評価できる場合があろう。本判決も、引抜行為を、幹部従業員が、社会的相当性を逸脱しきわめて背信的な方法で行った場合には、誠実義務違反となると述べている(判旨Ⅲ)。本件では、計画的かつ背信的な引抜行為であるとして、Y₁に損害賠償責任が認められた(判旨Ⅳ。転職の勧誘行為が著しく不当なものではないとされた裁判例として、ジャクパコーポレーション事件—大阪地判平成12年9月22日)。在職中の場合は懲戒解雇とされることもある(福屋不動産販売事件—大阪地判令和2年8月6日)。

＊[人事労働法123頁補注(2)]

11　労働者の損害賠償責任の制限─福山通運事件

最2小判令和2年2月28日〔平成30年(受)1429号〕(民集74巻2号106頁)

労働者が業務の遂行中に第三者に与えた損害を賠償した場合、使用者に逆求償できるか。

●**事実**●　Xは、貨物運送を業とするY会社に雇用されたトラック運転手である。Xは、業務中にAの運転する車と接触事故を起こし、Aは死亡した。Y会社は、Y会社を訴えたAの相続人の1人Bに、和解金1300万円を支払った。一方、Aのもう1人の相続人Cは、Xに対して損害賠償を求める訴訟を提起し、Xは、裁判の結果に基づき、Cに1500万円余りを弁済供託した。なお、Y会社は、その事業に使用する車両すべてについて自動車保険契約等を締結していなかった。また、Y会社は、懲戒規定に基づき、事故を起こした従業員に対して罰則金（負担金）を求めており、Xについても規定の上限額40万円を請求し、Xは同金員を支払っている。Xは、Cに対する弁済により、Y会社への求償権を取得したと主張して、同額の求償を求めた。なおY会社も、Bに支払った和解金1300万円について、Xに求償を求める反訴を提起した。

第1審は、Xの負担割合は25%であると認定し、それを超えて支払った部分について請求を認容した（Y会社の請求は棄却）が、控訴審（大阪高判平成30年4月27日）は、労働者から使用者への逆求償は認められないとしてXの請求を棄却した（Y会社からの求償権の行使は信義則上制限されるとして棄却した）。Xは、上告した。

●**判旨**●　原判決破棄、差戻し。

Ⅰ　「民法715条1項が規定する使用者責任は、使用者が被用者の活動によって利益を上げる関係にあることや、自己の事業範囲を拡張して第三者に損害を生じさせる危険を増大させていることに着目し、損害の公平な分担という見地から、その事業の執行について被用者が第三者に加えた損害を使用者に負担させることとしたものである……。このような使用者責任の趣旨からすれば、使用者は、その事業の執行により損害を被った第三者に対する関係において損害賠償義務を負うのみならず、被用者との関係においても、損害の全部又は一部について負担すべき場合があると解すべきである」。

Ⅱ　「使用者が第三者に対して使用者責任に基づく損害賠償義務を履行した場合には、使用者は、その事業の性格、規模、施設の状況、被用者の業務の内容、労働条件、勤務態度、加害行為の態様、加害行為の予防又は損失の分散についての使用者の配慮の程度その他諸般の事情に照らし、損害の公平な分担という見地から信義則上相当と認められる限度において、被用者に対して求償することができると解すべきところ……、上記の場合と被用者が第三者の被った損害を賠償した場合とで、使用者の損害の負

担について異なる結果となることは相当でない」。

Ⅲ　「以上によれば、被用者が使用者の事業の執行について第三者に損害を加え、その損害を賠償した場合には、被用者は、上記諸般の事情に照らし、損害の公平な分担という見地から相当と認められる額について、使用者に対して求償することができるものと解すべきである」。

●**解説**●　**1**　労働者は、労働契約上の債務の不履行の場合、使用者に対し損害賠償責任を負うし（民法415条）、使用者が、労働者が事業の執行について第三者に加えた損害を賠償した場合、求償権の行使を受けることがある（民法715条）。しかし、こうした損害賠償や求償をそのまま認めると、労働者に酷な結果となることがある。そのため、判例は、「損害の公平な分担という見地から、信義則上相当と認められる限度に」損害賠償や求償の請求を制限するとしてきた（茨石事件─最1小判昭和51年7月8日）。

2　本判決は、「使用者が被用者の活動によって利益を上げる関係にあること」や「自己の事業範囲を拡張して第三者に損害を生じさせる危険を増大させていること」に着目した損害の公平な分担という見地（報償責任と危険責任の原理）から、使用者が被害者である第三者との関係で責任（使用者責任）を負うだけでなく、労働者との関係で損害の全部または一部を負担することがあるとしている（判旨Ⅰ）。これにより、民法715条の使用者責任は労働者の損害賠償責任の代位責任にすぎず、使用者の負担割合はゼロであるという考え方は否定され、結果、労働者が先に損害を賠償した場合の逆求償を理論的に根拠づけることになった（判旨Ⅲ）。

具体的な損害額を算定する際に考慮すべき事情は、茨石事件最高裁判決で示したものが踏襲されている（判旨Ⅱ）。とくに本件のような業種で損害保険に加入していないという事情は、「損失の分散についての使用者の配慮の程度」に関係して、労働者の責任を軽減する事情として考慮されることになろう（なお、本判決の補足意見は、損害の公平な分担とは何かを考えるうえで参考となる）。

3　労働者の債務不履行による損害賠償の場合も、判旨Ⅱであげられている事情を考慮して、損害額が算定される。実際、多くの裁判例で損害額の減額を認めており（大隈鐵工所事件─名古屋地判昭和62年7月27日[4分の1に減額]等）、なかには賠償責任を否定するものもある（エーディーディー事件─大阪高判平成24年7月27日。なお、身元保証人については、身元保証ニ関スル法律により、特別な制限規定がある）。ただし、労働者の故意の場合やそれに準じる悪質な場合は、このような責任制限の法理は適用されない（日本国際酪農連盟事件─東京地判平成10年4月22日等を参照）。

*　[人事労働法46頁補注⑷]

12　労使慣行の効力──商大八戸ノ里ドライビングスクール事件

大阪高判平成5年6月25日〔平成4年(ネ)1581号・平成5年(ネ)151号〕

> 労働協約に反する労働者に有利な慣行は、どのような場合に拘束力をもつか。

●事実●　Xら6名は、自動車教習所を経営するY会社の自動車教習指導員であった。Y会社は、昭和47年に多数組合であるA労働組合との間で協定を結び、その内容を他の従業員にも及ぼしていた（Xらは、少数組合であるB労働組合の組合員である）。その協定によると、隔週の月曜日を特定休日としたうえで、その休日に出勤した場合には加算された手当が支給され、特定休日が祭日に重なった場合には、特定休日の振替を行わないと定められていた。この規定によれば、月曜日が祭日であった場合に、火曜日に出勤しても加算された手当は支給されないはずであったが、実際には支給する取扱いが行われてきた。なお、前記の協定と同様の内容の協定は昭和52年にも交わされているが、その際には労使双方から異議の申し出はなかった。Y会社では、Cが同62年5月に勤労部長になってから、CやY会社の代表者も知らなかったこの取扱いが表面化し、Cは同63年10月までにかけて、このような取扱いを改めることとした。そこで、Xらは、従来の取扱いに従った賃金の支払いを求めて訴えを提起した（本件では、他の請求もあるが、割愛する）。1審はXらの請求を認容した。そこで、Y会社は控訴した。なお、本判決に対してXらは上告したが、最高裁は本判決は正当と是認できると判断して上告を棄却している（最1小判平成7年3月9日）。

●判旨●　控訴認容（1審判決のY会社敗訴部分を取り消し、Xらの請求棄却）。

「民法92条により法的効力のある労使慣行が成立していると認められるためには、同種の行為又は事実が一定の範囲において長期間反復継続して行なわれていたこと、労使双方が明示的にこれによることを排除・排斥していないことのほか、当該慣行が労使双方の規範意識によって支えられていることを要し、使用者側においては、当該労働条件についてその内容を決定しうる権限を有している者か、又はその取扱いについて一定の裁量権を有する者が規範意識を有していたことを要するものと解される。そして、その労使慣行が右の要件を充たし、事実たる慣習として法的効力が認められるか否かは、その慣行が形成されてきた経緯と見直しの経緯を踏まえ、当該労使慣行の性質・内容、合理性、労働協約や就業規則等との関係（当該慣行がこれらの規定に反するものか、それらを補充するものか）、当該慣行の反復継続性の程度（継続期間、時間的間隔、範囲、人数、回数・頻度）、定着の度合い、労使双方の労働協約や就業規則との関係についての意識、その間の対応等諸般の事情を総合的に考慮して決定すべきものであり、この理は、右の慣行が労使のどちらに有利であるか不利であるかを問わないものと解する」。

　本件の取扱いは、かなりの長期間継続反復されてきたが、特定休日が祭日に重なる頻度は多くなく、期間の割には回数が多くなかったこと、昭和52年の協定が取り交わされた後に、特定休日の振替に関する規定について労使双方から議論がなされたことはなかったこと、C部長がこの取扱いを知るに至り直ちに協定どおりに戻したことなどからすると、Y会社が、この慣行によって労使関係を処理するという明確な規範意識を有していたとは認め難い。

●解説●　労使慣行は、就業規則や労働協約等の成文の規定には基づかないものの、雇用の現場において、継続的に繰り返されている取扱いを指すが、それに、どのような効力が認められるかは場合を分けてみていく必要がある。

　まず、労使慣行は、「事実たる慣習」（民法92条）を根拠に、労働契約の内容となっていると判断できるかが問題となる。本判決は、事実たる慣習の成立要件として、①同種の行為または事実が一定の範囲において長期間反復継続して行われていたこと、②労使双方がこれによることを明示的に排除・排斥していないこと、③当該慣行が労使双方の規範意識によって支えられていること、をあげている。本件では、③の要件を充足していないことから事実たる慣習の成立は認められないとされたが、③の要件を設けることについては、反対論もある。

　労使慣行は、事実たる慣習であれば、原則として労働契約の内容となるが、事実たる慣習として成立しているかどうかにかかわりなく、ある慣行的取扱いが、黙示的に労働契約に取り入れられていると解釈できる場合もある。いずれにせよ、この意味での労使慣行は、労働契約と同等の効力しかもたないので、就業規則や労働協約よりも不利な内容であれば無効となる（労契法12条、労組法16条。ただし、全従業員の支持する労使慣行について、就業規則と抵触する場合でも有効とした裁判例として、野本商店事件─東京地判平成9年3月25日）。

　また、労使慣行は、これに反して成文の規定等に基づいて行使される使用者の権限の行使を権利濫用とする（労契法3条5項）という形で機能することもある。

　このほか、労使慣行は、就業規則や労働協約の抽象的な規定を具体化する一種の解釈基準として機能する場合もある。この場合には、労使慣行は、その就業規則や労働協約と同等の効力をもつことになる。

＊［人事労働法40頁］

13　黙示の労働契約の成否──パナソニックプラズマディスプレイ〔パスコ〕事件

最2小判平成21年12月18日〔平成20年(受)1240号〕（民集63巻10号2754頁）

> いわゆる偽装請負の事案で、黙示の労働契約の成立
> を否定した例。

●事実●　Xは平成16年1月にA会社と労働契約を締結し、A会社とY会社との業務請負契約に基づいて、Y会社のB工場のC部門においてY会社の指揮命令下で就労していた。その後、XがY会社での就労を偽装請負として労働局に告発しY会社が是正指導を受けたことを契機に、A会社はY会社での業務請負から撤退した。そこで、A会社は、XにB工場の別部門への異動を打診したが、Xはこれを拒否して平成17年7月20日に退職した。Y会社は、Xからの直接雇用の要請を受けて、同年8月2日、Xを有期で雇い入れた（ただし、Xは契約期間などについては異議を留保した）。なお、Xが従事したのは、経営上の必要性に疑問のある、長時間の孤独な作業であった。Y会社は、平成18年1月末日をもって、期間満了によりXとの雇用関係が終了したとして、Xの就労を拒絶した。

Xは、A会社を退職する前から、Y会社との間で黙示の労働契約が成立していたなどと主張して、地位確認等を求めて訴えを提起した。1審は、Xの請求を棄却した（不法行為に関する請求のみ一部認容）ので、Xが控訴したところ、原審は、Xの請求をほぼ認容した。そこで、Y会社は上告した。

●判旨●　原判決を一部破棄、自判（不法行為に関する請求のみ一部認容）。

Ⅰ　「請負人による労働者に対する指揮命令がなく、注文者がその場屋内において労働者に直接具体的な指揮命令をして作業を行わせているような場合には、たとい請負人と注文者との間において請負契約という法形式が採られていたとしても、これを請負契約と評価することはできない。そして、上記の場合において、注文者と労働者との間に雇用契約が締結されていないのであれば、上記3者間の関係は、労働者派遣法2条1号にいう労働者派遣に該当すると解すべきである。そして、このような労働者派遣も、それが労働者派遣である以上は、職業安定法4条6項［筆者注：現在は8項］にいう労働者供給に該当する余地はない」。

Ⅱ　「労働者派遣法の趣旨及びその取締法規としての性質、さらには派遣労働者を保護する必要性等にかんがみれば、仮に労働者派遣法に違反する労働者派遣が行われた場合においても、特段の事情のない限り、そのことだけによっては派遣労働者と派遣元との間の雇用契約が無効になることはないと解すべきである。そして、XとA会社との間の雇用契約を無効と解すべき特段の事情はうかがわれないから、……両者間の雇用契約は有効に存在していたものと解すべきである」。

Ⅲ　「Y会社はA会社によるXの採用に関与してい

たとは認められないというのであり、XがA会社から支給を受けていた給与等の額をY会社が事実上決定していたといえるような事情もうかがわれず、かえって、A会社は、XにB工場のC部門から他の部門に移るよう打診するなど、配置を含むXの具体的な就業態様を一定の限度で決定し得る地位にあったものと認められるのであって、……Y会社とXとの間において雇用契約関係が黙示的に成立していたものと評価することはできない」。

●解説●　1　業務請負会社が、発注会社の事業場で業務を遂行する場合（いわゆる構内請負の場合）、請負会社の労働者が発注会社の指揮命令下で就労するという事態がしばしば生じる。この場合、労働者派遣の定義（労働者派遣法2条1号）に該当するため、労働者派遣法上の規制（厚生労働大臣の許可など）に則したものでなければ、違法派遣（いわゆる偽装請負）となる（派遣先も受入れが禁止される［同法24条の2］）。

こうした違法派遣において、請負会社の労働者と発注会社との間に黙示の労働契約が成立するのかが問題となることがある。本件では、原審はこれを肯定したが、本判決はこれを否定した（判旨Ⅲ）。本判決は、黙示の労働契約の成否の判断基準について明示していないが、有力な裁判例（その代表的なものが、サガテレビ事件──福岡高判昭和58年6月7日、【66】伊予銀行・いよぎんスタッフサービス事件等）と同様、当事者間での意思表示の合致を重視するアプローチをとったものといえる。その際には、事実上の使用従属関係から、客観的に推認される黙示の意思の合致の有無が重視される（安田病院事件──最3小判平成10年9月8日。なお、事業会社と業務委託された代理店の従業員との間の黙示の労働契約を否定した裁判例として、ベルコ事件──札幌地判平成30年9月28日）。

2　判旨Ⅰは、請負という契約形式がとられていても、発注会社が直接具体的な指揮命令をしている場合には、労働者派遣となると判断している（行政上の基準としては、昭和61年4月17日労働省告示第37号）。この場合、適法な労働者派遣でなければ労働者供給に該当し（職安法4条8項）、職安法（44条）違反も成立する（発注会社にも罰則［同法64条10号］が適用可能となる）、という見解もあるが、判旨Ⅰはこれを否定した。

違法派遣の場合における、派遣元（請負）会社と労働者との労働契約の有効性については、労働者派遣法の取締法規としての性質などに言及して、これを否定した（判旨Ⅱ）。その後の裁判例には、判旨Ⅱのいう「特段の事情」を肯定して、派遣元との労働契約を無効とし、派遣先との黙示の労働契約を認めたものもある（マツダ防府工場事件──山口地判平成25年3月13日）。

なお、本件のような偽装請負に対しては、2012年の労働者派遣法の改正により、派遣先が労働契約の申込みをしたとみなす規定が導入されている（40条の6第1項5号。→【70】東リ事件）。

＊［人事労働法102頁補注⑴］

14 法人格否認の法理(1)—黒川建設事件

東京地判平成13年7月25日〔平成9年(ワ)13308号〕

法人格否認の法理に基づき、未払退職金等について、グループの中核会社等に対する請求が認められた例。

●事実● X₁とX₂は、企業グループAの関連会社の1つであるB会社に採用された。B会社は、その後、建設部門をY₁会社に、設計部門をC会社に移管した後、解散した。X₁は、B会社の取締役に就任し、Y₁会社の取締役を経て、C会社の代表取締役となり、それにともないY₁会社の取締役を退任し、その後、C会社を退職した。X₂は、C会社の専務取締役等を経て、X₁と同時期にC会社を退職した。X₁らは、どの会社からも退職金の支給をされていなかった。

C会社の発行済株式の98%は、Y₁会社らAグループ傘下の3会社で保有しており、これら3会社の株式の大半を実質的に保有するのは、Y₁会社の代表取締役であり、かつAグループの「社主」と呼ばれていたY₂であった。また、C会社は、実質的には、B会社を引き継いだY₁会社の一営業部門ないし支社として位置づけられていた。さらに、Y₁会社の総務部と財務部は、Aグループ各社の人事と財務を一括管理し、その実質決定権を掌握していたのはY₂であり、人事・給与等の決定権以外についても、基本的には、C会社はY₂およびY₁会社所属の総務本部の指示に追随していた。

X₁らは、Y₁会社は、C会社を実質的に支配しており、法人格否認の法理が適用されるべきであるとし、Y₁会社およびY₂に対し、未払いの退職金等の支払いを求めて訴えを提起した。

●判旨● 一部認容(Y₁会社とY₂の支払義務を肯定)。

Ⅰ 「法人格の付与は社会的に存在する団体についてその価値を評価してなされる立法政策によるものであって、これを権利主体として表現せしめるに値すると認めるときに法的技術に基づいて行われるものである。従って、法人格が全くの形骸にすぎない場合、またはそれが法律の適用を回避するために濫用されるが如き場合においては、法人格を認めることは、法人格なるものの本来の目的に照らして許すべからざるものというべきであり、法人格を否認すべきことが要請される場合を生ずる」。

Ⅱ 「株式会社において、法人格が全くの形骸にすぎないというためには、単に当該会社の業務に対し他の会社または株主らが、株主たる権利を行使し、利用することにより、当該株式会社に対し支配を及ぼしているというのみでは足りず……、当該会社の業務執行、財産管理、会計区分等の実態を総合考慮して、法人としての実体が形骸にすぎないかどうかを判断するべきである」。

本件では、「C会社の株式会社としての実体は、もはや形骸化しており、これに法人格を認めることは、法人格の本来の目的に照らして許すべからざるものであって、C会社の法人格は否認されるというべきである」。

●解説● 法人格は、社会的に存在する団体に対して、その価値を評価して権利主体となりうる資格として付与されるものである。法人は個人により構成されているとはいえ、法人と個人は別の権利主体なので、法人が行ったことの責任は、個人の構成員や第三者に及ぶことは原則としてない(株主の有限責任については、会社法104条を参照)。しかし、このような責任の限定は、社会的正義に反する場合、すなわち、法人格が完全に形骸化している場合、または、法人格が法律の適用を回避するために濫用されている場合には、認めることは妥当でないため、その法人を実質的に支配している者に責任を課すという法理が形成されてきた(判旨Ⅰを参照)。これが法人格否認の法理である。この法理は、明文の根拠規定はないが、会社法の分野では、最高裁がこの法理の適用を認めており(山世志商会事件—最1小判昭和44年2月27日)、労働法の分野でも、この法理を適用する裁判例は少なくない。

本件は、法人格の形骸化が問題となったケースであるが、判旨Ⅱでは、形骸化が認められるためには、単に他の会社や株主らが株主たる権利を行使し、利用することにより、当該株式会社に対し支配を及ぼしているだけでは不十分で、業務執行、財産管理、会計区分等の実態を総合考慮して判断すべきとしている。

法人格の形骸化が否定されても、濫用があるとされれば、法人格は否認される。裁判例上は、法人格の濫用が認められるためには、法人を道具のように支配しているという要件(支配の要件)と、違法または不当な目的という要件(目的の要件)の双方をみたすことが必要であるとする傾向にある。なお、支配の要件は、専属下請関係などの取引上の優越的地位だけからは肯定されるものではない(大阪空港事業〔関西航業〕事件—大阪高判平成15年1月30日。支配の要件は充足するが、目的の要件は充足しないとした裁判例として、大阪証券取引所〔仲立証券〕事件—大阪高判平成15年6月26日)。

いずれにせよ、この法理は、例外的な救済法理なので、本件のような金銭的な請求とは異なり、労働契約の存在確認のような継続的な効果をもつ請求の場合には、その要件は厳格になると解すべきだろう。

* 〔人事労働法102頁補注(2)〕

15　法人格否認の法理(2)──第一交通産業ほか〔佐野第一交通〕事件

大阪高判平成19年10月26日〔平成18年(ネ)1950号・2190号・2192号〕

子会社間での事業譲渡後の偽装解散について、親会社はどのような責任を負うか。

●事実●　Y₁会社は、タクシー事業会社であり、次々とタクシー会社を買収してグループを形成していた。A会社も、Y₁会社に買収されたものであり、X₂らはA会社の従業員であった。Y₁会社は、A会社の経営不振を打開するために、賃金減額を伴う新しい賃金制度を導入しようとしたが、X₂らの所属するX₁労働組合はこれを受け入れなかった。そこで、Y₁会社は、A会社の営業担当区域を同じグループ内のY₄会社に引き継がせることとし、A会社の従業員の移籍などを進めた。その後、Y₁会社は、A会社を解散し、X₂らは解雇された。X₂らは、本件解雇は、X₁組合を壊滅させるための不当労働行為であるとして、主位的には、法人格否認の法理に基づき、Y₁会社との間で労働契約上の権利を有する地位にあることの確認と未払い賃金の支払いを求め、予備的に、Y₁会社とその代表取締役であるY₂およびY₃に対して損害賠償を請求した。なお、X₂らは、Y₄会社に対しても、法人格否認の法理に基づき、労働契約上の権利を有する地位にあることの確認と未払い賃金の支払いを求めている。1審は、Y₄会社に対しては雇用契約上の責任を追及できるが、Y₁会社に対してはできないとし、一方でY₂とY₃の損害賠償責任は認めた。そこで、XらとYら双方が控訴した。なお、本判決は上告されたが、最高裁は上告棄却・不受理としている。

●判旨●　原判決変更（以下では、労働契約の存否に関する判示部分のみとりあげる）。

Ⅰ　「たとえ労働組合を壊滅させる等の違法、不当な目的で子会社の解散決議がされたとしても、その決議が会社事業の存続を真に断念した結果なされ、従前行われてきた子会社の事業が真に廃止されてしまう場合（真実解散）には、……子会社の従業員は、親会社に対し、子会社解散後の継続的、包括的な雇用契約上の責任を追及することはできない」。

しかし、「親会社による子会社の実質的・現実的支配がなされている状況の下において、労働組合を壊滅させる等の違法・不当な目的で子会社の解散決議がなされ、かつ、子会社が真実解散されたものではなく偽装解散であると認められる場合、すなわち、子会社の解散決議後、親会社が自ら同一の事業を再開継続したり、親会社の支配する別の子会社によって同一の事業が継続されているような場合には、子会社の従業員は、親会社による法人格の濫用の程度が顕著かつ明白であるとして、親会社に対して、子会社解散後も継続的、包括的な雇用契約上の責任を追及することができるというべきである」。

Ⅱ　「Y₁会社は、……新賃金体系の導入に反対していたX₁組合を排斥するという不当な目的を実現することを決定的な動機として……A会社に対する影響力を利用してA会社を解散したものである」ので、法人格を違法に濫用したといえる。

また、Y₁会社は上記の不当な目的をもってA会社を解散し、その事業をY₄会社に承継させたこと

からすると、A会社の解散は偽装解散であるといわざるをえない。そうすると、X₂らは、親会社であるY₁会社による法人格の濫用が顕著かつ明白であるので、Y₁会社に対して、継続的、包括的な雇用契約上の責任を追及することができる。

Ⅲ　「一般的には、偽装解散した子会社とおおむね同一の事業を継続する別の子会社との間に高度の実質的同一性が認められるなど、別の子会社との関係でも支配と目的の要件を充足して法人格濫用の法理の適用が認められる等の場合には、子会社の従業員は、事業を継続する別の子会社に対しても、子会社解散後も継続的、包括的な雇用契約上の責任を追及することができる場合があり得ないわけではない」が、本件は、そのような場合ではない。

●解説●　ある会社が、その従業員の組織する労働組合を壊滅させるために解散した場合、これが不当労働行為に該当するとしても、事業の継続が強制されることはない（→【190】東京書院事件）。この場合には全員解雇は避けられない。しかし、解散会社の事業が、その会社と実質的に同一性のある別会社で継続されている場合（偽装解散）には、この別会社は解散会社の従業員の労働契約を承継すべきと解す余地がある。

では、親会社が、子会社の労働組合を壊滅させるために子会社を解散した場合はどうか。親会社が子会社の事業を承継しなかった場合（真実解散）でも、支配と目的の要件を充足していれば、法人格の濫用として、労働契約を承継しなければならないかについては、本判決は否定する。一方、親会社がこの事業を承継した場合には、子会社の解散は偽装解散であり、親会社は、子会社の従業員の労働契約を承継するとしている（判旨Ⅰ）。

それでは本件のように、子会社の事業を別の子会社が承継した場合はどうか。本判決は、このような場合も親会社による偽装解散に含まれ、親会社が労働契約を承継するとし（判旨Ⅰ）、本件はこの場合にあたるとした（判旨Ⅱ）。事業を承継した別の子会社が労働契約を承継するのは、子会社間で高度の実質的同一性があり、支配と目的の要件を充足している場合に限られるとし、本件はこれにあたらないとした（判旨Ⅲ）。

偽装解散の場合の労働契約の承継の実質的な根拠が、解散会社の事業が実質的に同一の経営主体のもとで継続している限り、雇用継続すべきである点にあるとするならば、本件のようなケースも偽装解散に含めて、濫用目的はあったものの、事業は承継していない親会社との間で労働契約の承継を認める結論には疑問も残る（どちらかの子会社の法人格が形骸化している場合であれば、話は別である）。一方で、事業を承継したとはいえ、A会社と実質的な同一性があるとは認められないY₄会社に労働契約承継を認める結論にも疑問が残る。不法行為によるY₁会社への損害賠償責任の追及にとどめる処理もありえよう（なお、ワイケーサービス〔九州定温輸送〕事件──福岡地小倉支判平成21年6月11日も参照）。

＊　〔人事労働法102～103頁補注(2)(3)〕

16　採用の自由─三菱樹脂事件

最大判昭和48年12月12日〔昭和43年(オ)932号〕(民集27巻11号1536頁)

> 使用者は、労働者の思想・信条を理由に、採用を拒否してもよいか。

●**事実**●　Xは、大学卒業と同時にY会社に3カ月の試用期間を設けて採用されたが、試用期間の満了直前に、本採用を拒否された。Xが本採用を拒否された主な理由は、XがA大学在学中に学生運動に従事し、デモや集会、ピケなどに参加し、大学生協の役員歴があったにもかかわらず、その事実を採用時に提出した身上書に記載せず、面接試験における質問においても、学生運動への従事等に関して、虚偽の回答をしており、管理職要員としての適格性に欠けるということにあった。Xは、この解雇（本採用拒否）は無効であるとして、労働契約に基づく権利を有することの確認等を求めて訴えを提起した。1審および原審ともに、Xの請求を認容した。そこで、Y会社は上告した。

●**判旨**●　原判決破棄、差戻し。

Ⅰ　憲法19条および14条は、国または公共団体と個人との関係を規律するものであり、私人相互の関係を直接規律することを予定するものではない。私的支配関係においては、個人の基本的な自由や平等に対する具体的な侵害またはそのおそれがあり、それが社会的に許容しうる限度を超えるときは、立法措置によってその是正を図ることが可能であるし、また、私的自治に対する一般的制限規定である民法1条、90条や不法行為に関する諸規定等の適切な運用によって、私的自治の原則を尊重しながら、社会的許容性の限度を超える侵害に対し基本的な自由や平等の利益を保護し、その間の適切な調整を図る方途も存する。

Ⅱ　「憲法は、思想、信条の自由や法の下の平等を保障すると同時に、他方、22条、29条等において、財産権の行使、営業その他広く経済活動の自由をも基本的人権として保障している。それゆえ、企業者は、かような経済活動の一環としてする契約締結の自由を有し、自己の営業のために労働者を雇傭するにあたり、いかなる者を雇い入れるか、いかなる条件でこれを雇うかについて、法律その他による特別の制限がない限り、原則として自由にこれを決定することができるのであって、企業者が特定の思想、信条を有する者をそのゆえをもって雇い入れることを拒んでも、それを当然に違法とすることはできないのである。憲法14条の規定が私人のこのような行為を直接禁止するものでないことは前記のとおりであり、また、労働基準法3条は労働者の信条によって賃金その他の労働条件につき差別することを禁じているが、これは、雇入れ後における労働条件についての制限であって、雇入れそのものを制約する規定ではない。また、思想、信条を理由とする雇入れの拒否を直ちに民法上の不法行為とすることができないことは明らかであり、その他これを公序良俗違反と解すべき根拠も見出すことはできない」。

Ⅲ　「企業者が雇傭の自由を有し、思想、信条を理由として雇入れを拒んでもこれを目して違法とすることができない以上、企業者が、労働者の採否決定にあたり、労働者の思想、信条を調査し、そのためその者からこれに関連する事項についての申告を求めることも、これを法律上禁止された違法行為とすべき理由はない」。

●**解説**●　本判決は、使用者の契約締結の自由は、憲法上の経済活動の自由（22条、29条）等に根拠をもつものであり、どのような労働者をどのような条件で雇うかは、「法律その他による特別の制限がない限り」自由であると述べた（判旨Ⅱ）。そして、憲法19条（思想、信条の自由）や14条（法の下の平等）の私人間への直接適用を否定し（判旨Ⅰ）、また使用者による信条差別を禁止する労基法3条は雇入れ時には適用されないとし、さらに民法上の不法行為（709条）にも該当しないと判断した。本判決のいう「法律その他による特別の制限」は、今日では、均等法5条および7条、労働施策総合推進法9条、障害者雇用促進法34条（なお、36条の2も参照）がある（また、障害者雇用における雇用率の設定も、採用の自由を制限する面がある）が、違法な差別があっても原則として採用請求権は認められないと解されることから、使用者の採用の自由のもつ法的意味は依然として大きい。ただ本判決が、労働者の思想、信条に関する調査の自由まで認めていること（判旨Ⅲ）については、今日では、プライバシー権の保護という観点から疑問が提起されている。なお、健康情報に関する調査については、裁判例上制限が課されているし、個人情報保護法による規制等もある（→【6】B金融公庫事件［解説］）。

　近年では、有期労働契約の無期転換や雇止めの制限に関する規定における、労働契約のみなし承諾（労契法18条、19条）や、派遣先の労働契約のみなし申込み制（労働者派遣法40条の6）（→【70】東リ事件［解説］）が定められたりするなど、雇用政策的な観点から、従来、採用の自由の根幹にあるとされてきた契約締結の自由を直接制約する立法がなされている（民法521条1項も参照）。

　なお、組合差別（労組法7条1号）については【180】JR北海道・日本貨物鉄道事件の判旨Ⅱを参照。

＊［人事労働法63～64頁、70頁、91～94頁］

17 採用の際の労働条件明示──日新火災海上保険事件

東京高判平成12年4月19日〔平成11年(ネ)1239号〕

採用の際に労働条件について不十分な説明しか受けていなかった場合、労働者はどのような救済を求めることができるか。

●**事実**● Xは、Y会社が求人広告誌に出した、「89、90年既卒者を対象として、もう一度新卒と同様に就職の機会を持っていただく制度があります。もちろんハンディはなし。たとえば、89年卒の方なら、89年に当社に入社した社員の現時点での給与と同等の額をお約束します」という記事をみて、Y会社に応募し中途採用された。事前の説明会で示された書面では、採用後の労働条件について、各種手当の額は表示されていたが、本給については具体的な額を示す資料は提示されていなかった。Xは、Y会社の運用基準により、新卒同年次定期採用者の下限に格付けられたが、そのことを1年後にはじめて知らされた。Xは、労働基準監督署にY会社に対する是正措置の発動を求め、これを受けて、同監督署はY会社への行政指導を行った。その後、Xは、印刷室への配置転換を命じられたが、当初の契約内容と異なることなどを理由に拒絶した。

Xは、新卒同年次定期採用者の平均的格付による給与を支給することが雇用契約の内容となっていたと主張して、未払い賃金の支払いを求め、さらに雇用契約違反の誤った格付により賃金差別等を受けて精神的苦痛を被ったとして慰謝料の支払い等も求めて訴えを提起した。1審は、Xの請求を棄却したので、Xは控訴した。

●**判旨**● 原判決変更（一部認容）。

Ⅰ 求人広告は、それをもって雇用契約の申込みの意思表示とみることはできないし、その記載自体から、本件雇用契約がX主張の内容をもって成立したとはいえない。

Ⅱ Y会社の人事担当責任者によるXへの説明は、内部的にすでに決定している運用基準の内容を明示せず、かつ、Xをして新卒同年次定期採用者と同等の給与待遇を受けることができるものと信じさせかねないものであった点において不適切であり、そして、Xは入社時において前記のように信じたものと認めるべきであるが、なお、Y会社とXとの間に、本件雇用契約上、新卒同年次定期採用者の平均的格付による給与を支給する旨の合意が成立したものと認めることはできない。

Ⅲ Y会社は、内部的には運用基準により中途採用者の初任給を新卒同年次定期採用者の現実の格付のうち下限の格付により定めることを決定していたにもかかわらず、Xら応募者にそのことを明示せず、就職情報誌での求人広告や社内説明会等の説明において、応募者をしてその平均的給与と同等の給与処遇を受けることができるものと信じさせかねない説明をしていたのであり、これは、労基法15条1項に規定するところに違反するものというべきであり、そして、雇用契約締結に至る過程における信義誠実の原則に反するものであって、これに基づいて精神的損害を被るに至った者に対する不法行為を構成する。

また、Y会社は、Xに対し、雇用契約締結の過程における説明および印刷室への配置転換の点において不法行為を行ったものと認めるべきであるところ、本件に現れた一切の事情を総合考慮して、Xが被った精神的苦痛を慰謝すべき金額は、金100万円が相当である。

●**解説**● 労基法15条は、労働契約の締結の際に、使用者に対して、労働条件を明示する義務を課している（明示すべき労働条件や明示方法等については、労基則5条を参照。なお、短時間・有期雇用労働者に対しては、短時間有期雇用法6条に基づく義務もある）。使用者がこの義務に違反した場合には、労働者に即時解除の権利が認められている（労基法15条2項）。しかし、実際には、労働者は労働契約を解除することは自己に不利になることが多いので、労働契約を存続させたままで、労働条件の内容を適切に確定することを望む場合が多いであろう。

本件のように、使用者側において求人広告や会社説明会において誤解を招くような表現や言動があったとしても、使用者が労働条件についての明確な意思表示をしていない場合には、労働者が信じた内容の労働契約が成立したと認めることはできない（判旨Ⅰ、Ⅱ）。ただ、その場合でも、労働契約締結過程における信義則に反するとして、使用者に損害賠償責任が認められる可能性はある。

なお、労契法は、使用者に対して、労働者に提示する労働条件について、「労働者の理解を深めるようにするものとする」と定めている（4条1項）。労働契約における信義則上も、使用者は、労働条件の内容について労働者に正確な情報を提供をし、説明する義務があると解すべきである。

＊〔人事労働法97頁補注(2)〕

18 採用内定—大日本印刷事件

最2小判昭和54年7月20日〔昭和52年(オ)94号〕(民集33巻5号582頁)

> 採用内定の取消しは、どのような場合に有効となるのか。

●事実● Xは、Y会社の昭和44年3月卒業予定者の求人募集に応募し、前年7月13日に採用内定の通知を受け、誓約書に所要事項を記入してY会社に返送した。ところが、翌年2月12日、Y会社はXに理由を示さないまま採用内定取消しを行った。その後、Y会社は、Xには「グルーミー（陰気）な印象」が当初からあり、それを打ち消す材料が出なかったことが、誓約書の採用内定取消事由に該当すると判断した、という理由を明らかにした。Xは従業員としての地位の確認等を求めて訴えを提起した。1審および原審ともにXの請求を認容した。そこで、Y会社は上告した。

●判旨● 上告棄却。

I (1) 採用内定の実態は多様であり、採用内定の法的性質について一義的に論断することは困難であるので、具体的事案につき、採用内定の法的性質を判断するにあたっては、当該企業の当該年度における採用内定の事実関係に即してこれを検討する必要がある。

(2) 本件では、「本件採用内定通知のほかには労働契約締結のための特段の意思表示をすることが予定されていなかったことを考慮するとき、Y会社からの募集（申込みの誘引）に対し、Xが応募したのは、労働契約の申込みであり、これに対するY会社からの採用内定通知は、右申込みに対する承諾であって、Xの本件誓約書の提出とあいまって、これにより、XとY会社との間に、Xの就労の始期を昭和44年大学卒業直後とし、それまでの間、本件誓約書記載の5項目の採用内定取消事由に基づく解約権を留保した労働契約が成立したと解するのを相当とした原審の判断は正当である」。

II 採用内定期間中の留保解約権の行使は、試用期間中の留保解約権の行使と同様に解すべきであり、「**採用内定の取消事由は、採用内定当時知ることができず、また知ることが期待できないような事実であって、これを理由として採用内定を取り消すことが解約権留保の趣旨、目的に照らして客観的に合理的と認められ社会通念上相当として是認することができるものに限られると解するのが相当である**」。

●解説● 採用内定により、どのような法律関係が生じるかは、具体的な事案に応じて異なりうる（判旨I(1)）が、本件では、採用内定通知のほかに労働契約締結のための特段の意思表示をすることが予定されてい

なかったので、Xの応募が「労働契約の申込み」で、Y会社からの採用内定通知が「申込みに対する承諾」にあたると判断されている（判旨I(2)）。この段階で、労働契約の成立に向けた確定的な意思の合致が、認められたということであろう。

採用内定段階で労働契約が成立しても、就労を始めるのは入社日であるので、この労働契約は、入社日（本件では、大学卒業直後）を始期としたものとなる。この「始期」の意味は、本判決では、就労の始期と解しているが、判例のなかには、効力発生の始期と解したものもある（電電公社近畿電通局事件—最2小判昭和55年5月30日）。新規学卒者（採用内定期間中は学生）の場合は、特段の合意がない限り、後者と解すべきであろう。その場合の採用内定期間中の研修は、業務命令によるものではなく、内定者との合意に基づいたものになる（アイガー事件—東京地判平成24年12月28日。そのほか、宣伝会議事件—東京地判平成17年1月28日も参照）。

さらに、本判決は、採用内定段階で成立している労働契約は、誓約書に基づく解約権が留保されたものと判断している（判旨I(2)）。解約権が留保されていることの法的意味は、一般の従業員に対して適用される就業規則上の解雇事由に加えて、特別な解約事由が追加されていることにある。

採用内定取消しは、留保解約権の行使ということになるが、これは法的には解雇であるので、権利濫用法理に服することになる（労契法16条）。本判決は、具体的な判断基準として、留保解約権の行使は、「採用内定当時知ることができず、また知ることが期待できないような事実であって、これを理由として採用内定を取り消すことが解約権留保の趣旨、目的に照らして客観的に合理的と認められ社会通念上相当として是認することができるものに限られる」と述べている（判旨II。試用期間中の本採用拒否に関する【19】神戸弘陵事件［解説］も参照）。なお、裁判例には、中途入社のケースで、バックグラウンド調査をすれば容易に知り得た事情に基づく採用内定取消しを違法としたものがある（ドリームエクスチェンジ事件—東京地判令和元年8月7日）。

労働契約が成立しているとなると、労基法等の労働保護法規（労基法15条、20条など）の適用もありうることになるが、実際に就労はしていないという採用内定関係の特殊性を考慮した修正は必要となる。

なお、採用内定の段階での破棄は、解雇にはならないが、場合によっては期待権侵害の不法行為に該当する可能性がある（コーセーアールイー〔第1〕事件—福岡高判平成23年2月16日、同〔第2〕事件—福岡高判平成23年3月10日［いずれも肯定］）。

＊［人事労働法98〜100頁］

19 試用期間—神戸弘陵学園事件

最3小判平成2年6月5日〔平成元年(オ)854号〕（民集44巻4号668頁）

> 試用目的で有期労働契約を締結することはできるか。

●事実● A高等学校を設置する学校法人Y学園は、昭和59年4月1日付でA校の常勤講師としてXを採用した。Xは採用面接の際、Y学園の理事長から、契約期間は一応1年とし、1年間の勤務状態をみて再雇用するか否かの判定をするという説明を受けて、採用の申出を受け、これを受諾した。同年5月中旬、Xは、Y学園より交付された「Xが昭和60年3月31日までの1年の期限付の常勤講師としてY学園に採用される旨の合意がXとY学園との間に成立したこと及び右期限が満了したときは解雇予告その他何らの通知を要せず期限満了の日に当然退職の効果を生ずること」などが記載されている期限付職員契約書に自ら署名捺印した。Y学園は、昭和60年3月31日にXの労働契約は期間満了をもって終了する旨の通知を行ったので、Xは教諭としての地位確認と同年4月以降の賃金の支払いを求めて訴えを提起した。1審および原審は、Xの請求を棄却した。そこで、Xは上告した。

●判旨● 原判決破棄、差戻し。

Ⅰ 「使用者が労働者を新規に採用するに当たり、その雇用契約に期間を設けた場合において、その設けた趣旨・目的が労働者の適性を評価・判断するためのものであるときは、右期間の満了により右雇用契約が当然に終了する旨の明確な合意が当事者間に成立しているなどの特段の事情が認められる場合を除き、右期間は契約の存続期間ではなく、試用期間であると解するのが相当である」。

Ⅱ 「試用期間付雇用契約の法的性質については、試用期間中の労働者に対する処遇の実情や試用期間満了時の本採用手続の実態等に照らしてこれを判断するほかないところ、試用期間中の労働者が試用期間の付いていない労働者と同じ職場で同じ職務に従事し、使用者の取扱いにも格段変わったところはなく、また、試用期間満了時に再雇用（すなわち本採用）に関する契約書作成の手続が採られていないような場合には、他に特段の事情が認められない限り、これを解約権留保付雇用契約であると解するのが相当である」。

Ⅲ 「解約権留保付雇用契約における解約権の行使は、解約権留保の趣旨・目的に照らして、客観的に合理的な理由があり社会通念上相当として是認される場合に許されるものであって、通常の雇用契約における解雇の場合よりもより広い範囲における解雇の自由が認められてしかるべきであるが、試用期間付雇用契約が試用期間の満了により終了するためには、本採用の拒否すなわち留保解約権の行使が許

される場合でなければならない」。

●解説● 1 三菱樹脂事件・最高裁判決（→【16】）は、当該事案における試用期間中の法律関係を、解約権留保付雇用契約であるとしたうえで（本判決の判旨Ⅱも参照）、留保解約権の趣旨は、大学新規学卒者の採否決定の当初は管理職要員としての適格性の判定資料を十分に蒐集できないため、後日の調査や観察に基づく最終決定を留保することにあり、その行使は、「法が企業者の雇用の自由について雇入れの段階と雇入れ後の段階とで区別を設けている趣旨、また、雇用契約の締結に際しては企業者が一般的には個々の労働者に対して社会的に優越した地位にあること、また、いったん特定企業との間に一定の試用期間を付した雇用関係に入った者は、当該企業との雇用関係の継続についての期待の下に、他企業への就職の機会と可能性を放棄したものであることを考慮」して、解約権留保の趣旨、目的に照らして、客観的に合理的な理由が存し、社会通念上相当として是認されうる場合にのみ許される、とした（本判決の判旨Ⅲも同旨）。そして、その具体的な判断基準として、使用者が採用決定後の調査の結果により、または試用中の勤務状態等により、当初知ることができず、また知ることが期待できないような事実を知るに至った場合において、そのような事実に照らし、その者を引き続き当該会社に雇用しておくのが適当でないと判断することが客観的に相当と認められる場合でなければ留保解約権の行使はできない、としている。

採用にはミスマッチが不可避なので、採用当初であれば、解雇も緩やかに認めてよいとする考え方もある。本判決の判旨Ⅲも、試用期間中は、「通常の雇用契約における解雇の場合よりもより広い範囲における解雇の自由が認められてしかるべき」としている。少なくとも三菱樹脂事件で問題となった、終身雇用を前提とした正社員として採用された新規学卒者とは異なり、これまでの職歴などから一定水準以上の能力をもつことを前提に中途採用された労働者のようなケースでは、原則として、通常の解雇の場合よりもより広い範囲で解雇の自由が認められることになろう。

2 労働契約に期間を設ける場合に、それがいかなる目的によるべきかについての法律上の規制はない。ところが本判決は、契約の解釈としてではあるが、期間を設けた趣旨および目的が労働者の適性を評価、判断するためのものであるときは、この期間は、原則として、契約の存続期間ではなく、試用期間であると解されると判断した。ただし、「期間の満了により右雇用契約が当然に終了する旨の明確な合意が当事者間に成立しているなどの特段の事情が認められる場合」は例外とした（判旨Ⅰ）。

* ［人事労働法100〜102頁］

20 試用目的の有期労働契約—福原学園〔九州女子短期大学〕事件

最1小判平成28年12月1日〔平成27年(受)589号〕

> 3年を上限とする有期雇用の短大講師の無期雇用への移行が認められなかった例。

●事実●　Xは、平成23年4月1日、学校法人Yとの間で、契約期間を同日から同24年3月31日までとする有期労働契約（本件労働契約）を締結して、Y法人の運営するA短大の講師として勤務していた。Y法人の規程（本件規程）では、契約職員の雇用期間は、契約職員が希望し、かつ、当該雇用期間を更新することが必要と認められる場合は、3年を限度に更新することがある（在職中の勤務成績が良好であることが条件）、また、契約職員のうち、勤務成績を考慮し、Y法人がその者の任用を必要と認め、かつ、当該者が希望した場合は、契約期間満了時に、期間の定めのない職種に異動できるものとする、とされていた。Y法人は、平成24年3月19日、Xに対し、同月31日をもって本件労働契約を終了する旨を通知した。そこでXは、この雇止めが無効であるとして、労働契約上の地位の確認等を求めて訴えを提起したが、その後、Y法人は、平成25年2月7日、Xに対し、仮に本件労働契約が同24年3月31日をもって終了していないとしても、同25年3月31日をもって本件労働契約を終了する旨を通知した。さらにY法人は、平成26年1月22日付けで、Xに対し、契約期間の更新の限度は3年とされているので、仮に本件労働契約が終了していないとしても、同年3月31日をもって本件労働契約を終了する旨（本件雇止め）を通知した。

A短大を含むY法人の運営する3つの大学では、平成18年度から同23年度までの6年間に新規採用された助教以上の契約職員のうち、同年度末時点において3年を超えて勤務していた者は10名であり、そのうち8名の労働契約は3年目の契約期間の満了後に期間の定めのないものとなっていた。1審は、雇止めを制限する労契法19条（2号）を適用して、平成25年3月31日の期間満了後も有期労働契約が更新されるとした（福岡地小倉支判平成26年2月27日。平成24年の雇止めは、労契法の施行前なので、雇止め制限法理により無効とした）。原審は、平成24年と25年の雇止めは1審判決を維持し、平成26年の雇止めは、契約期間3年は試用期間であり、特段の事情がない限り、無期労働契約に移行するとして、結論もこれを認めた（福岡高判平成26年12月12日）。そこで、Y法人が上告した。

●判旨●　原判決破棄、自判（Xの請求棄却）。

「本件労働契約は、期間1年の有期労働契約として締結されたものであるところ、その内容となる本件規程には、契約期間の更新限度が3年であり、その満了時に労働契約を期間の定めのないものとする

ことができるのは、これを希望する契約職員の勤務成績を考慮してY法人が必要であると認めた場合である旨が明確に定められていたのであり、Xもこのことを十分に認識した上で本件労働契約を締結したものとみることができる」。

「上記のような本件労働契約の定めに加え、Xが大学の教員としてY法人に雇用された者であり、大学の教員の雇用については一般に流動性のあることが想定されていることや、Y法人の運営する3つの大学において、3年の更新限度期間の満了後に労働契約が期間の定めのないものとならなかった契約職員も複数に上っていたことに照らせば、本件労働契約が期間の定めのないものとなるか否かは、Xの勤務成績を考慮して行うY法人の判断に委ねられているものというべきであり、本件労働契約が3年の更新限度期間の満了時に当然に無期労働契約となることを内容とするものであったと解することはできない」。

●解説●　労働者の適性の判断のために設定された期間は原則として試用期間となるが、「期間の満了により右雇用契約が当然に終了する旨の明確な合意」があれば、契約の存続期間と解されるとするのが判例の示した解釈準則である（→【19】神戸弘陵学園事件）。

本件では、Xは、Y法人の規程上、有期労働契約の上限が3年であり、その後は勤務成績が良好な者だけが無期労働契約に移行できるということを十分に認識していた。もっとも、本件を有期労働契約の雇止めの問題としてとらえると、こうした期間の上限設定の合意が、雇止め制限法理（労契法19条）の適用を排除できるかという、不更新条項の場合と同様の論点が浮上する（→【65】日本郵便事件、【68】ドコモ・サポート事件）。

この点、原審は、Y法人の認識や契約職員の更新の実態等に照らせば、本件の有期労働契約の上限3年は、契約の存続期間ではなく、試用期間であるとしたうえで、特段の事情がない限り、無期労働契約に移行するとのXの期待には客観的な合理性があり、過去2度の雇止めが無効となった結果、本件労働契約が更新され、その後も、無期労働契約への移行を拒むに足りる相当な事情が認められない以上、Y法人はXからの無期労働契約の申込みを拒むことはできないとした。

これに対して、最高裁は、3年の期間を試用期間とする解釈をとらず、あくまで有期労働契約の更新の上限ととらえたうえで、3年経過後の無期転換の可能性を検討し、結論として、本件の事実関係（本件規程をふまえた労働契約の締結、大学教員の流動性、実際に無期転換していない者の存在など）からは、無期転換が認められる事情はなく、平成26年3月末で契約は終了したと判断した。

＊［人事労働法101〜102頁］

21 懲戒権の根拠─関西電力事件

最1小判昭和58年9月8日〔昭和53年(オ)1144号〕

> 勤務時間外において、職場外で、使用者を誹謗中傷
> するビラを配布する行為に対する譴責処分は有効か。

●**事実**● Y会社の発電所に勤務するXは、昭和44年
1月1日の未明に、社宅において、会社を誹謗中傷す
る表現を含むビラを、約350枚配布した。Y会社は、
Xの行為は、就業規則に定める懲戒事由に該当すると
して、Xに対して譴責処分を課した。そこで、Xは、
この処分の無効確認等を求めて訴えを提起した。1審
はXの請求を認容したが、原審は棄却した。そこで、
Xは上告した。

●**判旨**● 上告棄却（Xの請求棄却）。

Ⅰ 「労働者は、労働契約を締結して雇用される
ことによって、使用者に対して労務提供義務を負う
とともに、企業秩序を遵守すべき義務を負い、使用
者は、広く企業秩序を維持し、もって企業の円滑な
運営を図るために、その雇用する労働者の企業秩序
違反行為を理由として、当該労働者に対し、一種の
制裁罰である懲戒を課することができる」。

Ⅱ 「企業秩序は、通常、労働者の職場内又は職
務遂行に関係のある行為を規制することにより維持
しうるのであるが、職場外でされた職務遂行に関係
のない労働者の行為であっても、企業の円滑な運営
に支障を来すおそれがあるなど企業秩序に関係を有
するものもあるのであるから、使用者は、企業秩序
の維持確保のために、そのような行為をも規制の対
象とし、これを理由として労働者に懲戒を課するこ
とも許される」。

●**解説**● 1 懲戒処分とは、使用者が、企業秩序を
維持するために、それを侵害した労働者に対して制裁
として課すものである。多くの就業規則では、懲戒処
分の種類として、譴責、減給、降格、出勤停止、諭旨
退職、懲戒解雇等を定めている。

理論的には、労働契約関係の一当事者である使用者
が、一方的に労働者に対して不利益な制裁処分を行う
ことができる根拠はどこにあるのかについては、学説
上、固有権説と契約説とが対立している。固有権説は、
使用者は企業経営のために必要な秩序を維持するため
に懲戒権を当然に保有しているとし、これによると、
就業規則がない事業場や就業規則に懲戒規定がない場

合でも、使用者は懲戒権を行使することができる。他
方、契約説は、労働契約において合意が成立している
場合に、その範囲でのみ、使用者は懲戒権を行使する
ことができるとする。

本判決は、労働契約の締結により、労働者は企業秩
序遵守義務を負い、使用者は、労働者がその義務に違
反した場合には、一種の制裁罰である懲戒を課すこと
ができるとする（判旨Ⅰ。企業秩序権については、→
【28】富士重工業事件の判旨Ⅰ）。この考え方は固有権説
の立場に近いと解されるが、判例は同時に、使用者が
懲戒処分を課す場合には、「規則の定めるところに従
い」行うものとも述べているので（→【172】国鉄札幌運
転区事件［判旨外］）、実際上は、就業規則の規定の解
釈・適用が重要なポイントとなる（就業規則の規定に
基づかない懲戒処分は無効となる。→【79】フジ興産事件）。

また、労基法は、制裁（懲戒）の種類および程度を
就業規則の必要記載事項としている（89条9号）ので、
前記の学説の対立は実務上は大きな意味がないように
みえる（契約説でも、就業規則の懲戒規定が合理的な内
容であれば、懲戒権は認められると解すことになろう。労
契法7条）が、就業規則の作成義務のない零細事業場
（常時10人以上の労働者が使用されていない事業場）では、
なお両説の違いは意味をもつことになる。

2 本判決は、労働者の職場外での職務遂行に関係
のない行為であっても、企業秩序を侵害することがあ
り、その場合には、懲戒処分を課すことができると述
べている（判旨Ⅱ。国鉄中国支社事件―最1小判昭和49
年2月28日も参照）。本件のビラ配布の内容について、
原審は「ビラの内容が大部分事実に基づかず、又は事
実を誇張歪曲してY会社を非難攻撃し、全体としてこ
れを中傷誹謗するものであり、右ビラの配布により労
働者の会社に対する不信感を醸成して企業秩序を乱し、
又はそのおそれがあったもの」と認定しており、本判
決も、結論としてこの判断を支持している（判旨外）。

その後の判例においても、会社の原子力発電所の設
置を批判する内容のビラの配布に対して、「会社の体
面をけがした者」等の懲戒事由に該当するとして課さ
れた休職処分・減給処分の有効性が肯定されている
（中国電力事件―最3小判平成4年3月3日）。

本件では、譴責という軽い懲戒処分であったことも
結論に影響していよう。判例は、私生活上の非違行為
に対する重い懲戒処分には、その有効性を容易には認
めていない（たとえば、【26】横浜ゴム事件）。

＊〔人事労働法121〜123頁、142〜143頁〕

22　懲戒権の濫用―ネスレ日本事件

最2小判平成18年10月6日〔平成16年(受)918号・平成18年(オ)1075号〕

> 上司に対して暴力をふるった労働者に対して、約7年後の不起訴処分の後になされた諭旨退職処分は有効か。

●事実●　Y会社の工場に勤務する従業員Xら2名は、体調不良による欠勤を有給休暇に振り替えたいと申し出たが、上司に拒否されたため、上司に抗議をしたが、その際、上司の腹部等に暴行を加え傷害を負わせた。Y会社は、Xらに懲戒処分を課すことを検討したが、Xらの処分は警察の捜査の結果を受けて決定することとし、処分を保留した。Xらは、事件があった日から約7年後に不起訴処分となった。Y会社は、Xらを、所定の日までに退職願が提出されれば退職金を支給するが、提出されなかったときには懲戒解雇する旨の本件諭旨退職処分をした。Xらは、退職願を提出しなかったので懲戒解雇された。そこで、Xらは、懲戒解雇の無効確認を求めて訴えを提起した。1審は、Xらの請求を認容したが、原審は、解雇は有効であるとして、Xらの請求を棄却した。そこで、Xらは上告した。

●判旨●　原判決破棄、自判（Xらの請求認容）。

Ⅰ　「使用者の懲戒権の行使は、企業秩序維持の観点から労働契約関係に基づく使用者の権能として行われるものであるが、就業規則所定の懲戒事由に該当する事実が存在する場合であっても、具体的事情の下において、それが客観的に合理的な理由を欠き、社会通念上相当なものとして是認することができないときには、権利の濫用として無効になる」。

Ⅱ　Y会社は、警察の捜査結果を待たなくても、懲戒処分を決定することが十分に可能であり、長期間にわたって懲戒処分を保留する合理的な理由は見出し難い。しかも、不起訴処分となったにもかかわらず、本件諭旨退職処分のような重い懲戒処分を行うことは、その対応に一貫性を欠くものといわざるを得ない。

Ⅲ　暴行事件から7年以上経過した後にされた本件諭旨退職処分は、処分時点において、企業秩序維持の観点から、そのような重い懲戒処分を必要とする客観的に合理的な理由を欠くものといわざるを得ず、社会通念上相当なものとして是認することはできない。

●解説●　懲戒処分は、労働者の非違行為に対する制裁である以上、その処分の理由となった非違行為と処分の内容との均衡が必要となる（相当性の原則）。そして、このような均衡を欠く場合は懲戒権の濫用として無効と判断される。

この点、判例は、一般的に、「当該具体的な事情の下において、それが客観的に合理的理由を欠き社会通念上相当として是認することができない場合に……権利の濫用として無効になる」と定式化してきた（ダイハツ工業事件―最2小判昭和58年9月16日。判旨Ⅰも同旨）。そして、労契法15条は、この判例法理を成文化して、「使用者が労働者を懲戒することができる場合において、当該懲戒が、当該懲戒に係る労働者の行為の性質及び態様その他の事情に照らして、客観的に合理的な理由を欠き、社会通念上相当であると認められない場合は、その権利を濫用したものとして、当該懲戒は、無効とする」と規定した。

懲戒処分の中でも懲戒解雇については、単に雇用を失うだけでなく、退職金も支払われないことが多く、しかも現実には再就職も困難になるというような大きな不利益を労働者にもたらすものであるため、よほどの重大な非違行為がなければ懲戒権の濫用になると判断されるべきである（なお、懲戒解雇については、労契法15条と16条のいずれの法条が適用されるか、あるいは重畳適用かという論点もあるが、結論に大きな差はないだろう）。

本件では、Xらの非違行為について、Y会社が警察の捜査結果を待ったうえで処分をすることとし、結局、不起訴処分となったこと、また、非違行為の時点から7年以上が経過していること（企業秩序への影響が低減していると解される）、という事情が考慮されて、懲戒権の行使は無効であると判断された。労契法15条が適用されていれば、これらは「その他の事情」として考慮されることになろう（本件は、労契法施行前の事件である）。

懲戒権の行使は、前記のような「相当性の原則」に反する場合だけでなく、罪刑法定主義類似の原則（懲戒事由や懲戒処分の種類が就業規則で明記されたものでなければならないこと、不遡及の原則、一事不再理の原則〔これとの抵触が問題となった事例として、WILLER EXPRESS西日本事件　大阪地判平成26年10月10日〕等）に反する場合や「平等取扱いの原則」（同種の事例については、同じ処分がなされるべきこと）に反する場合にも濫用となる可能性がある（これらも労契法15条の「その他の事情」に含まれることになろう）。

＊〔人事労働法143〜144頁、147頁補注(4)〕

23　懲戒処分事由の事後的追加—山口観光事件

最1小判平成8年9月26日〔平成8年(オ)752号〕

> 懲戒処分後に判明した非違行為を処分理由に追加することは認められるか。

●事実●　Y会社において、マッサージ業務に従事していた女性従業員Xは、疲労のために休暇を請求したところ懲戒解雇された（1回目の懲戒解雇）。Xは懲戒解雇の有効性を争って地位保全の仮処分を申し立てていたところ、Y会社は、答弁書を通して、仮に懲戒解雇が無効であるとしても、この従業員が採用の際に提出した履歴書に年齢の虚偽記載（昭和9年生まれ[57歳]のところを、昭和21年生まれ[45歳]と記載）があるとして、それを理由とする予備的な懲戒解雇（予備的解雇）の意思表示も行った。

Xが懲戒解雇の無効確認と未払賃金の支払を求めた訴訟において、1審は、1回目の懲戒解雇は無効であるが、経歴詐称については、懲戒解雇事由となるものの、予備的解雇の意思表示をした時点で有効となるとして、予備的解雇の時点までの未払賃金は認容した。XとY会社双方が控訴したが、いずれの控訴も棄却された。そこで、Y会社は上告した。

●判旨●　上告棄却。

「使用者が労働者に対して行う懲戒は、労働者の企業秩序違反行為を理由として、一種の秩序罰を課するものであるから、具体的な懲戒の適否は、その理由とされた非違行為との関係において判断されるべきものである。したがって、**懲戒当時に使用者が認識していなかった非違行為は、特段の事情のない限り、当該懲戒の理由とされたものでないことが明らかであるから、その存在をもって当該懲戒の有効性を根拠付けることはできないものというべきである**」。

●解説●　懲戒処分は、処分の理由となった非違行為を被処分者である労働者に告知し、その弁明等の意見を聴取する手続（賞罰委員会等を設置することを定めている企業もある）を踏んだうえで行うことが必要であり、そのような手続を経ない懲戒処分は原則として権利濫用となると解すべきである（労契法15条の「その他の事情」で考慮される事情と解すべきであろう。なお、処分内容が軽微である場合には、手続違反があっても懲戒

処分を無効としなかった裁判例もある［たとえば、海外漁業協力財団事件—東京高判平成16年10月14日]）。本判決は、懲戒当時に使用者側が認識していなかった非違行為は、懲戒処分の理由とされたものでないので、当該懲戒処分の有効性を根拠付けることはできない、と述べているが、これは手続的な適正さという観点（理由として示されていない非違行為は弁明のしようがない）から懲戒権の濫用となると解すこともできるであろう。

本件とは異なり、懲戒処分当時に会社が認識していたが告知していなかった非違行為についてはどうであろうか。これらの非違行為は懲戒処分の理由としていなかったと解するほかなく、事後的に懲戒処分の理由として追加することはできない（裁判例として、[ザ・トーカイ事件—東京地判平成26年7月4日]）が、ただし「告知された非違行為と実質的に同一性を有し、あるいは同種若しくは同じ類型に属すると認められるもの又は密接な関連性を有するものである場合」には、たとえ懲戒解雇の際に告知されなかったとしても当該懲戒処分の有効性を根拠付けることができる（富士見交通事件—東京高判平成13年9月12日）。この場合には、実質的には追加された事由は懲戒処分の理由とされていたと解することができるし、処分された労働者にとっても弁明の機会は損なわれていないとみることができるからである。

なお、本件では、Y会社は、1回目の懲戒解雇について、懲戒解雇としては無効であっても、普通解雇として有効となると主張している。このような主張は認められるのであろうか。懲戒解雇の意思表示の中に普通解雇の意思表示が含まれているとすれば（「大は小を兼ねる」）、懲戒解雇が無効である場合には、普通解雇としての有効性を検討してよいことになる。学説上は、これを肯定する見解と、懲戒解雇と普通解雇は制度上区別されるべきものとして否定する見解とがある（ただし、後者の見解でも、同一の非違行為について、懲戒解雇事由に該当するだけでなく、普通解雇事由にも該当するとして予備的に普通解雇の意思表示をしていると解釈できる場合はあるとする）。本件の原審は、仮に前者の見解に従って、普通解雇としてみたとしても無効であると判断している。

また、本件では、年齢詐称が懲戒解雇事由となるかも争われているが、本判決はこれを肯定している（経歴詐称については、→【27】炭研精工事件）。

＊［人事労働法146頁］

24　懲戒事由(1)職場内での政治活動─電電公社目黒電報電話局事件

最3小判昭和52年12月13日〔昭和47年(オ)777号〕（民集31巻7号974頁）

職場内での政治活動等を理由とする戒告処分は有効か。

●**事実**●　XはY公社A局に勤務する職員である。Xは、A局において、作業衣左胸に、青地に白字で「ベトナム侵略反対、米軍立川基地拡張阻止」と書いたプラスチック製のプレートを着用して勤務した。Xの上司は、Xに対し、そのようなプレートをつけないよう注意を与えたが、Xはこれに従わなかった。Xは、プレートの取りはずし命令は不当であると考え、これに抗議する目的で、局所管理責任者である庶務課長の許可を受けることなく、ビラ数十枚を、休憩時間中に各課の休憩室や食堂で職員に手渡し、休憩室のない一部の職場では職員の机上に置くという方法で配布した。

　Y公社はXに対し、プレート着用行為等は、就業規則の禁止規定（プレート着用については、5条7項「職員は、局所内において、選挙運動その他の政治活動をしてはならない」という規定）に違反し、懲戒事由に該当するとして、戒告処分に付した。そこで、Xは、その処分の無効確認を求めて訴えを提起した。1審はXの請求を認容し、原審はY公社の控訴を棄却した。そこで、Y公社は上告した。

●**判旨**●　原判決破棄、1審判決の取消し（以下では、プレート着用に関する判旨のみとりあげる）。

　Ⅰ　プレート着用行為は、就業規則5条7項に違反することは明らかであるが、この規定は、局所内の秩序風紀の維持を目的としたものであることにかんがみ、形式的に規定に違反するようにみえる場合であっても、実質的に局所内の秩序風紀を乱すおそれのない特別の事情が認められるときには、規定の違反になるとはいえない。

　Ⅱ　日本電信電話公社法には職務専念義務規定があるが、これは職員がその勤務時間および職務上の注意力のすべてをその職務遂行のために用い職務にのみ従事しなければならないことを意味するものであり、規定の違反が成立するためには現実に職務の遂行が阻害されるなど実害の発生を必ずしも要件とするものではないと解すべきである。本件では、プレート着用行為は、職場の同僚に対する訴えかけという性質をもち、職務の遂行に直接関係のない行動を勤務時間中に行ったものであって、精神的活動の面からみれば注意力のすべてが職務の遂行に向けられなかったものと解されるから、職務専念義務に違反し、局所内の規律秩序を乱すものである。

●**解説**●　本判決は、Y公社が就業規則において定める政治活動の禁止規定の合理性を肯定したうえで、その規定の適用については限定的に解する判断を行っている。すなわち、就業規則上の禁止規定に形式的に違反する場合であっても、実質的に職場内での秩序風紀を乱すおそれのない「特別の事情」が認められる場合には、その規定に違反しないとする（判旨Ⅰ）。懲戒事由の該当性の判断においては、その規定の趣旨に照らして、合理的な限定解釈を行うことが必要ということである。

　ただし、本件では、プレート着用行為は秩序維持に反するもので、こうした「特別の事情」は認められないとし、懲戒処分は有効と判断された（その後の判例では、ビラ配布のケースで、「特別の事情」を認めて、戒告処分を無効としたものがある〔明治乳業事件─最3小判昭和58年11月1日〕）。本判決が秩序維持違反があるとした理由は、プレート着用行為が職務専念義務に違反しているという点にある（判旨Ⅱ）。

　本判決の職務専念義務論は、「注意力のすべてをその職務遂行のために用い職務にのみ従事しなければならない」というものであり、身体的活動の面だけでなく、精神的活動の面でも注意力のすべてが職務の遂行に向けられていなければ、実害が発生していない場合であっても、この義務に違反するとする（判旨Ⅱ）。

　このような厳格な職務専念義務論は、リボン闘争等の組合活動に対しても適用され、その正当性を否定する判断をもたらした（→【171】大成観光事件）。しかし職務専念義務は、労働契約上の誠実労働義務の1つであり、労務を誠実に遂行しているかどうかで判断すべきとする見解も有力である。この見解によると、業務への支障が現実に発生していないかぎり、同義務違反は成立しないと解されることになる。

　なお本件ではビラ配布の許可制を定める就業規則に違反したことも問題となっているが、本判決は、前記の「特別の事情」論に基づき、本件ではビラ配布の態様には問題がなかったが、その目的や内容面で問題があったとして、結論として就業規則違反であるとした。また休憩時間自由利用の原則（労基法34条3項）との関係では、休憩時間であっても施設管理権の合理的な行使には服するとし、本件では同原則違反がなかったとした（判旨外）。

＊〔人事労働法70〜71頁、123頁補注(3)、144〜145頁、190頁〕

25 懲戒事由(2)所持品検査拒否—西日本鉄道事件

最2小判昭和43年8月2日〔昭和42年(オ)740号〕(民集22巻8号1603頁)

> 電車運転手が脱靴検査命令に従わないことが、懲戒解雇事由に該当するか。

●事実● Xは、陸上運輸業を営むY会社の電車運転手である。Y会社は、乗務員による乗車賃の不正隠匿を摘発・防止する目的で、就業規則に「社員が業務の正常な秩序維持のためその所持品の検査を求められたときは、これを拒んではならない」との規定を設け、靴を含む所持品の検査を行ってきた。しかし、あるときの所持品検査において、Xは、帽子とポケット内の携帯品は差し出したものの、靴は所持品ではないので本人の承諾がなければ検査できないはずであると主張して、脱靴検査には応じなかった。そのため、Y会社は、Xの行為は就業規則に定める「職務上の指示に不当に反抗し……職場の秩序を紊したとき」という懲戒事由に該当するとして、懲戒解雇した。そこで、Xは、解雇の無効確認を求めて訴えを提起した。1審および原審ともに、Xの請求を棄却した。そこで、Xは上告した。

●判旨● 上告棄却(Xの請求棄却)。

「思うに、使用者がその企業の従業員に対して金品の不正隠匿の摘発・防止のために行う、いわゆる所持品検査は、被検査者の基本的人権に関する問題であって、その性質上つねに人権侵害のおそれを伴うものであるから、たとえ、それが企業の経営・維持にとって必要かつ効果的な措置であり、他の同種の企業において多く行われるところであるとしても、また、それが労働基準法所定の手続を経て作成・変更された就業規則の条項に基づいて行われ、これについて従業員組合または当該職場従業員の過半数の同意があるとしても、そのことの故をもって、当然に適法視されうるものではない。問題は、その検査の方法ないし程度であって、**所持品検査は、これを必要とする合理的な理由に基づいて、一般的に妥当な方法と程度で、しかも制度として、職場従業員に対して画一的に実施されるものでなければならない。そして、このようなものとしての所持品検査が、就業規則その他、明示の根拠に基づいて行われるときは、他にそれに代わるべき措置をとりうる余地が絶**

無でないとしても、従業員は、個別的な場合にその方法や程度が妥当を欠く等、特段の事情がないかぎり、検査を受忍すべき義務がある」。

●解説● 従業員の所持品の検査は、基本的人権を侵害したり、プライバシー権と抵触したりする可能性が高いので、その検査命令の有効性についてはある程度の厳格な判断が必要である(とくに身体検査をともなう場合には、いっそうこのことがあてはまる)。

本判決も、所持品検査は、企業の経営・維持にとって必要かつ効果的な措置であり、他の同種の企業において多く行われていて、それが就業規則の条項に基づいて行われ、労働組合や職場従業員の過半数の同意がある場合であっても、当然には適法とみることはできないとする。

本判決は、特に重要なのは検査の方法と程度であるとし、それに関する有効要件として、①検査を必要とする合理的な理由があること、②一般的に妥当な方法と程度によること、③制度として、職場従業員に対して画一的に実施されるものであること、をあげている。そして、こうした検査が、就業規則その他の明示の根拠に基づいて行われるときには、原則として、労働者には検査を受忍する義務があるとする。

本件では、これらの要件を満たしているとして、脱靴検査命令を拒否した労働者に対する懲戒解雇処分が有効と判断された。

その後の下級審でも、通信機類の製造販売の会社における所持品検査(靴の検査も含む)について、就業規則等の明文の根拠に基づいて、権限を与えられた守衛によって行われ、かつ、その実施につき企業の機密漏洩を未然に防止するとの具体的必要性があった場合において、退門しようとする従業員に対し画一的に実施され、これを行う根拠について守衛から一応の説明があり、その方法もことさら従業員に屈辱感を与えるものでない場合には、妥当な方法と程度で行われたと認められ、所持品検査は適法と判断されている(帝国通信工業事件—横浜地川崎支判昭和50年3月3日(ただし、この事件では懲戒解雇は無効)。また、所持品検査の目的や態様に問題があり、労働者の名誉を毀損したとして、使用者に慰謝料の支払いを命じた裁判例として、日立物流事件—浦和地判平成3年11月22日)。

＊[人事労働法72頁]

26 懲戒事由（3）私生活上の犯罪—横浜ゴム事件

最3小判昭和45年7月28日〔昭和44年(オ)204号〕（民集24巻7号1220頁）

工員が酔って住居侵入をして罰金刑を受けたことが、懲戒解雇事由に該当するか。

●**事実**● Xは、タイヤ製造会社Yの工場の作業員であった。Xは、昭和40年8月、飲酒した後、午後11時20分頃に、他人の居宅に不法に侵入し、住居侵入罪により2500円の罰金刑を受けた。Y会社は、従業員賞罰規則の定める「不正不義の行為を犯し、会社の体面を著しく汚した者」に該当するという理由で、Xを懲戒解雇した。Xは懲戒解雇の無効を主張し、雇用契約上の権利を有することの確認を求めて訴えを提起した。1審および原審ともに、Xの請求を認容した。そこで、Y会社は上告した。

●**判旨**● 上告棄却（Xの請求認容）。1人の反対意見あり。

Xの行為は、「恥ずべき性質の事柄であって、当時Y会社において、企業運営の刷新を図るため、従業員に対し、職場諸規則の厳守、信賞必罰の趣旨を強調していた際であるにもかかわらず、かような犯行が行なわれ、Xの逮捕の事実が数日を出ないうちに噂となって広まったことをあわせ考えると、Y会社が、Xの責任を軽視することができないとして懲戒解雇の措置に出たことに、無理からぬ点がないではない。しかし、翻って、右賞罰規則の規定の趣旨とするところに照らして考えるに、問題となるXの右行為は、会社の組織、業務等に関係のないいわば私生活の範囲内で行なわれたものであること、Xの受けた刑罰が罰金2500円の程度に止まったこと、Y会社におけるXの職務上の地位も蒸熱作業担当の工員ということで指導的なものでないことなど原判示の諸事情を勘案すれば、Xの右行為が、Y会社の体面を著しく汚したとまで評価するのは、当たらない」。

●**解説**● 労働者が私生活上の非行が原因で刑事罰を受けた場合、それが使用者の社会的評価に重大な悪影響を及ぼすことは十分ありうるので、そのような行為が就業規則において懲戒事由として定められていることは少なくない。

もっとも、刑事罰に該当する行為にもさまざまなタイプのものがあり、別の判例が述べるように、具体的な懲戒事由該当性は、当該行為の性質、情状、会社の事業の種類・態様・規模、会社の経済界に占める地位、経営方針、その従業員の会社における地位・職種等を総合的に考慮して判断されることになる（日本鋼管事件—最2小判昭和49年3月15日）。日本鋼管事件では、鉄鋼会社の工員数名が、在日米軍基地拡張反対集会に参加した際に、刑事特別法違反で逮捕されたためになされた懲戒解雇と諭旨解雇の有効性が問題となったが、いずれの解雇も無効と判断された。

本件でも、Xの行為は、会社の組織、業務等に関係のないいわば私生活の範囲内で行われたものであること、Xの受けた刑罰が罰金2500円の程度にとどまったこと、Y会社におけるXの職務上の地位が指導的なものでないことなどが考慮され、懲戒事由に該当しないと判断されている。

他方、別の判例では、旧文部省などが共催する教育課程研究協議会の開催に対する反対闘争に従事する過程で、公務執行妨害罪で逮捕され懲役6カ月、執行猶予2年の有罪判決が確定した国鉄職員に対して、国鉄が「著しく不都合な行為のあったとき」という懲戒事由に該当するとして行った免職処分を、過去の処分歴も考慮に入れて有効と判断したものもある（国鉄中国支社事件—最1小判昭和49年2月28日）。

また、電車内で痴漢をして逮捕された電鉄会社の社員に対する懲戒解雇を有効と判断した裁判例もある（→【96】小田急電鉄事件。ただし、退職金の3割支給は認容）が、弁明手続の相当性に疑義があることなども考慮して、同種事案で諭旨解雇を無効とした裁判例もある（東京メトロ事件—東京地判平成27年12月25日）。

本件のような場合とは異なり、職務に関連する犯罪を犯した者に対しては、一般的には重い懲戒処分は避けられないであろう。業務上横領や背任罪等がその典型である。また自動車の運転を職務内容とする労働者（タクシーやバスの運転手等）が、私生活上であっても飲酒運転等により刑罰を受けたときには、懲戒解雇等の重い処分が認められるであろう。非番のときの酒気帯び運転で罰金刑（5万円）を受けたタクシー運転手に対する懲戒解雇が無効と判断された例もある（相互タクシー事件—最1小判昭和61年9月11日）が、今日では飲酒運転への社会的批判が高まり、厳罰化も進むなか、同様の判断がなされない可能性もある。実際、下級審には、懲戒解雇を有効とした裁判例もある（ヤマト運輸事件—東京地判平成19年8月27日、西日本鉄道事件—福岡地判平成29年3月29日〔ただし、いずれも退職金の一部支給は認めている〕）。

なお、犯罪でない非行については、企業秩序を乱して懲戒事由に該当するかどうかの判断は厳格になされることになろう（たとえば、社内不倫を理由とする解雇を無効とした裁判例として、繁機工設備事件—旭川地判平成元年12月27日）。

＊〔人事労働法144〜145頁〕

27 懲戒事由(4)経歴詐称─炭研精工事件

東京高判平成3年2月20日〔平成2年(ネ)897号〕

> 高卒以下を募集していた工員の仕事に、大学中退の労働者が、最終学歴を低く偽って応募したことが、懲戒解雇事由に該当するか。

●事実● Xは、Y会社が公共職業安定所を通して行っていたプレス工等の募集（中卒者、高卒者を対象）に応募し、その際に、履歴書に最終学歴を高卒と記載していた。ところが、実際には、Xは私立大学に入学しており、その後、除籍中退となっているので、最終学歴は大学中退であった。また、Xは当時、成田空港反対闘争に参加したときの公務執行妨害罪等について公判が継続しており、保釈中であったにもかかわらず（後に執行猶予つき懲役刑の有罪判決が確定）、「賞罰なし」と記載し、面接においても、賞罰はないと答えていた。さらに、その後、Xは軽犯罪法違反や公務執行妨害罪で逮捕され、欠勤していた。

Y会社は、経歴詐称や無断欠勤等が就業規則上の懲戒解雇事由に該当するとしてXを懲戒解雇した。Xは、懲戒解雇の無効確認を求めて訴えを提起した。1審は、Xが最終学歴と賞罰について秘匿したことについては懲戒解雇事由に該当するとして、懲戒解雇を有効と判断した。そこで、Xは控訴した。なお、本判決に対して、Xは上告しているが、最高裁は、本判決の判断は正当として、これを棄却している（最1小判平成3年9月19日）。

●判旨● 控訴棄却（懲戒解雇は有効）。

Ⅰ 「雇用関係は、労働力の給付を中核としながらも、労働者と使用者との相互の信頼関係に基礎を置く継続的な契約関係であるということができるから、使用者が、雇用契約の締結に先立ち、雇用しようとする労働者に対し、その労働力評価に直接関わる事項ばかりでなく、当該企業あるいは職場への適応性、貢献意欲、企業の信用の保持等企業秩序の維持に関係する事項についても必要かつ合理的な範囲内で申告を求めた場合には、労働者は、信義則上、真実を告知すべき義務を負う」。

Ⅱ 最終学歴は、「単にXの労働力評価に関わるだけではなく、Y会社の企業秩序の維持にも関係する事項であることは明らかであるから、Xは、これについて真実を申告すべき義務を有していたということができる」。

Ⅲ 他方、「履歴書の賞罰欄にいわゆる罰とは、一般的には確定した有罪判決をいうものと解すべきであり、公判継続中の事件についてはいまだ判決が言い渡されていないことは明らかであるから、XがY会社の採用面接に際し、賞罰がないと答えたことは事実に反するものではなく、Xが、採用面接にあたり、公判継続の事実について具体的に質問を受けたこともないのであるから、Xが自ら公判継続の事実について積極的に申告すべき義務があったということも相当とはいえない」。

●解説● 本判決は、使用者は、企業秩序の維持に関係する事項について、必要かつ合理的な範囲で労働者に告知を求めることを認め、労働者は、それに対して真実告知義務を負うとしている（判旨Ⅰ。なお、労働者に自発的な告知義務まではないと解すべきであろう〔尚美学園事件─東京地判平成24年1月27日も参照〕）。そして、最終学歴は、企業秩序の維持に関係する事項であることは明らかであるとし（判旨Ⅱ）、それについての詐称は懲戒解雇事由に該当すると判断している。本判決は、本件が、最終学歴を高く詐称するのではなく、低く詐称する逆詐称のケースであることは特に考慮に入れていない。学歴詐称は逆詐称であっても、企業秩序に影響するという考え方を示したものといえる。

こうした判断に対しては、逆詐称の場合において、本当に企業秩序を侵害するといえるのか疑問とする見解もある。また、すでに相当期間、勤務を行ってきており、それによって何も問題が生じていないにもかかわらず、採用時の詐称だけを理由に懲戒解雇とすることの妥当性という経歴詐称一般に対する疑問もある（懲戒解雇ができなくても、真の経歴を知っていれば採用しなかったであろう場合は錯誤ないし詐欺を理由とする労働契約の取消し〔民法95条・96条〕がありうるし、本人の能力や適性に問題があることを理由とする普通解雇もありうる）。

経歴詐称は、このほか職歴、年齢、犯罪歴などに関するものがある。いずれも企業秩序に影響するような重要な詐称であれば、懲戒処分の対象となりえる。とくに職歴は本人の能力や適性に深く関係する情報なので、その詐称は重要なものとなりやすい（グラバス事件─東京地判平成16年12月17日〔懲戒解雇は有効〕等）が、その他の場合は事案によるであろう（年齢詐称について、→【23】山口観光事件〔懲戒解雇は有効〕、犯罪歴の詐称について、メッセ事件─東京地判平成22年11月10日〔懲戒解雇は有効〕等を参照）。

なお、本判決は、賞罰歴でいう罰は確定した有罪判決を指すとし、また、公判継続の事実について、質問もないのに、積極的に申告する義務もないとした（判旨Ⅲ）が、2回の懲役刑を受けたことは懲戒解雇事由に該当し（ただし、処分当時は懲戒事由に挙げていなかった）、学歴詐称とその他のXの言動もあわせて考慮して懲戒解雇を有効とした（判旨外）。

＊〔人事労働法94頁、97頁補注(1)、146頁補注(2)〕

28　懲戒事由(5)調査協力義務違反—富士重工業事件

最3小判昭和52年12月13日〔昭和49年(オ)687号〕(民集31巻7号1037頁)

> 同僚従業員の就業規則違反行為についての調査に協力しないことが、懲戒事由に該当するか。

●事実●　Y会社は、その従業員AとBが、就業時間中に上司に無断で職場を離脱し、就業中の他の従業員に対し原水爆禁止の署名を求めたり、原水爆禁止運動の資金調達のために販売するハンカチの作成を依頼したり、あるいはこれを販売したりするなど就業規則に違反する行為をしていたとして、その事実関係の調査に乗り出し、関係の従業員からの事情聴取を進めた結果、AがXに対してもハンカチの作成を依頼していたこと、およびXもまたY会社の従業員であるCらに対してハンカチの作成を依頼していたことなどが明らかとなった。

そこで、Y会社では、D人事課長らが、主としてAの就業規則違反の事実関係を明確に把握することを目的として、Xに対して事情聴取を行った。その事情聴取において、Xは、ハンカチの作成の有無や作成依頼者の氏名等について尋ねられたが、反問したり、返答を拒否したりする態度をとった。

そこで、Y会社は、Xが調査に協力しなかったことは、就業規則17条(「従業員は上長の指示に従い上長の人格を尊重して互に協力して職場の秩序を守り、明朗な職場を維持して作業能率の向上に努めなければならない」)等に違反していることを理由に、Xを懲戒譴責処分に付した。Xは、この処分が無効であるとして、譴責処分の付着しない労働契約上の権利を有することの確認を求めて訴えを提起した。1審は請求を認容したが、原審はXの請求を棄却した。そこで、Xは上告した。

●判旨●　原判決破棄、自判(Xの請求認容)。

Ⅰ　「企業秩序は、企業の存立と事業の円滑な運営の維持のために必要不可欠なものであり、企業は、この企業秩序を維持確保するため、これに必要な諸事項を規則をもって一般的に定め、あるいは具体的に労働者に指示、命令することができ、また、企業秩序に違反する行為があった場合には、その違反行為の内容、態様、程度等を明らかにして、乱された企業秩序の回復に必要な業務上の指示、命令を発し、又は違反者に対し制裁として懲戒処分を行うため、事実関係の調査をすることができることは、当然のことといわなければならない」。

Ⅱ　「しかしながら、企業が企業秩序違反事件について調査をすることができるということから直ちに、労働者が、これに対応して、いつ、いかなる場合にも、当然に、企業の行う調査に協力すべき義務を負っているものと解することはできない。けだし、労働者は、労働契約を締結して企業に雇用されることによって、企業に対し、労務提供義務を負うとともに、これに付随して、企業秩序遵守義務その他の義務を負うが、企業の一般的な支配に服するものということはできないからである」。

Ⅲ　以上の観点に立って考えれば、当該労働者が他の労働者に対する指導、監督ないし企業秩序の維持などを職責とする者であって、調査に協力することがその職務の内容となっている場合には、調査に協力することは労働契約上の基本的義務である労務提供義務の履行そのものであるから、調査に協力すべき義務を負うものといわなければならないが、それ以外の場合には、調査対象である違反行為の性質、内容、当該労働者の違反行為見聞の機会と職務執行との関連性、より適切な調査方法の有無等諸般の事情から総合的に判断して、この調査に協力することが労務提供義務を履行する上で必要かつ合理的であると認められない限り、調査協力義務を負うことはないものと解するのが相当である。

●解説●　判例上、使用者には企業秩序定立権があり、労働者には企業秩序遵守義務があるとされている(→【21】関西電力事件)が、本判決の判旨Ⅰは、企業秩序定立権の内容に、懲戒処分をするための事実関係の調査をする権限も含まれるとしている。ただし、この権限は無制約なものではなく(判旨Ⅱ)、具体的には、調査に協力することがその職務の内容となっている場合には、調査に協力すべき義務を負うが、それ以外の従業員については、調査対象である違反行為の性質、内容、当該従業員の違反行為見聞の機会と職務執行との関連性、より適切な調査方法の有無等を総合的に判断して、調査に協力することが労務提供義務を履行するうえで必要かつ合理的であると認められる場合にしか調査協力義務を負わないとしている(判旨Ⅲ)。そして、本件では、結論として、Xらは調査協力義務を負わないと判断された。

その後の判例では、企業秘密の漏洩について、その関係者と疑われた労働者から事情聴取が行われた事案で、その必要性、合理性が肯定されている(東京電力事件―最2小判昭和63年2月5日。労働者の精神的自由を侵害していないとして、慰謝料請求を棄却)。

＊［人事労働法74頁、121〜124頁］

29 懲戒事由(6)無許可副業—小川建設事件

東京地決昭和57年11月19日〔昭和57年(ヨ)2267号〕

無許可兼業を理由とする解雇は有効か。

●**事実**● 建設業を営むY会社の従業員Xは、午前8時45分から午後5時15分までA営業所で勤務していたが、ある時期、午後6時から午前0時までキャバレーで会計係などの仕事をしていた。このことを知ったY会社は、Xの行為は、無許可兼業を懲戒事由として定める就業規則の条項に該当するとし、本来は懲戒解雇にすべきところを普通解雇にとどめた。Xはこの解雇が無効であるとして、労働契約上の地位保全、および賃金の仮払いを求めて、仮処分を申し立てた。

●**決定要旨**● 申請却下。

Ⅰ 「労働者は労働契約を通じて1日のうち一定の限られた時間のみ、労務に服するのを原則とし、就業時間外は本来労働者の自由であることからして、就業規則で兼業を全面的に禁止することは、特別な場合を除き、合理性を欠く」。

Ⅱ 「しかしながら、労働者がその自由なる時間を精神的肉体的疲労回復のため適度な休養に用いることは次の労働日における誠実な労務提供のための基礎的条件をなすものであるから、使用者としても労働者の自由な時間の利用について関心を持たざるをえず、また、兼業の内容によっては企業の経営秩序を害し、または企業の対外的信用、体面が傷つけられる場合もありうるので、従業員の兼業の許否について、労務提供上の支障や企業秩序への影響等を考慮したうえでの会社の承諾にかからしめる旨の規定を就業規則に定めることは不当とはいいがた」い。

Ⅲ 「Xの兼業の職務内容は、Y会社の就業時間とは重複してはいないものの、軽労働とはいえ毎日の勤務時間は6時間に亘り、かつ深夜に及ぶものであって、単なる余暇利用のアルバイトの域を越えるものであり、したがって当該兼業がY会社への労務の誠実な提供に何らかの支障をきたす蓋然性が高いものとみるのが社会一般の通念であり、事前にY会社への申告があった場合には当然にY会社の承諾が得られるとは限らないものであったことからして、本件Xの無断二重就職行為は不問に付して然るべきものとは認められない」。

●**解説**● 1 副業(ないし兼業)は、就業時間外における活動であり、これは本来は労働者の自由にゆだねられている(決定要旨Ⅰを参照)。しかし、就業時間外の活動であっても、それが翌日の誠実な労務提供に影響する可能性があるし、副業の内容によっては、企業秩序を侵害したり、使用者の対外的信用や体面を低下させる危険性があるので、このような観点から副業を許可制にすると就業規則に定めることは不当といえない(決定要旨Ⅱ)。

本件では、軽労働とはいえ、深夜に及ぶ長時間の副業をしており、Xの誠実な労務提供に何らかの支障をきたす蓋然性が高いとして、解雇は有効と判断された(決定要旨Ⅲ)。

このほか、不正競業の防止や営業秘密の保持のために(競業避止義務や秘密保持義務の観点)、同業他社等での副業を規制することも許容される(同業他社での副業について懲戒解雇を有効とした裁判例として、東京メデカルサービス事件—東京地判平成3年4月8日等)。

実際には、就業規則で禁止されている副業には該当しない、あるいは業務に具体的な支障がないなど企業秩序の侵害が認められないとされて、懲戒事由該当性が否定されることも少なくない(平仙レース事件—浦和地判昭和40年12月16日、十和田運輸事件—東京地判平成13年6月5日等を参照)。

厚生労働省の発表している「モデル就業規則」(法的拘束力はない)における規定では、当初は副業・兼業は許可制であったが、現在では届出制とされ、ただし、①労務提供上の支障がある場合、②企業秘密が漏洩する場合、③会社の名誉や信用を損なう行為や、信頼関係を破壊する行為がある場合、④競業により、企業の利益を害する場合にのみ禁止または制限できるとする内容となっている。

2 政府の副業促進政策を受け、今後は副業を認める企業が増加していくことが予想される。そのため、副業による過重労働にともなう健康確保などが重要政策課題となっている。実際、労働時間の通算(労基法38条1項)の解釈・適用に関し、他事業主での労働時間の自己申告や事前の時間外労働の枠の設定(管理モデル)という簡便な手法が提示されている(「副業・兼業の促進に関するガイドライン」)。また労災保険法の2020年改正により、複数事業労働者(この概念については、同法1条を参照)は、全就業先の賃金を合算して保険給付を算定することとされ(同法8条3項)、また複数の就業先の業務上の負荷を総合的に評価した労災認定がなされることになった(複数業務要因災害と呼ばれる[同法7条1項2号])。なお、副業先との往復(事業場間の移動)中の災害も通勤災害に含めることは、すでに2005年の労災保険法の改正で実現している(7条2項2号)。

* [人事労働法73頁]

30　懲戒事由(7)内部告発—神社本庁事件

東京高判令和3年9月16日〔令和3年(ネ)1585号〕

> 宗教法人内部における法令違反行為の内部告発を理由とする懲戒解雇の有効性。

●**事実**●　宗教法人Yに雇用され部長職にあったXは、Y法人がその所有する職舎の売却契約をめぐり、Y法人の総長であるAらに背任行為があったとする本件文書を副総長と理事に手交した。その後、本件文書は、Y法人の事務所、県神社庁、神社やマスコミに郵送されたり、関係者に閲覧可能なSNSに掲載されたりした。また、Xは、知人の警部補に本件文書を交付して、疑惑解明のための相談もしていた。なお、Y法人の調査委員会は職舎の売却契約は不当とはいえないとし、またA総長は背任容疑で刑事告発されたものの、不起訴処分となった。Y法人は、Xの本件文書の手交などの行為は就業規則の懲戒事由に該当するとして、Xを懲戒解雇したところ、Xはその無効を主張して、訴えを提起した(原告はもう1人いるが省略)。1審はXの請求を認容したので、Y法人は控訴した。

●**判旨**●　控訴棄却(Xの雇用契約上の地位を確認)。
　Xの行為は懲戒事由に外形上は該当するが、公益通報者保護法に該当する通報対象事実を、Y法人の理事や関係者らに対し伝達する行為であるから、「その懲戒事由該当性及び違法性の存否、程度を判断するに際しては、公益通報者保護法による公益通報者の保護規定の適用及びその趣旨を考慮する必要がある」。
　同法の規定の趣旨に鑑みると、「①通報内容が真実であるか、又は真実と信じるに足りる相当な理由があり、②通報目的が、不正な利益を得る目的、他人に損害を加える目的その他の不正の目的でなく、③通報の手段方法が相当である場合には、当該行為がY法人の信用を毀損し、組織の秩序を乱すものであったとしても、懲戒事由に該当せず又は該当しても違法性が阻却されることとなり、また、①〜③の全てを満たさず懲戒事由に該当する場合であっても、①〜③の成否を検討する際に考慮した事情に照らして、選択された懲戒処分が重すぎるというときは、労働契約法15条にいう客観的合理的な理由がなく、社会通念上相当性を欠くため、懲戒処分は無効となると解すべきである」。

●**解説**●　1　使用者の不祥事を社外に告発(内部告発)した労働者は、秘密保持義務違反や使用者の名誉や信用を毀損したことなどを理由として解雇(懲戒解雇、普通解雇)や不利益な人事処分を受けたり、損害賠償が請求されたりすることがある。情報通信技術が高度に発達した今日は、内部告発はSNSを使ってなされ、情報の拡大の範囲や速度が飛躍的に高まっているため、それだけ会社への損害も大きくなりがちである。

他方、こうした内部告発があるからこそ、会社の不祥事が明るみにでることもある。このため、裁判例上も、形式的には就業規則に違反するような場合でも、その目的、手段、態様によっては、労働者の行為は正当化されるとしてきた。実際、本判決と類似の基準を適用して、懲戒解雇を無効としたり、会社に対する損害賠償請求を認めたりした裁判例があった(前者の例として、トナミ運輸事件—富山地判平成17年2月23日等、後者の例として、大阪いずみ市民生活協同組合事件—大阪地堺支判平成15年6月18日等)。
　今日では、公益通報者保護法により、公益通報をした労働者(退職後1年以内の者や役員も含む)には、解雇その他の不利益取扱いからの保護や民事免責などが認められている(5条、7条)。ただ同法は、通報対象事実が限定され(同法2条3項)、通報先に応じた要件もあり(3条。とくに労務提供先や行政機関以外の外部への通報は要件が厳格)、その適用例は少ない(ただし、同法の対象外でも労契法による保護など、他の法令による保護は受けられる[8条])。
　2　本判決は、本件が公益通報者保護法の通報対象事実である刑法上の犯罪(背任罪)に関係するものであることを踏まえ、懲戒解雇の権利濫用性の判断(労契法15条)において、公益通報者保護法の趣旨が考慮されるとし、具体的に3つの判断要素をあげた。すなわち本件では、判旨中の①について、XがAの背任の事実があったと信じるのに相当な理由があったこと(真実相当性)、②について、組織の破壊を目的としたり、Aに対する個人的な反感によったりするものではなかったこと(図利加害目的の欠如)、③について、結果として本件文書は広く配布されたものの、Xが交付したのは理事2人だけであったこと(通報手段の相当性)などを考慮して、懲戒解雇を無効とした(判旨外)。
　3　真実相当性の要件を充足するためには、その根拠を示さなければならないが、それが秘密情報のような場合には、その入手自体が就業規則に抵触することがあります。この場合、通報目的の公益性が高いことにより、情報入手の正当化をどこまでできるかが問題となる。裁判例には、不正融資疑惑の解明のために金融機関の信用情報という秘密情報にアクセスして、外部の者に漏洩した事案において、不正をただすという目的がある場合には、手段の違法性は大きく減殺されると述べたものがある(宮崎信用金庫事件—福岡高宮崎支判平成14年7月2日[懲戒解雇は無効])。
　4　公益通報者保護法は、2020年の改正で、事業者に、公益通報対応業務に従事する担当者の設置やその他の通報対応体制の整備を義務づけている(11条。後者の例として、通報窓口の設置などがあげられる)。会社法上の内部統制システムの構築義務(362条4項6号・5項)と並び、会社に求められるコンプライアンス(法令遵守)の重要性を示すものといえる。

＊［人事労働法124〜125頁(思考)］

31　懲戒事由(8)長期間の無断欠勤──日本ヒューレット・パッカード事件

最2小判平成24年4月27日〔平成23年(受)903号〕

> 精神的な不調により長期間無断欠勤した労働者に対する諭旨退職は有効か。

●事実●　Xは、電子計算機の製造等を業とするY会社のシステムエンジニアである。Xは、あるトラブルをきっかけに、加害者集団により日常生活を子細に監視され、職場の同僚らを通じて嫌がらせを受けているとの認識をもつようになり、それにより自らの業務に支障が生じ、自己に関する情報が外部に漏えいされる危険もあると考え、Y会社に調査を依頼した（なお、Xが主張している被害事実は、Xの被害妄想など何らかの精神的な不調によるもので、実際には事実として存在していないと認定されている）。

　しかし、Xは、Y会社から納得できる結果を得ることができず、またY会社に休職を認めるよう求めたものの認められず、逆に出勤を促すなどされたことから、自分自身が上記の被害に関する問題が解決されたと判断できない限り出勤しない旨をY会社に伝え、その後、有給休暇を取得した。Y会社は、Xの有給休暇の終了時に、Xに対して、Xの主張するような被害事実の存在は認められなかったという調査結果を伝え、翌日以降の出勤を促したが、Xはこれを拒絶し、その後約40日間、欠勤を続けた。

　Y会社は、Xのこの欠勤について、就業規則に規定する「正当な理由なしに無断欠勤引き続き14日以上に及ぶとき」という懲戒処分事由に基づき、Xを諭旨退職とすることを通知し、Xが退職届の提出に応じなかったため、解雇として扱った。

　Xは、Y会社による懲戒処分の効力を争って、訴えを提起した。1審はXの欠勤は就業規則で定める無断欠勤に該当し懲戒事由にあたるし、また懲戒処分の内容は、Xの欠勤が、職場放棄ともいうべき悪質なものであり、職場秩序を著しく乱したものであることが明らかであるとして、Xの請求を棄却した。しかし、原審は、Xの欠勤は正当な理由のない無断欠勤には該当しないので、懲戒事由該当性がないと判断し、Xの請求を認容した。そこで、Y会社は上告した。

●判旨●　上告棄却（Xの請求認容）。
　「精神的な不調のために欠勤を続けていると認められる労働者に対しては、精神的な不調が解消されない限り引き続き出勤しないことが予想されるところであるから、使用者であるY会社としては、その欠勤の原因や経緯が上記［筆者注：事実を参照］のとおりである以上、精神科医による健康診断を実施するなどした上で（記録によれば、Y会社の就業規則には、必要と認めるときに従業員に対し臨時に健康診断を行うことができる旨の定めがあることがうかがわれる。）、その診断結果等に応じて、必要な場合は治療を勧めた上で休職等の処分を検討し、その後の経過を見るなどの対応を採るべきであり、このような対応を採ることなく、Xの出勤しない理由が存在しない事実に基づくものであることから直ちにその欠勤を正当な理由なく無断でされたものとして諭旨退職の懲戒処分の措置を執ることは、精神的な不調を抱える労働者に対する使用者の対応としては適切なものとはいい難い。

　そうすると、以上のような事情の下においては、Xの上記欠勤は就業規則所定の懲戒事由である正当な理由のない無断欠勤に当たらないものと解さざるを得ず、上記欠勤が上記の懲戒事由に当たるとしてされた本件処分は、就業規則所定の懲戒事由を欠き、無効であるというべきである」。

●解説●　本判決は、労働者の精神的な不調による長期間の無断欠勤を、就業規則所定の懲戒事由である正当な理由のない無断欠勤に該当しないと判断した。本件では、Xが精神疾患に罹患していることを確認できる診断書は提出されていないが、そのような疑いがあれば、健康診断を実施し、その結果に応じて休職などを検討すべきであり、そうした対応をとらずに諭旨退職の懲戒処分をすることは、適切な対応ではないとされている。理論的には、懲戒事由該当性を認めたうえで、諭旨退職処分は相当でないから無効である（労契法15条）という処理の仕方も考えられるが、本判決は、懲戒事由に該当しないと判断した。そのため、本件で仮に譴責処分のような軽い懲戒処分がなされていたとしても、その処分は無効となっていた可能性がある。精神疾患が疑われる労働者の欠勤は、企業秩序を乱す行為とみてはならず、健康配慮を尽くすべき（労契法5条も参照）ということであろう。

　本判決は、精神的な不調のための長期欠勤と認められる労働者に対する判例であり、そうした事情のない通常の長期無断欠勤は、懲戒解雇事由となりえる（ホンダエンジニアリング事件──宇都宮地判平成27年6月24日等。遅刻や欠勤が著しく多い場合も同様［東京プレス工業事件──横浜地判昭和57年2月25日等］）。

＊　［人事労働法138頁］

32 懲戒事由(9)セクシュアル・ハラスメント—海遊館事件

最1小判平成27年2月26日〔平成26年(受)1310号〕

> 上司による部下の派遣労働者に対するセクハラ発言を理由とした出勤停止処分は有効か。

●**事実**● X₁はY会社の営業部サービスチームのマネージャーの職位にあり、X₂は同社の営業部課長代理の職位にあった。Aは営業部サービスチームの事務室内で勤務している女性従業員であり、B会社からの派遣労働者であった。

AはB会社の退職を決めたあと、退職前に、Y会社の営業部の副部長に対し、Xらにより、度重なる性的な発言を受けていたこと（たとえば、Aが1人で勤務している際、同人に対し、複数回、自らの不貞相手の話などの性的な話をしたこと）の相談をした。

Y会社は事実調査をしたうえで、X₁とX₂に対して、Xらの行為が、Y会社が全従業員に配布していたセクハラ禁止文書の定める禁止行為に該当し、就業規則上の「会社の秩序又は職場規律を乱すこと」という懲戒事由に該当するとして、X₁には30日間の出勤停止、X₂には10日間の出勤停止の懲戒処分をし、さらに、懲戒処分があった場合には降格されるとする就業規則の規定を根拠として、Xらを降格し、その賃金を減額した。

Xらは、懲戒処分の無効確認、降格前の地位の確認、未払賃金の支払いなどを求めて訴えを提起した。1審は、Xらの請求を棄却したので、Xらは控訴した。原審は、Xらの行為は懲戒事由には該当するものの、出勤停止処分は酷にすぎ権利濫用であるとし、降格も無効とした。そこで、Y会社は上告した。

●**判旨**● 原判決破棄、自判（1審判決を支持）。

Ⅰ 「同一部署内において勤務していた従業員Aらに対し、Xらが職場において1年余にわたり繰り返した……発言等の内容は、いずれも女性従業員に対して強い不快感や嫌悪感ないし屈辱感等を与えるもので、職場における女性従業員に対する言動として極めて不適切なものであって、その執務環境を著しく害するものであったというべきであり、当該従業員らの就業意欲の低下や能力発揮の阻害を招来するものといえる」。

Ⅱ 職場におけるセクハラ防止を重要課題と位置付けていたY会社の管理職であるにもかかわらず、職場内において1年余にわたり多数回のセクハラ行為等を繰り返したことは、その職責や立場に照らしても著しく不適切なものであり、さらにAが、Xらのこのような本件各行為が一因となって、退職を余儀なくされているなど、管理職であるXらが反復継続的に行った極めて不適切なセクハラ行為等がY会社の企業秩序や職場規律に及ぼした有害な影響は看過し難いものというべきである。

Ⅲ 「職場におけるセクハラ行為については、被害者が内心でこれに著しい不快感や嫌悪感等を抱きながらも、職場の人間関係の悪化等を懸念して、加害者に対する抗議や抵抗ないし会社に対する被害の申告を差し控えたりちゅうちょしたりすることが少なくないと考えられること」や各行為の内容等に照らせば、Aの態度から許されていると誤信していたとしても、そのことをもってXらに有利にしんしゃくすることは相当ではない。

●**解説**● 本件は、セクハラ（セクシュアル・ハラスメント）発言をした管理職に対する出勤停止の懲戒処分およびそれにともなう降格（非懲戒処分）の有効性が争われ、いずれも肯定された事件である。

職場でのセクハラについては、均等法11条1項により、事業主に対して、雇用管理上必要な措置を講じることが義務づけられており（→【133】福岡セクシュアル・ハラスメント事件［解説］）、また同条4項に基づき策定された「事業主が職場における性的な言動に起因する問題に関して雇用管理上講ずべき措置についての指針」（平成18年10月11日厚生労働省告示615号。その後の改正あり）には、「就業規則その他の職場における服務規律等を定めた文書における職場におけるセクシュアルハラスメントに関する規定等に基づき、行為者に対して必要な懲戒その他の措置を講ずること」があげられている。本件でのY会社のXらに対する措置は、この指針に則したものであろう（同様の指針は、パワハラなど他の類型のハラスメントにも策定されている）。

セクハラの懲戒事由該当性や不法行為の成立の判断においては、被害者の主観的な受けとめ方だけでなく、行為の客観的な評価も必要である。とくに発言型のセクハラについては、その発言がなされた状況や相手との関係性なども考慮に入れる必要があろう。本件では、Xらは、Aが目立った反発をしていなかったことから、自分たちの行為が許容されているものと誤信していたと主張し、原審はこの事情も考慮して懲戒処分などを無効と判断していた。しかし本判決は、この点はXらに有利には斟酌できないとし（判旨Ⅲ。いわゆるカスタマー・ハラスメントのケースで、被害者の無抵抗は、客とのトラブル回避目的であり、加害者に有利に評価すべきでないとした、加古川市事件—最3小判平成30年11月6日も参照）、むしろXらの行為は、Aらの人格的利益を侵害する態様であるだけでなく（判旨Ⅰ）、企業秩序や職場規律にも大きな影響を及ぼしていた（判旨Ⅱ）と判断した（なお、パリハラを理由とする降格処分を有効とした近時の裁判例として、東京三協信用組合事件—東京地判令和4年4月28日）。

＊［人事労働法144〜145頁］

33　転勤命令の有効性(1)—東亜ペイント事件

最2小判昭和61年7月14日〔昭和59年(オ)1318号〕

転勤命令は、どのような場合に有効となるか。

●**事実**●　Xは、塗料および化成品の製造、販売を行うY会社の従業員であり、入社当初から営業を担当していた。Y会社では、広島営業所の主任ポストに空きが生じたため、その後任として、当時、神戸営業所で主任待遇として勤務していたXに転勤を内示した。しかしXは、家庭の事情から転居をともなう転勤には応じられないと答えたため、Y会社は、名古屋営業所の主任を広島営業所の後任に充て、Xには名古屋営業所に転勤するよう説得した。Xはこれにも応じなかったが、Y会社はXの同意を得ないまま名古屋営業所への転勤を発令し（本件転勤命令）、Xはそれに従わなかったために懲戒解雇された。

Xの家庭では、保育所で保母として働いている妻（28歳）と2歳の子、さらに71歳のXの母がいて、この4人が堺市内にあるXの母名義の家に住んでいた。Xの母は健康で自活できる状況にあったが、生まれてから大阪を離れたことがなかった。

Xは、本件転勤命令は無効であり、懲戒解雇も無効であるとして、労働契約上の地位確認等を求めて訴えを提起した。1審および原審ともに、Xの請求を認容した。そこで、Y会社は上告した。

●**判旨**●　原判決破棄、差戻し。

Ⅰ　Y会社の労働協約および就業規則には、業務上の都合により従業員に転勤を命ずることができる旨の定めがあり、現にY会社では、従業員、特に営業担当者の転勤は頻繁に行われていること、大卒資格の営業担当者として入社したXとの間には、特に勤務地を限定する合意がないことから、Y会社はXの同意なしに勤務地を決定する権限を有するものというべきである。

Ⅱ　「転勤、特に転居を伴う転勤は、一般に、労働者の生活関係に少なからぬ影響を与えずにはおかないから、使用者の転勤命令権は無制約に行使することができるものではなく、これを濫用することの許されないことはいうまでもないところ、当該転勤命令につき業務上の必要性が存しない場合又は業務上の必要性が存する場合であっても、当該転勤命令が他の不当な動機・目的をもってなされたものであるとき若しくは労働者に対し通常甘受すべき程度を著しく超える不利益を負わせるものであるとき等、特段の事情の存する場合でない限りは、当該転勤命令は権利の濫用となるものではない」。

Ⅲ　「業務上の必要性についても、当該転勤先への異動が余人をもっては容易に替え難いといった高度の必要性に限定することは相当でなく、労働力の適正配置、業務の能率増進、労働者の能力開発、勤務意欲の高揚、業務運営の円滑化など企業の合理的運営に寄与する点が認められる限りは、業務上の必要性の存在を肯定すべきである」。

●**解説**●　配転には、勤務場所の変更（転勤）と職務内容の変更とがある（両者が同時に行われることもある）。本件で問題となったのは、前者の転勤である。

転勤命令の根拠については、学説上、議論があるが、判旨Ⅰは、労働協約や就業規則上の転勤条項があることに言及したうえで、Y会社では、全国にある営業所間の転勤が頻繁に行われていること、Xが大卒資格の営業担当者として入社していたこと、勤務地を限定する合意がなかったことから、Y会社に転勤命令権が認められるとしている（現在では、就業規則および労働協約の転勤規定の効力により［労契法7条、労組法16条］、転勤命令権を根拠づける立場が有力である）。

なお、勤務地を限定する合意があれば、転勤命令権は否定されることになる（就業規則の転勤規定との関係では、労契法7条ただし書が根拠となる。労働協約との関係では、有利原則の問題となる）。勤務地の限定は黙示的なものもありうるが、正社員の場合は、明示の合意がなければ勤務地の限定は認められにくいであろう（近年は、勤務地を限定した正社員制度を設ける企業も増えている）。なお、2023年の労基則改正で、就業場所と業務の変更範囲は、労働条件明示義務の対象に追加された（5条1項1の3号）。

転勤命令を発する根拠が認められる場合でも、個々の事情によっては、命令権の行使が権利濫用として無効と判断されることもある（労契法3条5項）。この点、判旨Ⅱは、転勤命令が権利濫用となる特段の事情の具体例として、①業務上の必要性が存しない場合、②不当な動機・目的がある場合、③通常甘受すべき程度を著しく超える不利益がある場合をあげている。

①については、判旨Ⅲが述べるように、高度の必要性は求められておらず、通常のローテーション人事であれば肯定されるであろう。②については、反労働組合的な目的、報復的な目的、退職を強要する目的などの場合がこれにあたる（新和産業事件—大阪高判平成25年4月25日［退職勧奨拒否に対する報復的配転を無効］等）。③については、裁判所はこれを容易には認めない傾向にある（→**【34】**ケンウッド事件）。

*　［人事労働法193〜195頁］

34　転勤命令の有効性(2)─ケンウッド事件

最3小判平成12年1月28日〔平成8年(オ)128号〕

> 共働きで育児を分担している夫婦の妻に対する、育児に支障をきたすような転勤は、「通常甘受すべき程度を著しく超える不利益」となるか。

●事実●　Xは、音響機器等の製造販売を目的とするY会社に雇用され、東京都目黒区青葉台の企画室で庶務の仕事に従事していた。Y会社は、八王子事業所において、生産の需要見通しが大幅に増加して人員を補充する必要が生じたため、即戦力となる製造現場経験者であり、かつ、目視の検査業務を行うことから40歳未満の者という人選基準を設けたところ、その基準に合致するのはXだけであった。そこでY会社は、Xに本件異動命令を出した。

Xは、本件異動命令の発令時、東京都品川区旗の台で夫と3歳の長男とともに生活していた。従来の青葉台の勤務場所までの通勤時間は約50分であり、港区の会社に勤務する夫の通勤時間は約40分であった。X夫妻は、分担して長男の保育園への送迎を行ってきたが、Xが八王子事業所に勤務することになると、通勤時間は約1時間45分となり、長男の保育園への送迎に支障が生じることになる。

Y会社は、Xが本件異動命令に従わなかったため、Xをまず1カ月の停職とし、停職期間満了後も欠勤を続けたので、懲戒解雇した。Xは、本件異動命令は権利濫用であり、懲戒解雇は無効であると主張して、労働契約上の権利を有する地位の確認等を求めて訴えを提起した。1審および原審ともに、Xの請求を認めなかったので、Xは上告した。

●判旨●　上告棄却（Xの請求棄却）。

Ⅰ　Y会社の就業規則には、「業務上必要あるとき従業員に異動を命ずる。なお、異動には転勤を伴う場合がある」との規定があり、Y会社は現に従業員の異動を行っている。また、XとY会社との間には就労場所を限定する旨の合意がなされたとは認められない。

それゆえ、Y会社は、個別的同意なしにXに対し東京都内での異動である八王子事業所への転勤を命じて労務の提供を求める権限を有する。

Ⅱ　転勤命令は、業務上の必要が存しない場合または業務上の必要性が存する場合であっても不当な動機・目的をもってされたものであるときもしくは労働者に対し通常甘受すべき程度を著しく超える不利益を負わせるものであるとき等、特段の事情の存する場合でないかぎりは、権利の濫用になるものではないというべきである。

Ⅲ　本件では、Y会社の八王子事業所においては、退職予定の従業員の補充を早急に行う必要があり、所定の人選基準を設けて、これに基づきXを選定して異動命令が出されたというのであるから、本件異動命令には業務上の必要性があり、これが不当な動機・目的をもってされたものとはいえない。

Ⅳ　また、本件異動命令によりXが負うことになる不利益は、必ずしも小さくはないが、なお通常甘受すべき程度を著しく超えるとまではいえない。

●解説●　転勤命令権が権利濫用となるかどうかの判断枠組みは、判旨Ⅱで示されているものであり、これは、先例を踏襲したものである（→【33】東亜ペイント事件）。本件で特に問題となっているのは、転勤により「通常甘受すべき程度を著しく超える不利益」が生じるかどうかである。

これまでの裁判例では、「通常甘受すべき程度を著しく超える不利益」を認めたものはほとんどないが、家族に病人がいて労働者がその看護をしなければならないような場合には、比較的広く認められてきた（たとえば、日本電気事件─東京地判昭和43年8月31日、ネスレ日本事件─大阪高判平成18年4月14日）。

本件は、共働きの家庭で、夫と3歳の子の保育園への送迎を分担していたXに対して転勤命令が出された事案で、この転勤により通勤時間が約50分から約1時間45分に延びるものであったが、本判決は、労働者の負う不利益は必ずしも小さくはないと認めたものの、「通常甘受すべき程度を著しく超える」とまではいえないと判断した（判旨Ⅳ）。

その後、育介法の2001年改正により、就業場所の変更を伴う異動については、育児や介護の状況に配慮しなければならないという規定が設けられており（26条）、これは転勤命令の権利濫用性の判断に影響を及ぼすものと考えられている（たとえば、明治図書出版事件─東京地決平成14年12月27日、NTT東日本事件─札幌高判平成21年3月26日。なお、2009年改正で、3歳未満の子を養育する労働者に対する短時間勤務制度も義務化されている〔23条1項、同法施行規則74条1項〕）。

さらに、労契法3条3項で、「仕事と生活の調和」（ワーク・ライフ・バランス）への配慮を定める規定も設けられていることから、現在では、労働者の生活上の利益を侵害するような転勤命令の権利濫用性について、使用者に厳しい判断がなされる可能性がある（なお、夫婦がともに従業員である会社において夫に対しのみ発せられた転勤命令について、妻が辞めないかぎり単身赴任となるものであるが、労働者の不利益に対して相当な配慮がなされていることなどを考慮して、有効と判断した判例として、帝国臓器製薬事件─最2小判平成11年9月17日）。

＊〔人事労働法194～195頁〕

35 職種変更命令の有効性──日産自動車事件

最1小判平成元年12月7日〔昭和63年(オ)513号〕

> 長期にわたって機械工として働いてきた工員を、別の職種に変更する命令は有効か。

●事実● Xら7名は、自動車会社であるY会社において、短い者でも十数年間、長い者では二十数年間、A工場でほぼ継続して機械工として就労してきた。Y会社は、世界の自動車業界の趨勢に対応して、自動車の生産体制を変更することにした。それにともないXらのいたA工場の機械工は仕事を失うことになり、他方で、同工場で生産することになった新型車のプレス加工、車体組立、塗装、艤装の要員が必要となったため、Xらにその職務への配転(本件異動)を命じた。Y会社は、公平な人事を行うために、異動対象者全員について、各人の経験、経歴、技能、個人的希望等を個別的に考慮することはいっさいせずに機械的に配転を行った。Xらは、この配転は権利濫用であるとして、A工場を就労場所とする機械工の地位にあることの確認等を求めて訴えを提起した。1審はXの請求を認容したが、原審(東京高判昭和62年12月24日)はXの請求を棄却した。そこで、Xらは上告した。

●判旨● 上告棄却(Xの請求棄却)。

「原審の適法に確定した事実関係のもとにおいて、Y会社が本件異動を行うに当たり、対象者全員についてそれぞれの経験、経歴、技能等を各別にしんしゃくすることなく全員を一斉にA工場の新型車生産部門へ配置替えすることとしたのは、労働力配置の効率化及び企業運営の円滑化等の見地からやむを得ない措置として容認しうるとした原審の判断は、正当として是認することができ、原判決に所論の違法はない」。

●解説● 職種変更についても、転勤の場合と同様に、その変更命令の根拠が問題となる。本件において、原審は、就業規則に職種変更の命令に関する根拠規定があること、Y会社で実際に職種変更が行われた例のあること、および、職種変更を含めた配転が増大する一般的趨勢にあることから、雇用契約における当事者の合理的意思解釈として、職種変更命令権が使用者に留保されていると判断をした(最高裁も、この判断を正当として是認できるとした。ただ、理論的には、転勤の場合と同様(→【33】東亜ペイント事件[解説])、就業規則の拘束力[労契法7条]から職種変更命令権を根拠づけることができるだろう)。

ただ、本件のようなブルーカラー(工員)において、特定の職種で長期間就労しているケースでは、時間的な経過にともない職種が限定されたと解する余地もあったと思われる。

もっとも、日本型雇用システムの下での正社員は、長期雇用が前提となっており、その職種での仕事がなくなった場合や本人がその職種で労務を遂行する能力が低下した場合などに、それを理由として解雇をするのではなく、雇用を維持するために職種を変更するという趣旨の合意が(黙示的に)成立していると解することができる場合が多いであろう。そのような場合には、使用者に職種変更権が留保されていると認めるのが労働契約の合理的な意思解釈となる(アナウンサーの職種限定の合意を認めなかったものとして、九州朝日放送事件──最1小判平成10年9月10日)。

一方、職種が限定されていたと解釈されれば、その合意が優先され(その理論構成は、就業規則の配転条項に拘束力を認める立場においては、労契法7条ただし書が根拠となる)、使用者は、職種変更命令を発することができないことになる(ただし、その場合でも正当な理由があれば配転命令を発することができるとする一般論を述べた裁判例として、東京海上日動火災保険事件──東京地判平成19年3月26日)。この場合、職種の変更のためには、変更解約告知(→【57】スカンジナビア航空事件[解説])によるなどして、労働者の同意を得る必要がある。

職種変更の命令権が認められても、権利の濫用となる場合には、その命令は無効となる。原審は、業務上の必要性が存在しており、他の不当な動機や目的がなく、労働者が通常受忍すべき程度を著しく超える不利益を負わせることになるなどの特段の事情がない場合には、権利濫用とはならないと述べている。これは、転勤命令の権利濫用性の判断に関する東亜ペイント事件(→【33】)の判旨Ⅱの枠組みと同じものである。不当な目的の典型例は、退職勧奨拒否に対する報復目的の配転である(たとえば、新和産業事件──大阪高判平成25年4月25日)。また、配転における労働者の不利益には、本人の能力や経験を活かす職務に就けない不利益も含まれるとする裁判例もある(プロクター・アンド・ギャンブル・ファー・イースト・インク事件──神戸地判平成16年8月31日、X社事件──東京地判平成22年2月8日、安藤運輸事件──名古屋高判令和3年1月20日等)。キャリア権の観点(→【7】読売新聞社事件[解説])からも、こうした裁判例の立場は妥当であろう。

* [人事労働法127〜128頁]

36　降格的配転—日本ガイダント事件

仙台地決平成14年11月14日〔平成14年(ヨ)160号〕

賃金の低下をともなう配転命令の有効性。

●事実●　Y会社は、医薬品等の製造、販売等を業とする会社である。Xは平成11年3月、Y会社との間で、賃金月額61万3000円とする内容の労働契約を締結し、A営業所の営業係長に配属された。

　Y会社の給与体系は、職階ごとに分類して給与等級を割り当てられており、等級の低い方から順に、PJ-⟨1⟩、P⟨1⟩ないしP⟨3⟩、M⟨1⟩ないしM⟨3⟩となっている。営業事務職はP⟨1⟩、営業職の主任はP⟨2⟩、営業職の係長はP⟨3⟩であり、Xは、Y会社入社以降、本件配転命令時点まで、A営業所の係長として稼働し、給与等級はP⟨3⟩であった。

　Y会社は、平成12年から、各営業職員ごとの売上目標額を設定することとした。Xの実績は平成13年におけるY会社の全国営業所のP⟨3⟩職員15名中、目標達成率で14位、売上実績では最下位であった。そこで、Y会社は、平成14年3月5日付け辞令により、同月11日をもってXを従前の営業職(給与等級P⟨3⟩)からA営業所事務職(給与等級P⟨1⟩)への本件配転命令を発し、給与等級を引き下げた。これにより、Xの賃金は月額31万3700円に減額された。

　Xは、配転命令とそれにともなう賃金減額が無効であるとして、労働契約上営業職としての地位を有することを仮に定めることなどを求めて仮処分を申し立てた。

●決定要旨●　一部認容、一部却下(配転命令は無効)。

　「従前の賃金を大幅に切り下げる場合の配転命令の効力を判断するにあたっては、賃金が労働条件中最も重要な要素であり、賃金減少が労働者の経済生活に直接かつ重大な影響を与えることから、配転の側面における使用者の人事権の裁量を重視することはできず、労働者の適性、能力、実績等の労働者の帰責性の有無及びその程度、降格の動機及び目的、使用者側の業務上の必要性の有無及びその程度、降格の運用状況等を総合考慮し、従前の賃金からの減少を相当とする客観的合理性がない限り、当該降格は無効と解すべきである。そして、本件において降格が無効となった場合には、本件配転命令に基づく賃金の減少を根拠付けることができなくなるから、賃金減少の原因となった給与等級P⟨1⟩の営業事務職への配転自体も無効となり、本件配転命令全体を無効と解すべきである(本件配転命令のうち降格部分

のみを無効と解し、配転命令の側面については別途判断すべきものと解した場合、業務内容を営業事務職のまま、給与について営業職相当の給与等級P⟨3⟩の賃金支給を認める結果となり得るから相当でない。)」。

●解説●　日本の正社員に多い職能資格制の下では、賃金と職務内容は直接的にリンクしていないので、職務内容が変更しても賃金額が変更することはない。したがって、従来より軽易な職務への配転が行われた場合であっても、賃金の引下げが当然に認められるわけではない(デイエフアイ西友事件—東京地決平成9年1月24日等を参照)。

　逆に、本件のように、職務内容と賃金とが連動している場合には、職務内容の変更が認められると、賃金も引き下げられることになる。このような降格的配転の場合の配転命令および降格の有効性は、どのように判断されるのであろうか。

　本決定は、本件のような降格的配転については、配転の面では使用者の人事権の裁量が広く認められるが、降格の面では、客観的合理性が厳格に問われるとし、降格が無効となる場合は配転も無効になると述べている。本件では、Y会社がXに退職勧奨を執拗に行っており、本件配転命令も、退職勧奨の一環として、給与等級の引下げを目的として行われたものであるという点が重視されて、無効という結論となった(決定要旨外)(退職勧奨目的での降格的配転のケースで、合理性のない能力評価に基づき給与減額がなされたことを理由に降格を無効と判断した裁判例として、日本ドナルドソン青梅工場事件—東京高判平成16年4月15日)。

　一般的には、職務内容と賃金とが連動している場合、労働者の労働能力の低下や業務上の要請等から、低位の職務内容への変更の必要性があり、それにともない賃金の減額が行われたという場合には、変更の必要性の程度と賃金の減少幅を比較考量しながら、配転命令(それにともなう降格)の有効性(権利濫用性)の判断が行われることになろう【33】東亜ペイント事件の判断枠組みを用いてこうした判断を行ったものとして、日本たばこ産業事件—東京地判平成27年10月30日[結論は有効]。なお、配転の有効性を認めながらも、それに対応したグレードへの降格は人事権の濫用とした裁判例として、コナミデジタルエンタテインメント事件—東京高判平成23年12月27日)。一方、役職の降格にともない、職務内容が変更され、それによって賃金(役職手当等)が減額された場合は、降格についての使用者の裁量が広いことから、配転の有効性は認められやすいであろう。

＊［人事労働法159〜161頁］

37 出向命令の有効性──新日本製鐵事件

最2小判平成15年4月18日〔平成11年(受)805号〕

> 他社への業務委託による経営主体の変更にともなう
> 出向命令は有効か。

●**事実**● Y会社の従業員であるXら2名は、Y会社がA製鉄所の一定の業務をY会社の業務協力会社であるB会社に委託することになったため、B会社に期間3年の出向を命じられた。Y会社の就業規則には、「会社は従業員に対し業務上の必要によって社外勤務をさせることがある」という規定があった。また、Xらの所属するC労働組合とY会社との間で締結された労働協約にも、同様の社外勤務規定があり、さらに、C組合の上部組織であるD連合会とY会社の間でも社外勤務協定が締結されていた。

本件の出向措置をとるうえで、Y会社は、C組合の同意を得たのち、具体的な基準を立て、Xらを含む141名を選んだ。Y会社は選択された従業員に対し、個別に出向先での労働条件を提示して話合いを実施したところ、Xらを含む4名だけが出向に同意しなかった。Xらは不承諾のまま、出向措置に従ったうえで、出向命令の無効確認を求めて訴えを提起した。その後、出向措置は、3年ずつ3回延長されており、控訴審ではそれらの出向命令(当初分も含めて本件各出向命令という)の無効確認請求も追加された。1審および原審ともに、Xらの請求を棄却したので、Xらは上告した。

●**判旨**● 上告棄却(Xらの請求棄却)。

Ⅰ ①本件各出向命令は、Y会社が一定の業務を協力会社であるB会社に業務委託することにともない、委託される業務に従事していたXらにいわゆる在籍出向を命ずるものであること、②Xらの入社時および本件各出向命令発令時のY会社の就業規則には社外勤務規定があること、③Xらに適用される労働協約にも社外勤務条項として同旨の規定があり、労働協約である社外勤務協定において、社外勤務の定義、出向期間、出向中の社員の地位、賃金、退職金、各種の出向手当、昇格・昇給等の査定その他処遇等に関して出向労働者の利益に配慮した詳細な規定が設けられていること、という事情がある。

以上のような事情の下においては、Y会社は、Xらに対し、その個別的同意なしに、本件各出向命令を発令することができる。

Ⅱ Y会社のしたB会社への業務委託の経営判断は合理性を欠くものとはいえず、これに伴い、委託される業務に従事していたY会社の従業員につき出向措置を講ずる必要があったということができ、出向措置の対象となる者の人選基準には合理性があり、具体的な人選についてもその不当性をうかがわせるような事情はない。また、本件各出向命令によってXらの従事する業務内容や勤務場所には何らの変更はなく、上記社外勤務協定の規定等を勘案すれば、Xらがその生活関係、労働条件等において著しい不利益を受けるものとはいえない。そして、本件各出向命令の発令に至る手続に不相当な点があるともい

えない。これらの事情にかんがみれば、本件各出向命令が権利の濫用に当たるということはできない。

●**解説**● 出向とは、労働者が、使用者との労働契約関係を存続させたまま、他の使用者の下で労務に従事することを指す。出向命令の法的根拠としては、民法625条1項に基づき、労働者の承諾を必要とする見解が多い。また使用者の権利の譲渡には該当しないとして同項の適用を否定しても、出向は労務提供先(指揮命令権の行使主体)という重要な労働条件の変更となるので、労働者の同意は必要となる。もっとも、そこでいう承諾ないし同意が、どの程度のものである必要があるか(具体的・個別的でなければならないか、包括的でよいかなど)については、見解が分かれる。

本判決は、結論として、労働者の個別的同意なしに出向命令を発することができるとした(判旨Ⅰ)。その一方、就業規則や労働協約の規定だけで、出向命令を発することができるとは判断していない。本件では、Y会社の業務がアウトソーシングされ、そこで業務に従事していた従業員にとってはY会社での仕事がなくなってしまった(他方、出向しても、業務内容や勤務地に変更が生じない)という事情があり、本判決が、出向一般について、個別的同意を不要とする立場をとったとみるべきではないであろう(もっとも、就業規則の出向規定に合理性を認め、それが、出向命令の根拠となると解することはできよう〔労契法7条〕)。使用者に出向命令権があるとしても、その権利が濫用となる場合には無効となる。(判旨Ⅱ)。現在では、これは、労契法14条に基づき判断される。出向命令が権利濫用とされる典型例は、出向により労働条件が大幅に低下する場合や労働者に生活上の著しい不利益が生じる場合である(リコー事件──東京地判平成25年11月12日も参照)。

出向元と出向先が、出向中の労働者との間の権利義務をどのように分担するかは、出向中の労働者も含めた当事者間の合意により決定されるべき事柄である。通常は、基本的な労働契約関係は出向元との間にあるので、解雇などの労働契約の解消に関する権限は出向元に留保されていると解されよう。また、労基法等の労働保護法の適用関係については、出向元と出向先のうち、当該事項について実質的に権限を有するほうが使用者としての責任を負うと解すべきであろう。裁判例には、安全配慮義務(労契法5条)やセクシュアル・ハラスメントについての責任を、出向先が負うとしたものがある(協成建設工業ほか事件──札幌地判平成10年7月16日、横浜セクシュアル・ハラスメント事件──東京高判平成9年11月20日等)。一方、出向先での過労等による健康障害について、予見可能性と回避可能性が肯定できる範囲で出向元も安全配慮義務を負うとし、その違反を認めたものもある(ネットワークインフォメーションほか事件──東京地判平成28年3月16日)。

出向から復帰させることについては、原則として労働者の同意は不要である(古河電気工業・原子燃料工業事件──最2小判昭和60年4月5日)。

* 〔人事労働法132～134頁〕

38　転籍命令の有効性—国立循環器病研究センター事件

大阪地判平成30年3月7日〔平成28年(ワ)7385号〕

> 使用者は、労働者の同意なしに転籍を命じることができるか。

●事実●　Yは、厚生労働省直轄の部局を前身とする独立行政法人（独法）の1つの国立研究開発法人であり、A機構は、厚生労働省直轄の療養所を前身とする独法である（いずれも非公務員型の独法）。Xは、国家公務員（厚生事務官）として、A機構の前身の組織で勤務し、A機構の独立行政法人化にともない、A機構の職員となり、その後、A機構の指示でY法人で就労するようになった。その際には、国家公務員としての地位を喪失し、非公務員となることから、A機構を退職し、Y法人で採用されるという手続がとられた。Y法人は、Xに対して、A機構（Bセンター）への人事異動命令を発令したが、Xは妻の病気のことなどを理由に勤務地の変更に応じられないとした。Y法人側はXの言う理由は人事異動拒否の正当な理由にあたらないとして、Xを諭旨解雇とし、また辞職願を出さなかったことから懲戒解雇とした。Xは、雇用契約上の権利を有する地位の確認などを求めて訴えを提起した。

●判旨●　請求認容。

I　「労働契約の解約と新たな労働契約の締結を内容とする転籍出向については、転籍元に対する労働契約上の権利の放棄という重大な効果を伴うものであるから、使用者が一方的に行うことはできず、労働者自身の意思が尊重されるべきであるという点に鑑みて、労働者の個別の同意が必要であると解するのが相当である」。

II　「転籍出向の趣旨内容及び転籍出向が労働者に及ぼす影響等に鑑みれば、転籍出向に係る労働者の同意については、個別の同意を必要とし、包括的な同意で足りると解することはできない」。

●解説●　転籍は、出向と同様、他の会社の業務に従事するものであるが、元の使用者との労働契約関係が解消される点で、出向とは区別される。転籍の法律構成としては、使用者の地位を譲渡するというタイプ（地位譲渡型）と転籍元会社との労働契約を合意解約して、転籍先会社と新規に労働契約の締結をするという

タイプ（新規契約締結・解約型）とがある。地位譲渡型においては民法625条1項の適用により労働者の承諾が必要であるし、新規契約締結・解約型においても、労働契約の合意解約、新規締結のいずれにも、労働者の同意は必要である。したがって、転籍は、法律構成のいかんを問わず、労働者の同意が必要となる。判旨Iも、この立場である（このほか、三和機材事件—東京地決平成4年1月31日等も同旨。なお、→【37】新日本製鐵事件〔判旨外〕も、転籍の場合には個別的同意が必要であることを前提とした判断をしている）。

問題は、労働者の同意が、どの程度、具体的・個別的なものである必要があるかである。転籍には転籍元会社を退職するという重大な効果があることから、労働者のその都度の具体的同意が必要となるという考え方もある（裁判例として、日本電信電話事件—東京地判平成23年2月9日）。もっとも、将来起こりうる転籍について、転籍後の労働条件などを労働者に具体的に説明していて、その労働者が真に納得して同意しているという事情があれば、事前の同意であってもよいであろう（その場合でも、実際に行われた転籍が権利濫用であるとして無効とされることはありうる）。裁判例には、入社面接の際に人事部長から当該転籍先企業への転籍がありうる旨の説明を受けていて、労働者がそれに異議のない旨の応答をしていたという事案で、事前の包括的同意があったとして転籍命令を有効と認めたものがある（日立精機事件—千葉地判昭和56年5月25日）。

一方、本判決は、新規契約締結・解約型の転籍について、転籍元に対する労働契約上の権利の放棄という重大な効果をともなうことなどを考慮して、個別的同意を要するとする（判旨I、II）。本件では、Xの同意を欠いているので、人事異動命令は無効とされた。また、Y法人では、法人化の前から、厚生労働省系の組織として頻繁な人事異動がなされていたが、そうした経緯は、同意の必要性の判断に影響しないとされた。なお本判決は、傍論であるが、本件が出向であっても、配偶者の病状などの生活上の事情、業務上の必要性が高度でないローテーション人事にすぎないことなどから権利濫用となるし（労契法14条）、またXが自身のそうした事情を再三説明していたことも考慮し、諭旨解雇は重すぎると判断している（同法15条。判旨外）。

＊〔人事労働法134～135頁〕

39　傷病休職—JR東海事件

大阪地判平成11年10月4日〔平成10年(ワ)3014号〕

> 傷病休職期間満了時において従来の職務に復帰できない労働者を退職扱いとすることはできるか。

●事実●　鉄道事業を営むY会社の従業員で、車両の整備業務等に従事してきたXは、脳内出血で倒れ私傷病欠勤となり、欠勤日数が180日を超えたので、就業規則に基づき病気休職を命じられた。就業規則では、病気休職の期間は3年以内であり、期間満了時に復職できない場合には、退職すると定められていた。Xの休職期間が3年となったところ、Xは復職の意思を表示していたが、Y会社内の判定委員会は復職不可能と判定し、Y会社はその判定に基づきXを退職扱いとした。そこで、Xは、この退職扱いは違法であるとして従業員としての地位確認等を求めて訴えを提起した。

●判旨●　請求認容。
　I　「労働者が私傷病により休職となった以後に復職の意思を表示した場合、使用者はその復職の可否を判断することになるが、労働者が職種や業務内容を限定せずに雇用契約を締結している場合においては、休職前の業務について労務の提供が十全にはできないとしても、その能力、経験、地位、使用者の規模や業種、その社員の配置や異動の実情、難易等を考慮して、配置替え等により現実に配置可能な業務の有無を検討し、これがある場合には、当該労働者に右配置可能な業務を指示すべきである。そして、当該労働者が復職後の職務を限定せずに復職の意思を示している場合には、使用者から指示される右配置可能な業務について労務の提供を申し出ているものというべきである」。
　II　「身体障害等によって、従前の業務に対する労務提供を十全にはできなくなった場合に、他の業務においても健常者と同じ密度と速度の労務提供を要求すれば労務提供が可能な業務はあり得なくなるのであって、雇用契約における信義則からすれば、使用者はその企業の規模や社員の配置、異動の可能性、職務分担、変更の可能性から能力に応じた職務を分担させる工夫をすべきであり、Y会社においても、例えば重量物の取り扱いを除外したり、仕事量によっては複数の人員を配置して共同して作業させ、また工具等の現実の搬出搬入は貸出を受ける者に担当させるなどが考えられ、Y会社の企業規模から見て、Y会社がこのような対応を取り得ない事情は窺えない。そうであれば、少なくとも工具室における業務についてXを配置することは可能であ」る。

●解説●　休職は、法律上の制度ではなく、就業規則や労働協約によって定められる制度である。休職には、

本件で問題となった傷病（病気）休職以外に、傷病以外の自己都合による事故などを理由とする事故欠勤休職、起訴休職（→【40】全日本空輸事件）等がある。
　傷病休職については、期間満了時に傷病が治癒しておらず就業が困難な場合に自動（自然）退職（あるいは解雇）と定められているときに、そのような取扱いが有効であるかが問題となる。
　本判決は、使用者による復職の可否の判断は、労働者の職種や業務内容が限定されていない場合には、休職前の業務について労務の提供が十全にはできないとしても、配置替え等により現実に配置可能な業務がある限り、その業務に配置すべきであると判断している（判旨I）。これは、片山組事件最高裁判決（→【89】）の影響を受けた判示である（精神障害の事案で同様の判断をした裁判例として、キヤノンソフト情報システム事件—大阪地判平成20年1月25日）。現実に配置可能な業務の存否（復職可能性の有無）は、Y会社のような大企業では認められやすいであろう。実際、本件でも、退職扱いは就業規則に反して無効であるとしている（判旨IIを参照）。
　傷病休職には、解雇猶予措置としての意味もあるので、休職期間満了後の解雇や自動退職は容易に認められることになりそうだが、正社員に対する雇用保障を重視すると、私傷病により長期欠勤している場合であっても、本人の意に反する雇用終了をできるだけ回避する解釈がとられることになろう（ただし、労契法16条の準用までは認められないであろう［日東電工事件—大阪高判令和3年7月30日も同旨］）。また、本件と異なり、労働者の業務等が限定されている場合でも、他の就業可能な業務での雇用継続を検討すべきとする解釈もありえよう（カントラ事件—大阪高判平成14年6月19日も参照）。
　休職期間中に、労働者が復職可能な状態に回復したかを判断するために試し出勤させることがある（綜企画設計事件—東京地判平成28年9月28日を参照）。この場合でも就労の実態をもつものであれば通常の労働者と同じ法的扱いとなる（たとえば、NHK名古屋放送局事件—名古屋高判平成30年6月26日［最低賃金の適用を肯定］）。
　休職者が障害者に該当する場合には、使用者は復職に向けて合理的配慮をする必要があり（障害者雇用促進法36条の3）、これを果たしていなければ、退職扱いは無効と解される可能性がある（ただし、過重な負担が及ぶ場合はこの限りではない。なお、合理的配慮をしていたとして退職扱いを有効とした裁判例として、日本電気事件—東京地判平成27年7月29日、日東電工事件・前掲）。また、本人が特定の業務への復職を希望する場合には、使用者の配慮の範囲はそれに限定されるとする裁判例もある（日東電工事件・前掲）。

＊［人事労働法137〜139頁］

40　起訴休職—全日本空輸事件

東京地判平成11年2月15日〔平成9年（ワ）16844号〕

私生活において、傷害事件を起こして略式起訴された航空機機長に対する無給の長期の起訴休職処分は有効か。

●**事実**●　定期航空運送事業等を営むY会社の機長資格操縦士であるXは、平成8年4月22日に、以前から男女関係のあったY会社の元客室乗務員Aに対して傷害を負わせたとの被疑事実により逮捕され、同24日に公訴提起され、同日罰金10万円の略式命令を受けて釈放された。Y会社は、Xに対して、翌25日に乗務停止の措置をとり、同年5月20日に無給の休職に付した（本件休職処分）。

Xは、同年5月7日に正式裁判の請求をし、平成9年11月20日に無罪判決が出された。Xは、同月28日に復職し、その後は機長として乗務している。Xは、本件休職処分が無効であることの確認、および、休職期間中の未払賃金の支払いを求めて訴えを提起した。

●**判旨**●　一部認容（休職処分は無効）。

I　Y会社の就業規則における「起訴休職制度の趣旨は、刑事事件で起訴された従業員をそのまま就業させると、職務内容又は公訴事実の内容によっては、職場秩序が乱されたり、企業の社会的信用が害され、また、当該従業員の労務の継続的な給付や企業活動の円滑な遂行に障害が生ずることを避けることにあると認められる。したがって、従業員が起訴された事実のみで、形式的に起訴休職の規定の適用が認められるものではなく、職務の性質、公訴事実の内容、身柄拘束の有無など諸般の事情に照らし、起訴された従業員が引き続き就労することにより、Y会社の対外的信用が失墜し、又は職場秩序の維持に障害が生ずるおそれがあるか、あるいは当該従業員の労務の継続的な給付や企業活動の円滑な遂行に障害が生ずるおそれがある場合でなければならず、また、休職によって被る従業員の不利益の程度が、起訴の対象となった事実が確定的に認められた場合に行われる可能性のある懲戒処分の内容と比較して明らかに均衡を欠く場合ではないことを要する」。

II　Xは身柄を拘束されておらず、公判期日への出頭も有給休暇の取得により十分に可能であり、Xが労務を継続的に給付するにあたっての障害は存しない。また、Xが逮捕されて略式命令を受けた日から約1カ月が経過している時点では、Xの労務の継続が安全運行に影響を与える可能性を認めるに足りる証拠はない。

また、Y会社の対外的信用の失墜のおそれについては、本件はY会社の業務とは関係のない、男女関係のもつれが原因で生じたものであり、X逮捕の事実については、マスコミも、報道することが相当な公益にかかわる事件ではないと判断して報道しなかった。職場秩序に与える影響についても、客室乗務員は専門的職業意識に基づき自らの業務を遂行するものなので、本件のようなY会社の業務外の時間・場所で生じた偶発的なトラブルによって、機長との信頼関係が維持不能な状況となるとはいえない。

III　Xが仮に有罪となった場合に付される可能性のある懲戒処分の内容も、解雇は濫用とされる可能性が高く、他の懲戒処分の内容も、降転職は賃金が支給され、出勤停止も1週間を限度としており、減給も賃金締切期間分の10分の1を超えないとされていることと比較して、無給の休職処分は著しく均衡を欠くものというべきである。

IV　本件休職処分は無効であり、Xは民法536条2項により賃金請求権を失わない。

●**解説**●　起訴休職制度の趣旨は、「職場秩序が乱されたり、企業の社会的信用が害され、また、当該従業員の労務の継続的な給付や企業活動の円滑な遂行に障害が生ずることを避けることにある」（判旨I）。したがって、起訴されただけで、当然にその労働者に対する休職処分が認められるものではない。特に労働者の身柄が拘束されておらず、就労を継続することにより業務の遂行に影響を及ぼす可能性が小さかったとされる本件の事情を考慮すれば、休職命令の妥当性は疑問が残るものであった（判旨IIを参照）。

また、本判決は、起訴休職処分の内容は、起訴された事件が仮に有罪になった場合に課されるであろう懲戒処分の内容と比べて明らかに均衡を欠かないものでなければならないとする（判旨I）。Y会社では、出勤停止は1週間が限度であり、減給も賃金締切期間分の10分の1以下とされていること（労基法91条を参照）からすると、1年6カ月に及ぶ無給の休職処分は重すぎることになろう（判旨IIIを参照）。

休職が無効の場合には、解雇の場合と同様、労働者の労働債務は、使用者の受領拒否による履行不能となり、使用者に帰責事由も認められることから、労働者には、民法536条2項に基づき全額の賃金請求権が認められることになる（判旨IV）。なお、休職期間中の賃金は、休職事由が使用者側の都合によるものである場合（起訴休職もこれに含まれる）、無給とする就業規則の規定の合理性は否定されるであろう（労契法7条。労基法26条をふまえると平均賃金の6割以上の支払いが必要となろう）。

なお、起訴休職には解雇猶予の機能があることを重視し、2年の上限期間の満了後の解雇を有効とした裁判例もある（大阪大学事件—大阪高判平成30年4月19日）。また、休職期間中でも状況によっては解雇や懲戒処分を行うことは可能であろう。

＊［人事労働法139〜140頁］

41 昇進・昇格差別──芝信用金庫事件

東京高判平成12年12月22日〔平成8年(ネ)5543号・5785号、平成9年(ネ)2330号〕

> 昇格差別を受けた女性労働者に、昇格請求権は認められるか。

●事実● Y信用金庫は、昭和43年に年功序列型人事制度を改めて、職能資格制度を導入した。新制度においては、格付けは職員の職務遂行能力に対応して行われ、処遇は資格ごとの賃金体系により決定された。同53年には、資格の付与につき、昇格試験制度を導入した。しかし、昇格試験制度の導入後も、「主事」自動昇格制度を導入したり、男性職員に対してのみ、昇格試験の結果に関係なく「副参事」(課長職)に昇格させたり、試験なしに上位に抜擢昇格させたりしていた。

Xらは、Y信用金庫の少数組合であるA労働組合に所属する女性職員であるが、Xらと同期同給与年齢の男性職員は、ほぼ全員が副参事に昇格していたのに対して、Xらは「主事(係長職)」にとどまっていた。

Xらは、女性であることを理由に同期同給与年齢の男性と比較して昇格と昇進において差別を受けたとして、副参事への昇格の確認および昇格時以降の差額賃金の支払いなどを求めて訴えを提起した。原審は、Xらの請求を認容した(なお、課長の職位にあることの確認も求めたが、これは認められなかった)。XらとY信用金庫双方が控訴した。

●判旨● 原判決変更(副参事への昇格の確認請求等については、Xらの請求を認容)。

Ⅰ 本件は、女性であることを理由として、Xらの賃金について直接に差別した事案ではないが、「資格の付与が賃金額の増加に連動しており、かつ、資格を付与することと職位に付けることとが分離されている場合には、資格の付与における差別は、賃金の差別と同様に観念することができる。そして、特定の資格を付与すべき『基準』が定められていない場合であっても、右資格の付与につき差別があったものと判断される程度に、一定の限度を越えて資格の付与がされないときには、右の限度をもって『基準』に当たると解することが可能であるから、同法〔筆者注:労基法〕13条ないし93条の類推適用により、右資格を付与されたものとして扱うことができると解するのが相当である」。

Ⅱ 「Y信用金庫においては、副参事の受験資格者である男性職員の一部に対しては、副参事昇格試験等における人事考課において優遇し、優遇を受けた男性職員が昇格試験導入前においては人事考課のみの評価により昇格し、昇格試験導入後はその試験

に合格して副参事……に昇格を果たしているのであるから、女性職員であるXらに対しても同様の措置を講じられたことにより、Xらも同期同給与年齢の男性職員と同様な時期に副参事昇格試験に合格していると認められる事情にあるときには、Xらが副参事試験を受験しながら不合格となり、従前の主事資格に据え置かれるというその後の行為は、労働基準法13条の規定に反し無効となり、Xらは、労働契約の本質及び労働基準法13条の規定の類推適用により、副参事の地位に昇格したのと同一の法的効果を求める権利を有するものというべきである」。

●解説● 昇進(役職や職位の引上げ)または昇格(職能資格制度における資格や等級の引上げ)において、労基法3条に反するような差別や男女差別(均等法6条1号等)が行われた場合、まず考えられる救済方法は、これまでの差別により被った損害の賠償である(社会保険診療報酬支払基金事件──東京地判平成2年7月4日等を参照)。しかし、こうした差別に対しては、それにより生じた現存の格差を将来に向けて是正するのでなければ、抜本的な救済とはならない。そのため、本件のように、差別を受けた労働者が、差別がなければ就いていたであろう資格への昇格および職位への昇進を求めることができるのかが問題となった。

本件では、原審は、課長の職位への昇進については、使用者の経営上の専権事項であるとして、Xらの請求を棄却した(控訴審では、この点は争われていない)が、昇格については、Xらの請求を認めた。昇進と昇格の違いは、前者が、企業組織のラインにおける役職や職位の上昇を指すのに対して、後者は、職能資格の上昇を指し、それにより基本給も上昇するという点にある。その意味で、男女間の昇格差別は、賃金差別(労基法4条を参照)としての一面をもつことになる。

従来の裁判例は、昇格も使用者の人事上の裁量によるので、昇格請求(課長職にあることの確認請求)までは認められないとしていた(前掲・社会保険診療報酬支払基金事件等)。しかし、本判決は、資格の付与における差別は賃金差別と同視できるとし、労基法13条ないし93条(現在の労契法12条)の類推適用により、昇格請求が認められるとの判断を示した(原審は、就業規則上の均等待遇規定と労使慣行を根拠として同様の結論を導いていた)。もっとも、判旨Ⅰのいう「基準」は、労基法13条の普通の解釈からすると、かなり無理があるという印象は否めない。その後の裁判例も、こうした解釈は採用していない(野村證券事件──東京地判平成14年2月20日等も参照)。

＊〔人事労働法158〜159頁〕

42　職能資格の降格──アーク証券事件

東京地決平成8年12月11日〔平成8年(ヨ)21134号〕

> 降格による賃金の引下げは、どのような場合に有効となるか。

●**事実**●　Xら2名は、証券会社であるY会社の営業社員であった。Y会社は、経常利益等が赤字となったため、リストラ策を実施し経費削減に努めていた。Y会社の就業規則には、昇減給の定めがなかったが、平成6年4月1日、就業規則を改訂し、「社員の給与については、別に定める給与規定による」と定め、別途、給与規定を新設した。新給与規定には、昇減給について、「昇減給は社員の人物、能力、成績等を勘案して、……基準内給与の各種類について、年1回ないし2回行う。但し事情によりこれを行わないことがある」と定められていた。

X$_1$の給与は、就業規則改訂以前(平成4年4月当時)は、6級11号俸であり、職能給と諸手当を合わせると月額計60万円であったが、平成4年5月以降、勤務成績不振を理由に、毎年、等級が降格され、職能給が低下していった。平成8年5月には、4級3号俸(主任)に降格され、給与は合計で月額28万2500円となり、同年10月9日には、さらなる降格も通告された(X$_2$も同様に、54万4500円から23万500円へと給与が引き下げられた)。そこで、Xらは、平成4年5月以降の降格は無効であるとして、差額賃金分の仮払いなどの仮処分を申し立てた。

●**決定要旨**●　一部認容(降格は無効)。

Ⅰ　「使用者が、従業員の職能資格や等級を見直し、能力以上に格付けされていると認められる者の資格・等級を一方的に引き下げる措置を実施するにあたっては、就業規則等における職能資格制度の定めにおいて、資格等級の見直しによる降格・降給の可能性が予定され、使用者にその権限が根拠づけられていることが必要である」。

Y会社は、平成4年5月以降、就業規則等の根拠がないにもかかわらず、Xらの降格処分を行い、その職能給を減給しているが、この取扱いは無効である。

Ⅱ　「Y会社において行われている『降格』は、資格制度上の資格を低下させるもの(昇格の反対措置)であり、一般に認められている、人事権の行使として行われる管理監督者としての地位を剥奪する『降格』(昇進の反対措置)とはその内容が異なる。資格制度における資格や等級を労働者の職務内容を変更することなく引き下げることは、同じ職務であるのに賃金を引き下げる措置であり、労働者との合意等により契約内容を変更する場合以外は、就業規則の明確な根拠と相当の理由がなければなしえるものではな」い。

Ⅲ　平成6年4月1日以降は、Y会社の就業規則が改訂され、昇減給について定める新給与規定が設けられている。この規定が、降給・減給を根拠づけるものとなるかは、就業規則の合理的変更法理により判断される。

新給与規定は、降格・減給をも基礎づけるものであり、これはXらにとって賃金に関する不利益な就業規則の変更にあたるから、この規定をXらに対し適用するためには、高度の必要性に基づいた合理的な内容のものといえなければならないが、高度の必要性およびその合理性につき主張および疎明がない。したがって、新給与規定は、平成6年4月以降の降格・減給につき根拠となりえない。

●**解説**●　一般に、降格とは、決定要旨Ⅱも述べるように、職能資格制度における資格や等級の引下げ(昇格の反対)と人事権の行使として行われる役職や職位の引下げ(昇進の反対)とに分けられ、本件では、前者の意味での降格の有効性が争われている(後者の降格に関する裁判例としては、【2】バンク・オブ・アメリカ・イリノイ事件、【43】東京都自動車整備振興会事件等)。

職能資格制度における降格は、使用者が一方的に行うことは認められず、労働者との合意があるか、就業規則の明確な根拠と相当の理由がなければならないとされる(決定要旨Ⅰ、Ⅱ)。通常は労働者の職務遂行能力は、勤続とともに向上し、降格は想定されていないからである。本件では、平成6年4月までは、就業規則上、降格に関する根拠規定はなかったので、労働者の同意のない一方的な降格は無効とされた(決定要旨Ⅰ)。

Y会社は、平成6年4月に就業規則を変更して、昇給・減給についての規定を整備した。この規定は、降格による減給を基礎づけるものであるが、こうした規定の新設は、就業規則の不利益変更となるので、合理的変更法理(現在の労契法10条)の適用を受ける(決定要旨Ⅲ)。新設規定は、昇給についても定めているので、ただちに労働条件の不利益変更になるわけではないが、裁判例上は、賃金の引下げの可能性があること自体が不利益であるととらえている(たとえば、ノイズ研究所事件──東京高判平成18年6月22日)。

このように降格規定の新設は、就業規則の不利益変更となり、しかもこれは賃金の不利益変更という面もあるので、高度の必要性が求められる(大曲市農業協同組合事件──最3小判昭和63年2月16日)。本件では、高度の必要性と合理性について主張も疎明もなされていないため、新設規定の拘束力は認められなかった。

＊〔人事労働法159〜160頁〕

43　役職の降格──東京都自動車整備振興会事件

東京高判平成21年11月4日〔平成21年(ネ)826号〕

> 役職にふさわしくないという理由による、副課長から係長への降格は有効か。

●**事実**●　社団法人Yは、自動車分解整備事業を行う会員のためのサービス提供を主な業務としている。Xは、Y法人のA支所の副課長であった。A支所は10名程度で稼働しており、そのトップは支所長で、その次が副課長、その他は一般職員であった（Y法人の役職は、事務局長、部長、次長、課長、副課長、係長、主任となっていた）。Xは、昭和54年にY法人に就職し、平成10年にB支所係長、平成12年に副課長、平成16年にA支所業務課副課長に任命されている。また、Xは個人加盟のC労働組合に所属して副中央執行委員長を務めるとともに、Y法人の職員で構成されるD分会の書記長でもある。

　A支所の副課長は、支所長（部長または課長）を補佐するとともに、窓口対応の責任者的立場にあるが、自身で窓口対応や電話対応にもあたることになっている。Xも窓口対応等にあたっていたが、会員等からXの対応の悪さについて度重なる苦情があり、E支所長からの注意があったにもかかわらず、その仕事ぶりは改まらなかった。そこで、平成18年10月、Y法人は、Xに対しA支所業務課係長への本件降格処分を行った。

　Xは、本件降格処分は、不当労働行為であり、人事権の濫用として不法行為に該当すると主張し、本件降格処分の無効確認、降格により減額された役職手当の差額の支払い、損害賠償等を求めて訴えを提起した。1審は、本件降格処分を無効とし、役職手当の差額支払い、慰謝料の支払いをY法人に命じた。そこで、Y法人は控訴した。

●**判旨**●　原判決取消し（Xの請求棄却）。

　本件降格処分は、「懲戒処分として行われたものではなく、Y法人の人事権の行使として行われたものである。このような人事権は、労働者を特定の職務やポストのために雇い入れるのではなく、職業能力の発展に応じて各種の職務やポストに配置していく長期雇用システムの下においては、労働契約上、使用者の権限として当然に予定されているということができ、その権限の行使については使用者に広範な裁量権が認められるというべきである。そうすると、本件では、本件降格処分について、その人事権行使に裁量権の逸脱又は濫用があるか否かという観点から判断していくべきである。そして、その判断は、使用者側の人事権行使についての業務上、組織上の必要性の有無・程度、労働者がその職務・地位にふさわしい能力・適性を有するか否か、労働者がそれにより被る不利益の性質・程度等の諸点を総合

してなされるべきものである。ただし、それが不当労働行為の意思に基づいてされたものと認められる場合は、強行規定としての不利益取扱禁止規定（労働組合法7条1号）に違反するものとして、無効になるというべきである。もっとも、この不当労働行為の意思に基づいてされたものであるかどうかの認定判断は、本件降格処分を正当と認めるに足りる根拠事実がどの程度認められるか否かによって左右されるものであり、処分を正当と認める根拠事実が十分認められるようなときは、不当労働行為の意思に基づくものであることは否定されるというべきである」。

●**解説**●　本件のような役職の降格は、職能資格制度における降格とは違い、特別の労働契約上の根拠がなくても、「使用者の権限として当然に予定されている」とされ、「その権限の行使については使用者に広範な裁量権が認められる」（判旨）。労働者をどのような役職や職位につけるかは、その労働者の能力を総合的に評価して行うべきものであり、使用者の広い経営上の裁量権にゆだねられていると解されるからである。もちろん、こうした裁量も、逸脱や濫用はありうる（労契法3条5項を参照）。本判決は、その判断は、業務上、組織上の必要性の有無・程度、労働者がその職務・地位にふさわしい能力・適性を有するか否か、労働者がそれにより被る不利益の性質・程度等の諸点を総合考慮すべきとしている（本件では、裁量権の逸脱や濫用はなかったと判断された。その他の無効例として、コアズ事件─東京地判平成24年7月17日等）。

　また、本判決は、労組法7条1号は強行規定であるとして、降格が不当労働行為意思に基づく不利益取扱いに該当する場合には無効となるとしたうえで、降格が正当と認められる根拠事実が十分認められる場合には、不当労働行為意思に基づくものではないとする。これは、いわゆる動機の競合（当該人事処分の正当性と反組合的意思との競合）の場合の1つの判断方法を示したものといえる。

　本件のような人事権の行使による降格は、外形的には、懲戒処分としての降格との違いがはっきりしないことがある。人事権の行使による降格でも、懲戒処分の場合と同様、制裁的な機能をもつことがあるからである。懲戒処分となると、厳格な懲戒法理が適用されるため、結論も違ってきうる（たとえば、懲戒処分であれば、就業規則の根拠規定がなければ課すことはできない）。思うに、使用者が明示的に懲戒処分として行ったものでないかぎり、人事権の行使によるものとみるべきであり、降格が制裁的な機能をもつ場合には、それは、権利濫用性の判断において考慮すべきであろう。

*　〔人事労働法159〜160頁〕

44　公正査定──エーシーニールセン・コーポレーション事件

東京高判平成16年11月16日〔平成16年(ネ)2453号〕

成果主義型の基本給の査定について、使用者の裁量はどこまで認められるべきか。

●事実●　外資系のマーケティング・リサーチ会社であるY会社は、A会社から、リテール・インデックス・ビジネスについて事業譲渡を受けた。それにともない、Xら3名を含むA会社の同部署の従業員は、平成12年12月1日付で、Y会社の従業員として雇用された。Y会社においてXらに適用された新人事制度では、まず、従業員を6段階（バンド）に分類し、各バンドごとに設定された給与範囲の中で、基本給が定められる。昇降給については、毎年4月1日の基本給改訂の際に、各人の評価に応じた昇給指数を適用するといった成果主義的なものであった。各人の評価は半期ごとに行われ、評価期間の最初に、従業員が上司と面談し、当期の目標と達成計画を策定し、期末に、上司と面談を行い、当期の自己評価を提出し、これに上司が評価を加えるという仕組みになっていた。

Xらは、Y会社への入社に際して、バンド設定のための格付け評価がなされた。XらはA会社で支給されていた基本給を維持できるバンドに格付けられたが、当初から、低い評価を受ければ降格となる可能性があった。

Xらは、翌年の人事評価において低い査定評価を受け、平成14年4月1日以降、基本給が引き下げられた。X_1については、月額1万8000円、X_2は6500円、X_3は1万1970円の減額となった。

Xらは、事業譲渡の際に、これまでの労働条件を内容とする労働契約が引き継がれているはずであるので、自分たちの給与は、A会社にいたときの給与制度に基づき算定されるべきである、また本件の降給は不当労働行為による不当な査定の結果によるもので無効であるなどと主張して、差額賃金の支払いを求めて訴えを提起した。1審は、Xらの請求を棄却したので、Xらは控訴した。

●判旨●　控訴棄却（Xらの請求棄却）。

「労働契約の内容として、成果主義による給与制度が定められている場合には、人事考課とこれに基づく給与査定は、基本的には使用者の裁量に任されているというべきである。しかしながら、ある従業員が、給与査定の結果、降給の措置を受け、当該降給措置が、不当労働行為に当たると認められるときは、公序良俗に反するものとして無効となる」。

Xらに対する人事考課は、新人事制度の手続に則って行われたものであり、「Xらについて低い評価がされたのは、Xらが新人事制度において定められている上司との面談を拒否したため、上司によって設定された目標やそのウエイトについてXらの意見が反映されなかったことや、もともと従前の資格・等級に比して1つ上位のバンドに位置づけられたため、より高い目標の達成を求められたことによるものと認められ、現に、Xらが所属する労働組合の組合員の中には、高い評価を得てバンドの昇格や昇給の措置を受けた者も複数いることも勘案すれば、Xらに対し、労働組合の組合員であることを理由に不利益な人事考課がされたとは認められない」。

●解説●　査定は、賞与の算定や昇進・昇格の判定など、労働者の人事処遇のさまざまな場面で用いられてきたが、これについては、使用者の広い裁量にゆだねられていると解するのが一般的である。ただ、近年では成果主義型処遇が広がり、基本給についても査定が重要な意味をもつ場合（とくに本件のような職務等級制における降格の場合）が増えてきたことから、使用者の裁量をどこまで広く認めることができるかが問題となってきた。本判決は、この点について、成果主義による給与制度が定められている場合でも、査定は基本的には使用者の裁量に任されているとする。その後の裁判例をみても、評価対象となる事実の基礎を欠いていたり、事実の評価が著しく合理性を欠いたり、不当な動機や目的によるものであったりする場合を除き、評価やそれに基づく降格・降級は有効と判断する傾向にある（国立精神・神経医療研究センターほか事件──東京地判平成28年2月22日、トーマツ事件──東京地判平成30年10月18日等）。

一方、学説では、査定について使用者に広い裁量を認めるのは適切ではなく、公正査定義務を課すべきとする見解も有力である。この見解によると、同義務に違反した使用者は、損害賠償責任または公正な査定に基づく賃金との差額支払義務を負うことになる。

公正査定義務を認める見解のなかでも、査定の内容についての適正さまで求めるものと、査定を行うプロセスの適正さを重視するものがある（後者の立場の裁判例として、人事考課規程の定める実施手順に違反していることを理由に裁量の逸脱があるとした、マナック事件──広島高判平成13年5月23日。本件の1審もこの立場である）が、本判決は、使用者の裁量を重視し、公正査定義務そのものに消極的な判断を示している。

* ［人事労働法153～156頁］

45 解雇権の濫用—日本食塩製造事件

最2小判昭和50年4月25日〔昭和43年(オ)499号〕〔民集29巻4号456頁〕

ユニオン・ショップ協定に基づく解雇は有効か。

●**事実**● A労働組合の執行委員Xは、A組合とY会社との労使紛争に端を発して懲戒解雇処分となったが、B労働委員会の斡旋により和解が成立し、Xは退職することとなった。その後、Xは和解に従って退職することを拒否したために、A組合はXを離籍処分（除名処分）とした。A組合とY会社との間では、「会社は組合を脱退し、または除名された者を解雇する」とのユニオン・ショップ条項を含む労働協約が締結されていた。A組合は前記の離籍処分を行い、その旨をY会社に通知したので、Y会社は、ユニオン・ショップ条項に基づきXを解雇する旨の意思表示をした。そこで、Xは、離籍処分は無効であり、したがって、ユニオン・ショップ条項に基づく解雇も無効であるとして、労働契約関係の存在の確認を求めて訴えを提起した。1審はXの請求を認容したが、原審はXの請求を棄却したため、Xは上告した。

●**判旨**● 原判決破棄、差戻し。

「思うに、使用者の解雇権の行使も、それが客観的に合理的な理由を欠き社会通念上相当として是認することができない場合には、権利の濫用として無効になると解するのが相当である。……労働組合から除名された労働者に対しユニオン・ショップ協定に基づく労働組合に対する義務の履行として使用者が行う解雇は、ユニオン・ショップ協定によって使用者に解雇義務が発生している場合にかぎり、客観的に合理的な理由があり社会通念上相当なものとして是認することができるのであり、右除名が無効な場合には、前記のように使用者に解雇義務が生じないから、かかる場合には、客観的に合理的な理由を欠き社会的に相当なものとして是認することはできず、他に解雇の合理性を裏づける特段の事由がないかぎり、解雇権の濫用として無効であるといわなければならない」。

●**解説**● 解雇に関する労基法上の規定としては、19条（業務上の負傷・疾病による療養のために休業する労働者、および、労基法65条に基づき産前産後の休業をとる女性労働者に対する解雇制限）、20条（解雇の予告）、21条（解雇の予告の適用除外）、22条2項（解雇理由の証明書）、89条3号（就業規則における解雇事由の記載）、104条2項（監督機関に申告したことを理由とする解雇の禁止）がある（このほか、労基法3条による均等待遇の原則は解雇にも適用されるし、その他の法律でも、たとえば男女雇用機会均等法は、性別を理由とする解雇や女性労働者に対する婚姻、妊娠、出産、産前産後の休業の取得などを理由とする解雇〔6条4号、9条2項・3項〕やその他の報復的解雇〔11条2項、11条の3第2項、17条2項、18条2項〕を禁止している）。

他方、解雇を一般的に制限する規定は長らく存在せず、民法627条1項に基づく解約の自由がそのまま基本原則となってきた。ただし、判例は、使用者による解約の自由（解雇の自由）のほうはそのまま認めることはせず、権利濫用となる場合には無効となるという法理を構築してきており（民法1条3項を参照）、それが本判決で「使用者の解雇権の行使も、それが客観的に合理的な理由を欠き社会通念上相当として是認することができない場合には、権利の濫用として無効になる」と定式化された（解雇権濫用法理）。この法理は、2003年の労基法改正の際に、成文化され（旧18条の2）、その後、労契法の制定にともない、同法（16条）に移行することとなった。

本判決によると、解雇権の行使は、ユニオン・ショップ協定に基づき行われる場合には、有効となる。ただし、除名が無効となる場合には、ユニオン・ショップ協定による解雇義務は発生しないので、解雇は無効となる（本判決は、除名の有効性についての審理を尽くすために、事件を原審に差し戻している）。除名処分の有効性という組合内部の事情に基づき解雇が無効となるのは、使用者に酷だが、使用者は、ユニオン・ショップ協定を締結する際に、そのようなリスクも引き受けたと解すべきであろう（ただし、ユニオン・ショップの有効性そのものは議論がある。→【145】三井倉庫港運事件〔解説〕）。また、除名が無効であるため解雇が無効となった場合でも、解雇後の賃金の遡及払いについては、使用者は、帰責事由（民法536条2項）が否定されて免れることができる場合があろう（ただし、清心会山本病院事件—最1小判昭和59年3月29日は反対）。

解雇権が濫用とならないケースとしては、このほか、心身の病気等による労働能力の著しい減退や適格性の欠如、著しい規律違反、経営上の理由（整理解雇）があげられる。しかし、これらは解雇の客観的に合理的な理由にはなりえても、解雇回避措置が不十分であるなど、社会的相当性を欠くとして無効となる可能性はある（とくに整理解雇については、そうである。→【50】東洋酸素事件〔解説〕）。

* 〔人事労働法207〜208頁、253〜254頁〕

46 就業規則に基づく解雇—高知放送事件

最2小判昭和52年1月31日〔昭和49年(オ)165号〕

> 寝過ごしにより2度の放送事故を起こしたアナウンサーに対する解雇は有効か。

●**事実**● Y会社は、テレビ・ラジオの放送事業会社であり、XはY会社のアナウンサーであった。Xは、昭和42年2月22日から23日にかけて、Aと宿直勤務に従事したが、寝過ごしたため、23日午前6時から10分間放送されるべき定時ラジオニュースを放送することができなかった（第1事故）。また、同年3月7日から8日にかけて、Bと宿直勤務に従事したが、寝過ごしたため、8日午前6時からの定時ラジオニュースを約5分間放送できなかった（第2事故）。Xは、この8日の事故については、上司に事故報告をしておらず、1週間後にこれを知ったC部長から事故報告書の提出を求められ、事実と異なる事故報告書を提出していた。Y会社は、Xの以上の行為は就業規則所定の懲戒事由に該当するので懲戒解雇とすべきところ、再就職など将来を考慮して普通解雇とした（なお、Y会社の就業規則15条には、1号「精神又は身体の障害により業務に耐えられないとき」、2号「天災事変その他已むを得ない事由のため事業の継続が不可能となったとき」、3号「その他、前各号に準ずる程度の已むを得ない事由があるとき」という普通解雇事由が定められていた）。Xは、解雇は無効であるとして従業員としての地位の確認を求めて訴えを提起した。1審および原審ともに、本件解雇は解雇権の濫用にあたり無効としたため、Y会社は上告した。

●**判旨**● 上告棄却（Xの請求認容）。

Ⅰ Xの行為は、就業規則15条3号所定の普通解雇事由に該当する。「しかしながら、普通解雇事由がある場合においても、使用者は常に解雇しうるものではなく、当該具体的な事情のもとにおいて、解雇に処することが著しく不合理であり、社会通念上相当なものとして是認することができないときには、当該解雇の意思表示は、解雇権の濫用として無効になるものというべきである」。

Ⅱ 「本件においては、Xの起こした第1、第2事故は、定時放送を使命とするY会社の対外的信用を著しく失墜するものであり、また、Xが寝過しという同一態様に基づき特に2週間内に2度も同様の事故を起こしたことは、アナウンサーとしての責任感に欠け、更に、第2事故直後においては率直に自己の非を認めなかった等の点を考慮すると、Xに非がないということはできないが、他面、……本件事故は、いずれもXの寝過しという過失行為によって発生したものであって、悪意ないし故意によるものではなく、また、通常は、ファックス担当者が先に起きアナウンサーを起こすことになっていたところ、本件第1、第2事故ともファックス担当者においても寝過し、定時にXを起こしてニュース原稿を手交しなかったのであり、事故発生につきXのみを責めるのは酷であること、Xは第1事故については直ちに謝罪し、第2事故については起床後一刻も早くスタジオ入りすべく努力したこと、第1、第2事故とも寝過しによる放送の空白時間はさほど長時間とはいえないこと、Y会社において早朝のニュース放送に万全を期すべき何らの措置も講じていなかったこと、事実と異なる事故報告書を提出した点についても、1階通路ドアの開閉状況にXの誤解があり、また短期間内に2度の放送事故を起こし気後れしていたことを考えると、右の点を強く責めることはできないこと、Xはこれまで放送事故歴がなく、平素の勤務成績も別段悪くないこと、第2事故のファックス担当者Bはけん責処分に処せられたにすぎないこと、Y会社においては従前放送事故を理由に解雇された事例はなかったこと、第2事故についても結局は自己の非を認めて謝罪の意を表明していること、等の事実があるというのであって、右のような事情のもとにおいて、Xに対し解雇をもってのぞむことは、いささか苛酷にすぎ、合理性を欠くうらみなしとせず、必ずしも社会的に相当なものとして是認することはできないと考えられる余地がある」。

●**解説**● 就業規則の定める解雇事由（労基法89条3号）に該当する場合においても、その解雇が当然に有効となるわけではなく、解雇権濫用法理（労契法16条）に服することになる（判旨Ⅰ）。

本件は労働者に帰責性があるケースであったが、最高裁は、労働者に有利な事情をできるだけ考慮して、解雇を無効と判断した（判旨Ⅱ）。これにより、解雇権濫用法理は、長期雇用を想定して採用されている正社員に対する解雇を、きわめて限定する法理として定着することになる。

＊〔人事労働法207〜208頁〕

47 能力不足を理由とする解雇—セガ・エンタープライゼス事件

東京地決平成11年10月15日〔平成11年(ヨ)21055号〕

> 能力不足を理由とする解雇は、どのような場合に有効となるか。

●**事実**● Xは、業務用娯楽機械等の製造販売を業とするY会社において、さまざまな部署に異動後、担当業務のない部署（Pルーム）に異動を命じられ、その後、退職勧告を受けた。Xはこの退職勧告を受け入れなかったため、Y会社は、就業規則19条1項2号の「労働能率が劣り、向上の見込みがない」という解雇事由にあたるとしてXを解雇した（本件解雇）。なお、Xの人事考課の順位は下位10％未満であり、Xと同じ考課結果の従業員は、約3500名の従業員のうち200名であった。Xは、Pルームへの異動命令と解雇は無効であるとして、従業員としての地位保全等の仮処分を申請した。

●**決定要旨**● 一部認容（1年を限度とする賃金の仮払いのみ認容し、その他は保全の必要性がないとして却下）。

「Xが、Y会社の従業員として、平均的な水準に達していなかったからといって、直ちに本件解雇が有効となるわけではない。……

就業規則19条1項各号に規定する解雇事由をみると、『精神又は身体の障害により業務に堪えないとき』、『会社の経営上やむを得ない事由があるとき』など極めて限定的な場合に限られており、そのことからすれば、2号についても、右の事由に匹敵するような場合に限って解雇が有効となると解するのが相当であり、2号に該当するといえるためには、平均的な水準に達していないというだけでは不十分であり、著しく労働能率が劣り、しかも向上の見込みがないときでなければならないというべきである。

Xについて、検討するに、確かに……平均的な水準に達しているとはいえないし、Y会社の従業員の中で下位10パーセント未満の考課順位ではある。しかし、……右人事考課は、相対評価であって、絶対評価ではないことからすると、そのことから直ちに労働能率が著しく劣り、向上の見込みがないとまでいうことはできない。……就業規則19条1項2号にいう『労働能率が劣り、向上の見込みがない』というのは、右のような相対評価を前提とするものと解するのは相当でない。すでに述べたように、他の解雇事由との比較においても、右解雇事由は、極めて限定的に解されなければならないのであって、常に相対的に考課順位の低い者の解雇を許容するものと解することはできないからである。……

Y会社としては、Xに対し、さらに体系的な教育、指導を実施することによって、その労働能率の向上を図る余地もあるというべきであり……、いまだ『労働能率が劣り、向上の見込みがない』ときに該当するとはいえない。……

したがって、本件解雇は、権利の濫用に該当し、無効である」。

●**解説**● 本決定は、労働者の能力不足による解雇について、就業規則の解雇事由の解釈を、他の解雇事由との権衡を考慮して限定的に行うべきであるとした。具体的には、労働能率が「著しく」劣る場合でなければならないし、相対評価による考課順位だけからの判断であってはならず、また「向上の見込みがない」は、体系的な教育や指導によって、労働能率の向上を図る余地があれば、これに該当しないとしている。

日本型雇用システムの下では、正社員は、新規学卒者の中から、職務を限定せず、技能形成は採用後に使用者が行うことを前提として採用される。そのため、特定の職種で能力がないと判断されても、使用者は配転や教育訓練により雇用関係の維持に努力することが求められる。本件のように、その努力が不十分と判断されれば、解雇は無効とされる（同旨の裁判例として、日本アイ・ビー・エム事件—東京地判平成28年3月28日。一方、5年にわたる指導をしても全く改善がなかったケースで解雇を有効とした裁判例として、日本ヒューレット・パッカード事件—東京高判平成25年3月21日）。

なお、労働者が一定の高い能力に着目して採用されている場合は、職種の限定が（黙示的であれ）されていることが多く、そうなると使用者の配転命令権が制限されているので、能力不足による解雇は認められやすくなる。たとえば、職種限定契約で、上級の専門職に即戦力として高待遇で中途採用された労働者の能力不足による解雇を、長期雇用システムを前提とした従業員とは根本的に異なるとし、解雇回避措置をとっていなくても有効とした裁判例（ドイツ証券事件—東京地判平成28年6月1日）がある（同様の解雇の有効例として、業界で勤務経験豊富なマネージャーについて、コンチネンタル・オートモーティブ事件—東京高決平成28年7月7日、弁護士資格をもつリーガルカウンセルについて、パタゴニア・インターナショナル・インク事件—東京地判令和2年6月10日等）。ただし、能力評価基準が明確になっていなければ、容易には解雇は認められない（ブルームバーグ・エル・ピー事件—東京高判平成25年4月24日等も参照）。

* ［人事労働法208〜209頁］

48　信頼関係の喪失を理由とする解雇──敬愛学園事件

最1小判平成6年9月8日〔平成5年(オ)734号〕

> 経営者の信用を失墜させる行為をした労働者に対する解雇は有効か。

●**事実**●　Xは、学校法人Y学園に雇用されて、社会の授業を担当してきた教諭である。Y学園は、Xの遅刻が他の教員に比して際立って多いこと、入学試験のときに注意事項を聞き漏らして担当教室の受験生に再試験を余儀なくさせたこと、教育研修会において社会奉仕活動をテーマに研究発表する旨の業務命令に従うことを拒否するなど、Y学園の学校運営および教育方針にことごとく反発してきたことを理由としてXを解雇した。Xは、この解雇は不当であるとして、地位保全等の仮処分を申請した。Xは、仮処分の申請前に、弁護士会等に宛てて本件文書を送付し、そこには、Y学園やその校長が不正行為や不当な労務管理を行っていたような印象を与える記述や校長の人格を攻撃するような記述が含まれていたが、Xはこれを真実と信じるに足りる資料を有していなかった。さらに、Xは、前記文書の内容を週刊誌の記者に伝え、その後、Xの言い分を引用する内容の記事が掲載されるに至った。

そこで、Y学園は、就業規則中における「勤務成績がよくないとき」(1号)、「第2号に規定する外、その職務に必要な適格性を欠く場合」(3号)、「その他前各号に準ずるやむを得ない事由がある場合」(5号)という普通解雇事由に該当することを理由に、最初の解雇を撤回したうえで、改めて本件解雇の意思表示をした。Xは、本件解雇は無効であるとして、雇用契約上の権利を有することの確認を求めて訴えを提起した。1審および原審ともに、Xの請求を認容したため、Y学園は上告した。

●**判旨**●　原判決破棄、自判(Xの請求棄却)。

Xは、本件文書により、Y学園の学校教育および学校運営の根幹にかかわる事項につき、虚偽の事実を織り混ぜ、または事実を誇張歪曲し、Y学園および校長を非難攻撃し、全体としてこれを中傷誹謗したものといわざるをえない。さらに、Xの週刊誌記者に対する情報提供行為は、問題のある情報が同誌の記事として社会一般に広く流布されることを予見ないし意図してされたものとみるべきである。以上のようなXの行為は、校長の名誉と信用を著しく傷つけ、ひいてはY学園の信用を失墜させかねないものというべきであって、Xとの間の労働契約上の信頼関係を著しく損なうものであることが明らかである。したがって、本件解雇は権利の濫用には該当しない。

●**解説**●　労働能力が著しく欠如する場合だけでなく、職務の遂行に必要な適格性を欠く労働者に対する解雇も、有効と認められる可能性がある。その場合でも、単に適格性を欠くという理由だけでは、労働能力の欠如の場合と同様、解雇は権利濫用とされる場合が多い(→【47】セガ・エンタープライゼス事件)。しかし、本件のように、経営者の信用を失墜させる行為を行うなどして、労働関係上の信頼関係を著しく損なえば、解雇が有効とされる可能性は高くなる(日本ベリサイン事件─東京高判平成24年3月26日等)。一方で、2度の懲戒処分、セクハラ、多数の業務上のミスなどがある場合も、信頼関係の破壊には至っていないとして解雇を無効とした裁判例もある(みずほビジネスパートナー事件─東京地判令和2年9月16日)。

適格性の欠如には、ある特定の職務の遂行における適格性に欠ける場合もあるが、本件のように、その会社の従業員として職務を遂行していくうえで求められる資質に欠けるという意味での適格性に欠ける場合もある(後者のタイプの適格性の欠如としては、このほか、頻繁な遅刻・早退や重要な経歴の詐称等があげられよう)。協調性の不足も解雇事由にあげられることが多いが、これだけでは解雇の合理的な理由とは認められにくいだろう。

このほか、解雇が権利濫用とならない場合の典型例として、著しい規律違反の場合があげられる。本件のような使用者への誹謗中傷は、規律違反を理由とする解雇として有効性が認められる可能性もある。このタイプの解雇は、懲戒処分としての機能をもつこともあり(懲戒解雇事由はあるが、普通解雇をして有効と認められたケースとして、【29】小川建設事件、無効とされたケースとして、【40】高知放送事件)、この場合には、普通解雇であっても、懲戒解雇に次ぐ重い懲戒処分として位置づけられていることになる(普通解雇とすることにより、退職金が支給されることになる場合が多いので、懲戒解雇よりも労働者の受ける不利益が小さい処分となる)。

＊［人事労働法207～209頁］

49 就業規則に記載された解雇事由の意味──ナショナル・ウエストミンスター銀行事件

東京地決平成12年1月21日〔平成11年(ヨ)21217号〕

> 使用者の経営戦略の転換により担当業務がなくなった労働者に対する解雇は有効か。

●事実●　Xは、外資系のY銀行の東京支店で、アシスタント・マネージャーとして貿易金融業務に従事していた。Y銀行は、その属するグループが経営戦略を転換したことから、Xの担当業務がなくなり、かつ他に配転しうるポジションもなかったため、Xに特別退職金の支給の提示や関連会社への職務転換を提案したが、Xはこれを拒否した。さらに、Y銀行は賃金の大幅減額をともなう一般事務職のポジションも提示したが、これもXが拒否したため、最終的にXを解雇した。Xは地位保全の仮処分を申し立てた。

なお、Y銀行の就業規則29条には「解雇」の表題のもとに解雇事由が列挙されているが、それらの事由はいずれも従業員の職場規律違反行為、従業員としての適格性の欠如等、従業員に何らかの落ち度があることを内容とするものであって、経営上の理由による解雇事由は含まれていなかった。

●決定要旨●　申立て却下。

Ⅰ 「現行法制上の建前としては、普通解雇については解雇自由の原則が妥当し、ただ、解雇権の濫用に当たると認められる場合に限って解雇が無効になるというものであるから、使用者は、就業規則所定の普通解雇事由に該当する事実が存在しなくても、客観的に合理的な理由があって解雇権の濫用にわたらない限り雇用契約を終了させることができる理である。そうであれば、使用者が、就業規則に普通解雇事由を列挙した場合であっても、限定列挙の趣旨であることが明らかな特段の事情がある場合を除き、例示列挙の趣旨と解するのが相当である」。

Ⅱ 「余剰人員の削減対象として雇用契約の終了を余儀なくされる労働者にとっては、再就職までの当面の生活の維持に重大な支障を来すことは必定であり、特に景気が低迷している昨今の経済状況、また、従来日本企業の特徴とされた終身雇用制が崩れつつあるとはいえ、雇用の流動性を前提とした社会基盤が整備されているとは言い難い今日の社会状況に照らせば、再就職にも相当の困難が伴うことが明らかであるから、余剰人員を他の分野で活用することが企業経営上合理的であると考えられる限り極力雇用の維持を図るべきで、これを他の分野で有効に活用することができないなど、雇用契約を解消することについて合理的な理由があると認められる場合であっても、当該労働者の当面の生活維持及び再就職の便宜のために、相応の配慮を行うとともに、雇用契約を解消せざるを得なくなった事情について当該労働者の納得を得るための説明を行うなど、誠意をもった対応をすることが求められる」。

●解説●　1　労基法89条3号は、就業規則における必要記載事項として、解雇に関する事由をあげている。したがって、解雇事由を就業規則に記載することは、使用者の義務である。それでは、使用者が就業規則に記載していない解雇事由に基づいて解雇を行うことは認められるのであろうか。

この点については、限定列挙説と例示列挙説の対立がある。限定列挙説とは、使用者が就業規則に解雇事由を記載した場合は、自らがそれらの事由に解雇の自由を制限したので、記載された以外の事由による解雇は許されないという見解である（たとえば、寿建築研究所事件──東京高判昭和53年6月20日）。これに対して、例示列挙説は、解雇権濫用法理（労契法16条）は、解雇自由の原則を基礎として、それを制限する法理にすぎないので、就業規則の解雇事由に該当する事実がなくても、客観的に合理的な理由があれば解雇はできるというものである。決定要旨Ⅰは、後者の立場である（ただし、限定列挙の趣旨であることが明らかな特段の事情があれば別である）。

限定列挙説においても、解雇事由として一般条項を置くことは否定しないので、解雇事由を限定しすぎることにはならない。そして、就業規則における解雇事由の記載義務の意義も重視した限定列挙説が、現在では有力である。一方、例示列挙説は、解雇事由の記載義務はあくまで公法上の義務であり、それに解雇の自由の制限という重大な私法上の効果まで認めるのは行きすぎであるとする。

2　決定要旨Ⅱは、解雇の有効性について、労働者の当面の生活維持および再就職の便宜のために相応の配慮を行うことを判断要素としている。これは解雇を回避することに重点を置くのではなく、解雇後の不利益を軽減する措置の内容も考慮に入れた判断枠組みである。本件では、退職金の上乗せを提示したり、再就職が決まるまでの金銭的援助を約束したりしていることから、こうした相応の配慮をしたものとされ、また、雇用継続の可能性も模索し、かつ雇用を解消せざるをえない事情も繰り返し説明するなど誠意をもった対応をしていたことから解雇は有効と判断された（決定要旨外）。前者の事情は、立法論として提案されている「解雇の金銭解決」に親和的な判断といえる。

＊　[人事労働法215頁補注(4)]

50 整理解雇の有効性(1)—東洋酸素事件

東京高判昭和54年10月29日〔昭和51年(ネ)1028号〕

事業部門閉鎖にともなう全員解雇は有効か。

●事実● Y会社のアセチレン部門は、競争の激化、需要の低下、人件費の高騰等により大幅な赤字となり、最終的に、同社のA工場のアセチレン部門は閉鎖されることになった。そして、Y会社は、他部門への配転や希望退職の募集をしないまま、Xらを含む、A工場のアセチレン部門の従業員全員を、就業規則上の「やむを得ない事業の都合によるとき」という解雇事由に該当することを理由に解雇した。Xら13名は地位保全の仮処分を申請した。1審は解雇を無効と判断してXらの申請を認容したため、Y会社は控訴した。

●判旨● 原判決取消し(Xらの申請却下)。

I 特定の事業部門の閉鎖にともない、その事業部門に勤務する従業員を解雇するについて、それが「やむを得ない事業の都合」によるものといいうるためには、第1に、この事業部門を閉鎖することが企業の合理的運営上やむをえない必要性に基づくものと認められること、第2に、この事業部門に勤務する従業員を同一または遠隔でない他の事業場における他の事業部門の同一または類似職種に充当する余地がない場合、あるいはそのような配置転換を行ってもなお全企業的にみて剰員の発生が避けられない場合であって、解雇が特定事業部門の閉鎖を理由に使用者の恣意によってなされるものでないこと、第3に、具体的な解雇対象者の選定が客観的、合理的な基準に基づくものであること、以上の3個の要件を充足することを要し、特段の事情のないかぎり、それをもって足りるものと解するのが相当である。

II 整理解雇につき労働協約または就業規則上いわゆる人事同意約款または協議約款が存在するにもかかわらず労働組合の同意を得ず、またはこれと協議を尽くさなかったとき、あるいは解雇がその手続上信義則に反し、解雇権の濫用にわたると認められるときなどにおいては、いずれも解雇の効力が否定されるべきであるけれども、これらは、解雇の効力の発生を妨げる事由であって、その事由の有無は、就業規則所定の解雇事由の存在が肯定されたうえで検討されるべきものであり、解雇事由の有無の判断にあたり考慮すべき要素とはならない。

●解説● 1 経営上の理由により人員削減の手段として行われる解雇を整理解雇という。整理解雇についても、他の解雇と同様、解雇権濫用法理(現在では労契法16条)の適用を受けるが、とくに次の4つの要素を総合的に考慮した判断がなされてきた。それは、第1に、人員削減の必要性があること、第2に、解雇回避の努力をしていること、第3に、被解雇者選定の基準が妥当であること、第4に、労働者側との協議をするなど手続が相当であることである(裁判例の中には、これらを要件とする立場もある)。

本判決は、本件解雇が就業規則上の「やむを得ない事業の都合」という解雇事由に該当するかの判断として、まず前記の第1の要素から第3の要素に近いものをあげ、かつそれで足りるとしている。そのうえで、第4の要素については、解雇事由の有無の判断からは切り離して、独自の手続要件(消極的要件)として考慮するものとしている(なお第1から第3の要素の主張立証責任は使用者にあり、それが成功した場合に、労働者が第4の手続要件についての主張立証責任を負うとする裁判例として、東京自転車健康保険組合事件—東京地判平成18年11月29日等)。

2 4要素の具体的な内容をみていくと、まず人員削減の必要性については、「当該解雇を行わなければ企業の維持存続が危殆に瀕する程度にさし迫った必要性があること」と述べる裁判例もあった(大村野上事件—長崎地大村支判昭和50年12月24日)が、判旨Iは、「企業の合理的運営上やむをえない必要性」でよいとする。裁判例も、この判断には深く踏み込まない傾向にある(本来、経営判断に委ねるべき事項といえる)。

解雇回避努力については、本判決は、他部門への配置転換をしなかったことや、希望退職者を募集しなかったことを、使用者に不利には考慮していない(判旨外)。ただ、他の判例では、配置転換や希望退職者の募集が、解雇回避努力の中心的な内容として考慮されることが少なくない(あさひ保育園事件—最1小判昭和58年10月27日等を参照)。この他の解雇回避措置としては、時間外労働の削減、中途採用や新規採用の抑制などがある。有期雇用労働者の雇止めを含めてよいかについては議論がある(これに肯定的とみられる判例として、日立メディコ事件—最1小判昭和61年12月4日)。

被解雇者選定基準の妥当性については、本判決は、アセチレン部門は他の部門から独立していたことを理由に、その閉鎖により同部門の従業員全員を整理解雇の対象とすることは合理性を欠くものではないと判断している(判旨外)。妥当な選定基準を一般的に提示することは難しいが、組合員や共働きの女性を対象とするような違法な差別的基準が許されないのはいうまでもない(労組法7条1号、男女雇用機会均等法6条4号)。

第4に、労働者側との協議については、本判決は、Y会社は、労働組合と十分な協議を尽くさないで部門閉鎖と解雇を実行したが、事前協議に関する労働協約の規定がなかったことや、アセチレン部門の将来が楽観を許さないことなどを事前に伝えていたことから、労使間の信義則に反するものではなかったと判断している(判旨外)。ただ、この判断については、解雇における手続を軽視しているとの批判も可能であろう。

＊ [人事労働法209～210頁]

51 整理解雇の有効性(2)—千代田化工建設事件

東京高判平成 5 年 3 月31日〔平成 4 年(ネ)1286号・3923号〕

分社化にともなう転籍を拒否した労働者に対する解雇は有効か。

●**事実**● Xは、石油等の産業用設備の設計、設置、管理等を目的とするY会社のA工場に溶接工として勤務する者である。Y会社は、経営が悪化してきたことから、それに対応するために、まずA工場を分社化して、そこで働く従業員を移籍させることとした。この移籍にともない賃金は30%減額されるが、退職金は加算され、これらの措置（第 1 次非常時対策）について、労働組合との協定も締結していた。この移籍には、A工場の技能従業員175名のうち168名が同意し、6 名が同意せずに退職を希望し、Xだけが移籍を拒否して残留を希望した。そのためXは本社人事課に配属されることになった。その後、Y会社は第 2 次非常時対策として、子会社に余剰従業員を移籍することにしたが、Xはこの移籍も拒否した。Y会社の人事部課長のBは、Xと 6 回にわたり面談をし、その間に、Y会社内でXを活用できるポストを探したが見つからず、またXの従来なみの処遇でできる仕事を同業他社や職業安定所に照会したが、適当な仕事は見つからなかった。そこで、Y会社はXを解雇したところ（本件解雇）、Xは解雇は無効であるとして、労働契約上の権利を有する地位にあることの確認を求めて訴えを提起した。1 審はXの請求を認容したため、Y会社が控訴した。

●**判旨**● 控訴棄却（Xの請求認容）。

　Y会社の規模、経営内容からして、Xを直ちに解雇しなければならない切迫性、緊急性があったとは認め難い。そうすると、本件解雇の正当性は、他の移籍に応じた者との人事の公平を図ることにある。

　たしかに、移籍の対象となった技能系労働者は、希望退職者を除きすべてが、賃金の低下を受け入れて移籍に応じたのに、Xだけ従前の賃金を維持したまま居続けることは不公平と映る面があるかもしれない。

　しかし、もともと同意による移籍は、労働者と旧使用者との合意解約と新使用者との労働契約の締結であり、人員削減の相当の必要がある場合にかぎり使用者の一方的意思表示により認められる**整理解雇**とは本質を異にするから、単に移籍者と移籍に同意しない者との待遇を比較し、その均質化のために整理解雇が許容されるということにはならない。

　たしかに、移籍に応じない場合はどうなるかとい

う労働者の質問に対して、Y会社の側で、その場合は社内に仕事がないので社外で仕事を見つけてもらうほかない、などと暗に解雇を示唆した発言をしていたことも認められる。しかし、整理解雇の場合は、その認められる要件が条理上厳格に制限されるのであり、使用者の側で移籍に応じない者は解雇することをほのめかしたからといって整理解雇の要件が何ら緩和されるものではないし、逆にそのような状況の下でXの側で移籍を拒否することが労働契約上の信義にもとり、被用者としての権利を濫用するものであるとも認め難い。なぜなら、業務縮小などにともなう整理解雇が許容される要件は、客観的に定まるものであって、労働者として移籍か解雇かの二者択一を迫られるものではないからである。

　以上より、本件解雇は、いわゆる整理解雇の要件を満たしておらず、解雇権を濫用したものとして無効である。

●**解説**● 整理解雇の 4 要素（要件）の 1 つである解雇回避の努力については、それがどこまで求められるかはケース・バイ・ケースの判断になる（→【50】東洋酸素事件）。配転や出向により解雇を回避できる具体的な可能性（その判断は企業規模や労働者の職種などによって異なりうる）があれば、使用者はそれを試みることが求められる。ただし、いわゆる限定正社員（勤務地限定正社員や職種限定正社員）に対しては、使用者は、その限定された勤務地や職種の範囲でしか、解雇回避の可能性を模索する必要がないのが原則である（ただし、勤務先を限定して採用された労働契約でも、転勤の可能性を検討する必要があるとした裁判例として、シンガポール・デベロップメント銀行事件—大阪地判平成12年 6 月23日〔結論は解雇有効〕等）。いずれにせよ、使用者が配転や出向を打診したことは、労働者がその申し出を拒否したとしても、解雇回避努力の一環として使用者に有利に考慮されるべきであろう。なお、就業規則等により、根拠づけられている配転命令や出向命令を、労働者が拒否した場合には、命令が有効であれば通常は懲戒処分の対象となる。

　転籍（移籍）については労働者の個別的同意が必要と解されている（→【38】国立循環器病研究センター事件）が、同意を拒否して解雇された場合、使用者が転籍を打診したことは、やはり解雇回避努力の一環として使用者に有利に考慮されるべきであろう。Y会社の経営状況も考慮すると、本判決の結論は、Y会社にやや酷と思われる。

* 〔人事労働法136頁補注⑵〕

52　整理解雇の有効性(3)─日本航空事件

東京高判平成26年6月3日〔平成24年(ネ)3458号〕

会社更生手続下でなされた整理解雇の有効性は、どのように判断すべきか。

●事実●　Xら（71名）は、航空運送事業を業とするY会社の前身であるA会社と期間の定めのない労働契約を締結した客室乗務員であり、B労働組合の組合員であった（A会社には、このほかC労働組合などがあった）が、A会社は平成22年1月19日に会社更生手続が開始されて、平成23年3月28日に同手続が終結した。その間に、Xらは平成22年12月9日、同月31日付けで整理解雇される旨の解雇予告通知を受けた。同様の解雇は、運航乗務員の機長ないし副操縦士に対してもなされた。Xらは、この解雇が無効である旨を主張して、労働契約上の権利を有する地位にあることの確認などを求めて訴えを提起した。原審は、Xらの請求を棄却した（東京地判平成24年3月30日）。そこで、Xらは控訴した。なお、本判決に対して、Xらは上告したが、棄却・不受理となっている（最2小決平成27年2月4日）。

●判旨●　控訴棄却（Xの請求棄却）。
Ⅰ　(1)「会社更生手続は、……事業の継続を前提としており、更生管財人が継続する事業において労働契約上の使用者としての地位を承継するものであること、……更生管財人が、労働契約法などの規定の定める要件によらずに労働契約を解除することができる旨を定める法の規定がないことからすれば、更生手続の下で更生管財人がした整理解雇についても、労働契約法16条が適用されるものと解され、……いわゆる整理解雇法理も適用されるものと解するのが相当である」。
(2)「いわゆる整理解雇法理における人員削減の必要性という要素は、解雇の時点において破綻に至っていない企業の場合においては、債務超過や赤字の累積など高度の経営上の困難から人員の削減が必要であり、企業の合理的な運営上やむを得ないものとされるときには、これが存在すると解されるのである。これに対し、更生会社であるY会社の場合においては、……本件解雇前、いったんは破綻状態にあって、その債権者及び取引先に対する取引上の信頼が失われた状態に陥っており、更生会社の事業の維持更生を目的とする会社更生法（同法1条）に基づく本件会社更生手続開始決定がなされ、同法に基づく手続によって、本件更生計画案が債権者らの同意を得て可決されて裁判所に認可され、本件更生計画が遂行されて事業の維持更生が図られることがな

ければ、破綻が避けられなかったのであって、同法に基づく更生計画案は、更生会社の当面の破綻を回避するにとどまらず、破綻原因を除去して更生計画を確実に遂行することができる業務体制の確立を図るものとして、そのために必要な諸施策を織り込んで作成することが同法の目的に適うものであることに十分配慮した上で、上記人員削減の必要性の要素を判断するのが相当である」。
Ⅱ　Xらに対する解雇は、「更生会社であるY会社を存続させ、これを合理的に運営する上でやむを得ないものとして、その人員削減の必要性が認められる」こと、「一連の希望退職措置を講ずるなど十分な解雇回避努力を行ったこと、その対象者の人選が合理性の認められる本件人選基準に基づいて客観的、合理的に行われたことが認められ」ること、また、「解雇の手続においても、Y会社からXらの所属するB組合を含む従業員の所属労働組合に対する多数回の協議と説明をしており、C組合からの指摘に応じて本件人選基準案の内容の一部を変更して本件人選基準案を策定するなど、手続的相当性を備えていることが認められ、整理解雇が許されないものと評価するに足りるような事情は認められないというべきである」。

●解説●　倒産手続には、清算型と再建型とがあるが、本件のような会社更生手続は後者である。清算型手続（および通常の会社解散）において、労働者が解雇される場合、整理解雇の4要素（要件）が適用されるかについては議論がある（→【75】勝英自動車学校〔大船自動車興業〕事件［解説］）が、少なくとも再建型手続の場合には、事業の継続が前提となるので、整理解雇の4要素（要件）をそのまま適用すべきとする見解が一般的である。本判決の判旨Ⅰ(1)も、この立場である。
そのうえで、判旨Ⅰ(2)は、人員削減の必要性に関する判断は、会社更生手続下では、それ以外の場合と異なり、更生計画を確実に遂行するための必要な諸施策として合理的であるかという観点からなされるべきものとしている。したがって、事後的な経営改善などにより人員削減の必要性が軽減したかどうかは考慮されないことになり、本件でも結論として人員削減の必要性が肯定された（Y会社の運航乗務員も本件と同様の訴えを提起し、同じ結果となっている〔東京高判平成26年6月5日、最1小決平成27年2月5日〕）。
Y会社の整理解雇については、直近の時期に病気や休職による欠勤・欠務期間がある者を解雇対象とする人選基準の合理性を認めた裁判例もある（日本航空事件─大阪高判平成28年3月24日）。

＊〔人事労働法216頁補注(8)〕

53　解雇期間中の賃金と中間利益──いずみ福祉会事件

最3小判平成18年3月28日〔平成15年(受)1099号〕

> 解雇期間中の得べかりし賃金から、同じ期間内に他で働いて得た賃金はどこまで控除できるか。

●事実●　Xは、Yに雇用されていたが、平成11年5月18日に解雇された。そこで、Xは解雇が無効であるとして、雇用契約上の権利を有する地位にあることの確認と、解雇後の賃金についての支払いを求めて訴えを提起した。1審および原審は解雇を無効と判断し、解雇後の賃金は一部のみ認めた。

　平成11年5月19日から同14年12月31日までの期間において、Xに支払われるべきであった賃金総額は、次のとおりである。まず、平成11年5月19日から同13年4月30日までの間（本件期間）において、Xに支払われるべきであった月例賃金（本棒および特業手当）の合計額は552万2346円であり、期末手当等の合計額は249万7060円である。本件期間のうち平成11年9月から同13年4月までの間（就労期間）は、Xは他で就労して合計358万123円の収入を得ていた。本件期間で支払われるべきであった月例賃金のうち、就労期間に対応するものは合計480万2040円であり、（労基法12条1項所定の平均賃金の合計額も同額）。就労期間以外の期間に対応するものは72万306円である。期末手当等のうち、就労期間に対応するものは合計196万8836円であり、就労期間以外の期間に対応するものは52万8224円である（平成13年5月1日から同14年12月31日までの期間については省略）。

　1審および原審ともに、就労期間における月例賃金と期末手当等の合計額677万876円の4割（270万8350円）が控除の限度額であるとした。そこで、Yは上告した。

●判旨●　原判決破棄、自判。

　Ⅰ　「使用者の責めに帰すべき事由によって解雇された労働者が解雇期間中に他の職に就いて利益（以下「中間利益」という。）を得たときは、使用者は、当該労働者に解雇期間中の賃金を支払うに当たり中間利益の額を賃金額から控除することができるが、上記賃金額のうち労働基準法12条1項所定の平均賃金の6割に達するまでの部分については利益控除の対象とすることが禁止されているものと解するのが相当である。したがって、使用者が労働者に対して負う解雇期間中の賃金支払債務の額のうち平均賃金額の6割を超える部分から当該賃金の支給対象期間と時期的に対応する期間内に得た中間利益の額を控除することは許されるものと解すべきであり、上

記中間利益の額が平均賃金額の4割を超える場合には、更に平均賃金算定の基礎に算入されない賃金（同条4項所定の賃金）の全額を対象として利益額を控除することが許されるものと解される」。

　Ⅱ　Xに支払われるべきであった就労期間の賃金の合計額480万2040円のうち、平均賃金の合計額の6割に当たる288万1224円は、そこから控除をすることが禁止され、その全額がXに支払われるべきである。残りの192万816円については、就労期間中のXの中間利益の合計358万123円をまず控除することとなるので、支払われるべき金員はない。さらに、中間利益のうち192万816円を控除してもなお残っている165万9307円については、これを、Xに支払われるべきであった就労期間における期末手当等の合計額196万8836円から控除すべきである。したがって、上記期末手当等は、合計30万9529円が支払われるべきこととなる。結局、Yは、Xに対し、就労期間に係る賃金として288万1224円と、期末手当等のうちの30万9529円との合計額319万753円を支払うべきこととなる。Yは、これに加えて、本件期間のうちの就労期間に対応しない期間の月例賃金（72万306円）と期末手当等（52万8224円）も支払わなければならない。

●解説●　裁判所において解雇が無効と判断された場合における解雇期間中の賃金は、使用者は、原則として全額、労働者に支払わなければならない（民法536条2項1文）が、労働者が解雇期間中に他から収入を得ていた場合には、その中間利益（中間収入）は控除される（同項2文）。ただし、労基法26条の趣旨から、中間利益の額にかかわらず、平均賃金の6割は支払われなければならない（米軍山田部隊事件──最2小判昭和37年7月20日）。また、賃金から控除される中間利益は、「当該賃金の支給対象期間と時期的に対応する期間内に得た」ものでなければならない（判旨Ⅰ。あけぼのタクシー事件──最1小判昭和62年4月2日）。以上のルールの下で控除しきれなかった中間利益の残余分については、平均賃金の算定基礎外の賃金（賞与等）から、支給対象期間と時期的に対応する分が控除される（判旨Ⅰ。前掲・あけぼのタクシー事件も同旨）。

　なお、他社で就労することによって、元の使用者の下での就労の意思と能力が欠けると判断されれば賃金請求権は発生しない（→【89】片山組事件［解説］）が、単に転居しただけでは、就労の意思がなくなったとはされない（みんなで伊勢を良くし本気で日本と世界を変える人達が集まる事件──名古屋高判令和元年10月25日）。

＊［人事労働法212頁］

54　解雇と不法行為—吉村・吉村商会事件

東京地判平成4年9月28日〔平成3年(ワ)10231号〕

> 解雇された労働者が、解雇の有効性を争わずに、不法行為による損害賠償を求めることができるか。

●事実●　Xは、Y会社を懲戒解雇されたため、本件解雇がなければ少なくとも本件解雇後1年間は、Y会社で勤務を継続して賃金を得ていたはずであるとして、解雇後1年分に相当する賃金額の損害賠償請求等を求めて訴えを提起した。

●判旨●　損害賠償請求については一部認容（慰謝料40万円のみ認容し、賃金分の損害の請求は棄却）。

Ⅰ　「理由のない解雇がなされ、それが労働者に対する不法行為を構成する場合、当該労働者が使用者に対して被った損害の賠償を求めることができるのは当然である。……賃金は、雇用契約に基づく労働者の義務の履行、すなわち、労務の提供に対する対価として支払われるものであるから、使用者が違法な解雇の意思表示をして労働者による労務の提供を受けることを拒否する態度を明確にした場合であっても、労働者が賃金の対価たる労務提供の意思を喪失するなどして使用者の労務受領拒否の態度がなくなっても労務を提供する可能性が存在しなくなったときには、賃金不支給状態が当該解雇を原因とするものとはいえないことになるのであり、その場合は、当該賃金不支給状態は当該不法行為と相当因果関係のある結果とはいえない」。

Ⅱ　「当該解雇が不法行為を構成する違法なものであって、また無効と解される場合には、当該労働者は、解雇無効を前提としてなお労務の提供を継続する限り、賃金債権を失うことはない。この場合には、当該労働者は賃金請求権を有しているのであるから、特段の事情のない限り、右賃金請求権の喪失をもって損害とする余地はないことが明らかである。他方、当該解雇に理由がない場合であっても、当該労働者がての解雇を受け入れ、他に就職するなどして当該使用者に対し労務を提供し得る状態になくなった場合には、前示のとおり、賃金が支給されない状態と違法な解雇との間には相当因果関係がないから、賃金相当額をもって、直ちに違法解雇がなければ得べかりし利益として、その賠償を求めることはできないことになる」。

Ⅲ　本件では、Xは解雇の有効性を争っておらず、Y会社に愛想を尽かして確定的に他に就職しているので、少なくともその就職の時点で、XのY会社に対する労務提供の可能性は失われたものといわなければならず、他方、その就職までの期間は賃金請求権があるものというべきであるから、いずれについても賃金請求権の喪失を理由とする賃金相当額の賠償請求は失当である。

●解説●　使用者が不当な解雇をした場合には、その解雇は権利濫用として無効となる（労契法16条）。では、原職復帰を望まない労働者が、解雇無効を主張せずに、退職することを前提に、不法行為を理由として、将来の賃金分の損害賠償請求をすること（民法709条）は認められるのであろうか。

不法行為が成立するためには、解雇が権利濫用というだけでは不十分であり、不法行為の要件を充足する必要があるが、仮に不法行為が成立したとしても、解雇が無効である以上、労働者は賃金請求権を有する（民法536条2項）ので、賃金分についての損害（逸失利益）は発生していないことになる（判旨Ⅱ）。

また、他に就職するなど、解雇後において使用者に対して労務を提供しうる状態になくなった場合にも、違法な解雇と賃金の不支給との間には相当因果関係がないので、やはり逸失利益は否定される（判旨Ⅰ、Ⅱ）。もっとも、裁判例のなかには、その場合でも一定期間の賃金相当額を逸失利益と認めるものがある（三枝商事事件—東京地判平成23年11月25日［3カ月分］、村上学園事件—東京地判平成24年7月25日［3カ月分から中間収入を控除した額］等）。

このほか、違法な退職の強制等、客観的に復職できない事情があったために解雇を受け入れた場合（合意解約と判断される可能性もある）には、逸失利益が認められる余地はあるし、解雇事由が生じてからの使用者の対応（解雇回避の努力の程度や解雇の告知に至るまでの手続等）に問題があったような場合には、慰謝料の請求が認められることがある。本件でも、精神的損害は認められた（なお地位確認請求も同時に行っている事件では、地位確認が認められ、賃金が遡及的に支払われた場合には、精神的損害は慰謝されているとして、慰謝料の請求が認められない傾向にある。→【103】トーコロ事件等）。

＊［人事労働法212〜213頁］

55　解雇制限期間と打切補償―専修大学事件

最2小判平成27年6月8日〔平成25年(受)2430号〕(民集69巻4号1047頁)

労災で休業中の労働者に打切補償相当額を支払うことにより解雇は可能となるか。

●事実●　学校法人Yの職員であるXは、頸肩腕症候群に罹患し、平成15年4月より欠勤を繰り返すようになった。Y法人は、Xの欠勤のうち、当初のものは有給休暇として処理し、同年6月3日からは、就業規則所定の私傷病による欠勤、次いで平成16年6月3日からは私傷病による休職として処理した。その後、Xは復職したが、平成18年1月17日から長期欠勤をし、平成19年3月31日にいったん退職した。同年11月6日に、A労基署長は、Xの疾病を労災と認定し、療養補償給付および休業補償給付の支給を決定した。これを受けて、Y法人はXの退職を取り消した。

Y法人は、平成21年1月17日、Xが長期欠勤を開始した平成18年1月17日以降の欠勤がY法人の災害補償規程所定の欠勤年数3年を経過したことから、Xを2年間の業務災害休職に付した。

平成23年1月17日、休職期間である2年が経過し、Y法人は、Xの職場復帰は不可能であると判断したことから、同年10月24日、Xに災害補償規程の定める打切補償金として約1629万円を支給したうえで解雇した。

Y法人は、この解雇が有効であるとして、労働契約上の権利を有する地位の不存在確認を求めて本訴を提起したところ、Xは、自らが労基法81条所定の「第75条の規定によって補償を受ける労働者」に該当せず、したがって、解雇は労基法19条に反して無効であるとして、労働契約上の権利を有する地位の確認および損害賠償等を求めて反訴を提起した(その後、Y法人は本訴を取り下げた)。1審は、Xの請求をほぼ認容し、原審はY法人の控訴を棄却した。

●判旨●　原判決破棄、差戻し。

Ⅰ　労災保険法は、労基法と同日に公布、施行され、その定める各保険給付は、労基法で使用者が災害補償を行うべき事由が生じた場合に行われるとされ、さらに、労基法84条1項が、労災保険法の各保険給付が行われるべき場合には、使用者はその給付の範囲内において災害補償の義務を免れると規定している。また、労災保険法上の各保険給付の内容は、労基法上の使用者の災害補償の内容に対応するものとなっている。

以上のことからすると、労災保険法上の保険給付は、その実質は、使用者の災害補償義務を政府が保険給付の形式で行うものであり、労基法上の災害補償に代わるものということができる。

Ⅱ　Ⅰからすると、使用者により災害補償が行われている場合とこれに代わるものとしての労災保険法に基づく保険給付が行われている場合とで、労基法19条1項ただし書の適用の有無につき取扱いを異にすべきものとはいい難い。また、打切補償がなされても、治るまでの間は労災保険法に基づき療養補償給付がされることなども勘案すれば、同項ただし書の適用の有無につき異なる取扱いがされなければ労働者の利益につきその保護を欠くことになるものともいい難い。

Ⅲ　そうすると、労災保険法上の療養補償給付を受ける労働者は、労基法19条1項の適用に関しては、同項ただし書が打切補償の根拠規定として掲げる同法81条にいう同法75条の規定によって補償を受ける労働者に含まれるとみるのが相当である。

●解説●　労基法19条は、業務上の負傷または疾病により療養のために休業する労働者に対する解雇を禁止している。ただし、同法81条に基づく打切補償が行われれば、この解雇制限は解除される(同法19条1項ただし書)。ところで、同法81条は、同法75条による療養補償を受ける労働者を対象としたものであるが、労基法上の災害補償は、労災保険によって代替されており、本件でもXは労災保険の療養補償給付を受け、労基法の療養補償は受けていなかった(同法84条1項)。一方、労災保険法においては、傷病補償年金が支給される場合には、療養開始から3年経過していれば、労基法81条の打切補償がされたものとみなされ、解雇制限が解除される(労災保険法19条)。傷病補償年金は、療養の開始から1年6カ月経過後、治癒せずに、傷病等級3級以上に該当する者に支給される(同法12条の8第3項)。

治癒(症状固定)の場合には、療養は終了するので、解雇制限は解除されるし、治癒していないが、重度の傷病の場合には傷病補償年金に移行するので、やはり解雇制限は解除される。一方、本件のように、治癒していないが、傷病の程度が重くない場合には、療養補償給付が継続支給される。このような場合に、労基法81条の定める3年経過後の打切補償によって、解雇制限を解除できるのかが問題となる。

本判決は、この問題について、原審の判断を覆して、療養補償給付を受ける労働者が、療養開始後3年を経過しても疾病等が治らない場合には、労基法75条による療養補償を受ける労働者が同じ状況にある場合と同様、使用者は、同法81条による打切補償を行うことにより、同法19条1項ただし書の適用を受けることができるとして、この問題に決着をつけた。

＊[人事労働法140〜141頁]

56　労働基準法20条違反の解雇の効力—細谷服装事件

最2小判昭和35年3月11日〔昭和30年(オ)93号〕（民集14巻3号403頁）

> 解雇予告規定に違反して行われた解雇は有効か。

●事実●　Y会社は、その雇用するXに対して、昭和24年8月4日に、予告手当を支給することなしに一方的に解雇の通告をした。その後、1審の口頭弁論の終結日である昭和26年3月19日に至り、昭和24年8月分の給料1万円と予告手当の額として給料1カ月分に相当する1万円に当日までの遅延利息を加算した額をXに対して支払った。Xは、解雇の効力は、昭和26年3月19日までは生じなかったと主張して、昭和24年8月分から昭和26年3月分までの賃金の未払分の支払い等を求めて訴えを提起した。1審および原審ともに、Xの請求を棄却したため、Xは上告した。

●判旨●　上告棄却（Xの請求棄却）。

Ⅰ　「使用者が労働基準法20条所定の予告期間をおかず、または予告手当の支払をしないで労働者に解雇の通知をした場合、その通知は即時解雇としては効力を生じないが、使用者が即時解雇を固執する趣旨でない限り、通知後同条所定の30日の期間を経過するか、または通知の後に同条所定の予告手当の支払をしたときは、そのいずれかのときから解雇の効力を生ずるものと解すべきであって、本件解雇の通知は30日の期間経過と共に解雇の効力を生じたものとする原判決の判断は正当である」。

Ⅱ　「労働基準法114条の附加金支払義務は、使用者が予告手当等を支払わない場合に、当然発生するものではなく、労働者の請求により裁判所がその支払を命ずることによって、初めて発生するものと解すべきであるから、使用者に労働基準法20条の違反があっても、既に予告手当に相当する金額の支払を完了し使用者の義務違反の状況が消滅した後においては、労働者は同条による附加金請求の申立をすることができないものと解すべきである」。

●解説●　労基法20条は、使用者が解雇を行う場合には、30日前までの予告か30日分以上の平均賃金（予告手当）を支払うことを義務づけている（20条1項。予告手当を支払えば、予告日数を減少させることができる。同2項）。例外は、天災事変その他やむをえない事由のために事業の継続が不可能となった場合または労働

者の責に帰すべき事由がある場合（除外事由）である（20条1項ただし書。なお、解雇予告の適用除外については21条）。

労基法20条に違反して行われた解雇については、同条は強行規定なので無効とする見解（無効説）、同条違反の場合には、労働者には予告手当と付加金（114条）の請求権が認められていることからすると、解雇そのものは有効と解すべきとする見解（有効説。もちろん、そのときでも解雇権の濫用として無効となる余地はある）、労働者側で、解雇の無効か予告手当の請求かを選択できるとする見解（選択権説）があるが、判例は、判旨Ⅰで示されたとおり、即時解雇としての効力は生じないが、即時解雇に固執する趣旨でなければ、30日の経過後か、予告手当の支払いのいずれかの時から解雇の効力が生じるとした（相対的無効説。行政解釈〔昭和24年5月13日基収1483号〕も同じ）。

有効説には、労基法20条だけ強行規定性が否定される理由がはっきりしないという難点があるが、他方で、無効説は、予告期間をおかない場合に、予告手当（および付加金）の支払いが義務づけられていることの説明に窮する。判例の相対的無効説（判旨Ⅰ）は、両者の難点を克服しようとしたものといえるが、即時解雇に固執する趣旨かどうかの判断は容易でないし、即時解雇に固執する趣旨でないとされれば30日の経過後に解雇の効力が発生するので、そうなると予告手当も（就労していない以上）賃金も支払われなくなり（常に使用者の責めに帰す事由が認められるとはいえない〔民法536条2項を参照〕）、労働者にとって酷な結果となる。そこで、選択権説が出てくるが、この見解には、労働者が選択権を行使するまで、解雇の効力が確定しないという問題点がある。

本判決は、労基法114条に基づく付加金の支払義務は、予告手当の支払義務違反があったときに発生するのではなく、裁判所の支払命令があったときに発生するとする。したがって、裁判所が支払いを命じるまでに、使用者が未払い分を支払えば、裁判所は付加金の支払いを命じることはできないこととなる（判旨Ⅱ）。1審で支払いが命じられても、事実審の口頭弁論終結時までに支払いを完了した場合も同様である〔未払割増賃金の事案で、ホッタ晴信堂薬局事件—最1小判平成26年3月6日〕）。

＊〔人事労働法205〜206頁〕

57　変更解約告知の有効性──スカンジナビア航空事件

東京地決平成7年4月13日〔平成6年(ヨ)21204号〕

新たな労働条件での雇用契約の締結の申込みを拒否したことを理由とする、従来の雇用契約の解約は有効か。

●事実●　外資系の航空会社であるY会社は、業績の急速な悪化のなかで、エア・ホステスと地上職の人員を削減することが必要であるとし、日本支社で早期退職者を募集し、その後、必要な人員のみ再雇用することにした。再雇用の際の労働条件は、これまでの賃金体系、労働時間、退職金制度等が変更され、労働契約の期間を1年とするという内容であった。

全従業員140名のうち、115名が早期退職に応じたものの、25名が応じなかった。そのためY会社は、この25名に対して解雇を通告した。その後、Y会社は、18名には再雇用の申入れをし、9名はこれに応じたため解雇は撤回されたが、Xらを含む残り9名は応じなかったため、解雇された。そこで、Xら9名は、この解雇は無効であるとして、従業員たる地位の保全と賃金の仮払いを求めて仮処分を申請した。

●決定要旨●　申立て却下。

Ⅰ　Y会社のXらに対する解雇の意思表示は、「雇用契約で特定された職種等の労働条件を変更するための解約、換言すれば新契約締結の申込みをともなった従来の雇用契約の解約であって、いわゆる変更解約告知といわれるものである」。

Ⅱ　「労働条件の変更が会社業務の運営にとって必要不可欠であり、その必要性が労働条件の変更によって労働者が受ける不利益を上回っていて、労働条件の変更をともなう新契約締結の申込みがそれに応じない場合の解雇を正当化するに足りるやむを得ないものと認められ、かつ、解雇を回避するための努力が十分に尽くされているときは、会社は新契約締結の申込みに応じない労働者を解雇することができるものと解するのが相当である」。

●解説●　1　変更解約告知は、労働条件の変更の申込みと解雇の意思表示が同時に含まれるものである。その具体的な態様はさまざまである。典型的な例は、労働条件の変更の申込みに応じないことを停止条件として解雇の意思表示が行われるというものである。本件では、「新契約締結の申込みをともなった従来の雇用契約の解約」が行われたと認定されており、本決定は、これを変更解約告知と呼んでいる(決定要旨Ⅰ)。なお、有期労働契約の期間満了時に、従来より不利益な労働条件での更新を拒否したためになされた雇止めは、実質的には変更解約告知に近いものとなる(労契法19条を参照。裁判例として、河合塾事件──東京高判令和4年2月2日)。

変更解約告知では、労働者は労働条件の変更に応じなければ解雇となる。他方、労働条件の変更に応じれば、雇用が継続するが、これは実質的には解雇の脅威の下で、労働条件の変更が迫られるという面がある。したがって、変更解約告知については、変更を拒否したことを理由とする解雇の有効性(解雇としての相当性)と、解雇の脅威の下における変更の承諾の有効性(労働条件変更手段としての相当性)とが問題となる。

2　変更解約告知の解雇としての有効性は、従来、解雇権濫用法理(現在の労契法16条)の下では消極的に解されていた。本決定も、有効性の判断枠組みを設定しているが、その判断基準は、変更が会社業務の運営にとって必要不可欠であること、必要性が不利益を上回っていること、解雇回避努力が尽くされていることなど、かなり厳格なものである(決定要旨Ⅱ)。本決定は、結論として、業務上の必要性が高度であり、不利益の程度はそれほど大きくなく、労働組合との交渉が十分に行われているという事情を重視して解雇を有効と判断した(決定要旨外)が、同時に行われていた、再雇用の申入れがなかった7名に対する整理解雇も有効と判断しており、事案の性質上、変更解約告知が有効と認められやすいケースであったといえよう。

なお、裁判例の中には、変更解約告知という独自の類型を認めず、通常の整理解雇と同様の基準で有効性を判断すべきと述べるものもある(大阪労働衛生センター第一病院事件──大阪地判平成10年8月31日)。

3　変更解約告知は、実質的には労働条件の一方的な変更と変わらない面があるので、労働条件変更手段として不適切であり、ドイツ法を参考にした「留保付き承諾」を認めるべきという見解もある。「留保付き承諾」とは、使用者による労働条件の変更の申込みに対して、裁判所等の第三者機関が変更内容を相当と認めるという条件を付けて承諾することである。第三者機関が相当と認めれば、労働条件の内容は変更され、相当と認めなければ、労働条件の内容は従来のままとなる。いずれにしても、解雇という結果は生じない。

日本の現行法の解釈として、こうした「留保付き承諾」が認められるかについては争いがあり(民法528条も参照)、「留保付き承諾」を認める判断をした裁判例もあった(日本ヒルトンホテル事件──東京地判平成14年3月11日)が、その判断は控訴審で否定されている(東京高判平成14年11月26日)。

＊〔人事労働法213～214頁〕

58　退職の意思表示の撤回—大隈鐵工所事件

最3小判昭和62年9月18日〔昭和57年(オ)327号〕

> 労働者は、退職の意思表示を、いつまでなら撤回することができるか。

●事実●

Xは、大学在学中に日本民主青年同盟（民青）に加盟しており、昭和47年4月にY会社に入社した後も、同期入社のAとともに、Y会社内の民青の同盟員拡大等の非公然活動に従事していた。あるとき、Aが失踪し、Y会社側の調査によって、AとXとの関係が判明したので、Xは連日Y会社の人事担当者からAの失踪に関し事情聴取を受けた。その後、Y会社の人事管理の最高責任者である人事部長Bは、人事第1課長Cと人事第2課長Dとともに会社の応接室でXと面接し、その席上で、民青資料を机の上に置きながら、「この記事の中からAの手掛りが出てこないか、君ひとつ見てくれないか」と申し向けたところ、Xは、突然「私は退職します。私はAの失踪と全然関係ありません」と申し出た。B部長は、Xを慰留したが、Xがこれを聞き入れなかったので、C課長に命じて退職願の用紙を取り寄せ、Xに交付したところ、Xはその場で必要事項を記入して署名拇印してB部長に提出し、B部長はこれを受け取った。その後、Xは退職手続を済ませて退社した。翌日、Xは、退職の意思表示を撤回したが、Y会社はこれを拒否したため、XはY会社の従業員たる地位の確認を求めて訴えを提起した。

1審はXの請求を認容し、原審はY会社の控訴を棄却した。そこで、Y会社は上告した。

●判旨●

原判決破棄、差戻し。

原判決は、B部長がXの退職願を即時受理したことをもって、「Xの解約申込みに対するY会社の承諾の意思表示があったものと解することができないとしているが、その理由とするところは、『Xが入社するに当たっては、筆記試験の外に面接試験が行われ、その際E副社長、技術系担当取締役2名及びB人事部長の4名の面接委員からそれぞれ質問があり、これらの結果を総合して採用が決定されたことが認められる。この事実と対比するとき、Xの退職願を承認するに当たっても、人事管理の組織上一定の手続を履践した上Y会社の承諾の意思が形成されるものと解せられるのであって、人事部長の職にあるものであっても、その個人の意思のみによってY会社の意思が形成されたと解することはできない』というに尽きる」。

原判決の上記判断は、「企業における労働者の新規採用の決定と退職願に対する承認とが企業の人事管理上同一の比重を持つものであることを前提とするものであるが、この前提を採ることは、たやすく是認し難いものといわなければならない。けだし、Y会社において原判決が認定するような採用制度をとっているのは、労働者の新規採用は、その者の経歴、学識、技能あるいは性格等について会社に十分な知識がない状態において、会社に有用と思われる人物を選択するものであるから、人事部長に採用の決定権を与えることは必ずしも適当ではないとの配慮に基づくものであるのに対し、労働者の退職願に対する承認はこれと異なり、採用後の当該労働者の能力、人物、実績等について掌握しうる立場にある人事部長に退職承認についての利害得失を判断させ、単独でこれを決定する権限を与えることとすることも、経験則上何ら不合理なことではないからである」。

●解説●

労働者からなされる退職の意思表示の法的意味としては、辞職の意思表示と合意解約の申込みの意思表示の2つが考えられる。いずれも労働者に重大な不利益をもたらしうるので、確定的な退職の意思表示があったかの判断は慎重であるべきである（充友会事件—東京地判平成29年12月22日等）。また、使用者からの合意解約の申込みに対する承諾の認定も、解雇規制の潜脱を避けるために、慎重であるべきである。

辞職は労働者による労働契約の解約であり、無期労働契約の場合には2週間の予告期間を置けば自由に行うことができ（民法627条1項）、有期労働契約の場合にはやむをえない事由があれば直ちに解除ができる（民法628条）。辞職は単独行為であり、その意思表示が使用者に到達すれば効力が発生するので、それ以降の撤回はできない。一方、合意解約の申込みは、使用者の承諾の意思表示が労働者に到達すれば、それにより労働契約の解消の効果が発生することになる。合意解約の申込みは、辞職と異なり、使用者に到達していても、使用者が承諾するまでは原則として撤回が可能と解されている（白頭学院事件—大阪地判平成9年8月29日を参照。この点で、合意解約のほうが労働者に有利なので、合意解約の申込みか辞職かがはっきりしない場合には、前者と解すべきであろう）。最高裁は、本件では、B部長に退職承認の決定権限があって、B部長の即時承諾により合意解約が成立したと認定しうる可能性が高いと判断した（なお、対話者に対する申込みの拘束力については、民法525条も参照）。

* 〔人事労働法228〜230頁〕

59 退職勧奨の適法性—日本アイ・ビー・エム事件

東京高判平成24年10月31日〔平成24年(ネ)763号〕

退職勧奨は、どのような場合に違法となるか。

●事実●　情報システムに係わる製品、サービスの提供等を業とするY会社は、業績が低迷するなか、リーマン・ショックの影響も受けて、従業員の退職勧奨を行うこととした。この退職勧奨においては、①所定の退職金に加えて、加算金（特別支援金）として、月額給与額の最大で15カ月分を支給する、②自ら選択した再就職支援会社から再就職支援を受ける、という特別支援プログラムを用意し、それを実施するためのRAプログラムを立ち上げた。Y会社は、RAプログラムへの応募勧奨が退職強要とならないように、実施担当の管理職に対して、具体的方法についての講義や面接研修を実施していたが、他方で自覚と責任を持たせるため、応募者予定数の達成いかんでは、結果責任を問う趣旨とも受け取れる注意喚起を行っていた。

　Y会社の従業員であるXは、平成18年3月、うつ病を発症し、平成20年1月以降、在宅勤務をしていた。なお、Y会社の定年は60歳で、Xの60歳の誕生日は、平成22年5月29日であった。

　Xは、業績評価が相対的に低いことと、定年退職を控え、健康面での不安を抱えながら就労していることを主要な理由として、RAプログラムの対象者となり、平成20年10月28日、上司との面談で、特別支援プログラムに応募するよう求められたが、Xは60歳の定年まで勤めたい旨返答した。同年11月13日、再び面談があり、説明を受けたが、Xは激しく反発した。そこで、上司は、RAプログラムの対象とすることを断念して、業務改善を求めるメールをXに送ったが、Xはこれにも反発した。

　Xは、Y会社の退職勧奨は、Xの自由な意思決定を不当に制約するとともに、Xの名誉感情等の人格的利益を侵害した違法な退職強要であり、Xは精神的苦痛を被ったと主張して、不法行為による損害賠償請求権に基づき、330万円の支払い等を求めて訴えを提起した。なお、本件では、X以外にRAプログラムの対象となり、退職勧奨を受けた3名の原告がいる。1審は、Xの請求を棄却したので、Xは控訴した。

●判旨●　控訴棄却（Xの請求棄却）。

　「労働契約は、一般に、使用者と労働者が、自由な意思で合意解約をすることができるから、基本的に、使用者は、自由に合意解約の申入れをすることができるというべきであるが、労働者も、その申入れに応ずべき義務はないから、自由に合意解約に応じるか否かを決定することができなければならない。したがって、使用者が労働者に対し、任意退職に応じるよう促し、説得等を行うこと（以下、このような促しや説得等を『退職勧奨』という。）があるとしても、その説得等を受けるか否か、説得等に応じて任意退職するか否かは、労働者の自由な意思に委ねられるものであり、退職勧奨は、その自由な意思形成を阻害するものであってはならない。

　したがって、退職勧奨の態様が、退職に関する労働者の自由な意思形成を促す行為として許容される限度を逸脱し、労働者の退職についての自由な意思決定を困難にするものであったと認められるような場合には、当該退職勧奨は、労働者の退職に関する自己決定権を侵害するものとして違法性を有し、使用者は、当該退職勧奨を受けた労働者に対し、不法行為に基づく損害賠償義務を負うものというべきである」。

●解説●　退職勧奨は、使用者からの合意解約の申込み（あるいは、辞職［解約］の誘引）と評価されることが多いであろう。このような申込みは、労働者にそれに応じるか否かの自由があるかぎりは、違法性の問題は出てこない。しかし、労働者の自由な意思形成を阻害するような態様で行われた場合には違法となり、使用者は不法行為に基づく損害賠償責任を負わなければならない（民法709条）。本件では、XをRAプログラムの対象者としたことに恣意性はなく、退職勧奨の方法も相当であったとして、結論として違法性は否定された（判旨外）。

　過去の判例には、執拗な退職勧奨が行われ精神的苦痛があったとして損害賠償が認められたものもある（下関商業高校事件—最1小判昭和55年7月10日。そのほか、長時間ないし多数回の面談などにより違法な退職勧奨があったとされたものとして、日本航空事件—東京高判平成24年11月29日、アルバック販売事件—神戸地姫路支判平成31年3月18日、日立製作所事件—横浜地判令和2年3月24日等）。

　実際に退職の意思表示がなされた場合でも、それが退職強要によるものであれば、強迫を理由に取り消すことができる（民法96条1項）。裁判例には、懲戒解雇事由がないにもかかわらず、懲戒解雇がありうるとの告知は、強迫に該当しうるとしたものがある（ソニー事件—東京地判平成14年4月9日［結論は否定］等）。

　現在では、違法な退職勧奨などは、パワハラの1つに位置づけられよう（労働施策総合推進法30条の2を参照。→【123】さいたま市環境センター事件［解説]）。

＊［人事労働法230〜231頁］

60　早期退職優遇制度の適用—神奈川信用農業協同組合事件

最1小判平成19年1月18日〔平成16年(受)380号〕

> 使用者が早期退職優遇制度の適用を承認しなかった場合、労働者は同制度に基づく割増退職金を請求することができないか。

●事実●　Xら2名は、Y信用組合の従業員である。Y信組の就業規則には、満60歳を定年とする定年退職制と、本件選択定年制とが設けられていた。本件選択定年制は、48歳以上で15年以上勤続する従業員が、制度の手続に基づき退職を申し出た場合に、割増退職金が支給されるというものであり、制度の適用を受けるためにはY信組の承認を必要とした。

平成13年7月、Y信組は経営が悪化していたため、他の信用組合等への事業譲渡を検討していた。Y信組は、事業譲渡をする前に退職者が増加し、事業譲渡が困難となることを懸念し、選択定年制の廃止を決定した。Y信組は、同年9月4日から7日にかけて、従業員に対して、経営悪化により合併が避けられないこと、選択定年制を廃止すること、選択定年制による退職の申出については、すでになされている分と今後の分の両方を承認しない趣旨の説明をした。

Xら2名は、それぞれ同年7月18日、9月11日にY信組に対して本件選択定年制に基づく退職を申し出たが、Y信組は、同年9月27日にXらに対し、承認しない旨を告げた。平成14年1月23日、Y信組はAに事業の全部を譲渡し、同年3月31日、全従業員を解雇した。Xら2名は、本件選択定年制に従った割増退職金債権を有することの確認を求めて訴えを提起した。

1審は、Y信組には、本件選択定年制に基づく退職の申出を承認するか否かにつき裁量権があるが、Y信組の不承認は、Xらの退職の自由の制限となり、Xらに不利益を生じさせるものであるから、本件では、Y信組の不承認という裁量権行使は、制度が本来予定していたものと認められず、Xの申出に対してY信組の承認があった場合と同様に取り扱われるべきであると判断して、Xの請求を認容し、原審もこの判断を維持した（東京高判平成15年11月27日）。そこで、Y信組は上告した。

●判旨●　原判決破棄、自判（Xらの請求棄却）。

Ⅰ　本件選択定年制による退職は、従業員の申出に対し、Y信組が承認することによって、雇用契約の終了や割増退職金債権の発生という効果が生ずる

ものとされており、Y信組がその承認をするかどうかに関し、就業規則等において特段の制限が設けられていないことは明らかである。

Ⅱ　「もともと、本件選択定年制による割増退職金は、従業員の申出とY信組の承認とを前提に、早期の退職の代償として特別の利益を付与するものであるところ、本件選択定年制による退職の申出に対し承認がされなかったとしても、その申出をした従業員は、特別の利益を受けることこそないものの、本件選択定年制によらない退職を申し出るなどすることは何ら妨げられていないので、退職の自由が制限されるものではない。したがって、従業員がした本件選択定年制による退職の申出に対してY信組の承認がなされなければ、割増退職金債権の発生を伴う退職の効果が生じる余地はない」。

●解説●　定年前の早期退職の場合に、割増退職金を支払うという優遇措置が設けられている例は少なくない。こうした措置の適用について、使用者の承認が要件とされているとき、使用者の承認を得ないままに退職した労働者が、割増退職金を請求する権利があるかどうかをめぐり紛争が生じることがある。こうしたケースでは、労働者が制度の適用要件を満たしていたとしても、使用者が承認をしないかぎりは制度の適用が認められないと解釈するのが裁判例の傾向であり、本判決の判旨Ⅰも同じである（使用者が早期退職を呼びかける行為は、申込みの誘引にすぎないということである）。判旨Ⅰが、使用者の不承認が信義則に反する場合には、使用者は承認を拒否できないというような、下級審（たとえば、ソニー事件—東京地判平成14年4月9日［ただし一般論のみ］や本件の原審）の一部で認めることのあった例外の余地までを否定する趣旨かは判然としない。しかし、本判決は、判旨Ⅱに引き続いて、Y信組の不承認について、「理由が不十分であるというべきものではない」と述べている（判旨外）ので、少なくとも本件が信義則違反のケースには該当しないと解していたとみることができよう。

判旨Ⅱは、割増退職金を支給されないことは、労働者から特別の利益を奪うだけであって、積極的に不利益を課すものではないこと、また、労働者が退職をすること自体は制限されていないこと、という理由から、退職の自由は侵害されていないと判断したものであり、その判断は妥当と評価できる。

＊［人事労働法231頁補注(2)］

61　定年後の継続雇用──津田電気計器事件

最1小判平成24年11月29日〔平成23年(受)1107号〕

定年後の雇用継続を拒否する雇止めを無効とした例。

●事実●　Y会社は、60歳定年制を導入していたが、定年後1年間は嘱託として雇用する取扱いをしていた。その後、高年法9条2項（2012年改正前の規定）の定める継続雇用基準を含む、高年齢者継続雇用規程（本件規程）を定めた。それによると、在職中の業務実態および業務能力の査定による総点数が0点以上の者のみを継続雇用することになっていた。

Xは、定年後嘱託となり、その後も、継続雇用を希望していたところ、Y会社は、Xが本件規程の継続雇用基準を満たさないとして、Xの雇用は嘱託雇用契約の終了日である平成21年1月20日をもって終了する旨の通知をした。なお、Xの査定等の内容は、本件規程所定の方法で点数化すると1点となるが、Y会社は、評価方法を誤り、総点数を0点に満たないと評価していた。Xは選定基準に定める要件を満たしていたことを理由に再雇用契約は成立しているとして、労働契約上の権利を有する地位にあることの確認等を求めて訴えを提起した。

1審（大阪地判平成22年9月30日）は、Y会社は本件規程の周知により、継続雇用基準を充足する者を再雇用する旨の契約の申込みをしており、Xはこれに承諾の意思表示をし、継続雇用基準を充足していたとして、Xの請求を認容した。原審（大阪高判平成23年3月25日）は、継続雇用の申込みをした労働者が本件規程所定の継続雇用基準を満たす場合、Y会社の不承諾は権利濫用にあたり、再雇用契約が成立したものと扱われるべきであるとして、Xの請求を認容した。そこで、Y会社は上告した。

●判旨●　上告棄却（Xの請求認容）。

Y会社は、高年法9条2項（2012年改正前の規定）に基づき、過半数代表者との書面協定により、「継続雇用基準を含むものとして本件規程を定めて従業員に周知したことによって、同条1項2号所定の継続雇用制度を導入したものとみなされるところ、期限の定めのない雇用契約及び定年後の嘱託雇用契約によりY会社に雇用されていたXは、在職中の業務実態及び業務能力に係る査定等の内容を本件規程所定の方法で点数化すると総点数が1点となり、本件規程所定の継続雇用基準を満たすものであったから、Xにおいて嘱託雇用契約の終了後も雇用が継続されるものと期待することには合理的な理由があると認

められる一方、Y会社においてXにつき上記の継続雇用基準を満たしていないものとして本件規程に基づく再雇用をすることなく嘱託雇用契約の終期の到来によりXの雇用が終了したものとすることは、他にこれをやむを得ないものとみるべき特段の事情もうかがわれない以上、客観的に合理的な理由を欠き、社会通念上相当であると認められないものといわざるを得ない。したがって、……Y会社とXとの間に、嘱託雇用契約の終了後も本件規程に基づき再雇用されたのと同様の雇用関係が存続しているものとみるのが相当であ」る。

●解説●　高年法は定年年齢は60歳以上でなければならないとしたうえで（8条）、65歳までの高年齢者雇用確保措置を事業主に義務づけている（9条）。この規定に私法上の効力を認め、義務違反があった場合に、労働者に雇用継続請求権が認められるかについては学説上争いがあるが、裁判例はこれを否定している（NTT西日本事件──大阪高判平成21年11月27日等）。

一方、本件のように使用者が独自に再雇用基準を設け、それに該当しないことを理由に雇用継続が拒否された場合（2012年改正までは、特例として過半数代表との労使協定があれば、継続雇用対象者の選別をすることができた〔旧9条2項〕）、労働者のほうで基準該当性を主張して、再雇用を請求できるかが問題となる。本判決は、客観的に基準該当性が確認できる場合には、雇用継続に対する合理的な期待が認められるとし、雇止め制限法理（現在の労契法19条）を参照して雇用の継続を認めた（1審と控訴審は、これと異なる法律構成を採用していた）。

高年法の2012年改正により、労使協定の特例は廃止され、希望者全員65歳までの雇用確保が事業主の義務となった（労使協定の効力については、2025年3月までは経過規定あり）。高年法9条1項の私法上の効力が否定される解釈は維持されても、本件のように、再雇用実務の運用いかんでは、労働契約論（労契法19条を含む）をとおして、雇用継続が肯定される可能性はある（シンワ運輸東京事件──東京地判平成28年2月19日等を参照）。ただし、就業規則で解雇事由や退職事由と同一の事由を継続雇用拒否事由として定めることはできる（平成24年11月9日厚生労働省告示560号）。

なお、高年法の2020年改正により、事業主は、70歳までの高年齢者就業確保措置（自営的就労での就業確保という創業支援等措置も含む）を講じる努力義務が課されている（10条の2）。

＊〔人事労働法223～228頁〕

62 定年後の賃金の引下げの適法性──長澤運輸事件

最2小判平成30年6月1日〔平成29年(受)442号〕（民集72巻2号202頁）

定年退職後の有期の嘱託乗務員と無期の正社員との間の賃金格差は不合理なものか。

●事実● セメント輸送等の事業を営むY会社で乗務員として勤務しているXら3名は、当初は無期労働契約で雇用されていたが、平成26年にいずれも定年に到達し、その後は有期労働契約の嘱託社員となった。Xらは、一般労組のA関東支部のY会社の従業員で構成されたB分会に所属している。

定年後再雇用された嘱託社員の就業規則は、定年前の正社員のときと比較して、基本給は固定されて加算がなくなり、職務給、精勤手当、役付手当、住宅手当、家族手当、賞与、退職金はなくなるが、無事故手当、超勤手当、通勤手当は維持され、能率給の一部は引き上げられ（歩合給）、さらに老齢厚生年金の報酬比例部分が支給されない期間について、月額2万円の調整給が支給される。これにより嘱託乗務員の年収は、定年退職前の79％程度となることが想定される。この間、A組合とY会社との間でXらの賃金について団体交渉が行われ、Y会社はA組合の主張を聞いて一定の改善を行っていた。

Xらの業務の内容は、指定された配達先にバラセメントを配送するというものであり、正社員との間において、業務の内容および当該業務に伴う責任の程度に違いはない。また、Xらの労働契約では、正社員と同様に、Y会社の都合により勤務場所および担当業務を変更することがある旨が定められている。

Xらは、自分たちの労働条件とY会社の無期労働契約の労働者の労働条件の相違は、労契法20条（2018年改正前の規定。以下同じ）でいう不合理な格差にあたり無効で、正社員就業規則等が適用されるべきであるとして、差額の賃金の支払い等を求めて訴えを提起した。

1審は、有期契約労働者の職務内容（業務内容や責任の程度等）、当該職務の内容および配置の変更の範囲（以下、変更範囲）が無期契約労働者と同一であるにもかかわらず、重要な労働条件である賃金の額について相違を設けることは、これを正当と解すべき特段の事情がない限り、不合理であるという一般論を述べたうえで、本件では、このような特段の事情は認められないとし、Xらの賃金の定めは労契法20条違反で無効となるとした。そして、Y会社の正社員就業規則は、嘱託社員を適用除外としているが、嘱託社員の賃金の定めに関する部分が無効である場合には、これに対応する正社員就業規則の規定が適用されるとし、結論として、Xらの請求を認容した（東京地判平成28年5月13日）。控訴審では、逆に、労働条件の格差は不合理でないとして、Xらの請求を棄却した（東京高判平成28年11月2日）。そこで、Xらは上告した。

●判旨● 原判決を一部破棄（精勤手当と超勤（時間外）手当に関する部分の損害賠償請求のみ認容）。

Ⅰ (1) Y会社における嘱託乗務員と正社員は、職務内容および変更範囲において相違はないが、労働者の賃金に関する労働条件は、労働者の職務内容および変更範囲により一義的に定まるものではなく、使用者は、雇用および人事に関する経営判断の観点から、様々な事情を考慮して、労働者の賃金に関する労働条件を検討するし、賃金に関しては、基本的には、団体交渉等による労使自治に委ねられるべき部分が大きい。したがって、有期契約労働者と無期契約労働者との労働条件の相違の不合理性を判断する際に考慮される事情は、労働者の職務内容および変更範囲ならびにこれらに関連する事情に限定されるものではない。

(2) 定年制の下における無期契約労働者の賃金体系は、長期雇用を前提に定められたものであることが少なくないのに対し、定年退職者を有期労働契約により再雇用する場合、長期雇用は通常予定されていないし、定年退職後に再雇用される有期契約労働者は、定年退職までの間、無期契約労働者として賃金の支給を受けてきた者であり、一定の要件を満たせば老齢厚生年金の支給を受けることも予定されていることからすると、有期契約労働者が定年退職後に再雇用された者であることは、労契法20条の「その他の事情」として考慮される。

Ⅱ 労働者の賃金が複数の賃金項目から構成されている場合、個々の賃金項目の相違の不合理性の判断では、当該賃金項目の趣旨を個別に考慮すべきである。なお、ある賃金項目の有無および内容が、他の賃金項目の有無および内容を踏まえて決定される場合には、そのような事情も、個々の賃金項目の相違の不合理性の判断にあたり考慮される。

●解説● 1 定年後に有期契約労働者として再雇用された場合、賃金などの労働条件が引き下げられることが多いが、定年前後で職務内容や変更範囲が異なるという通常のケースでは、特段の事情がないかぎり、労契法20条（現、短時間有期雇用法8条）でいう不合理とは認められない（労契法施行通達。高年齢者雇用継続給付金や企業年金などが支給されることも考慮して不合理性を否定した裁判例として、日本ビューホテル事件──東京地判平成30年11月21日、北日本放送事件──富山地判平成30年12月19日）。問題は、本件のように定年前後で職務内容が同じで、変更範囲も同じである場合も、同じように解することができるかである（同条については、【71】ハマキョウレックス事件も参照）。

本判決は、職務内容や変更範囲が同じでも、不合理性の判断においては、経営判断や労使自治を尊重することが必要となるし（判旨Ⅰ(1)）、さらに無期雇用労働者としての定年に到達後の再雇用であるという事情は「その他の事情」として考慮されるとする（判旨Ⅰ(2)）。結果、皆勤を奨励するという趣旨で支給される精勤手当は、その趣旨が嘱託乗務員にもあてはまるとして、その不支給は不合理とされた（これに関連し、超勤（時間外）手当の基礎に精勤手当を含めないことも不合理とされた）が、その他の賃金項目の格差は賞与の不支給も含め不合理でないとされた（同種事例で、基本給や賞与について正職員の6割を下回る範囲で不合理とした原判決を破棄した判例として、名古屋自動車学校事件──最1小判令和5年7月20日）。

2 判旨Ⅱは、複数の賃金項目からなる賃金は個別に不合理性の判断をするが、相互に関連する場合には、その事情を不合理性の判断で考慮すべきとした。なお、短時間有期雇用法8条は、不合理性の判断は、「待遇のそれぞれについて」行うと定めている。

＊［人事労働法83〜85頁、225〜226頁］

63　定年後再雇用時の労働条件—九州惣菜事件

福岡高判平成29年9月7日〔平成28年(ネ)911号〕

> 定年時に75%の賃金減少を伴う有期の短時間労働者での再雇用を提示したことが不法行為とされた例。

●**事実**●　Xは、水産物や惣菜の製造・加工を目的とするY会社で、無期雇用の労働者として勤務後、60歳で定年退職となった。Y会社は、高年法に基づく継続雇用制度を導入しており、再雇用後の労働条件等については、定年後再雇用規程が、原則として期間を1年の有期労働契約とすること、再雇用にあたりY会社が提示する労働条件は、正社員時の労働内容と異なる場合があり、定年後再雇用契約は、Y会社の提示する労働条件に合意し雇用契約書を交わして成立することなどを定めていた。

　Xは、定年退職前に、Y会社の代表者から、定年後の労働条件について、業務内容が「オペレーション(店舗決算業務43店舗)とその他作業(タックシート補充管理等)」、勤務日が週4日、勤務時間が8時30分から15時30分(休憩60分)、賃金が時間給900円という提示を受けた(本件提案)。なおXの定年前の賃金は、月額33万5500円であった。

　Xは、フルタイムでの勤務を希望していたため、Y会社の提示する労働条件では再雇用に応じられないと考え、A労働組合に加入して、団体交渉により、再雇用を実現しようとしたが、成功しなかった。

　Xは、主位的には、Y会社との間で再雇用契約を締結したのと同様の法律関係が成立していると主張して、労働契約上の権利を有する地位にあることの確認と退職前の賃金額の8割の支払いを求め、予備的には、Y会社の著しく低廉な労働条件の提示は、Xの再雇用の機会を侵害する不法行為であると主張して、損害賠償を求めて、訴えを提起した。1審は、Xの請求を棄却したので、Xは控訴した。なお、本判決は上告されたが、上告棄却・不受理となっている。

●**判旨**●　原判決を一部変更(Y会社に慰謝料として100万円の支払いを命じた)。

　Ⅰ　Xは本件提案を応諾していないから、Y会社との間で、具体的な労働条件を内容とする定年後の労働契約につき、明示的な合意が成立したものと認めることはできない。

　Ⅱ　(1)　再雇用について、極めて不合理であって、労働者である高年齢者の希望・期待に著しく反し、到底受け入れ難いような労働条件を提示する行為は、継続雇用制度の導入の趣旨に違反した違法性を有するものであり、当該高年齢者が有する、65歳までの安定的雇用を享受できるという法的保護に値する利益を侵害する不法行為となりうる。

　(2)　継続雇用制度においても、他の高年齢者雇用確保措置と同様、当然に労働条件の変更を予定ないし含意するものではないことからすれば、「当該定年の前後における労働条件の継続性・連続性が一定程度、確保されることが前提ないし原則」であり、労契法20条(2018年改正前の規定)の趣旨もふまえ、「例外的に、定年退職前のものとの継続性・連続性に欠ける(あるいはそれが乏しい)労働条件の提示が継続雇用制度の下で許容されるためには、同提示を正当化する合理的な理由が存することが必要である」。

　Ⅲ　本件提案による賃金は、定年前の賃金の約25%にすぎず、定年退職前の労働条件との継続性・連続性を一定程度確保するものとは到底いえない。Y会社において店舗数の減少や業務量の減少が予想される以上、Xに対する短時間労働者への転換の提案には一定の理由があるが、Xの担当業務は実際には大幅に減っていないし、人員配置や業務分担の変更等の措置を講じて、あらかじめ定年後の再雇用においてXの担当業務量をフルタイム稼働に見合う程度にし、また定年時の賃金が、担当業務に比して高額になっていたのであれば、これを是正して、Xに過大な期待を抱かせることのない措置をとることが可能であったことからすると、賃金の約75%減少につながるような短時間労働者への転換を正当化する合理的な理由があるとは認められない。

●**解説**●　定年退職者の再雇用の際に(高年法9条1項2号)、労働条件をどのように定めるかについては法律上の規定はなく、労働条件の合意が成立しなければ、再雇用契約は成立しない(判旨Ⅰも参照)。もっとも、本判決は、使用者の提示する労働条件が、高年齢者の希望・期待に著しく反し、到底受け入れ難い場合は、高年法の趣旨に反して違法となり、65歳までの安定的雇用の享受という法的保護に値する利益を侵害する不法行為となるとした(判旨Ⅱ(1))。その判断基準は、労働条件の継続性・連続性の一定程度の確保が原則であり、それが欠如する場合には、それを正当化する合理的な理由が必要であるというものである(判旨Ⅱ(2))。本件では、大幅な賃金減額を伴う短時間労働者への転換を正当化する合理的な理由はないとされた(判旨Ⅲ)。ただし、定年前のXの賃金をあらかじめ是正して、Xに過大な期待をもたせないようにすることに肯定的な判示部分には疑問もある。このほか、本件とは異なり、賃金面では相当性があっても、職務面で、社会通念に照らして到底受け入れ難いような内容を提示する場合には、不法行為となるとした裁判例もある(トヨタ自動車事件—名古屋高判平成28年9月28日。希望どおりの職務内容ではないというだけでは、使用者の不法行為は成立しないとした裁判例として、アルパイン事件—東京地判令和元年5月21日)。

　なお本件では有期労働契約は成立していないので労契法20条(現、短時間有期雇用法8条)は適用されない。ただし、同条の趣旨(不合理な格差の禁止)は、提示する労働条件の合理性判断に影響する可能性はある。

＊〔人事労働法225~226頁〕

64　有期労働契約の雇止め—東芝柳町工場事件

最 1 小判昭和49年 7 月22日〔昭和45年(オ)1175号〕〔民集28巻 5 号927頁〕

基幹的臨時工の有期労働契約の反復更新後の雇止め
は有効か。

●**事実**●　Xら 7 名は、電気機器の製造販売を目的と
するY会社において、契約期間 2 カ月で採用された臨
時工である。Xらは景気変動の調整弁として採用され
ていたが、Y会社の基幹作業に従事している基幹的臨
時工であった。Xらは、正社員である本工とは採用基
準や適用される就業規則に差があり、労働組合への加
入も認められていなかったが、仕事の内容や種類につ
いては本工と差がなかった。Xらは、採用の際に、Y
会社側から「期間が満了しても真面目に働いていれば
解雇されるようなことはない」と言われており、継続
雇用への期待をもって契約書を交わしていた。

　実際、Y会社では、基幹的臨時工は、本人が望むか
ぎり長期的に雇用が継続されており、Xらについても、
少ない者で 5 回、多い者で23回、契約の更新が行わ
れてきた。Y会社では、契約期間の満了の都度、直ち
に新契約締結の手続をとるということはしていなかっ
た。その後、Y会社は、Xらに対して、勤務態度の不
良や業務量の減少を理由に、その契約の更新を拒絶し
た（本体雇止め）ので、Xらは労働契約関係の存在確
認等を求めて訴えを提起した。 1 審は 2 名を除き、原
審は 1 名を除き、本件雇止めは無効であると判断した。
そこで、Y会社は上告した。

●**判旨**●　上告棄却。
　Ⅰ　「本件各労働契約においては、Y会社として
も景気変動等の原因による労働力の過剰状態を生じ
ないかぎり契約が継続することを予定していたもの
であって、実質において、当事者双方とも、期間は
一応 2 か月と定められてはいるが、いずれかから格
別の意思表示がなければ当然更新されるべき労働契
約を締結する意思であったものと解するのが相当で
あり、したがって、本件各労働契約は、期間の満了
毎に当然更新を重ねてあたかも期間の定めのない契
約と実質的に異ならない状態で存在していたものと
いわなければならず、本件各雇止めの意思表示は右
のような契約を終了させる趣旨のもとにされたので
あるから、実質において解雇の意思表示にあたる」。
　Ⅱ　原判決は、Ⅰのように認定したうえで、本件
各雇止めの効力の判断にあたっては、その実質にか
んがみ、解雇に関する法理を類推すべきであるとし
ており、その認定判断は、正当として首肯すること
ができる。

●**解説**●　1　現行法上は、労働契約に期間を定める
ことについて、その理由は特に限定されていない（い
わゆる入口規制の欠如）。したがって、短期的・臨時的
な仕事に就かせるような場合ではなくとも、使用者は
期間を定めて労働契約を締結することができる（ただ
し、労働法17条 2 項も参照）。

　他方、法律は、労働契約の期間の上限については制
限を加えている。労基法は、労働契約の期間の上限は
原則として 3 年とし（なお、附則137条も参照）、ただ
し一定の事業の完了に必要な期間を定める場合は例外
とし、さらに、高度の専門的知識をもつ者および満
60歳以上の者との労働契約については、特例として、
期間の上限を 5 年としている（14条 1 項）。契約の更
新は、形式上は、新たに契約を締結することなので、
更新の結果、トータルで 3 年（特例の場合で 5 年）を
超えることになっても、労基法違反とはならない。

　ただ、更新が反復継続された後に、雇止め（更新拒
絶）が行われた場合には争いが生じることがある。本
判決は、有期労働契約の反復更新後の雇止めは、当該
契約関係が、期間の定めのない契約と実質的に異なら
ない状態になっていれば、解雇に準じた制限が加えら
れるとした。さらに、その後の最高裁判決は、雇用継
続の合理的期待が発生している場合においても解雇に
関する法理が類推されるとし（日立メディコ事件—最 1
小判昭和61年12月 4 日）、雇止め制限法理を確立した。
現在では、この法理は労契法19条に取り入れられ、実
質的に無期労働契約と同視できる場合（ 1 号。実質無
期型）、または更新の期待に合理的な理由がある場合
（ 2 号。更新期待保護型）において、労働者からの更新
申込みの拒絶が、客観的に合理的な理由を欠き、社会通
念上相当と認められない場合には、使用者は、従前と
同一の労働条件で、申込みを承諾したものとみなすと
いう規定になっている。

　このほか、労契法の2012年改正では、有期労働契
約を更新して通算 5 年を超えた場合には労働者に無期
転換の申込み権を認める規定（みなし承諾規定）も導
入された（18条）。

　2　雇止めが経営上の理由による場合には、整理解
雇の 4 要素（要件）（→【50】東洋酸素事件）が類推適用
されることになる。ただし、有効性の判断は、正社員
に対するよりも緩やかに行われる。判例は、その理由
として、非正社員の雇用関係は比較的簡易な採用手続
で締結された短期的有期契約を前提とするものである
ことをあげている（日立メディコ事件・前掲）。

＊［人事労働法219〜220頁］

65　高年齢者の雇止め──日本郵便事件

最2小判平成30年9月14日〔平成29年(受)347号〕

> 更新上限年齢（65歳）に達したことを理由とする雇止めは有効か。

●事実●　Y会社は、平成19年10月の郵政民営化にともないA公社の郵政事業を承継した会社のうちの2社が合併し、平成24年10月に発足した会社である。Xら9名はA公社の非常勤職員であったところ、A公社の解散にともない平成19年9月30日にA公社を退職し、同年10月1日にY会社と時給制の期間雇用社員として本件各有期労働契約を締結し、その後7回から9回更新した（民営化後に採用されたX4は更新6回）。なお、Xらの従事した業務の内容は、民営化前後を通して特段の差異はなかった。

Y会社は、平成19年10月に期間雇用社員を対象とする本件規則を制定したが、そこでは「会社の都合による特別な場合のほかは、満65歳に達した日以後における最初の雇用契約期間の満了の日が到来したときは、それ以後、雇用契約を更新しない」と定められていた（本件上限条項）。A公社の時代は、非常勤職員について、関係法令や旧任用規程等に、こうした年齢の上限の定めはなかった。

Y会社は、平成23年9月末に期間満了となる期間雇用社員（Xらを含む）から、本件上限条項を適用して本件各雇止めを行った。Xらは、雇止めが無効であると主張し、労働契約上の地位の確認および未払賃金の支払い等を求めて訴えを提起した。1審も控訴審もXらの請求を棄却した。そこで、Xらは上告した。

●判旨●　上告棄却（雇止めは有効）。

Ⅰ　「XらとY会社との間の各有期労働契約は6回から9回更新されているが、……本件上限条項の定める労働条件が労働契約の内容になっており、Xらは、本件各雇止めの時点において、いずれも満65歳に達していたのであるから、本件各有期労働契約は、更新されることなく期間満了によって終了することが予定されたものであったというべきである」ので、「XらとY会社との間の各有期労働契約は……実質的に無期労働契約と同視し得る状態にあったということはできない」。

Ⅱ　本件上限条項は、あらかじめ労働者に周知させる措置がとられていたほか、本件上限条項の適用を最初に受けるX7およびX9以外のXらには、本件上限条項により満65歳以降における契約の更新がされない旨を説明する書面が交付されており、X7およびX9にも、その勤務していた各支店において、すでに周囲の期間雇用社員が本件上限条項による雇止めを受けていたことからすると、Xらが本件各有期労働契約の期間満了後もその雇用関係が継続されるものと期待することに合理的な理由があったということはできない。

Ⅲ　「正社員が定年に達したことが無期労働契約の終了事由になるのとは異なり、Xらが本件各有期労働契約の期間満了時において満65歳に達していることは、本件各雇止めの理由にすぎず、本件各有期労働契約の独立の終了事由には当たらない」。

●解説●　1　本件は、有期労働契約の更新に年齢の上限が設定されている場合、その年齢に到達したことを理由とする雇止めが有効かが問題となった事件である。その前提となる本件上限条項の有効性について、原判決は、承継前後で労働条件を外形的に比較すれば、従前の労働条件を不利益に変更する面があるので（X4を除く）、就業規則による労働条件の不利益変更の場合に準じた検討をすべきと述べていた（東京高判平成28年10月5日）。ところが、本判決は、これを労働条件の不利益変更ではなく、労働契約の締結時の就業規則の適用の問題であるとみて、労契法7条に照らして合理性の判断をした（判旨外）。その結果、本判決は、労契法7条の「合理性」を具体的に判断する初めての最高裁判決となった（屋外業務等に対する適性の加齢による逓減を前提とした雇用管理を一律に行うことの合理性と、65歳までの雇用確保を義務づける高年法との抵触がないことを考慮して同条の合理性を肯定した）。

2　原判決は、Xらの契約は実質的に無期と異ならず、解雇権の濫用により無効となるとしながら、本件上限条項を独立の契約終了事由とみて、結論として雇止めを有効としていた。しかし、最高裁は、本件上限条項は雇止めの理由にすぎないとし（判旨Ⅲ）、雇止め制限法理（現行法では労契法19条）の枠内で有効性を判断するという枠組みを採用した。そして、本件上限条項が有効に存在することを、契約が実質的無期であることを否定する事情として評価し（判旨Ⅰ）、さらに、本件上限条項の周知、説明書面の交付、雇止めの実情などを、雇用継続の合理的期待を否定する事情として考慮し（判旨Ⅱ）、雇止めの客観的合理性・社会的相当性の審査に入る要件を満たしていないとした（なお、本件は、労契法19条の施行前の事件である）。

本件のような更新の上限年齢の設定は、有期雇用労働者に一種の定年を設けたものといえるが、本判決は、無期雇用労働者の定年とは異なり、これは契約の終了事由ではなく、更新に対する期待の合理性を弱める要素とするにとどめている。更新回数の上限設定も同様の判断がなされよう。こうした判断方法は、高年齢者以外の有期雇用労働者一般にも波及する可能性があろう（なお、2023年の労基則改正で、更新回数の上限は、労働条件明示義務の対象に追加されている［5条1の2号］）。

＊　［人事労働法226頁補注⑴］

66　派遣労働者の雇止め──伊予銀行・いよぎんスタッフサービス事件

高松高判平成18年5月18日〔平成15年(ネ)293号〕

> 同一派遣先で長期にわたり派遣労働に従事した後、労働者派遣契約が打ち切られた場合の、派遣元からの雇止めの有効性。

●事実●　Xは、派遣会社Y₁の登録型の派遣労働者であり、Y₁会社の株式の100％を保有するY₂銀行のA支店で、昭和62年5月から業務に従事していた。XとY₁会社との間の労働契約の期間は6カ月であり、平成12年5月末まで更新されてきた（XはB会社に採用され、その後、Y₁会社がB会社の派遣事業部門の事業譲渡を受けて、Xとの労働契約も承継している）。Xは、平成10年頃から、Y₂銀行のA支店に赴任してきた上司と折り合いが悪くなり、次第にその関係が悪化した。Y₂銀行は、Y₁会社との労働者派遣契約を更新しないこととし、Y₁会社は、平成12年5月31日に、Xとの労働契約の更新を拒絶して雇止めした。

Xは、この雇止めは権利濫用であるとし、また、XとY₂銀行との間には、黙示の労働契約が成立しているとしてY₁会社およびY₂銀行に対し、労働契約上の地位確認等を求めて訴えを提起した。1審は、Xの請求を棄却したため、Xは控訴した。本判決に対して、Xは上告したが棄却・不受理となっている（最2小決平成21年3月27日〔ただし、1人の反対意見がある〕）。

●判旨●　原判決一部変更（労働契約上の地位確認については、控訴棄却によりXの請求棄却）。

雇止めとなった当時、XがA支店への派遣による雇用継続について強い期待を抱いていたことは明らかというべきである。「しかし、派遣法は、派遣労働者の雇用の安定だけでなく、常用代替防止、すなわち派遣先の常用労働者の雇用の安定をも立法目的とし、派遣期間の制限規定をおくなどして両目的の調和を図っているところ、同一労働者の同一事業所への派遣を長期間継続することによって派遣労働者の雇用の安定を図ることは、常用代替防止の観点から同法の予定するところではないといわなければならない……。そうすると、上記のようなXの雇用継続に対する期待は、派遣法の趣旨に照らして、合理性を有さず、保護すべきものとはいえないと解される」。

●解説●　1　労働者派遣とは、「自己の雇用する労働者を、当該雇用関係の下に、かつ、他人の指揮命令を受けて、当該他人のために労働に従事させることをいい」う（労働者派遣法2条1号）。それまで職安法で禁止されていた労働者供給のなかから、労働者派遣の定義に合致するものを合法化したものである（職安法4条8項）。派遣元会社は労働者派遣契約に基づき、労働者を派遣するが、本件のように特定の派遣先に派遣することを前提に派遣元会社に採用されている労働者の場合には、派遣先会社から労働者派遣契約の更新拒絶や中途解除がなされると、解雇ないし雇止めをする可能性が高くなる。この場合でも解雇権濫用法理（現在では労契法16条。→【45】日本食塩製造事件）や雇止め制限法理（現在では同19条。→【64】東芝柳町工場事件）の適用はあるはずだが、本件は、雇止めのケースで、労働者派遣法は、同一労働者の同一事業所への長期的な派遣を予定しておらず、労働者の雇用継続への期待は合理的なものではないとして、雇止め制限法理の適用を認めなかった。

2　本判決の言及する「常用代替防止」とは、労働者派遣の合法化が、派遣先会社の常用労働者（正社員）の安定雇用に影響を及ぼさないようにすることを意味し、具体的には、派遣可能業務の限定や派遣期間の限定という形で現れていた。しかし「常用代替防止」は派遣先の常用労働者の保護のための法制度設計の趣旨として援用されるものであり、本件のように結果として長期化している有期の派遣労働者の雇用の安定を否定する理由として援用するのは筋が違うといわざるをえないであろう。上告審での今井功裁判官の反対意見も、「Xのように長期にわたって雇用契約の更新を繰り返されてきた労働者については、派遣労働者であっても雇止めの法理が適用される場合があり得るところ、本件がそのような場合に当たると解する余地があり、更新拒絶について合理的な理由があるか否かを判断しなければならないことになる」と述べている。

なお、派遣可能業務については、当初の13業務から徐々に増加し、1999年改正により、原則として派遣可能業務の制限はなくなったが（ネガティブリスト化。労働者派遣法4条1項を参照）、従来から派遣が認められていた業務とそれ以外の業務（自由化業務）とでは派遣可能期間の面で差があった。しかし2015年の法改正で、派遣可能期間の制限は、派遣元会社に無期雇用で採用されている無期雇用派遣においては上限がないものとされ、有期雇用で採用されている有期雇用派遣においては、個人ごとに組織単位（「課」など）で3年、かつ事業所単位で3年（ただし、派遣先会社の当該事業所の過半数代表からの意見聴取をすれば更新可能）となった（同40条の2、35条の3、40条の3）。この改正により、「常用代替防止」という趣旨は、実質的には、労働者派遣法から姿を消したとみることができるであろう。

3　本件では、派遣先会社との間の労働契約の存否についても争われている。本判決は、黙示の労働契約の成立を否定し（→【13】パナソニックプラズマディスプレイ〔パスコ〕事件）、法人格否認の法理に基づく労働契約の成立も否定している（→【14】黒川建設事件）。

＊〔人事労働法221頁補注⑴〕

67 地方公務員法上の非常勤職員の再任用拒否——中野区〔非常勤保育士〕事件

東京高判平成19年11月28日〔平成18年(ネ)3454号〕

> 任期付きの非常勤保育士（地方公務員）は、再任用拒否の適法性を争うことができるか。

●事実● Xら4名は、平成4年7月1日から同7年2月1日にかけて、地方自治体であるY区の保育園において、地方公務員法3条3項3号に定める特別職の非常勤の保育士として任用され（本件任用）、同15年まで、任用期間を1年として再任用されてきた。ところが、Yは、保育士に関して、施設の民営化等により、配置する職員や非常勤職員の数を削減することとし、平成15年度末で非常勤保育士の職を廃止した。それにともない、Xらは平成16年4月に再任用されなかった。そこで、Xらは、本件再任用拒否は解雇権を濫用したもので無効であると主張し、Yに対して、非常勤職員としての地位確認、再任用に対する期待権の侵害を理由とする損害賠償等を求めて訴えを提起した。1審は、地位確認請求は認めなかったが、再任用への期待権侵害を理由として、1人あたり40万円の慰謝料を認めた。XらとYの双方が控訴した。

●判旨● 一部認容（地位確認請求は棄却。慰謝料は報酬の1年分を認めた）。

Ⅰ Xらの任用関係については、地方公務員法3条3項3号により規律されるとともに、その具体的内容は、Yの任用行為によって決定されるなどの行政処分であり、これに基づく勤務関係は、公法上の任用関係であると認められる。

Ⅱ (1) 本件では、XらとYとの間の勤務関係に、解雇権濫用法理を類推適用される実態と同様の状態が生じていたと認められ、Xらの職務の継続確保が考慮されてしかるべき事態であった。

(2) 地方公共団体における非常勤職員については、期間の定めのない任命の意思を考えることができず、また、任命行為は行政行為であって、当事者双方の意思を推定する規定である民法629条1項を類推適用することは困難であるし、雇止めに関する判例法理を適用することもできない。

Ⅲ Yは、Xらに対し非常勤保育士の任用の際に本件任用が公法上の任用関係であることについて説明しなかったこと、採用担当者が長期の職務従事を期待するような言動を示していたこと、Xらの職務内容が常勤保育士と変わらず継続性が求められる恒常的な職務であること、それぞれ9回から11回にかけて再任用され、結果的に職務の継続が10年前後という長期間に及び、再任用が形式的でしかなく、実質的には当然のように継続していたことに照らすと、Xらが再任用を期待するような行為をYにおい

てしていたという特別の事情があったものと認められる。したがって、Xらの任用継続に対する期待は法的保護に値するものと評価できる。

●解説● 本件は地公法3条3項3号に基づく特別職の非常勤職員の再任用が拒否された場合に、民間部門と同じような雇止め制限法理が適用されるかが争われた事件である。

公務員の勤務関係の法的性質については、判例はこれを公法上の勤務関係とみる立場である（信越郵政局長事件—最2小判昭和49年7月19日等）。ただ、特別職の非常勤地方公務員の中には、民間の有期雇用の労働者と勤務の実質において差がない者も多く含まれ、地公法の適用もない（地公法4条2項）ので、労働契約とみる余地がないのかが問題となる。裁判例は、任用行為に基づき成立する公務員の勤務関係である以上、公法上の勤務関係であり、私法上の労働契約関係とみることはできないと解している。判旨Ⅰも同旨である。

もっとも、公法上の勤務関係であるからといって、判例の雇止め制限法理が当然に適用されないということにはならない（現在の行政法学では、公法・私法二分論は支持されていない）。同法理が、一定の継続的な就労状態に着目して信義則上認められる法理であると解することができれば、公法上の勤務関係にも適用される余地はあるはずである。しかし、本判決は、結論として、公務員の勤務関係には、意思の要素が入りこむ余地がないので、雇止め制限法理を適用することはできないとしている（判旨Ⅱ(2)）。

現在では、雇止め制限法理は労契法19条に成文化されており、地方公務員は労契法の適用対象外とされているので（21条1項）、少なくともこの法理の直接的な適用は困難であろう。

一方、本判決は、Xらに対して、期待権の侵害を理由とする慰謝料請求は認めた。従来、判例は、期間満了後も任用が継続されると期待することが無理からぬものとみることができるような特別の事情がある場合には、職員がそのような誤った期待を抱いたことによる損害につき、国家賠償法に基づく賠償を認める余地がある、と述べていた（大阪大学〔図書館事務補佐員〕事件—最1小判平成6年7月14日［日々雇用職員のケース］）。ただし、同判決は、結論としては、賠償請求を認めておらず、従来の裁判例も、この種のケースで、損害賠償請求を認めた例はほとんどなかった。しかし、本判決は、任用の経緯、職務内容、勤務継続期間、再任用の手続の実態などから、Xらのもった期待は法的保護に値するとし（判旨Ⅲ）、報酬の1年分という比較的多額の慰謝料を認めた。

なお、2020年4月以降は、保育士のような仕事は、会計年度任用職員として、一般職で任用されることになっている（地公法22条の2を参照）。

68 更新上限条項による雇止めの効力 — ドコモ・サポート事件

東京地判令和3年6月16日〔令和元年(ワ)21702号〕

更新回数および更新年数の上限条項に基づいてなされた雇止めが有効とされた例。

●事実● Y会社では、有期契約労働者である契約社員等の契約期間は、平成20年12月以降、原則4月1日から翌年3月31日までの1年間であり、契約の更新回数の上限は4回、契約期間は最長で5年間として運用されており、契約社員等の就業規則においても、同じ内容が明記されていた。平成26年4月以降、新雇用制度が導入されたが、そこでも、有期契約労働者である有期社員の契約の更新回数の上限は4回、契約期間は最長で5年間とされ、有期社員の就業規則にも同旨の規定が置かれたうえ、旧制度の有期契約労働者である契約社員等から有期社員に雇用替えした場合には、旧雇用制度の各雇用区分における従前の雇用期間を含め、通算して、契約の更新回数は最大で4回、契約期間は最長で5年間とされ、これまで運用されてきた。また、旧制度下の契約社員は、4年目または5年目に、正社員などの採用募集に応募でき、選考試験に合格すれば正社員などとして採用され、新制度下の有期社員は、4年目または5年目に、エリア基幹職社員(無期雇用)の採用募集に応募でき、選考試験に合格すれば同社員として採用された。

Xは、平成25年9月4日に、期間を同年10月1日から平成26年3月31日までとして有期労働契約を締結したが、契約書では更新限度回数は、「今回の契約を除き0回」(制度変更があるので契約社員としては0回という意味)と記載されていた。その後は新制度の下で有期社員として期間1年の契約を締結し、3回更新した。各契約において、更新限度回数は、それぞれ3回、2回、1回、0回と明記されていた。その間、Xは、平成28年度および平成29年度に、エリア基幹職社員の採用募集に応募したが、いずれの年度も選考試験に合格できなかった。Xは、平成30年3月13日付けの書面で、労契法19条に基づき契約更新の申込みをしたが、Y会社は契約更新を拒絶し、同年3月末でXを雇止めにした。Xは、その後、平成31年3月末で退職する旨の届けをY会社にしている。Xは、平成30年4月から同31年3月までの未払い賃金等の支払いを求めて訴えを提起した。

●判旨● 請求棄却。

Ⅰ 労契法19条2号における有期労働契約が更新されるものと期待することについての合理的理由の存否は、「当該雇用の臨時性・常用性、更新の回数、雇用の通算期間、契約期間管理の状況、他の有期労働契約の更新状況、雇用継続の期待をもたせる使用者の言動の有無等を総合考慮して決すべきものと解される」。

Ⅱ 「Y会社の雇用制度においては、有期契約労働者は、無期契約労働者の登用試験に合格しない限りは、有期契約労働者として5年(更新限度回数4回)を超える長期間の雇用を継続していくことは予定されていないものといえる」。「Xは、Y会社に採用された当初から、本件契約の更新限度回数は最大で4回であることを認識した上で本件契約を締結しており、その認識のとおり、本件契約が更新されていったものといえるから、Xにおいて、本件契約が、更新限度回数4回を越えて、更に更新されるものと期待するような状況にあったとはいえない」。

Ⅲ 労働契約法18条は、「有期労働契約が5年を超えて反復更新される場合には、無期労働契約へ転換できる仕組みを設けることで、有期労働契約の濫用的利用を抑制し、労働者の雇用の安定を図る趣旨の規定であり、5年を超える反復更新を行わない限度においては、有期労働契約により短期雇用の労働力を利用することは許容されているのであるから、Y会社の有期契約労働者の契約における更新限度回数に関する規定が同条の潜脱になるとはいえない」。

●解説● 1 有期労働契約の更新期待に合理的理由があれば、雇止めについて客観的合理的理由ないし社会通念上の相当性の有無の判断に入ることになる(労契法19条2号。その基準については判旨Ⅰ)が、次の更新はしないという旨の不更新条項を付して更新し、期間満了時に雇止めをした場合、不更新条項の効力として雇用の終了が認められるのか(これを肯定するものとして、近畿コカ・コーラボトリング事件—大阪地判平成17年1月13日。雇用継続に対する合理的期待の放棄を理由として同様の結論を導くものとして、本田技研工業事件—東京高判平成24年9月20日)、それとも、この場合でも労契法19条の適用があるかをめぐっては議論がある(雇用継続の期待の合理性の低減を理由として雇止めを有効とした裁判例として、東芝ライテック事件—横浜地判平成25年4月25日)。

2 本件は、契約当初から、更新回数や更新通算年数の上限が定められていた事案であり(労基則5条1の2号も参照)、本判決は、本件の事実関係では更新継続の期待について合理的な理由がないと判断した(判旨Ⅱ。同旨の裁判例として、高知県立大学後援会事件—高松高判平成30年10月31日。関連判例として、【65】日本郵便事件)。本件とは異なり、途中で、使用者が更新の限度を定める条項を追加して更新した場合については、当然には更新期待の合理的理由は否定されない(山口県立病院機構事件—山口地判令和2年2月19日、博報堂事件—福岡地判令和2年3月17日等を参照)。

3 労契法18条の無期転換ルールが導入された後は、無期転換が生じないようにするため、更新の上限を5年とする条項を設けるケースが増えている。こうした条項は、同条を潜脱するものとして無効と主張されることもあるが、本判決は、5年を超えない範囲での有期雇用の利用それ自体は違法ではないとした(判旨Ⅲ)。

＊[人事労働法82〜83頁、220〜222頁]

69　有期の派遣労働者に対する中途解除の有効性—プレミアライン事件

宇都宮地栃木支決平成21年4月28日〔平成21年(ヨ)1号〕

派遣先会社から労働者派遣契約の解除がなされた場合、派遣元会社による有期の派遣労働者に対する期間途中での解雇は有効か。

●**事実**●　労働者派遣事業を営むY会社は、自動車製造を業とするA会社との労働者派遣契約に基づき、同社B工場に37名の労働者派遣を行っていた。Xは、Y会社との間で有期の派遣労働契約を締結し、平成20年10月1日に、期間を同21年3月31日までとして契約を更新して雇用されており、B工場に派遣されていた。Y会社は、平成20年11月中旬に、A会社から同年12月26日付けで労働者派遣契約を解除するとの通知を受け、これを受けて同年11月17日付けで、Xら派遣労働者に対して同年12月26日をもって解雇する旨予告し、解雇した。Xらは、この解雇は無効であるとして、契約期間満了までの賃金の仮払いを求める仮処分を申し立てた。

●**決定要旨**●　一部認容（解雇は無効）。
Ⅰ　(1)　「期間の定めのある労働契約は『やむを得ない事由』がある場合に限り、期間内の解雇（解除）が許される（労働契約法17条1項、民法628条）。このことは、その労働契約が登録型を含む派遣労働契約であり、たとえ派遣先との間の労働者派遣契約が期間内に終了した場合であっても異なるところはない」。
(2)　「この期間内解雇（解除）の有効性の要件は、期間の定めのない労働契約の解除が権利の濫用として無効となる要件……（労契法16条）よりも厳格なものであり、このことを逆にいえば、その無効の要件を充足するような期間内解除は、明らかに無効であるということができる」。
「そこで、本件解雇の有効性について、解雇権濫用法理として、整理解雇の4要件（考慮要素）として挙げられている、①人員削減の必要性、②解雇回避の努力、③被解雇者選択の合理性、④解雇手続の相当性の要件（考慮要素）のうち、本件に顕れた事情を総合して判断することとする」。
Ⅱ　(1)　Y会社は、A会社から労働者派遣契約を解除する通知を受けた後、Xら派遣労働者を解雇する以外の措置をなんらとっていない。Y会社が、本件のように直ちに派遣労働者の解雇の予告に及ぶことなく、派遣労働者の削減を必要とする経営上の理由を真摯に派遣労働者に説明し、希望退職を募集ないし勧奨していれば、これに応じた派遣労働者が多数に及び、そうすれば残余の少数の派遣労働者の残期間の賃金支出を削減するために、あえて解雇に及ぶことはなかったであろうと推測することができる。
(2)　Y会社は、Xとの雇用契約書において、「派遣労働者の責に帰すべき事由によらない本契約の中途解約に関しては、他の派遣先を斡旋する等により、本契約に係わる派遣労働者の新たな就業機会の確保を図ることとする」と約定し、解雇予告通知書にも同旨の記載をしているにもかかわらず、本件

解雇の予告以降、Xに対して、具体的な派遣先を斡旋するなど、就業機会確保のための具体的な努力を全くしていない。
(3)　Y会社は、派遣労働者の解雇の必要性に関して、Xら派遣労働者に対して、A会社との労働者派遣契約が終了することを一方的に告げるのみであって、Y会社の経営状況等を理由とする人員削減の必要性を全く説明していない。のみならず、本件における解雇手続は、派遣労働者らに退職届を提出するよう指示するなど、有効な合意解約が成立しているとの主張を強行しており、この解雇の手続は、労使間に要求される信義則に著しく反し、明らかに不相当である。
(4)　Y会社の経営状況等は相当に厳しいものと評価することができるが、他方、利益剰余金は多大で、自己資産比率も流動比率も当座比率も健在である。

●**解説**●　登録型派遣では、派遣元会社が派遣労働者と締結する労働契約の期間は、派遣期間と一致させるのが一般的である。そのとき、本件のように、労働者派遣契約が中途解除された場合、派遣元会社が契約期間の満了前に、派遣労働者を解雇すると、有期労働契約の中途解除（解雇）となるので、労契法17条1項（および民法628条）の適用の問題となる（決定要旨Ⅰ(1)）。そして、同項の「やむを得ない事由」は、期間の定めのない労働契約の解雇に関する労契法16条よりも厳格なものと解されている（決定要旨Ⅰ(2)）。ただ、本件のような経営上の理由による解雇の場合の具体的な判断要素は、整理解雇の場合と同じ判断要素が考慮されることになる（同。→【50】東洋酸素事件）。
　登録型派遣の場合には、当該派遣先会社に派遣することを前提として労働契約を締結するので、労働者派遣契約が中途解除されれば、派遣元会社の解雇回避の努力は通常の整理解雇の場合よりも軽減されるようにも思われる。しかし本決定は、派遣元会社は派遣労働者の就業機会の確保を図る約束をしていたことから、解雇回避努力の軽減は認められていない。
　なお、労働者派遣契約の中途解除を直接的に規制する規定はないが、2012年の労働者派遣法改正により、派遣先会社には、労働者派遣契約の解除にあたって、派遣労働者の新たな就業機会の確保や派遣元が支払う派遣労働者への休業手当の費用負担などの措置を講じる義務が課されている（29条の2）。また、2015年の労働者派遣法改正により、派遣元会社には、同一の組織単位に継続して1年以上派遣される見込みがあるなど一定の場合に、派遣労働者の派遣終了後の雇用安定措置を講じる義務が追加された（30条。派遣される見込みが3年未満の場合は努力義務）。なお、労働者派遣契約の中途解除では、その時期や態様によっては、派遣先会社が不法行為責任を負うこともある（三菱電機ほか事件—名古屋高判平成25年1月25日）。こうした不法行為責任は、期間満了後の更新拒絶の場合にも生じうる（パナソニックエコシステムズ事件—名古屋高判平成24年2月10日）。

＊　［人事労働法216頁補注⑺］

70　偽装請負と労働契約申込みみなし制──東リ事件

大阪高判令和3年11月4日〔令和2年(ネ)973号〕

> 労働者派遣法40条の6に基づく直接雇用の成立が認められた例。

●**事実**●　床材や床敷物の製造、販売等を目的とするY会社は、同社の工場の巾木工程と化成品工程での業務についてA会社と業務請負契約を締結し、A会社に雇用されていたXら5名が、その業務に従事していた。Y会社とA会社には、資本関係や役員の兼任等の人的関係はなかった。その後、A会社は、Y会社との巾木工程に関する業務請負契約を、平成29年2月末で終了させ、同年3月1日からは派遣期間を同日から同月30日までとする労働者派遣契約を締結し、X₁～X₄ら4名を含む12名を巾木工程に派遣した。また、X₅が従事していた化成品工程の業務請負契約は同年3月末に終了した。これにともない、Xら5名は、A会社から、他の従業員らとともに解雇された。X₁～X₄は同月17日に、またX₅は同年8月25日に、Y会社に対し、業務請負契約が労働者派遣法40条の6第1項5号に該当するとして、Y会社からの直接雇用の申込みを承諾するとの意思表示をした。Xらは、Y会社との間で、平成29年4月1日から期間1年（更新あり）の労働契約が成立していることの確認等を求めて訴えを提起した。1審は、本件は偽装請負ではないとして、請求を棄却した。そこで、Xらは控訴した。なお、本判決に対して、Y会社は上告したが、不受理・棄却となっている。

●**判旨**●　原判決取消し（Xらの請求認容）。

Ⅰ　偽装請負については、「労働者派遣事業と請負により行われる事業との区分に関する基準」（昭和61年4月17日労働省告示37号。平成24年9月27日厚生労働省告示518号で改正［以下、「区分基準告示」］）で示された行政解釈の内容には合理性が認められるから、これを参照するのが相当である。本件では、A会社は、業務の遂行方法に関する指示その他の管理を自ら行っていたと認めることはできないから、区分基準告示2条1号イに定める請負の要件は満たされていないし、単に労働者の労働時間を形式的に把握していたにすぎず、労働時間を管理していたとは認めることはできないから、同号ロに定める請負の要件も満たされておらず、さらに同号ハに定める請負の要件も満たされていないので、A社が自己の雇用する労働者の労働力を自ら直接利用するものであるとはいえない。また、A会社は、Y会社から請負契約により請け負った業務を自らの業務としてY会社から独立して処理していたものといえないから、同2条2号の請負の要件も満たされていない。したがって、偽装請負の状態にあった。

Ⅱ　労働者派遣法40条の6に法適用潜脱目的という主観的要件が付加されたのは、労働者派遣の指揮命令と請負の注文者による指図等の区別は微妙な場合があり、請負契約を締結した者が労働者派遣におけるような指揮命令を行ったというだけで、直ちに民事的な制裁を与えることが相当ではないからであり、この趣旨に照らすと、「偽装請負等の状態が発生したというだけで、直ちに偽装請負等の目的があったことを推認することは相当ではな」く、具体的な判断基準として、「日常的かつ継続的に偽装請負等の状態を続けていたことが認められる場合には、特段の事情がない限り、労働者派遣の役務の提供を受けている法人の代表者又は当該労働者派遣の役務に関する契約の契約締結権限を有する者は、偽装請負等の状態にあることを認識しながら、組織的に偽装請負等の目的で当該役務の提供を受けていたものと推認するのが相当である」。

●**解説**●　1　労働者派遣法の2012年改正で追加された40条の6は、労働者派遣の役務の提供を受ける者が、①派遣禁止業務（港湾、建設、警備）に従事させた場合（労働者派遣法4条3項）、②無許可事業者からの受入れの場合（同24条の2）、③派遣期間の制限に違反した場合（同40条の2・40条の3）、④法律の規定の適用を免れる目的（法適用潜脱目的）で、請負その他労働者派遣以外の名目で契約を締結して、労働者派遣契約で必要とされる事項（同26条1項）を定めずに受け入れた場合（いわゆる偽装請負）には、善意無過失の場合を除き、その時点での当該派遣労働者の労働条件と同一の労働条件を内容とする労働契約の申込みをしたものとみなす（1年間は撤回不可）と定めている。本件では、このうち偽装請負の場合に該当するとし、Xらから労働契約の承諾があったとして、Y会社との間の労働契約の成立を認めた（なお、この場合でも、「同一の労働条件」での契約となるので、契約期間も従来の期間となるはずであるが、本件では無期雇用と認定された［判旨外]）。

偽装請負の類型では、労働契約申込みみなし制の適用のためには、法適用潜脱目的という主観的要件を充足する必要があるが、本判決は「日常的かつ継続的に偽装請負等の状態を続けていたことが認められる場合」には原則としてこの要件の充足を推認すると述べている（判旨Ⅱ。なお、同要件の充足を否定した裁判例として、AQソリューション・ハンプティ商会事件─東京地判令和2年6月11日。また労働組合の要求だけでは労働者の承諾の意思表示とは認められないとした裁判例として、日本貨物検数協会事件─名古屋高判令和3年10月12日）。

2　偽装請負については、厚生労働省の「区分基準告示」が実務上重要であり、本判決も参照している（判旨Ⅰ）。もっとも偽装請負かどうかの認定は必ずしも明確ではない。この点では、厚生労働大臣の助言制度が注目される（労働者派遣法40条の8第1項）。この助言に従って行動をしていた場合には、かりに裁判所で異なる判断がなされても、「善意無過失」と認められる可能性が高まるであろう。

＊［人事労働法89～92頁]

71　正社員との労働条件格差の不合理性（1）─ハマキョウレックス事件

最2小判平成30年6月1日〔平成28年(受)2099号・2100号〕（民集72巻2号88頁）

> 正社員と契約社員との間の各種手当の格差は不合理
> と認められるか。

●事実●　Xは、一般貨物自動車運送事業等を営むY
会社と、平成20年10月ころ、契約期間1年の労働契
約を締結し、トラック運転手として配送業務に従事し
ている（契約は更新されている）。Y会社の就業規則上、
無期雇用の正社員と有期雇用の契約社員との間には、
基本給が月給制（年齢給、勤続給、職能給で構成）と時
給制という違いに加え、契約社員には、無事故手当、
作業手当、給食手当、住宅手当、皆勤手当および家族
手当の支給がなく、定期昇給が原則としてなく、賞与
と退職金がないという違いがあった。またXの通勤手
当は月額3000円であるが、交通手段と通勤距離がXと
同じ正社員であれば、月額5000円であった（ただし、
平成26年1月以降は、格差がなくなった）。
　また、業務内容および業務に伴う責任の程度につい
て、契約社員と正社員との間に相違はなかった。ただ
し、正社員は、就業規則上配転規定があり、出向を含
む全国規模の広域異動の可能性があるが、契約社員の
就業規則にはそのような定めはなく、配転や出向は予
定されていなかった。また、正社員には、適正な処
遇・配置や能力開発・人材育成を目的とする等級役職
制度が設けられているが、契約社員にはなかった。
　Xは、各種手当等との関係で、Y会社の正社員と同
一の権利を有する地位にあることの確認と、正社員と
の差額の支払い等を求めて訴えを提起した。なお、X
は破産したため、破産管財人が訴訟を承継した。
　1審は、通勤手当の格差のみ労契法旧20条（2018年
改正前の規定）の不合理なものに該当し、Y会社は差
額について不法行為責任に基づく損害賠償責任を負う
とした（大津地彦根支判平成27年9月16日）。XとY会社
の双方が控訴したところ、控訴審は、無事故手当、作
業手当および給食手当も格差を不合理と認めて、
Y会社の損害賠償責任を認めた（大阪高判平成28
年7月26日）。そこで、Y会社は上告し、Xも附帯上告
した。

●判旨●　原判決の一部破棄（皆勤手当の格差も不
合理と判断）、差戻し。
　Ⅰ　(1)　労契法旧20条は、「有期契約労働者は、
……無期契約労働者……と比較して合理的な労働条
件の決定が行われにくく、両者の労働条件の格差が
問題となっていたこと等を踏まえ、有期契約労働者
の公正な処遇を図るため、その労働条件につき、期
間の定めがあることにより不合理なものとすること
を禁止したものである」。
　(2)　同条は、「有期契約労働者と無期契約労働者
との間で労働条件に相違があり得ることを前提に、
職務の内容、当該職務の内容及び配置の変更の範囲
その他の事情（以下「職務の内容等」という。）を考
慮して、その相違が不合理と認められるものであっ
てはならないとするものであり、職務の内容等の違
いに応じた均衡のとれた処遇を求める規定である」。
　Ⅱ　労契法旧20条の文言や趣旨（有期契約労働者
の公正な処遇を図ること）等に照らせば、同条の規定
は私法上の効力を有するが、「同条の効力により当
該有期契約労働者の労働条件が比較の対象である無
期契約労働者の労働条件と同一のものとなるもので
はない」。
　Ⅲ　(1)　労契法旧20条は労働条件の相違が不合
理と評価されるか否かを問題とするものと解するの
が文理に沿うものであり、また同条は、職務の内容
等が異なる場合であっても、その違いを考慮して両
者の労働条件が均衡のとれたものであることを求め
る規定であるところ、その判断にあたっては、労使
間の交渉や使用者の経営判断を尊重すべき面がある。
　(2)　「両者の労働条件の相違が不合理であるか否
かの判断は規範的評価を伴うものであるから、当該
相違が不合理であるとの評価を基礎付ける事実につ
いては当該相違が同条に違反することを主張する者
が、当該相違が不合理であるとの評価を妨げる事実
については当該相違が同条に違反することを争う者
が、それぞれ主張立証責任を負うものと解される」。

●解説●　1　非正社員と正社員との間の労働条件の
格差は、長らく法律による規制の対象ではなかったが、
2007年の短時間労働者法の改正で、まず短時間労働
者に均等待遇規定と均衡待遇規定が導入され、2012
年の労契法改正および短時間労働者法の2014年改正
で、それぞれ有期雇用労働者、短時間労働者に不合理
な格差を禁止する規定が導入された。さらに、2018
年の短時間有期雇用法の制定により、短時間労働者と
有期雇用労働者の共通規定が導入された（8条。派遣
労働者については、労働者派遣法30条の3で派遣先との均
等・均衡に関する規定および同法30条の4により、派遣労
働者に特有の労使協定方式が導入された）。
　2　短時間有期雇用法8条（以下、新規定）は、「基
本給、賞与その他の待遇のそれぞれについて」、「業務
の内容及び当該業務に伴う責任の程度」（職務内容）、
「当該職務の内容及び配置の変更の範囲」（変更範囲）、
「その他の事情」のうち、「当該待遇の性質及び当該待
遇を行う目的に照らして適切と認められるものを考慮
して、不合理と認められる相違を設けてはならない」
というものである。本判決も含め、労契法旧20条の
下での判例は、新規定の解釈にも基本的にはあてはま
ると解すべきである。
　3　不合理な格差を禁止する労契法旧20条は均衡
待遇規定である（判旨Ⅰ）が、努力義務規定ではなく、
私法上の効力があるとされる。しかし、格差が不合理
とされても、無期雇用労働者と同一の労働条件が保障
されるわけではない（判旨Ⅱ）。無期雇用労働者の就
業規則の解釈として、同就業規則を有期雇用労働者に
も適用できるような場合を除き、同条違反の法的救済
は不法行為による損害賠償（民法709条）にとどまる。
損害賠償による救済は、短時間労働者法の2007年改
正前は、たとえ同一労働に従事している場合でも、こ
れを肯定する裁判例は少なかった（例外として、丸子
警報器事件─長野地上田支判平成8年3月15日）が、労
契法旧20条の施行後、これを肯定する裁判例が増加
し、本判決も住宅手当を除き、請求を認めた。
　4　格差は、それが合理的であるかではなく、
不合理な程度に至っているかが判断され、その際には
労使間の交渉や使用者の経営判断が尊重される（判旨
Ⅲ(1)）。また不合理であるとの評価を基礎づける事実
は、労働者側が主張立証責任を負う（判旨Ⅲ(2)）。こ
の解釈は、新規定にもあてはまる。

＊〔人事労働法83～85頁〕

72　正社員との労働条件格差の不合理性⑵──メトロコマース事件

最3小判令和2年10月13日〔令和元年(受)1190号・1191号〕(民集74巻7号1901頁)

正社員に支給される退職金を契約社員に支給しない
ことが不合理ではないとされた例。

●事実●　Xら2名は、期間1年の有期労働契約で契
約社員Bとして採用され(その後、契約は更新され、65
歳定年で終了するまで、10年前後の勤続期間がある)、Y
会社の売店業務に従事してきた。Y会社には、正社員、
契約社員A、契約社員Bという雇用形態の区分があり、
それぞれ適用される就業規則が異なっていた(契約社
員Aは、後に職種限定社員に名称変更され無期雇用になっ
た)。就業規則上、三区分の間では賃金体系などが大
きく異なっており、退職金については、正社員には支
給制度があり、契約社員Aにも名称変更後に導入され
たが、契約社員Bにはなかった。
　契約社員Bと正社員の業務の内容はおおむね共通す
るが、契約社員Bが売店業務に専従するのに対して、
正社員には欠勤者に代わって業務を行う代務業務を担
当したり、エリアマネージャー業務に従事したりする
ことがあるなどの一定の相違があった。また、売店業
務に従事する正社員には、業務の必要により配置転換
等を命ぜられる可能性があるのに対して、契約社員B
は、業務の場所の変更を命ぜられることはあっても、
業務の内容に変更はなく、配置転換等を命ぜられるこ
とはなかったので、変更の範囲にも一定の相違があっ
た。また、Y会社では、契約社員Aや正社員への試験
による登用制度を設け、実際に登用された者がいた。
　Xらは、退職金等について労契法旧20条にいう不合
理な相違があるとして、差額相当額の支払い等を求め
て訴えを提起した。退職金については、第1審は不合
理でないとしたが、控訴審は、正社員の額の4分の1
を下回る場合には不合理として、その範囲で損害賠償
を命じた(東京高判平成31年2月20日)。そこで、Y会
社は上告した(なお控訴審は、住宅手当、褒賞、早出残
業手当の割増率の相違も不合理としたが、その部分は上告
理由から排除された[民訴法318条3項])。

●判旨●　退職金については、原判決破棄(Xらの
請求棄却)。1人の反対意見あり。
　I　Y会社における退職金は、その支給要件や支
給内容等に照らせば、「職務遂行能力や責任の程度
等を踏まえた労務の対価の後払いや継続的な勤務等
に対する功労報償等の複合的な性質を有するもので
あり、Y会社は、正社員としての職務を遂行し得る
人材の確保やその定着を図るなどの目的から、様々
な部署等で継続的に就労することが期待される正社
員に対し退職金を支給することとしたものといえ
る」。
　II　Y会社ではすべての正社員に同一の就業規則
が適用されていたが、Xらの比較対象とした売店業
務に従事する正社員は、他の多数の正社員とは、職
務の内容および変更の範囲につき相違があり、それ
はY会社の組織再編等に起因する事情が存在した。
また、Y会社には、登用制度もあった。これらの事

情は「その他の事情」して考慮するのが相当である。
　III　「Y会社の正社員に対する退職金が有する複
合的な性質やこれを支給する目的を踏まえて、売店
業務に従事する正社員と契約社員Bの職務の内容等
を考慮すれば、契約社員Bの有期労働契約が原則と
して更新するものとされ、定年が65歳と定められ
るなど、必ずしも短期雇用を前提としていたものと
はいえず、Xらがいずれも10年前後の勤続期間を有
していることをしんしゃくしても、両者の間に退職
金の支給の有無に係る労働条件の相違があることは、
不合理であるとまで……はいえない」。

●解説●　本件は、【71】ハマキョウレックス事件や
【62】長澤運輸事件と違い、職務内容や変更範囲に違い
がある有期雇用労働者と無期雇用労働者との間での退
職金などの格差が問題となった事件であり、同種の事
案で賞与などの格差が問題となった別事件と同様、高
裁判決が部分的な救済を認めたが、最高裁は同日の判
決で、それぞれ退職金と賞与の不支給は不合理な格差
ではないとした(本判決および大阪医科薬科大学事件──
最3小判令和2年10月13日)。
　判旨Iは、Y会社の退職金の性質を、その支給要件
等から、労務の対価の後払いや継続的な勤務等に対す
る功労報償等の複合的なものとし、正社員としての職
務を遂行しうる人材の確保や定着を図るなどの目的に
よるものと判断した(なお、支給目的等を特定せずに、
金額差だけで不合理性の判断をすべきでないことについて
は、名古屋自動車学校事件──最1小判令和5年7月20日
[基本給と賞与のケース])。このような退職金を、有期
雇用労働者である契約社員Bに支給しないことは、そ
の職務内容や変更の範囲に一定の相違があること、加
えて、Xらが職務の内容の近似性を根拠として比較対
象とした売店業務の正社員は、他の正社員と同一の就業
規則を適用されており、比較対象正社員がXらと近似
した業務に従事するのは、Y会社の組織再編等に起因
するものであること(この事情はXらにY会社の一般の
正社員と同じ労働条件を適用することの不当性を根拠づけ
るものであろう)や、正社員等への登用制度もあった
ことを「その他の事情」として考慮し、Xらへの退職
金の不支給を不合理な労働条件の相違ではないとした。
　不合理性の判断基準については、「短時間・有期雇
用労働者及び派遣労働者に対する不合理な待遇の禁止
等に関する指針」(平成30年12月28日厚労告430号)が、
実務上は参照されているが、この指針によってカバー
されていない部分も少なくない。退職金も指針は扱っ
ておらず、本判決は、事例判決ではあるものの、実務
への影響は少なくなかろう。とりわけ、よくみられる
一般的な退職金について、正社員人材の確保や定着目
的を斟酌して格差の不合理性を認めなかったこと、
10年前後の勤続が見込まれていた契約社員との関係
でも、この結論に変わりがなかったことに加え、原審
が認めていた部分的な救済も否定したことは注目され
る(なお、宇賀克也裁判官の反対意見は、職務の内容の近
似性や勤続年数の長さを考慮して、原判決を支持する)。

＊　[人事労働法83〜85頁]

73　正社員との労働条件格差の不合理性⑶─日本郵便〔東京〕事件

最1小判令和2年10月15日〔令和元年(受)777号・778号〕

> 正社員に支給される手当や付与される休暇についての格差が不合理とされた例。

●**事実**●　Xらは、郵便事業等を行うY会社との間で有期労働契約を締結し、更新している時給制契約社員である。Y会社には、無期雇用の正社員と有期雇用の期間雇用社員が存在し、時給制契約社員は後者の区分の1つである。正社員と期間雇用社員には異なる就業規則が適用されていた。そのため、Xら時給制契約社員には、同じ郵便の業務に従事する正社員に保障されている年末年始勤務手当や夏期冬期休暇が保障されず、私傷病による病気休暇は、正社員は引き続き90日まで認められる有給休暇であったが、時給制契約社員には1年に10日の範囲で無給の休暇が与えられるにとどまるなどの差異があった。

　時給制契約社員は、郵便事務のうち、特定の業務のみに従事し、正社員のように上記各事務について幅広く従事することは想定されておらず、正社員と異なり昇任や昇格は予定されていなかった。また正社員には配転が予定されているが、時給制契約社員は、職場および職務内容を限定して採用されており、正社員のような人事異動は行われなかった。なお、時給制契約社員には、正社員に登用される制度が設けられていた。

　Xらは、上記の労働条件の差異は不合理であるとして、正社員の就業規則が適用される地位確認を求めるとともに、労契法旧20条施行前については不法行為による損害賠償を求め、施行後については同条の補充的効力に基づく労働契約、予備的に不法行為に基づき、差額分の損害賠償を求めて訴えを提起した。1審は上記の手当・休暇の格差を不合理と認めた。そして、年末年始勤務手当は8割相当額を損害と認め、このほか住宅手当の格差も不合理として6割相当額を損害とした（民訴法248条）が、控訴審は全額を損害とした（東京地判平成29年9月14日、東京高判平成30年12月13日）。一方、その他の手当（夏期年末手当、早出勤務等手当など）は不合理でないとし、夏期冬期休暇は損害の立証がないとして請求を棄却した。そこで、XらとY会社の双方が上告した。上告審では、年末年始勤務手当、夏期冬期休暇、病気休暇のみ上告受理され、その他は排除された（民訴法318条3項）。

●**判旨**●　原判決一部破棄差戻し（夏期冬期休暇についての損害額についてのみ。不合理性についてはすべて肯定）。

　Ⅰ　「Y会社における年末年始勤務手当は、郵便の業務を担当する正社員の給与を構成する特殊勤務手当の1つであり、……同業務についての最繁忙期であり、多くの労働者が休日として過ごしている……期間において、同業務に従事したことに対し、その勤務の特殊性から基本給に加えて支給される対価としての性質を有するものであるといえる。また、年末年始勤務手当は、正社員が従事した業務の内容やその難度等に関わらず、所定の期間において実際に勤務したこと自体を支給要件とするものであり、その支給金額も、実際に勤務した時期と時間に応じて一律である。上記のような年末年始勤務手当の性質や支給要件及び支給金額に照らせば、これを支給することとした趣旨は、郵便の業務を担当する時給

制契約社員にも妥当する」。そうすると、正社員と時給制契約社員との間に職務内容や変更範囲その他の事情につき相応の相違があること等を考慮しても、年末年始勤務手当の相違は、不合理である。

　Ⅱ　「Y会社において、私傷病により勤務することができなくなった郵便の業務を担当する正社員に対して有給の病気休暇が与えられているのは、上記正社員が長期にわたり継続して勤務することが期待されることから、その生活保障を図り、私傷病の療養に専念させることを通じて、その継続的な雇用を確保するという目的によるものと考えられる。このように、継続的な勤務が見込まれる労働者に私傷病による有給の病気休暇を与えるものとすることは、使用者の経営判断として尊重し得るものと解される。もっとも、上記目的に照らせば、郵便の業務を担当する時給制契約社員についても、相応に継続的な勤務が見込まれるのであれば、私傷病による有給の病気休暇を与えることとした趣旨は妥当するというべきである。そして、Y会社においては、上記時給制契約社員は、契約期間が6か月以内とされており、Xらのように有期労働契約の更新を繰り返して勤務する者が存するなど、相応に継続的な勤務が見込まれているといえる」。そうすると、正社員と時給制契約社員との間に職務内容や変更範囲その他の事情につき相応の相違があること等を考慮しても、「私傷病による病気休暇の日数につき相違を設けることはともかく、これを有給とするか無給とするかにつき労働条件の相違があることは、不合理である」。

●**解説**●　本判決は、同日に出された他の日本郵便事件判決（日本郵便〔大阪〕事件、日本郵便〔佐賀〕事件）とあわせて、正社員に支給される手当や付与される休暇は、その基準や要件等から目的を特定でき、その目的が有期雇用労働者にもあてはまる場合には、有期雇用労働者に認めないことは、原則として不合理となるという解釈を示したといえる。たしかに、趣旨が退職金や賞与とは違って特定しやすく、支給要件や額が明確な諸手当の格差は不合理と判断されやすいだろう。ただ、その場合も職務内容や変更範囲の違いやその他の事情に照らし、不合理でないと評価される余地はある（→【71】ハマキョウレックス事件［解説］も参照）が、年末年始勤務手当のように特定時期に勤務したことそれ自体に対する対価としての性質をもつ手当（特殊勤務手当）の相違は不合理とされる可能性が高いだろう（判旨Ⅰ参照）。また、本判決は、病気休暇は継続勤務が見込まれる労働者への支給という趣旨があり、有期雇用労働者でも「相応に継続的な勤務が見込まれている」場合には、この趣旨は妥当するので、日数の相違はともかく、有給か無給かの相違は不合理とする（判旨Ⅱ。扶養手当の不支給を不合理とした日本郵便〔大阪〕事件も参照）。

　なお、非正社員への手当支給の拡大は、正社員の手当の引下げや廃止という企業側の対応を引き起こす可能性もある（こうした対応のためになされた就業規則の不利益変更の合理性［労契法10条］を肯定した裁判例として、済生会山口総合病院事件─山口地判令和5年5月24日）。

＊［人事労働法83～85頁］

74　事業譲渡⑴─東京日新学園事件

東京高判平成17年7月13日〔平成17年(ネ)569号〕

事業譲渡にともなう労働契約の承継排除が肯定された例。

●**事実**●　Xは、A学園の運営するB校の教員であった。A学園は経営が悪化したため解散することとなり、学校の経営は新たに設立された学校法人Yが引き継ぐことになった。Y法人の設立過程で交わされた覚書によると、A学園の解散にともない、その雇用する教職員は退職し、Y法人は学校運営に必要な教職員を新たに採用することになっていた。その後、Y法人での採用を希望するA学園の教職員を面接をした結果、154名を採用したがXは採用されなかった（応募者183名）。Xは、C労働組合のA学園分会の分会長であったが、採用面接の前に組合活動を公然化させていた。分会に所属する組合員の中には、XのようにY法人に採用されなかった者もいたが、採用された者もいた。

　Y法人は、Xとの間に雇用関係が存在しないことの確認を求めて訴えを提起したところ、XはY法人との間の雇用関係の存在の確認等を求めて反訴を提起した。1審は、Y法人の請求を棄却し、Xの請求を一部認容した。そこで、Y法人は控訴した。

●**判旨**●　原判決取消し（Y法人の請求認容）。

　Ⅰ　Y法人は、A学園が設置した学校の教育内容を引き継ぎ、学校名、生徒、校舎も引き継ぎ、教職員にも継続性があるが、主たる事務所や理事の構成が異なり、独自の教育方針の下に運営をしており、教職員もいったん解雇されたうえで、Y法人が認可されることを条件として新規採用されるという前提で採用されており、こうした事実によれば、Y法人とA学園との間に、法的に教職員の雇用契約関係の承継を基礎づけうるような実質的な同一性はない。

　Ⅱ　本件は営業譲渡に類似するといえないものではないが、そうであるとしても、「営業譲渡契約は、債権行為であって、契約の定めるところに従い、当事者間に営業に属する各種の財産……を移転すべき債権債務を生ずるにとどまるものである上、営業の譲渡人と従業員との間の雇用契約関係を譲受人が承継するかどうかは、譲渡契約当事者の合意により自由に定められるべきものであり、営業譲渡の性質として雇用契約関係が当然に譲受人に承継されることになるものと解することはできない」。

　本件では、覚書に基づき、A学園が教職員を全員解雇し、これにより退職した教職員のうち、Y法人での採用希望者の中から141名〔筆者注：辞退者13名を除いた人数〕を新規に採用したものであって、A学園とY法人との間に、その雇用契約関係を承継しない旨の合意があったことが明らかである。

　Ⅲ　「営業譲渡契約において、雇用契約関係を引き継がない合意をすることが自由であるとしても、その合意が、労働組合を壊滅させる目的でされたり、一定の労働者につきその組合活動を嫌悪してこれを排除する目的でされたものと認められる場合には、そのような合意は公序（憲法28条、労働組合法7条）に反し、無効である」が、本件ではそのような無効事由を認めることはできない。

●**解説**●　事業譲渡（本件の当時は、営業譲渡）は合併とは異なり特定承継と解されており、労働契約関係の承継についても、当事者間の合意により決定される（かつては、事業譲渡にともない労働契約は当然に承継されるという考え方をとる裁判例や学説があったが、判旨Ⅱはこの考え方を否定している）。したがって、譲渡当事者は、特定の労働者を承継対象に含めたり、承継対象から排除したりすることができる。労働者は承継対象に含められたときでも、承継を望まない場合には、これを拒否することができる（民法625条1項）が、承継を望む労働者が、承継から排除された場合には、譲渡先に労働契約の承継を強制させることは原則としてできない。ただ、事業譲渡後、譲渡元会社が解散し、承継から排除された労働者が解雇されたような場合には、その労働者の保護の必要性がないかが問題となる。

　本判決は、本件では譲渡当事者であるY法人とA学園との間に、A学園の教職員を承継する旨の合意がなかったと認定している（判旨Ⅱ）。これまでの裁判例においては、事案に応じて、黙示の承継合意、あるいは譲渡元の従業員を包括的に承継する旨の合意があったと認定したものがあるが、本件では明示の承継排除（承継対象者の選別）の合意があるとされている。この点では、Y法人が、A学園を退職した教職員の中から、独自の理念と基準で新規採用をしていたという事実が重要である。

　譲渡当事者間に承継の合意がない場合でも、譲渡元と譲渡先との間に実質的同一性があり、解雇法理の適用回避のための法人格の濫用が認められた場合には、労働契約の承継が認められることがある（新関西通信システムズ事件─大阪地決平成6年8月5日等。譲渡元が譲渡先を支配して法人格の濫用があるとされた事案で、労働契約の承継を認めた裁判例として、サカキ運輸ほか事件─福岡高判平成28年2月9日）。ただし、本判決は、本件では労働組合壊滅目的のための会社解散といった法人格の濫用はなかったと判断している。また、承継排除の合意は、不当労働行為に該当する場合等には無効となるとするが、本件では、そのような無効事由はないとした（判旨Ⅲ）。なお、事業譲渡の際の労働者の保護については、「事業譲渡又は合併を行うに当たって会社等が留意すべき事項に関する指針」（平成28年厚生労働省告示318号）も参照。

＊〔人事労働法135頁〕

75 事業譲渡(2)—勝英自動車学校〔大船自動車興業〕事件

東京高判平成17年5月31日〔平成16年(ネ)418号〕

事業譲渡にともなう労働契約の承継排除が否定された例。

●事実● Y会社とA会社は、ともに自動車教習所の経営等を事業目的とする株式会社である。Xらは、いずれもA会社の従業員であり、B労働組合の組合員である。Y会社は、C会社から、その所有するA会社の全株式を取得した後、A会社が経営していたDモータースクールの事業の全部をA会社から譲り受けた。

A会社とY会社との間の営業譲渡契約によると、Y会社は、A会社の従業員の雇用は引き継がないが、Y会社での再就職を希望する者のうち、Y会社がA会社に通知した者については新たに雇用する、とされていた(営業譲渡契約4条)。

また、この営業譲渡契約の締結までに、Y会社とA会社との間で、①Dモータースクールの事業を行うためにA会社の従業員をY会社に移行させる、②ただし、賃金等の労働条件が引き下がることに異議のある従業員については、従業員の移行に際して、個別的に排除する、③この目的を達成するために、A会社の全従業員に退職届を提出させ、退職届を提出した者をY会社が再雇用する形式をとる、退職届を提出しない従業員は、A会社の解散を理由に解雇するなどの本件合意が成立していた。

Xらは、Y会社での再雇用後の賃金等の労働条件がA会社にいるときより相当程度下回る水準になることに反対であったことから、退職届を提出しなかった。その後、A会社は解散し、Xらを含む従業員が解雇された(本件解雇)。そこで、Xらは、A会社の解散は偽装解散で、本件解雇は反組合目的によるもので無効であり、Xらの雇用関係はY会社が承継するとして、Y会社に対し、労働契約上の権利を有する地位にあることの確認等を求めて訴えを提起した。1審は、解雇は無効で、労働契約関係はY会社に承継されると判示した。そこで、Y会社は控訴した。

●判旨● 原判決一部変更(未払い賃金額に関する判示部分は省略)。

Ⅰ Xらに対する本件解雇は、一応、会社解散を理由としているが、実際には、Y会社の賃金等の労働条件がA会社を相当程度下回る水準に改訂されることに異議のある従業員を個別に排除する目的で行われたものということができる。このような目的で行われた解雇は、客観的に合理的な理由を欠き社会通念上相当として是認することができないことが明

らかであるから、解雇権の濫用として無効になる。

Ⅱ 本件合意中、②と③の合意部分は、民法90条に違反するものとして無効になる。したがって、本件合意は、A会社と従業員との労働契約を、Dモータースクールの事業に同従業員を従事させるため、Y会社との関係で移行させるという原則部分(①)のみが有効なものとして残存することとなる。なお、本件の営業譲渡契約4条の定めも、民法90条に違反して無効になる。

そうすると、本件解雇が無効となることによって解散時においてA会社の従業員としての地位を有することとなるXらについては、A会社とY会社との本件合意の原則部分に従って、Y会社に対する関係で、営業譲渡が効力を生じた日をもって、労働契約の当事者としての地位が承継されることとなる。

●解説● 譲渡元による会社解散を理由とする解雇については、偽装解散の法理などにより、譲渡先との雇用関係を認めるという理論構成もありうるところである(→【15】第一交通産業ほか〔佐野第一交通〕)が、本判決は、本件の解散は、新たな事業展開を図るためのもので真実解散であると認定している(判旨外)。

しかも、本件では、事業譲渡の当事者間に労働契約の承継排除の合意もあった。ただ、そうした場合でも、その合意に無効事由が認められることがある。東京日新学園事件(→【74】)では、承継排除が組合活動を嫌悪したというような反組合的な目的でなされた場合には無効となるという一般論を述べている。本判決では、労働条件の変更に異議を述べた労働者を排除する目的の承継排除の合意は無効とされている(判旨Ⅱ)。もっとも、厳密にいうと、譲渡元から譲渡先に労働契約が承継されるためには、承継排除の合意を無効とするだけでは不十分であり、承継を強制するための法的根拠が必要といえる。

本件では、覚書における承継排除に関する合意部分のみが無効(一部無効)となり、原則として承継させるという部分は有効であるという解釈によって、承継を法的に根拠づけている(判旨Ⅱ)。

なお、会社解散による解雇について、解雇権濫用法理(現在の労契法16条)が適用されるかは議論がある。原則として、こうした解雇は有効と解すべきだが(大森陸運ほか2社事件—大阪高判平成15年11月13日等)、裁判例には、濫用性の具体的な判断に踏み込むものもあり(たとえば、三陸ハーネス事件—仙台地決平成17年12月15日〔ただし、結論は雇用有効〕)、本判決も同様の立場である(判旨Ⅰ)。

* 〔人事労働法135頁、216頁〕

76　会社分割と労働契約承継法──日本アイ・ビー・エム事件

最2小判平成22年7月12日〔平成20年(受)1704号〕(民集64巻5号1333頁)

会社分割にともなう労働契約承継を、事業に主として従事する労働者は、拒否することができるか。

●事実●　コンピュータの製造、販売等を目的とするY会社は、A会社とHDD（ハードディスク）事業部門を統合するために、まず、Y会社のHDD事業部門の本件会社分割を実施してB会社を新設した。Y会社とA会社は、合弁会社Cを設立し、Y会社のもつB会社の株式はすべてC会社に譲渡された。その後、A会社のHDD事業部門もB会社に吸収分割された。Xら15名は、Y会社のHDD事業部門の従業員であり（D労働組合の組合員）、B会社の新設分割において、Y会社との労働契約が承継対象に含められたため、B会社に移籍することになった。Xらは、承継手続に瑕疵があると主張して、Y会社に対して、労働契約上の権利を有する地位にあることの確認等を求めて訴えを提起した。

Y会社は、その事業場に過半数組合がなかったことから、労働契約承継法7条に定める労働者の理解と協力を得るよう努める措置（7条措置）を行うため、各事業場ごとの従業員代表者に対して、本件会社分割の目的と背景および承継される労働契約の判断基準等について説明を行い、情報共有のためのデータベースをイントラネット上に設置したほか、B会社の中核となることが予定されるE事業所の従業員代表者と別途協議を行い、その要望書に対して書面での回答をしていた。さらに、商法等の一部を改正する法律（平成17年法律第87号による改正前のもの）附則5条1項に定める労働契約の承継に関する労働者との協議（5条協議）としては、Y会社は、従業員代表者への説明に用いた資料等を使って、ライン専門職に各ライン従業員への説明や承継に納得しない従業員に対して最低3回の協議を行わせ、その結果、多くの従業員が承継に同意する意向を示した。また、Y会社は、Xらに対する関係では、D組合との間で7回にわたり協議をもった。

1審および原審ともに、Xの請求を棄却した。そこで、Xは上告した。

●判旨●　上告棄却（Xの請求棄却）。

Ⅰ　5条協議は、「労働契約の承継のいかんが労働者の地位に重大な変更をもたらし得るものであることから、分割会社が分割計画書を作成して個々の労働者の労働契約の承継について決定するに先立ち、承継される営業に従事する個々の労働者との間で協議を行わせ、当該労働者の希望等をも踏まえつつ分割会社に承継の判断をさせることによって、労働者の保護を図ろうとする趣旨に出たもの」であり、このような5条協議の趣旨からすると、労働契約承継法3条に基づき労働契約が承継対象となった特定の労働者との関係において5条協議が全く行われなかったときには、当該労働者は労働契約承継法3条の定める労働契約承継の効力を争うことができるし、また、5条協議が行われた場合であっても、その際の分割会社からの説明や協議の内容が著しく不十分であった場合にも5条協議義務の違反があったと評

価してよく、当該労働者は同法3条の定める労働契約承継の効力を争うことができる。

Ⅱ　7条措置は分割会社に対して努力義務を課したものと解され、これに違反したこと自体は労働契約承継の効力を左右する事由になるものではなく、7条措置において十分な情報提供等がされなかったために5条協議がその実質を欠くことになったといった特段の事情がある場合に、5条協議義務違反の有無を判断する一事情として7条措置のいかんが問題になるにとどまるものである。

●解説●　会社分割とは、会社がその事業に関して有する権利義務の全部または一部を別会社または新設会社に承継させることである（会社法2条29号・30号）。会社分割においては、分割契約（吸収分割の場合）または分割計画（新設分割の場合）に記載された権利義務は、一括して吸収会社または新設会社に承継される（部分的包括承継。同法759条、764条）。労働契約については、労働契約承継法の規定があり、「承継される事業に主として従事する」労働者の労働契約が承継対象とされた場合には、当然に労働契約が承継され（3条）、承継対象とされなかった場合には、当該労働者が一定の期間内に異議を申し出れば承継される（4条）。承継される事業に主として従事する労働者以外の労働契約は、承継対象とされた場合には、一定の期間内に異議を申し出れば承継されない（5条）。

当然承継を定める労働契約承継法3条は、民法625条の例外を定めたものであるが、労働者の意思に反する承継を認める点で立法論的には批判がある。解釈論としても、5条協議における労働者との協議の手続は労働契約承継の有効要件と解すべきとする見解もある。この点、本判決は、5条協議がまったく行われなかったとき、あるいは行われても説明や協議の内容が著しく不十分であった場合には、労働契約承継の効力を争うことができる、とする（判旨Ⅰ）。また、7条措置は努力義務であるため労働契約承継の効力に影響はないが、十分な情報提供等がなかったために5条協議がその実質を欠くといった特段の事情がある場合には、5条協議義務違反の問題となりうるとする（判旨Ⅱ）。ただし、本件では、結論として、7条措置違反もなく、5条協議違反もなかったと判断された（判旨外。5条協議違反を認めて承継の効力を否定した裁判例として、エイボン・プロダクツ事件─東京地判平成29年3月28日）。

なお、会社分割の際に、労働条件の不利益変更を伴う転籍（新規契約締結・解約型）という形で労働契約を承継させる合意の有効性が争われた事件で、この合意は労働条件をそのまま承継させる利益を労働者から奪うため無効であり、労働契約承継法2条1項所定の通知がなく異議申立の機会が失われている以上、異議申立をしたのと同様の効果（従前の労働条件での承継）を主張できるとした裁判例がある（阪神バス事件─神戸地尼崎支判平成26年4月22日。「分割会社及び承継会社等が講ずべき当該分割会社が締結している労働契約及び労働協約の承継に関する措置の適切な実施を図るための指針」（平成12年労働省告示127号、平成28年8月改正）も参照）。

＊［人事労働法134～135頁］

77　就業規則の法的性質—秋北バス事件

最大判昭和43年12月25日〔昭和40年(オ)145号〕(民集22巻13号3459頁)

就業規則の変更により定年制を新設し、定年を超えていることを理由に労働者を解雇することは許されるか。

●**事実**●　Y会社は、就業規則における定年制に関する規定を変更した。従来は、主任以上の従業員には定年制は適用されていなかったが、本件就業規則変更により、満55歳定年制が適用されることとなった。Y会社の主任であったXは、この就業規則変更当時、すでに満55歳に達していたので、定年を理由に解雇通知を受けた。Xは、変更後の規定は自分には適用されないとして、就業規則の変更の無効確認等を求めて訴えを提起した。1審はXの請求を認容したが、原審はXの請求を棄却したため、Xは上告した。

●**判旨**●　上告棄却（Xの請求棄却）。3人の反対意見あり。

Ⅰ　「元来、『労働条件は、労働者と使用者が、対等の立場において決定すべきものである』（労働基準法2条1項）が、多数の労働者を使用する近代企業においては、労働条件は、経営上の要請に基づき、統一的かつ画一的に決定され、労働者は、経営主体が定める契約内容の定型に従って、附従的に契約を締結せざるを得ない立場に立たされるのが実情であり、この労働条件を定型的に定めた就業規則は、一種の社会的規範としての性質を有するだけでなく、それが合理的な労働条件を定めているものであるかぎり、経営主体と労働者との間の労働条件は、その就業規則によるという事実たる慣習が成立しているものとして、その法的規範性が認められるに至っている（民法92条参照）ものということができる」。

「就業規則は、当該事業場内での社会的規範たるにとどまらず、法的規範としての性質を認められるに至っているものと解すべきであるから、当該事業場の労働者は、就業規則の存在および内容を現実に知っていると否とにかかわらず、また、これに対して個別的に同意を与えたかどうかを問わず、当然に、その適用を受けるものというべきである」。

Ⅱ　「新たな就業規則の作成又は変更によって、既得の権利を奪い、労働者に不利益な労働条件を一方的に課することは、原則として、許されないと解すべきであるが、労働条件の集合的処理、特にその統一的かつ画一的な決定を建前とする就業規則の性質からいって、当該規則条項が合理的なものであるかぎり、個々の労働者において、これに同意しないことを理由として、その適用を拒否することは許されないと解すべきであり、これに対する不服は、団体交渉等の正当な手続による改善にまつほかはない」。

●**解説**●　1　労基法は、就業規則の効力について、最低基準効は定めているものの（93条、現在は労契法12条）、就業規則が労働者に拘束力をもつことを直接には定めていない。そのため、就業規則の拘束力が、何を根拠に、どのような場合に認められるかについては、就業規則の法的性質とも関係して、学説上さまざまな議論が展開されてきた。

代表的な見解は、就業規則の法的性質は契約のひな形（草案）であり、労働者の同意があって初めて拘束力が発生するとする契約説と、労基法93条（労契法12条）に見られる労基法と同じ効力（13条を参照）を有していることなどを根拠に、就業規則には法規範としての性質があるのであり、労働者の同意がなくても拘束力があるとする法規範説である。

本判決の立場が、契約説、法規範説のいずれであるかは必ずしも明確ではない（反対意見は契約説）が、結論として、合理的な内容であれば法的規範性が認められ、「就業規則の存在および内容を現実に知っていると否とにかかわらず、また、これに対して個別的に同意を与えたかどうかを問わず、当然に、その適用を受ける」とした（判旨Ⅰ）。学説には、本判決は、契約説の1つである約款法理を採用したとの理解を示すものもあった。なお、現在の民法の定型約款（548条の2以下）は、不特定多数の者を相手とするものなので、就業規則には適用されないと解されている。

2　判旨Ⅱは、就業規則の変更による労働条件の不利益変更について、合理的変更法理を確立した部分である。それ以前の学説は、この問題については、契約説では当然だが、法規範説の立場においても、労働者の同意がなければ不利益変更は認められないという見解が有力であった。ところが、判旨Ⅱは、合理性があれば不利益変更も可能であるという独自の法理を創造した。

合理的変更法理については、労働条件の集合的処理という要請が、どうして労働者の同意のない労働条件の不利益変更を正当化するのか、という大きな理論的問題点があった（私的自治の原理との抵触）。他方、継続的な契約関係における労働条件の変更は、契約法上の考え方によると、変更解約告知（→【57】スカンジナビア航空事件）により実現できるはずであるが、変更解約告知は解雇権濫用法理（→【45】日本食塩製造事件。現在の労契法16条）により制限されている以上、合理性を条件とすることによって労働者の利益への配慮が担保されているかぎり、使用者に就業規則の変更を通して労働条件を一方的に変更することを正当化できるという考え方もあった。

3　労契法制定後は、判旨Ⅰは同法7条、判旨Ⅱは同法9条、10条に引き継がれている。

＊〔人事労働法24〜27頁〕

78　就業規則による労働契約内容の規律—電電公社帯広電報電話局事件

最1小判昭和61年3月13日〔昭和58年(オ)1408号〕

> 就業規則の規定に基づく健康診断受診命令に労働者は従わなければならないか。

●**事実**●　Xは、Y公社の職員で頸肩腕症候群と診断されていた。Y公社は、労働組合との取決めに基づき、頸肩腕症候群総合精密検診の受診命令を発したが、Xはこれに従わなかったので、Xを懲戒戒告処分にした。Xは、この受診命令は無効であり、それを拒否しても懲戒事由に該当しないと主張して、処分の無効確認を求めて訴えを提起した。

　Y公社の就業規則には、「職員は、心身の故障により、療養、勤務軽減等の措置を受けたときは、衛生管理者の指示に従うほか、所属長、医師及び健康管理に従事する者の指示に従い、健康の回復につとめなければならない」という規定があった。

　1審および原審ともに、Xの請求を認容したため、Y公社は上告した。

●**判旨**●　原判決破棄、自判（Xの請求棄却）。

　Ⅰ　「就業規則が労働者に対し、一定の事項につき使用者の業務命令に服従すべき旨を定めているときは、そのような就業規則の規定内容が合理的なものであるかぎりにおいて当該具体的労働契約の内容をなしているものということができる」。

　Ⅱ　Y公社の就業規則等によれば、Y公社では、職員は常に健康の保持増進に努める義務があるとともに、健康管理上必要な事項に関する健康管理従事者の指示を誠実に遵守する義務があるばかりか、要管理者は、健康回復に努める義務があり、その健康回復を目的とする健康管理従事者の指示に従う義務があるとされているのであるが、以上のY公社の就業規則等の内容は、Y公社の職員が労働契約上その労働力の処分をY公社にゆだねている趣旨に照らし、いずれも合理的なものというべきであるから、Y公社とY公社の職員との間の労働契約の内容となっているものといっべきである。

●**解説**●　本件では、使用者が健康診断受診命令を発するうえで、労働契約上の根拠があるかが問題となり、本判決は、就業規則の内容が合理的であれば、労働契約上の根拠となるという判断を示した（判旨Ⅰ）。そして、就業規則の規定内容の合理性が検討され、結論として、合理性があると判断された（判旨Ⅱ）。秋北バス事件最高裁大法廷判決（→【77】）では、合理性のある就業規則の法的規範性を認めただけで、その場合の労働契約との関係は明確でなかったが、本判決は、合理的な就業規則は労働契約の内容となると明言した点に、判例としての意義がある。

　この判示内容に関しては、現在では、労契法7条で成文化されている。つまり、労働契約の締結段階においては、労働契約の内容は、就業規則が周知されていて、合理性があることを要件として、原則として、就業規則で定める労働条件によるものとなる（契約内容規律効）。

　なお、これに加えて、行政官庁（労働基準監督署長）への届出（労基法89条）や過半数代表からの意見聴取（同法90条）が、効力要件となるかについては、これらの手続をふむことを定める労契法11条は、就業規則の変更にしか言及していないことを理由とする否定説と、これを合意原則にかわる手続的要件として重視する肯定説とがある（なお、労契法10条の定める就業規則の不利益変更の効力、および、同法12条の定める就業規則の強行的・直律的効力との関係でも、これらの手続の履践が効力要件となるかは問題となりうる）。

　労契法7条による就業規則の拘束力の例外は、就業規則よりも有利な内容の個別的契約が結ばれている場合である。このときには、その個別的契約が優先的に適用される（同条ただし書。→【83】シーエーアイ事件）。

　就業規則が制定されていなかった事業場（たとえば、常時10人以上の労働者を使用しておらず、労基法89条による就業規則の作成義務が課されていない事業場）において、新たに就業規則が制定された場合には、労働契約の締結時の問題ではないので、労契法7条は適用されない（ただし、公社からの民営化という事案の特殊性もあるが、【65】日本郵便事件はこれと異なる処理をしている）。就業規則の新設により労働条件が不利益に変更される場合には、就業規則の変更に関する同法10条が類推適用されると解すべきである（契約を断続的に反復して締結していた登録型派遣労働者に対する就業規則の不利益変更の事案で、実質的に労契法10条を類推適用しているとみられる裁判例として、阪急トラベルサポート事件—東京高判平成30年11月15日）。

＊［人事労働法24〜27頁］

79 就業規則の周知—フジ興産事件

最2小判平成15年10月10日〔平成13年(受)1709号〕

周知されていない就業規則の効力はどうなるか。

●事実● A会社は、昭和61年8月1日、労働者代表の同意を得たうえで、同日から実施する就業規則（以下、旧就業規則）を作成し、同年10月30日、B労働基準監督署長に届け出た。旧就業規則は懲戒解雇事由を定め、所定の事由があった場合に懲戒解雇をすることができる旨定めていた。

A会社は、平成6年4月1日から旧就業規則を変更した就業規則（以下、新就業規則）を実施することとし、同年6月2日、労働者代表の同意を得たうえで、同月8日、B労働基準監督署長に届け出た。新就業規則も懲戒解雇事由を定め、所定の事由があった場合に懲戒解雇をすることができる旨定めていた。

A会社は、同月15日、新就業規則の懲戒解雇に関する規定を適用して、Xを懲戒解雇した。その理由は、Xが、同5年9月から同6年5月30日までの間、得意先の担当者らの要望に十分応じず、トラブルを発生させたり、上司の指示に対して反抗的態度をとり、上司に対して暴言を吐くなどして職場の秩序を乱したりしたなどというものであった。

Xは、本件懲戒解雇以前に、勤務するCセンターの長であるY₃に対し、Cセンターに勤務する労働者に適用される就業規則について質問したが、この際には、旧就業規則はCセンターに備え付けられていなかった。

Xは、本件懲戒解雇は違法であるとして、違法な懲戒解雇の決定に関与したA会社の代表取締役であるY₁、取締役であるY₂およびY₃に対して、民法709条、商法266条ノ3（現在の会社法429条）に基づき、損害賠償を求めるために訴えを提起した。1審および原審ともに、本件懲戒解雇は有効であるとして、Xの請求を棄却したため、Xは上告した。

●判旨● 原判決破棄、差戻し。

Ⅰ 使用者が労働者を懲戒するには、あらかじめ就業規則において懲戒の種別および事由を定めておくことを要する。そして、就業規則が法的規範としての性質を有するものとして、拘束力を生ずるためには、その内容を適用を受ける事業場の労働者に周知させる手続が採られていることを要するものというべきである。

Ⅱ 原審は、A会社が、労働者代表の同意を得て旧就業規則を制定し、これをB労働基準監督署長に届け出た事実を確定したのみで、その内容をCセンター勤務の労働者に周知させる手続が採られていることを認定しないまま、旧就業規則に法的規範としての効力を肯定し、本件懲戒解雇が有効であると判断している。原審のこの判断は違法である。

●解説● 労契法の制定前から、判例は、就業規則の拘束力が認められるためには、労働者への周知を必要とすると判示していた（判旨Ⅰ）。現在では、労契法において、就業規則が拘束力をもつためには、周知が効力要件として明記されている（7条。不利益変更の場合においても、周知は効力要件である［10条]）。

就業規則の周知は、労基法106条1項でも義務づけられており、それに違反した場合には罰則も科される（労基法120条1号）。そこでいう周知の方法は、「常時各作業場の見やすい場所へ掲示し、又は備え付けること、書面を交付することその他の厚生労働省令で定める方法」である。厚生労働省令で定める方法としては、「磁気テープ、磁気ディスクその他これらに準ずる物に記録し、かつ、各作業場に労働者が当該記録の内容を常時確認できる機器を設置すること」が定められている（労基則52条の2第3号）。

これに対して、労契法における周知の方法は、必ずしも、労基法上の周知義務の履行と同じ方法による必要はなく、実質的に、労働者に就業規則の内容を知りうる状況が存在していればよいと解されている（労契法施行通達。冊子状の就業規則が、各事業場で職員が自由に閲覧できる状態で備え置かれていたケースで、周知を認めた判例として、→【65】日本郵便事件［判旨外]。一方、就業規則の備え付け場所を労働者が知らない場合や、本社にしか備え付けられず、各店舗に郵送可能な状態にあるという文書に、当該就業規則を閲覧した従業員1名が署名押印をしていただけの場合は周知要件を充足しない（それぞれエスケーサービス事件—東京地判平成27年8月18日、PMKメディカルラボほか1社事件—東京地判平成30年4月18日）。なお、前記通達は、労契法7条の周知は、文言上「周知させていた」となっていることから、当該事業場の労働者だけでなく新たに労働契約を締結する労働者に対しても行う必要があるが、後者への周知は、労働契約の締結と同時でよいとしている。

* ［人事労働法29頁補注(2)]

80　就業規則の不利益変更の合理性(1)—第四銀行事件

最2小判平成9年2月28日〔平成4年(オ)2122号〕(民集51巻2号705頁)

> 就業規則の変更により、定年延長にともなう賃金の不利益変更はできるか。

●**事実**●　Y銀行では、従来、定年は55歳となっていたが、健康に支障のない男性行員は58歳まで在職可能であった(その場合、定例給与は54歳時の額が引き続き支給された)。昭和58年、Y銀行は、行員の約90%で組織されているA労働組合の同意を得て、就業規則を変更し、定年を60歳にまで引き上げると同時に、55歳以降の賃金を、54歳時の賃金よりも引き下げた(本件就業規則変更)。その結果、Xの賃金は54歳時の約3分の2となった(なお、Xは本件就業規則変更当時は53歳であった)。Xは、本件就業規則変更は無効であり、55歳以降も変更前の就業規則による賃金を請求する権利があるとして、その差額の支払いを求めて訴えを提起した。

1審は本件就業規則変更の合理性は認めなかったが、労働協約の拡張適用(労組法17条)により本件変更がXに適用されるとした。原審は本件就業規則変更の合理性を認め、本件変更のXへの適用を認めたため、Xは上告した。

●**判旨**●　上告棄却(Xの請求棄却)。1人の反対意見あり。

Ⅰ　「合理性の有無は、具体的には、就業規則の変更によって労働者が被る不利益の程度、使用者側の変更の必要性の内容・程度、変更後の就業規則の内容自体の相当性、代償措置その他関連する他の労働条件の改善状況、労働組合等との交渉の経緯、他の労働組合又は他の従業員の対応、同種事項に関する我が国社会における一般的状況等を総合考慮して判断すべきである」。

Ⅱ　(1)　本件では、勤務に耐える健康状態にある男子行員は、58歳までの定年後在職をすることは確実であり、その間54歳時の賃金水準等を下回ることのない労働条件で勤務できると期待することも合理的である。そうすると、本件就業規則変更は、このような合理的な期待に反して、55歳以降の年間賃金が54歳時のそれの63ないし67%となり、定年後在職制度の下で58歳まで勤務して得られると期待できた賃金等の額を60歳定年近くまで勤務しなければ得ることができなくなるというのであるから、勤務に耐える健康状態にある男子行員にとっては、実質的にみて労働条件を不利益に変更するに等しい。そして、その実質的な不利益は、賃金という労働者にとって重要な労働条件に関するものであるから、本件就業規則変更は、これを受忍させることを許容することができるだけの高度の必要性に基づいた合理的な内容のものでなければならない。

(2)　本件就業規則変更による不利益はかなり大きいが、本件就業規則変更当時、60歳定年制実現が国家的な政策課題とされ、定年延長の高度の必要性があったし、定年延長による人件費の負担増加などに対応するために、55歳以降の賃金水準等を変更する必要性も高度であった。変更後の就業規則の内容は、他行の賃金水準や社会一般の賃金水準と比較して、かなり高いものであった。本件就業規則変更により60歳まで安定した雇用が確保されるという利益は決して小さくないし、福利厚生制度の適用延長等は、賃金減額の不利益を緩和するものである。

(3)　本件就業規則変更は、行員の約90%で組織されているA組合との交渉、合意を経て労働協約を締結した上で行われたものであるから、変更後の就業規則の内容は労使間の利益調整がされた結果としての合理的なものであると一応推測することができる。

●**解説**●　1　判旨Ⅰは、判例上確立された合理的変更法理における合理性の判断要素について、従来の判例を整理して示したものである。その後、合理的変更法理を成文化した労契法10条は、合理性の判断要素として、①不利益の程度、②労働条件の変更の必要性、③変更後の就業規則の内容の相当性、④労働組合等との交渉の状況、⑤その他の就業規則の変更に係る事情の5要素を明示している。判断要素が減少したようにもみえるが、実質的な変更はない(労契法施行通達)。

2　本判決は、まず本件就業規則変更は、これまで58歳まで働いて得ていた賃金を60歳まで働かなければ得ることができない点で、労働条件の不利益変更があり(しかも、その不利益の程度は大きい)、また賃金に関する変更なので高度の必要性がなければならないとする(判旨Ⅱ(1))。これは、賃金などの重要な労働条件に実質的な不利益をもたらす場合には、高度の必要性を要するとした判例(大曲市農業協同組合事件—最3小判昭和63年2月16日)を踏襲したものである(高度の必要性がないとして合理性を否定した裁判例として、小嶋事件—大阪地判平成25年11月19日、熊本信用金庫事件—熊本地判平成26年1月24日等)。

本件では、60歳定年制の導入(なお、高年法により、60歳定年の努力義務が導入されるのは、昭和61年)と、それにともなう人件費抑制の必要性という観点から、変更の必要性は高度であるとし、また、変更後の労働条件の内容は同業他社や世間相場からみて相当性があり、変更にともなって労働条件の改善もなされているとする(判旨Ⅱ(2))。さらに、Xは非組合員ではあるが、従業員の圧倒的多数を組織する労働組合が変更に同意をしている(判旨Ⅱ(3))。本判決は、以上の点を総合的に考慮して、合理性を肯定した。なお、河合伸一裁判官の反対意見は、Xに経過措置が設けられていないことを問題としている。

＊［人事労働法25〜26頁］

81 就業規則の不利益変更の合理性(2)—みちのく銀行事件

最１小判平成12年９月７日〔平成８年(オ)1677号〕（民集54巻７号2075頁）

就業規則の変更により、高年従業員の賃金を不利益に変更できるか。

●**事実**● Y銀行は、昭和62年１月に専任職制度を導入しようとした。その主たる内容は、55歳以上の行員の基本給を55歳到達直前の額で凍結し、管理職階の者を専任職に移行させ、専任職手当を基本給に追加して支払うというものであった。この提案について、従業員の約73％を組織するA労働組合は同意したが、約１％しか組織していないB労働組合は反対した。Y銀行は、B組合の同意のないまま、就業規則を変更して、専任職制度を実施した。

その後、Y銀行は、新たな専任職制度を導入しようとした。その主たる内容は、管理職階以外の者も55歳に達すれば原則として専任職行員とし、それにともない業績給を一律に50％減額し、専任職手当を廃止し、賞与の支給率を削減するというものであった。A組合はその内容に同意したが、B組合は専任職制度自体に反対し続けた。Y銀行は、B組合の同意のないまま、就業規則を変更して新専任職制度を導入した。

B組合の組合員であったXら６名は、この２回の就業規則変更（本件就業規則変更）は無効であるとして、専任職制度が適用されなかった場合に得べかりし賃金との差額の支払いを求めて訴えを提起した。１審はXらの請求を一部認容したが、原審はXらの請求を棄却したため、Xらは上告した。

●**判旨**● 原判決一部破棄、差戻し。

Ⅰ Y銀行は、発足時から60歳定年制であったので、55歳以降にも所定の賃金を得られるということは、単なる期待にとどまるものではなく、該当労働者の労働条件の一部となっていた。本件就業規則変更が、Xらの重要な労働条件を不利益に変更する部分を含むことは明らかである。

Ⅱ 本件就業規則変更は、Y銀行にとって高度の経営上の必要性があったが、Xらの不利益が全体的にみて小さいものであるということはできないし、本件就業規則変更後のXらの賃金は、その年齢、企業規模、賃金体系等を考慮すると、格別高いものであるということはできない。

Ⅲ 本件における賃金体系の変更は、短期的にみれば、特定の層の行員にのみ賃金コスト抑制の負担を負わせているのであり、その負担の程度も大きく、それらの者は中堅層の労働条件の改善などといった利益を受けないまま退職することとなる。就業規則の変更によってこのような制度の改正を行う場合には、一方的に不利益を受ける労働者について不利益性を緩和するなどの経過措置を設けて適切な救済を

併せ図るべきである。Xらは、経過措置の適用にもかかわらず依然として大幅な賃金の減額をされているのであり、このような経過措置の下においては、Xらとの関係で賃金面における本件就業規則変更の内容の相当性を肯定することはできない。

Ⅳ 本件では、行員の約73％を組織するA組合が変更に同意しているが、Xらの被る不利益性の程度や内容を勘案すると、賃金面における変更の合理性を判断する際にA組合の同意を大きな考慮要素と評価することは相当ではない。

Ⅴ 本件就業規則変更を行う経営上の高度の必要性は認められるが、賃金体系の変更は、中堅層の労働条件の改善をする代わり55歳以降の賃金水準を大幅に引き下げたものであって、差し迫った必要性に基づく総賃金コストの大幅な削減を図ったものなどではない。そうすると、本件就業規則変更は、Xらのような高年層の行員に対しては、もっぱら大きな不利益のみを与えるものであって、他の諸事情を勘案しても、Xらに対し高度の必要性に基づいた合理的な内容のものであるということはできない。したがって、本件就業規則変更のうち賃金減額の効果を有する部分は、Xらにその効力を及ぼすことができない。

●**解説**● 本判決は、第四銀行事件（→【80】）と比較した場合、その結論に違いがあるだけでなく、次の２点において注目すべき違いがある。第１に、本判決は、変更の高度の必要性があると認めているにもかかわらず、55歳以降の行員の大幅な賃金削減が差し迫った必要性に基づくものではないとして、変更の必要性を結論としては否定している（判旨Ⅱ、Ⅴ）。第２に、多数組合が変更に同意しているにもかかわらず、少数組合の組合員であるXらの不利益性の程度や内容を勘案すると、多数組合の同意を大きな考慮要素とすることはできないと述べている（判旨Ⅳ）。本件では、企業にとっての賃金コストの削減による不利益が55歳以降の従業員に過度に偏っていたという事情（従業員間の不公平性）が、変更の高度の必要性があり、多数組合の同意を得ていたという合理性を強く肯定する事情を覆すくらいの影響を与えたといえよう。

なお、本判決は、変更後の就業規則の効力をXらに及ぼすことができないとする（判旨Ⅴ）が、この判示部分が就業規則（賃金減額の効果を有する部分）に合理性がなく無効であるので、それをXらに適用することができないとしたのか、それとも就業規則には合理性があるが、Xらに適用されるかぎりで合理性が否定されて無効になるとしたのか（相対的無効）については、解釈に争いがある（これは既判力の相対効とは別の問題である）。

＊［人事労働法25～26頁、152頁］

82　労働者の同意による就業規則の不利益変更──山梨県民信用組合事件

最2小判平成28年2月19日〔平成25年(受)2595号〕（民集70巻2号123頁）

労働者の同意による就業規則の不利益変更は、どのような場合に認められるか。

●**事実**●　A信用組合を吸収合併したY信用組合では、この合併に先立ち、両信組の理事で構成される合併協議会により、A信組の職員の退職金は、合併当時のA信組の規程（旧規程）と比べて、退職金額の算定基礎給与額が半分となり、また、基礎給与額に乗じられる支給倍数に、旧規程にはなかった上限を設ける新規程を承認した。

また旧規程では、退職金総額から厚生年金給付額を控除して支給する内枠方式が採用されており、新規程でもこれが維持された（ただし、Y信組では従前内枠方式は採用されていなかった）。さらにA信組が加入していた企業年金保険が、合併時に解約されて還付された金額も、退職金総額から控除するとされた（Y信組は、企業年金保険には未加入であった）。

A信組の職員で管理職であったXらは、以上の変更について同意書に署名押印したが、事前の説明会で配布された同意書案には、Y信組の従前からの職員と同一水準の退職金額が保障される旨記載されていた。

その後、Y信組は別の信用組合と合併し、新退職金制度が制定されるまで、合併前の在職期間にかかる退職金は自己都合退職の係数を用い、合併後の在職期間にかかる退職金は自己都合退職者には退職金を不支給とする変更を追加することとされた。Xらはその説明を受けたうえで、説明報告書に署名した。この変更により、Xらは退職時に退職金額がゼロとなったり、自己都合退職者は退職金が不支給となったりするなどの不利益を受けた。そこで、Xらは、変更に対する同意は無効であるなどとして、旧規程に基づく退職金の支払いを求めて訴えを提起した。1審および原審は、Xらの請求を棄却したため、Xらは上告した。

●**判旨**●　原判決破棄、差戻し。

Ⅰ　「労働契約の内容である労働条件は、労働者と使用者との個別の合意によって変更することができるものであり、このことは、就業規則に定められている労働条件を労働者の不利益に変更する場合であっても、その合意に際して就業規則の変更が必要とされることを除き、異なるものではないと解される（労働契約法8条、9条本文参照）」。

Ⅱ　「使用者が提示した労働条件の変更が賃金や退職金に関するものである場合には、当該変更を受け入れる旨の労働者の行為があるとしても、労働者が使用者に使用されてその指揮命令に服すべき立場に置かれており、自らの意思決定の基礎となる情報を収集する能力にも限界があることに照らせば……当該変更に対する労働者の同意の有無についての判断は慎重にされるべきである。そうすると、就業規則に定められた賃金や退職金に関する労働条件の変更に対する労働者の同意の有無については、当該変更を受け入れる旨の労働者の行為の有無だけでなく、当該変更により労働者にもたらされる不利益の内容及び程度、労働者により当該行為がされるに至った経緯及びその態様、当該行為に先立つ労働者への情報提供又は説明の内容等に照らして、当該行為が労働者の自由な意思に基づいてされたものと認めるに足りる合理的な理由が客観的に存在するか否かという観点からも、判断されるべきものと解するのが相当である」。

●**解説**●　就業規則による労働条件の不利益変更に対する労働者の同意の有効性をめぐっては学説上争いがある。労契法9条本文は、労働者との合意なしに就業規則の不利益変更はできないとするが、その反対解釈を認めることは、労使間の非対等性を考慮すると妥当ではなく、同法10条もふまえて合理性が要件となるという見解も有力である。

しかし、本判決は、同法8条および9条本文を参照し、合理性を要件とすることなく、個別的合意による不利益変更を認めた（判旨Ⅰ。なお、同法9条の反対解釈を認めた裁判例として、協愛事件─大阪高判平成22年3月18日）。もっとも、労働者の同意の存否については、労働者が指揮命令に服すべき立場にあることや、その情報収集能力の限界などを根拠に、慎重に判断することとしている。具体的には、賃金債権の放棄や合意相殺の有効性を、賃金全額払いの原則（労基法24条1項）の趣旨に照らして慎重に判断した先例（→【92】シンガー・ソーイング・メシーン事件および【93】日新製鋼事件）を参照し、労働者の自由意思に基づいたものと認めるに足りる合理的な理由の客観的な存否を重視する立場をとっている（判旨Ⅱ）。本件では退職金の大幅な不利益変更についての情報提供や説明についての判断が不十分であるとして、原審に差し戻された。

なお、判旨Ⅱで示された判断基準は、労働者に不利益となる同意の存否の場面でも広く適用される傾向にある（たとえば、賃金等の不利益変更について、→【156】近畿大学事件［判旨外］、無期契約から有期契約への変更について、A苑事件─京都地判平成29年3月30日、有期雇用での不更新条項への署名による更新の合理的期待の放棄について、日本通運事件─東京地判令和2年10月1日等）。

＊［人事労働法22頁、26頁、250頁］

83 就業規則の不利益変更と不可変更特約─シーエーアイ事件

東京地判平成12年2月8日〔平成10年(ワ)3392号〕

個別的に合意された労働条件を、就業規則により引き下げることは認められるか。

●事実● Xは、情報処理システムに関する調査研究コンサルタント業務等を目的とするY会社に、当初はアルバイトとして勤務し、その後、平成9年4月1日に、正社員として採用された。契約内容は、労働契約期間は1年で、賃金は年俸制として620万円であり、毎月の賃金は36万5000円とされていた。同年8月1日に、Y会社は、業績の悪化を背景に就業規則を変更し、それにより年俸制は廃止され、Xの給与は成果主義を採り入れた月俸制となった。Xはその業績評価が低く、8月の月例給与は16万5000円になった。その後、Xは同年9月19日に退職した。Xは、未払い賃金の請求等を求めて訴えを提起した。

●判旨● 一部認容。

「本件においては、XとY会社は期間を1年とする本件雇用契約により、旧賃金規定の支給基準等にかかわらず、支払賃金額は月額36万5000円、年俸額620万円の確定額として合意をしているのであり、このような年俸額及び賃金月額についての合意が存在している以上、Y会社が賃金規則を変更したとして合意された賃金月額を契約期間の途中で一方的に引き下げることは、改定内容の合理性の有無にかかわらず許されないものといわざるを得ない」。

●解説● 個別的に合意された労働条件を、就業規則の変更により不利益に変更することができるかは、従来から議論のあるところであったが、本判決はこれを明確に否定している。

労契法の制定後は、これは同法10条の解釈問題となり、さらに同法7条とも関係してくる。7条のほうは、労働契約の締結時における就業規則の効力を規定するものであるが、そのただし書において、「労働契約において、労働者及び使用者が就業規則の内容と異なる労働条件を合意していた部分」は、就業規則の基準を上回っているかぎり、効力が維持されるということを定めている。この規定により、労使が個別的に労働条件について合意している場合、それが就業規則の基準を上回っているかぎり(同法12条も参照)、その合意は有効となる(つまり、就業規則の適用が排除される)ということが明確となった。

こうした個別的労働条件の特約がある場合には、その後に就業規則の不利益変更が行われた場合でも、「労働契約において、労働者及び使用者が就業規則の変更によっては変更されない労働条件として合意していた部分」に該当すれば、変更後の就業規則の適用から免れることができる(10条ただし書)。

本件は労契法施行前の事件であるが、仮に労契法の規定にあてはめれば、どうなるであろうか。Xが採用時にY会社と合意した賃金等の個別的労働条件は、もしそれが就業規則より有利なものであれば同法7条ただし書により有効となるが、それが10条のただし書の「就業規則の変更によっては変更されない労働条件として合意していた部分」に該当するかどうかは意思解釈の問題となる。特に本件では、変更前の旧就業規則の規定について、これを遵守する旨の誓約書を提出していたという事情があったので、変更後の就業規則にも従う趣旨と解することもできそうである。しかしその一方で、本件では、契約期間が1年と定められていて、特に年俸制で賃金が定められていたことからすると、少なくとも賃金は、その1年間は当初の合意額で確定的に支払うという内容の契約であったと意思解釈をするのが妥当であろう。そうすると、本件では、黙示的に、就業規則による変更を排除する特約が結ばれていたと解すべきことになる。

本件のような場合とは異なり、労働契約の締結当時は就業規則の適用を受けるが、その中の一定の労働条件については就業規則の不利益変更があっても維持される旨の特約を結ぶという場合もありうる。このような特約も、労契法10条ただし書の「就業規則の変更によっては変更されない労働条件として合意していた部分」に該当することになり、有効である。

＊〔人事労働法161～162頁〕

84　政治的思想による差別と損害賠償—東京電力〔千葉〕事件

千葉地判平成 6 年 5 月23日〔昭和51年(ワ)698号〕

> 共産党シンパであることを理由として査定差別された労働者は、使用者に損害賠償請求をすることが認められるか。

●**事実**●　電力会社であるY会社は、反共労務政策の徹底を図るために、共産党か同党支持者である従業員に対して、職級、資格、役職位において差をつけたり、定期昇給、賞与における査定を著しく低位にしたりするなど、賃金関係の処遇において格差をつけてきた。Xらは、Y会社の従業員であり、共産党員またはその支持者であった。

　Xらは、共産党員または同党支持者であることを理由として賃金等の差別を受けてきたとして、不法行為に基づく損害賠償を求めて訴えを提起した。

●**判旨**●　一部認容。

　Ⅰ　Y会社は、反共労務政策を有しており、Xらが共産党員または同党支持者であることを知っていたこと、Xらは、集団として、他の従業員と比較すると、著しく低位の賃金関係の処遇を受けていること、その格差の程度およびXらがそろって最低というべき処遇を受けているという事態は、通常の考課査定の結果としての処遇格差とは到底考えにくいものであることから、特別の事情のないかぎり、Y会社は、Xらに対し、Xらが共産党員または同党支持者であることを理由の 1 つとして、他の従業員よりも賃金関係の処遇面で低い処遇を行ってきたものと推認するのが相当である。

　Ⅱ　Y会社の立証によっては、Xらが並外れて劣悪な能力や勤務であって、それが顕著な格差発生の唯一の原因であるという見方を正当化するのは困難であり、Y会社が、Xらが共産党員または同党支持者であることを理由として不当に低い賃金関係の処遇をしたとの推認を覆すことはできない。

　Ⅲ　従業員の配置、担当職務の決定、役職位の任用および資格の付与等は、使用者が企業運営上および人事管理上の必要性に基づきその裁量により行うものであるが、この裁量権は、法令および公序良俗の範囲内で行使されるべきであり、これを逸脱し、その結果従業員の法律上の権利利益を侵害する場合には、その権利行使は不法行為上の違法性を帯びることになる。

　Ⅳ　Xらは、政治的思想だけによって職級、職位、資格および査定の面で他の従業員と差別的処遇を受けないという期待的利益を、労基法 3 条等に反して、共産党員であり同党を支持していることを理由として侵害されたのであり、Y会社は、Xらの被った損害を賠償する義務がある。

　Ⅴ　Xらの財産的損害の数額を高度の確実性のある程度に認定することは必ずしも容易ではないが、本件では財産的損害が発生していること自体は明らかであるから、諸般の実情を基礎として、社会通念および経験則に基づき可能なかぎり合理性のある損害額を認定して損害の公平な分担を図ることが要請される事案であり、この場合、相当程度確実性のあるものとして損害額を認定するためには、この点について立証責任を負担するXらにとって相当控え目な認定をせざるを得ない場合もある。

　Xらの賃金関係の低い処遇は、その全部が違法な差別による結果生じたものではなく、Xらの能力、業績、資質に対する正当な考課査定の結果と差別的な考課査定の結果が混在した結果であると認められるものであり、どちらの影響が優越しているともいえない本件では、Xらが被った違法差別により生じた部分は、相当控え目にみても、平均的賃金とXらが受けた賃金の間の格差の少なくとも 3 割程度は存在すると認められる。

●**解説**●　労基法 3 条は、国籍、信条、社会的身分を理由とする労働条件についての差別的取扱いを禁止している。同条に違反した法律行為は無効となるし、労働者の人格的利益を侵害するとして、不法行為による損害賠償が認められることもある(民法709条)。本件では、政治的思想に基づく賃金差別の事案であり、これは信条による差別に該当する。昇格や査定については、原則として、使用者に広い裁量が認められるが、法令や公序良俗(民法90条)に違反する場合には、不法行為となる(判旨Ⅲ)。労基法 3 条違反に該当する場合も同様である(判旨Ⅳ)。

　本判決は、まずY会社の共産党員等に対する嫌悪とそれに基づく反共労務政策があったこととXらが著しく低い賃金であったことから、Y会社の組織的差別意思を推認し(判旨Ⅰ)、Xらの勤務ぶりからは、その推認を覆すことはできないとし(判旨Ⅱ)、Xらは「政治的思想だけによって職級、職位、資格および査定の面で他の従業員と差別的処遇を受けないという期待的利益」を侵害されたとして、Y会社に対して損害賠償責任を認めている(判旨Ⅳ)。

　損害額の算定については、同種事例で、財産的損害の認定の困難さから、慰謝料の支払いのみを認める裁判例もある(たとえば、松阪鉄工所事件—津地判平成12年 9 月28日)が、本判決は、財産的損害も認めている。その際、Xらの低賃金の原因には正当な査定による部分もあるとし、違法な査定による格差部分(3 割)のみの賠償責任を認めている(判旨Ⅴ)。

　なお、特定の信条が経営の本質的な目的と不可分である企業(いわゆる傾向企業)が、その信条をもたない労働者を解雇することは、労基法 3 条に違反しないと解されている。

＊〔人事労働法58〜59頁、158〜159頁〕

85 男女同一賃金の原則─兼松事件

東京高判平成20年1月31日〔平成15年(ネ)6078号〕

コース別雇用制に基づく男女の賃金格差について、損害賠償請求は認められるか。

●**事実**● Xら6名は、総合商社Y会社の女性従業員である。Y会社では、その前身のA会社およびB会社のころから実質的には男女別の賃金体系が導入されていた。その後、昭和60年に職掌別人事制度が導入されるにともない、男性のほとんどは一般職に、女性は事務職にそのまま編入された。なお、平成7年時点でも、女性（事務職）の賃金は男性（一般職）の賃金よりも低く、45歳では約57％であった。

Xらは、同期の一般職の男性従業員との間に格差があるのは、違法な男女差別であるとして、平成4年4月以降の同年齢の一般職標準本俸（月例賃金、一時金）との差額の支払い等を求めて訴えを提起した。1審はXらの請求を棄却したので、Xらは控訴した。

●**判旨**● 控訴一部認容（Xらのうち2名は、男性従業員との間に明確な職務内容の差があるとして請求棄却、その他は請求の一部認容）。

Ⅰ 「勤続期間が近似すると推認される同年齢の男女の社員間、あるいは、職務内容や困難度に同質性があり、一方の職務を他方が引き継ぐことが相互に繰り返し行われる男女の社員間において賃金について相当な格差がある場合には、その格差が生じたことについて合理的な理由が認められない限り、性の違いによって生じたものと推認することができる」。

Ⅱ 「格差の合理性について判断するには、男女間の賃金格差の程度、Xら女性社員がY会社において実際に行った仕事の内容、専門性の程度、その成果、男女間の賃金格差を規制する法律の状況、一般企業・国民間における男女差別、男女の均等な機会及び待遇の確保を図ることについての意識の変化など、様々な諸要素を総合勘案して判断することが必要である」。

Ⅲ 昭和60年の人事制度の改定後、一般職と事務職との間で、截然と業務内容を区別することは難しくなっていたが、それにもかかわらず、Xらと職務内容に同質性がある一般職男性との間には相当な賃金格差があり、これは性の違いによって生じたものと推認される。このような状態を形成、維持したY会社の措置は、労基法4条、不法行為の違法性の基準とすべき雇用関係についての私法秩序に反する違法な行為である。

Ⅳ 事務職の勤務地が限定されていることは、一般職と事務職の給与体系の格差を合理化する根拠とはならないし、職掌別人事制度の導入と併せて旧転換制度が設けられたが、その運用の実情は転換の要件が厳しく、転換後の格付けも低いもので、給与の格差を実質的に是正するものとは認められない。

●**解説**● 労基法4条は、女性であることを理由とした、男性との賃金差別を禁止している。同条違反には罰則の適用もある（労基法119条1号）が、私法上は、本件のように使用者に損害賠償を請求する事例が多い。

男女別賃金表の設定が同条違反の典型例である（秋田相互銀行事件─秋田地判昭和50年4月10日、コース別雇用の導入後も実質的には男女別で同条違反としたものとして、東和工業事件─名古屋高金沢支判平成28年4月27日等）が、このほか、同じ職務内容であるにもかかわらず、賃金に差がある場合にも同条違反と認められる傾向にある（日ソ図書事件─東京地判平成4年8月27日等）。

他方、男女を職務内容や賃金等を異にするコースで採用する男女別コース制については、「女性であることを理由とする」格差ではなく、採用、配置、昇進等の違いによるものなので、労基法4条には違反しないと考えられてきた。

しかし、1985年の男女雇用機会均等法の制定により、男女別コース制は違法とされることになったので、新たにコース別雇用制（総合職と一般職。本件では、一般職と事務職）が導入されて広がった。この制度では、女性も総合職を選択することができる以上、女性の多くが一般職であっても、これを募集・採用における男女差別と評価することは困難である。

もっとも、従来の男女別コース制を、そのまま新たなコース別雇用に転換しただけで、その後もなお男女間の格差が残存しているときには、配置・昇進に関する男女差別禁止が強行規定となった改正男女雇用機会均等法の施行（1999年）後は、同規定（現在の6条1号）に違反し、公序違反となるとする裁判例もある（野村證券事件─東京地判平成14年2月20日等）。これに対して、本判決は、同様の場合について、労基法4条違反と判断したものとして注目される。

本判決は、まず、職務内容や困難度に同質性がある男女間に相当な賃金格差がある場合は、合理的な理由がなければ性の違いによる格差であると推認されるとする（判旨Ⅰ）。合理的な理由の存否は、諸要素の総合的な考慮による（判旨Ⅱ）が、本判決は、具体的な判断において、Xら女性労働者の職務内容とその困難度が一般職の男性労働者と同質であるかという点を重視している（判旨Ⅲを参照）。

なお、本判決（判旨Ⅳ）では、勤務地の限定が、賃金格差を合理化するものではないとし、さらに本件における一般職への転換制度の運用の実情は、賃金格差を正当化するものではないとしている（1審の判断は逆）。その後の裁判例には、就業規則上、総合職への転換規定があるにもかかわらず、その適用を認めないことを、男女雇用機会均等法6条3号に該当するとしたものがある（巴機械サービス事件─東京高判令和4年3月9日）。

＊［人事労働法59～61頁］

86　公民権の行使の保障—十和田観光電鉄事件

最2小判昭和38年6月21日〔昭和36年(オ)1226号〕（民集17巻5号754頁）

市議会議員に当選した従業員に対する懲戒解雇は有効か。

●事実●　旅客運送事業等を営むY会社に雇用されたXは、A労働組合の執行委員長の地位にあったところ、A組合の推薦を受けて、市議会議員に立候補することになった。そこで、Y会社社長Bに立候補の意思を有することを伝え、B社長の指示に従い、書面でも届出をした。その後、Xは当選し、Y会社に対して、議員に就任したこと、および、公職就任中は休職の取扱いにしてもらいたい旨を申し出たところ、Y会社は、Xの所為は就業規則違反であることを理由に、Xを懲戒解雇した。なお、Y会社の就業規則では、公職選挙法による選挙に立候補しようとするとき、および、公職に就任しようとするときは会社の承認を得なければならないと定められていた。

そこで、Xは、この懲戒解雇は無効であるとして、雇用関係の存在を求めて訴えを提起した。1審および原審ともに、Xの請求を認めたため、Y会社は上告した。

●判旨●　上告棄却（Xの請求認容）。

懲戒解雇は、「普通解雇と異なり、譴責、減給、降職、出勤停止等とともに、企業秩序の違反に対し、使用者によって課せられる一種の制裁罰であると解するのが相当である。ところで、本件就業規則の前記条項は、従業員が単に公職に就任したために懲戒解雇するというのではなくして、使用者の承認を得ないで公職に就任したために懲戒解雇するという規定ではあるが、それは、公職の就任を、会社に対する届出事項とするにとどまらず、使用者の承認にかからしめ、しかもそれに違反した者に対しては制裁罰としての懲戒解雇を課するものである。しかし、労働基準法7条が、特に、労働者に対し労働時間中における公民としての権利の行使および公の職務の執行を保障していることにかんがみるときは、公職の就任を使用者の承認にかからしめ、その承認を得ずして公職に就任した者を懲戒解雇に付する旨の前記条項は、右労働基準法の規定の趣旨に反し、無効のものと解すべきである。従って、所論のごとく公職に就任することが会社業務の遂行を著しく阻害する虞れのある場合においても、普通解雇に付するは

格別、同条項を適用して従業員を懲戒解雇に付することは、許されないものといわなければならない」。

●解説●　労基法7条は、「使用者は、労働者が労働時間中に、選挙権その他公民としての権利を行使し、又は公の職務を執行するために必要な時間を請求した場合においては、拒んではならない。但し、権利の行使又は公の職務の執行に妨げがない限り、請求された時刻を変更することができる」と規定し、労働者の公民権の行使を保障している。

本判決によると、使用者の承認を得ないで公職に就任したときには懲戒解雇を行うと定める就業規則の規定は、労基法7条の趣旨に反して無効となる。ただし、本判決は、使用者の業務遂行を著しく阻害するおそれのある場合に、普通解雇をすることまでは否定していない。下級審には、市議会議員に当選した63歳の労働者に対する普通解雇を有効と判断した裁判例（社会保険新報社事件—東京高判昭和58年4月26日）や町議会議員就任を理由とする休職処分（無給）を有効と判断した裁判例（森下製薬事件—大津地判昭和58年7月18日）がある。

「公の職務」には、①国または地方公共団体の公務に民意を反映してその適正を図る職務（たとえば、衆議院議員その他の議員、労働委員会の委員、陪審員、検察審査員、労働審判員、裁判員、法令に基づいて設置される審議会の委員等の職務）、②国または地方公共団体の公務の公正妥当な執行を図る職務（たとえば、民事訴訟や労働委員会における証人等の職務）、③地方公共団体の公務の適正な執行を監視するための職務（たとえば、選挙における投票立会人等の職務）が含まれる（昭和63年3月14日基発150号等）。裁判員のように、その職務を行うための休暇の取得を理由とする解雇その他不利益な取扱いが禁止されている職務もある（裁判員の参加する刑事裁判に関する法律100条）。

また、「公民としての権利」とは、公職の選挙権および被選挙権、最高裁判所裁判官の国民審査、特別法の住民投票、憲法改正の国民投票、地方自治法による住民の直接請求、選挙権および住民としての直接請求権の行使等の要件となる選挙人名簿の登録の申出などが例としてあげられている（前記通達）。訴権の行使は、原則として、「公民としての権利」には含まれない（同通達）。

＊〔人事労働法71頁〕

87　違約金の約定—野村證券事件

東京地判平成14年4月16日〔平成10年(ワ)19822号〕

> 使用者の費用により海外留学した後に退職した労働者に対する留学費用の返還請求は認められるか。

●事実●　平成元年4月1日証券会社Xに入社したYは、会社に選抜されて同4年2月から6年7月までフランスに留学し、MBA資格を取得した後、帰国した。Yは、帰任後は、ニューヨークのA会社に出向し、その後、同8年5月15日にX会社を退職した。

X会社は、留学から帰任後5年以内に自己都合退職をした者に対する留学費用の一部の返還を定める「海外留学生派遣要綱」等を根拠に、Yの留学費用は、留学を終え帰任後5年間X会社において就業した場合には債務を免除する旨の免除特約付きで渡した貸金であるとして、その一部の返還を求め訴えを提起した。

●判旨●　請求認容。

Ⅰ　「会社が負担した海外留学費用を労働者の退社時に返還を求めるとすることが労働基準法16条違反となるか否かは、それが労働契約の不履行に関する違約金ないし損害賠償額の予定であるのか、それとも費用の負担が会社から労働者に対する貸付けであり、本来労働契約とは独立して返済すべきものであり、一定期間労働した場合に返還義務を免除する特約を付したものかの問題である」。その「いずれであるのかは、単に契約条項の定め方だけではなく、……当該海外留学の実態等を考慮し、当該海外留学が業務性を有しその費用を会社が負担すべきものか、当該合意が労働者の自由意思を不当に拘束し労働関係の継続を強要するものかを判断すべきである」。

Ⅱ　Yの海外留学は、業務命令の形式をとっているが、労働者個人の意向による部分が大きく、留学中の行動はすべて労働者が個人として利益を享受することができ、業務との関連性は抽象的、間接的なものにとどまり、費用債務免除までの期間が5年であることなどを考慮すると、海外留学費用は会社からの貸付けの実質を有し、その返還規定は労働者の自由意思を不当に拘束し労働関係の継続を強要するものではないので、労基法16条には違反しない。

●解説●　労基法16条は、労働契約の不履行について違約金を定め、または損害賠償額を予定する契約を禁止している。ここでいう「労働契約の不履行」の典型例は労働者の退職（労働義務の不履行）である。同条は違約金や損害賠償額の予定により、労働者を労働契約に縛り付けることを禁止する規定であって、前借

金相殺の禁止（労基法17条）や強制貯金の禁止（同法18条）と同趣旨の規定であり、強制労働の禁止（同法5条）とも関連する。

労働者が使用者の費用で海外留学に派遣された後に退職するとき、その労働者に留学費用を返還させるという内容の契約を結ぶことは、形式的には、労基法16条に違反する可能性があるが、この点の判断は、過去の裁判例では分かれていた（こうした契約を有効としたものとして、長谷工コーポレーション事件—東京地判平成9年5月26日、無効としたものとして、富士重工業事件—東京地判平成10年3月17日、新日本証券事件—東京地判平成10年9月25日）。

本判決は、本件の海外留学費用について、それが労働契約の不履行に関する違約金ないし損害賠償額の予定であるのか、それとも労働契約とは独立した消費貸借契約で、一定期間労働した場合の返還義務免除特約が付いたものかの判断は、「当該海外留学の実態等を考慮し、当該海外留学が業務性を有しその費用を会社が負担すべきものか、当該合意が労働者の自由意思を不当に拘束し労働関係の継続を強要するものかを判断すべき」ものとする（判旨Ⅰ）。

本件では、業務との関連性は抽象的、間接的なものにとどまり、むしろ個人の利益となる部分があるとして、返還義務免除特約付きの消費貸借契約として有効と判断している（判旨Ⅱ。同様の判断をした裁判例として、みずほ証券事件—東京地判令和3年2月10日）。

技能実習の期間に使用者が負担した費用を、労働者が退職した場合に返還させる場合にも、労基法16条違反が問題となる。裁判例では、看護学校の入学生への修学資金について、将来、貸与者の経営する病院で一定年数以上勤務すれば返還を免除するという取扱いは同条違反とされ（和幸会事件—大阪地判平成14年11月1日）、また、美容師が使用者の意向に反して退職した場合には採用時に遡って美容指導の講習手数料を支払う旨の約定が同条違反とされている（サロン・ド・リリー事件—浦和地判昭和61年5月30日）。一方、タクシー運転手の第二種免許取得のための研修費用は、労働者が負担すべき費用の立替えなので、一定の勤続をしない場合に返還させる条項は、同条違反でないとされている（コンドル馬込交通事件—東京地判平成20年6月4日等）。

このほか、労働契約締結時に支払われる一時金（サイニングボーナス）を、1年以内の退社の場合には返還する旨の規定を労基法16条に違反するとした裁判例もある（日本ポラロイド事件—東京地判平成15年3月31日）。

＊［人事労働法45頁］

88　労働基準法上の労働者──横浜南労基署長〔旭紙業〕事件

最1小判平成8年11月28日〔平成7年(行ツ)65号〕

備車運転手に対する労災保険の適用は認められるか。

●事実●　Xは、A会社のB工場において、自らの持ち込んだトラックを運転して、A会社の製品の運送業務に従事してきたところ、ある日、B工場の倉庫内で、運送品をトラックに積み込む作業をしていた際に転倒し傷害を負った。Xは、Y労基署長に対して、労災保険法に基づいて療養補償給付と休業補償給付の請求をしたところ、YはXが同法上の労働者にあたらないことを理由に不支給処分を行った。

Xの就労の実態は次のようなものであった。①A会社のXに対する業務の遂行に関する指示は、原則として、運送物品、運送先および納入時刻に限られ、運転経路、出発時刻、運転方法等には及ばず、また、1回の運送業務を終えて次の運送業務の指示があるまでは、運送以外の別の仕事が指示されることはなかった、②勤務時間については、A会社の一般の従業員のように始業時刻および終業時刻が定められていたわけではなく、当日の運送業務を終えた後は、翌日の最初の運送業務の指示を受け、その荷積みを終えたならば帰宅することができ、翌日は、出社することなく、直接最初の運送先に対する運送業務を行うこととされていた、③報酬は、トラックの積載可能量と運送距離によって定まる運賃表に基づき出来高が支払われていた、④Xの所有するトラックの購入代金はもとより、ガソリン代、修理費、運送の際の高速道路料金等もすべてXが負担していた、⑤Xに対する報酬の支払いにあたっては、所得税の源泉徴収ならびに社会保険および雇用保険の保険料の控除はされておらず、Xはこの報酬を事業所得として確定申告をしていた。

Xは、Yの不支給処分の取消しを求めて、訴えを提起した。1審はXの請求を認容したが、原審は1審判決を取り消した。そこで、Xは上告した。

●判旨●　上告棄却（Xの請求棄却）。

「Xは、業務用機材であるトラックを所有し、自己の危険と計算の下に運送業務に従事していたものである上、A会社は、運送という業務の性質上当然に必要とされる運送物品、運送先及び納入時刻の指示をしていた以外には、Xの業務の遂行に関し、特段の指揮監督を行っていたとはいえず、時間的、場所的な拘束の程度も、一般の従業員と比較してはるかに緩やかであり、XがA会社の指揮監督の下で労務を提供していたと評価するには足りないものといわざるを得ない。そして、報酬の支払方法、公租公課の負担等についてみても、Xが労働基準法上の労働者に該当すると解するのを相当とする事情はない。そうであれば、Xは、専属的にA会社の製品の運送業務に携わっており、同社の運送係の指示を拒否する自由はなかったこと、毎日の始業時刻及び終業時刻は、右運送係の指示内容のいかんによって事実上決定されることになること、右運賃表に定められた運賃は、トラック協会が定める運賃表による運送料よりも1割5分低い額とされていたことなど……を考慮しても、Xは、労働基準法上の労働者ということはできず、労働者災害補償保険法上の労働者にも該当しないものというべきである」。

●解説●　労基法の適用を受ける労働者は、同法9条において「職業の種類を問わず、事業又は事務所……に使用される者で、賃金を支払われる者」と定義されている。本判決は、労災保険法上の労働者も労基法上の労働者と同じであるとしている（労組法上の労働者概念については、→【140】INAXメンテナンス事件）。

具体的に、どのようなタイプの労働者が労基法9条の「労働者」に該当するかについては、法文上の基準は明確でないが、通常は、使用従属関係の下での労務提供といえるかを、雇用、請負等の法形式にかかわらず、その実態に基づき判断するものとされている。その具体的な判断について、ある代表的な裁判例は「業務遂行上の指揮監督関係の存否・内容、支払われる報酬の性格・額、使用者とされる者と労働者とされる者との間における具体的な仕事の依頼、業務指示等に対する諾否の自由の有無、時間的及び場所的拘束性の有無・程度、労務提供の代替性の有無、業務用機材等機械・器具の負担関係、専属性の程度、使用者の服務規律の適用の有無、公租などの公的負担関係、その他諸般の事情を総合的に考慮して判断するのが相当である」と述べている（新宿労基署長〔映画撮影技師〕事件──東京高判平成14年7月11日。1985年の労働基準法研究会「労働基準法の『労働者』の判断基準について」も参照）。

本件は、いわゆる備車運転手について、業務用機材であるトラックを所有し、自己の危険と計算の下に運送業務に従事しており、事業者性が強いこと、会社から受けていた指示は、運送という業務の性質上当然に必要とされるものにすぎないとされ、時間的、場所的な拘束も、会社の従業員よりもはるかに緩やかであることが考慮され、労働者性が否定された。

過去の判例には、証券会社の外務員や大工の労働者性を否定したもの（それぞれ、山崎証券事件──最1小判昭和36年5月25日、藤沢労基署長事件──最1小判平成19年6月28日）、研修医の労働者性を肯定したもの（関西医科大学事件　最2小判平成17年6月3日）などがある。

近時は、業務委託契約等に基づき労務を提供する個人事業主の労働者性が争われる例が増えている（労働者性が否定されても、2023年に制定されたフリーランス法の適用はある）。

＊［人事労働法86頁］

89 労務の不提供と賃金請求権—片山組事件

最1小判平成10年4月9日〔平成7年(オ)1230号〕

> 病気で自宅療養中の労働者が、従来よりも軽易な仕事をすると申し出て、使用者が拒絶した場合に、賃金請求は認められるか。

●事実● Xは、土木建築の施工、請負等を行うY会社に昭和45年に雇用された。Xは、平成2年夏、バセドウ病に罹患し、Y会社に申告しないまま通院して治療を受けていた。Xは、同3年8月に本件工事現場において現場監督業務を行うよう指示されたが、その際に、自己の病気を申告し、本件工事現場での現場作業業務ができないこと、残業は1時間に限り可能であり、日曜と休日の勤務は不可能である旨の申出をした。

Y会社は、Xが現場監督業務に従事することは不可能であり、Xの健康面・安全面でも問題を生じると判断して、平成3年10月1日から当分の間の自宅治療命令を発した。Xは、同命令に対して、事務作業を行うことはできるとして、主治医作成の診断書を提出したが、Y会社は自宅治療命令を持続した。その後、同4年2月5日に、Xは現場監督業務に復帰した。

Y会社は、平成3年10月1日から平成4年2月5日までの期間は、Xが、現実に労務提供を行わなかったので、その期間の賃金を支給せず、平成3年冬期一時金を減額支給した。Xは、この不就労期間における賃金および一時金の未払い分の支払いを求めて訴えを提起した。1審は、Xの請求を認容したが、原審は、Xの請求を退けたので、Xは上告した。なお、差戻審では、Xの請求が認容されている（その上告審は、最3小決平成12年6月27日〔上告棄却、不受理〕）。

●判旨● 原判決破棄、差戻し。

「労働者が職種や業務内容を特定せずに労働契約を締結した場合においては、現に就業を命じられた特定の業務について労務の提供が十全にはできないとしても、その能力、経験、地位、当該企業の規模、業種、当該企業における労働者の配置・異動の実情及び難易等に照らして当該労働者が配置される現実的可能性があると認められる他の業務について労務の提供をすることができ、かつ、その提供を申し出ているならば、なお債務の本旨に従った履行の提供があると解するのが相当である。そのように解さないと、同一の企業における同様の労働契約を締結した労働者の提供し得る労務の範囲に同様の身体的原因による制約が生じた場合に、その能力、経験、地位等にかかわりなく、現に就業を命じられている業

務によって、労務の提供が債務の本旨に従ったものになるか否か、また、その結果、賃金請求権を取得するか否かが左右されることになり、不合理である」。

●解説● 労働者が実際に労務に従事していない場合においても、債務の本旨に従った履行の提供をしていると判断されれば（民法493条を参照）、賃金の請求が認められる。その場合の理論構成としては、債務の本旨に従った労務の提供の受領が拒否されることにより労働債務は履行不能となり、それは使用者の責めに帰すべき事由によるので、民法536条2項に基づき使用者は賃金支払義務の履行を拒むことはできない、とするのが一般的であろう。

本判決は、使用者に命じられた業務について労務の提供が十全にできない場合でも、「その能力、経験、地位、当該企業の規模、業種、当該企業における労働者の配置・異動の実情及び難易等に照らして当該労働者が配置される現実的可能性がある」業務において、労務の提供が可能で、それを申し出ている場合には、債務の本旨に従った履行の提供があると解している。

労働者の職種や業務内容が特定されていない場合には、労働者は使用者の配転命令に服して広範囲の労務に従事しなければならない可能性が労働契約上あるのであり（→【35】日産自動車事件）、そうである以上、罹患したときにたまたま従事していた業務を基準に債務の本旨に従った労務提供の有無の判断をするのは妥当ではない、ということであろう。

このことから、使用者には、労働者が病気等により従来の業務が遂行できなくなった場合、その労働者の労務提供に関して、労働契約上可能な範囲で配転を行うなどの配慮をすることが求められるという考え方が、判旨には含まれていると解すことができるであろう。同様の配慮の要請は、休職期間満了にともなう労働契約の終了の場面にもあてはまる（→【39】JR東海事件）。

賃金請求権が認められるために求められる債務の本旨に従った履行の提供は、解雇の場合のように使用者が受領拒絶の意思を明確に表明している場合には不要だが、就労の意思と能力を有していることは必要である（ペンション経営研究所事件—東京地判平成9年8月26日等）。裁判例には、解雇後に別会社に再就職したケースで、試用期間が満了して、雇用状況が一応安定したと認められる時点から就労の意思が失われたとしたものがある（ドリームエクスチェンジ事件—東京地判令和元年8月7日）（→【53】いずみ福祉会事件〔解説〕）。

* 〔人事労働法105〜110頁〕

90 年俸制—日本システム開発研究所事件

東京高判平成20年4月9日〔平成18年(ネ)5366号〕

年俸制が適用されている労働者の次年度の年俸額について合意が成立していない場合、次年度の年俸額はどのようにして決定されるべきか。

●事実● Yは、中央官庁等からの受託調査・研究等を事業内容とする公益法人である。Xらは、その研究室長、研究員であり、Y法人と期間の定めのない労働契約を締結していた。Y法人では、20年以上前から年俸制が導入されていた（ただし、就業規則に根拠をもつものではなかった）。年俸制の適用者（年俸者）の賃金の決定過程は、まず毎年5月までに個人業績評価が行われ、Y法人の役員がこの個人業績評価等を参考にして、交渉開始の目安額を計算し、6月に労使の個別交渉が行われ、最終的な合意額と支払方法が決定されていた。決定された額は7月から支給され、4月から6月までに支給された額との精算が行われた。

平成17年3月、Y法人は研究員らに対して、年俸交渉に向けて、業務成績等の提出を命じたが、研究室長らからこれらの書類が提出されなかったため、Y法人の理事が受託実績収支をもとに個人業績評価を自ら行い、年俸者との交渉にあたった。なお、同年9月にY法人は、経営悪化から組織体制を変更し、個人業績評価の仕方を改め、評価資料の作成は研究室長が行うのではなく、理事自ら作成することとなった。Y法人は、年俸交渉で合意に達しなかったXらの給与を、暫定的に算定して支給したが、支給額は、前年度よりも大幅に減少していた。そこで、Xらは、従前の年俸賃金との差額の支払いなどを求めて訴えを提起した。1審は、Xの請求をほぼ認めた（年俸賃金の差額支払いについては認容）。そこで、Y法人は控訴した。

●判旨● 原判決変更（年俸賃金の差額支払いについては認容）。

I 「期間の定めのない雇用契約における年俸制において、使用者と労働者との間で、新年度の賃金額についての合意が成立しない場合は、年俸額決定のための成果・業績評価基準、年俸額決定手続、減額の限界の有無、不服申立手続等が制度化されて就業規則等に明示され、かつ、その内容が公正な場合

に限り、使用者に評価決定権があるというべきである」。本件では、上記要件が満たされておらず、前年度の年俸額をもって、次年度の年俸額とせざるを得ない。

II 「年俸額は各年度（当年4月1日から翌年3月31日まで）ごとに、年俸交渉によって決定されていたこと、年俸交渉は、各年度開始後に実施され、年俸額が決定された後に、その後に支給される賃金により、それまでに支給された賃金と決定された年俸額との差額が精算されていたことからすると、交渉期限の次年度への延期が合意されるなどの特段の事情の認められない限り、当該年度中に年俸額について合意が成立しなかった場合には、前年度の年俸額をもって、次年度の年俸額とすることが確定するものと解すべきである」。

●解説● 本件では、賃金額を本人の業績等を評価して年単位で決定するという年俸制が導入されていた研究員らについて、労使間で年俸額の合意が得られなかった場合の年俸額をどのように決定するかが問題となっている。考え方としては、使用者に決定権があるというもの（その場合でも、決定権の濫用ということはありうる。中山書店事件—東京地判平成19年3月26日を参照）と、前年度の賃金額となるというものがありうる。本判決は、使用者に決定権が認められるのは、年俸額決定のための評価基準、決定手続、減額の限界の有無、不服申立手続等が就業規則等に明示されていて、その内容が公正な場合にかぎるとし（判旨I）、その要件を満たさない場合には、年俸額は前年度の額となるとした。本件では、そもそも年俸制が就業規則で明示されておらず、使用者の決定権が否定されたため、Xらの賃金は前年度の水準で維持されることとなった。

このような決定方法をとる場合に、交渉のどの段階までに合意が成立しなければ前年度の額に確定するのかという点が問題となるが、本件では、当年度中（3月末まで）であると判断されている（判旨II）。

なお、年俸制の有期雇用労働者の期間途中での一方的な賃金の引下げが許されないとした裁判例として、【83】シーエーアイ事件がある。

* ［人事労働法161頁補注(1)］

91　賃金直接払いの原則—電電公社小倉電話局事件

最3小判昭和43年3月12日〔昭和40年(オ)527号〕(民集22巻3号562頁)

> 使用者は、労働者から退職金債権を譲り受けた者に、退職金を支払わなければならないか。

●事実●　AはXに対する暴行の償いのために、AがY公社を退職するときに支払われるべき退職金の債権を昭和37年4月7日に、弁護士Bにいったん譲渡し、Bはこれを同年8月15日にXに譲渡した。Aは同年5月19日にY公社を退職し、Y公社は同年6月7日にAに退職金を支給した。Y公社は、Aから債権譲渡の通知を受けていたが、その後、Aはこの債権譲渡を強迫を理由に取り消す旨、Y公社に通知していた。Xは、Y公社に対し、譲り受けた退職金債権の支払いを求めた。1審は、退職金債権の譲渡の取消しが無効であったとしても、Aは債権の準占有者であり、Y公社は善意無過失の弁済により、その債務が消滅している(民法478条〔2020年改正前の規定〕)として、Xの請求を棄却した。原審は、労基法24条1項の賃金直接払いの趣旨から、XはAを介して退職金の支払いを受けるしかないとして、Xの控訴を棄却した。そこで、Xは上告した。

●判旨●　上告棄却(Xの請求棄却)。

「労働基準法24条1項が『賃金は直接労働者に支払わなければならない。』旨を定めて、使用者たる賃金支払義務者に対し罰則をもってその履行を強制している趣旨に徴すれば、労働者が賃金の支払を受ける前に賃金債権を他に譲渡した場合においても、その支払についてはなお同条が適用され、使用者は直接労働者に対し賃金を支払わなければならず、したがって、右賃金債権の譲受人は自ら使用者に対してその支払を求めることは許されない」。

●解説●　1　労基法24条は、賃金の通貨払い、直接払い、全額払いの原則(1項)および毎月1回以上、一定の期日払いの原則(2項)を定めている。このうち直接払いの原則の趣旨は、賃金のいわゆるピンハネを防止することにある。この原則は、他の原則とは異なり、例外が認められていない。

直接払いの原則があるため、使用者は、賃金を、労働者の委任を受けた代理人に支払うことは許されないし、未成年者の法定代理人に支払うことも許されない(労基法59条も参照)。ただし、使者(秘書など)への支払いは、本人に対する支払いと同視できるものなので、適法と解されている(昭和63年3月14日基発150号)。

2　本判決は、労働者がその賃金債権を、自己の債権者に譲渡した場合に、使用者は、賃金をその債権の譲受人に支払うことは許されないとしている(なお、退職金が労基法上の賃金〔11条〕に該当することについては、→【92】シンガー・ソーイング・メシーン事件の判旨Ⅰ)。通常の債権譲渡であれば、譲渡人が債務者に通知をしていれば、譲受人は債務者に対抗することができる(民法467条1項)が、労基法24条はその例外を定めたものと解される。

本判決の考え方からすれば、労働者が、第三者に対する債務について、賃金から弁済することを使用者に委任した場合にも、使用者がその第三者に賃金を支払えば労基法24条に違反することになる。しかし、このような場合は使用者が委任契約に基づき弁済をし、その委任費用の償還請求権(民法650条)と労働者の賃金支払請求権との相殺をしたものと法律構成することも可能である。そうすると、これは賃金全額払いの原則との抵触の問題となり、過半数代表との労使協定があれば適法化が可能となる。また、合意相殺として適法となる可能性もある(→【93】日新製鋼事件)。

3　労働者の賃金が差し押えられた場合に、使用者が労働者の差押え債権者に賃金を支払うことは、労基法違反とならないと解されている。ただし、その支払い期に受けるべき給付の4分の3に相当する部分は、差押えが禁止されている(民事執行法152条1項。民事執行法施行令2条も参照)。国税徴収法に基づく差押えにも、差押え限度額が定められている(76条)。なお、労基法上の災害補償や労災保険給付は差押え(および譲渡)が禁止されている(前者は、労基法83条2項、後者は、労災保険法12条の5第2項)。

4　通貨払いの原則は、法令または労働協約に別段の定めがある場合に加え、「厚生労働省令で定める賃金について確実な支払の方法で厚生労働省令で定める」場合に例外が認められている。これにより口座振込なども労働者の同意があれば適法とされている(労基則7条の2)。2023年4月以降は、一定の要件を充足する資金移動業者の口座への資金移動による方法(いわゆる賃金のデジタル払い)も適法化されている(同条1項3号)。

＊〔人事労働法116頁〕

92　賃金全額払いの原則(1)—シンガー・ソーイング・メシーン事件

最2小判昭和48年1月19日〔昭和44年(オ)1073号〕〔民集27巻1号27頁〕

労働者による退職金債権の放棄は有効か。

●**事実**●　Y会社における西日本の総責任者の地位にあったXは、Y会社を退職することになったが、その際、「XはY会社に対し、いかなる性質の請求権をも有しないことを確認する」旨の記載のある書面に署名してY会社に差し入れた。その背景には、次のような事情があった。Y会社は、Xが退職後直ちにY会社の一部門と競争関係にある他の会社に就職することを知り、さらに、Xの在職中におけるXとその部下の旅費等経費の使用につき書面上つじつまの合わない点から幾多の疑惑をいだいていたので、この疑惑にかかる損害の一部を塡補する趣旨で、Xに対し前記の書面に署名を求めたところ、Xはこれに応じて、この書面に署名したというものであった。

　Y会社が退職金を支給しなかったため、Xは、就業規則所定の退職金の支払いを求めて訴えを提起した。1審はXの請求を認めたが、原審は、退職時の退職金債権の放棄は労働者の抑圧された意思によるものではないので有効であると判断し、Xの請求を棄却した。そこで、Xは上告した。

●**判旨**●　上告棄却（Xの請求棄却）。1人の反対意見あり。

　Ⅰ　「本件退職金は、就業規則においてその支給条件が予め明確に規定され、Y会社が当然にその支払義務を負うものというべきであるから、労基法11条の『労働の対償』としての賃金に該当し、したがって、その支払については、同法24条1項本文の定めるいわゆる全額払の原則が適用されるものと解するのが相当である」。

　Ⅱ　「全額払の原則の趣旨とするところは、使用者が一方的に賃金を控除することを禁止し、もって労働者に賃金の全額を確実に受領させ、労働者の経済生活をおびやかすことのないようにしてその保護をはかろうとするものというべきであるから、本件のように、労働者たるXが退職に際しみずから賃金に該当する本件退職金債権を放棄する旨の意思表示をした場合に、全額払いの原則が意思表示の効力を否定する趣旨のものであるとまで解することはできない」。

　Ⅲ　「もっとも、右全額払の原則の趣旨とするところなどに鑑みれば、右意思表示の効力を肯定するには、それがXの自由な意思に基づくものであることが明確でなければならないと解すべきであるが」、原審の認定した「事実関係に表われた諸事情に照らすと、右意思表示がXの自由な意思に基づくもので

あると認めるに足る合理的な理由が客観的に存在していたものということができるから、右意思表示の効力はこれを肯定して差し支えない」。

●**解説**●　1　労基法11条の賃金とは、「賃金、給料、手当、賞与その他名称の如何を問わず、労働の対償として使用者が労働者に支払うすべてのもの」をいう。退職金も、就業規則においてその支給条件があらかじめ明確に規定され、使用者が当然にその支払義務を負うものであれば、同条の賃金に該当し、全額払いの原則をはじめとする労基法24条1項で定められている原則が適用されることになる（判旨Ⅰ）。

　2　全額払いの原則の趣旨は、労働者に賃金が確実に支払われないことによって、その経済生活が不安定となるのを防止することにある。さらに、未払い賃金が残ることにより、労働者に対する足止め（労働継続の強制）となることの防止も、その趣旨とされている。

　全額払いの原則の例外は、法令に別段の定めがある場合または過半数代表との書面による協定がある場合である。法令による例外としては、所得税の源泉徴収（所得税法183条）、社会保険料等の控除（厚生年金保険法84条、健康保険法167条、労働保険の保険料の徴収等に関する法律32条）、財形貯蓄の控除（勤労者財産形成促進法6条1項1号ハ）がある。

　3　本件では、労働者が賃金債権を放棄したために、使用者が賃金を支払わないことが、全額払いの原則に反するかが問題となった。判旨Ⅱは、Xが退職に際し、みずから退職金債権を放棄する旨の意思表示をした場合には、全額払いの原則に反しないという注目すべき判断を示した。

　もっとも、判旨Ⅲでは、労働者の賃金債権の放棄を常に有効とするのではなく、「自由な意思に基づくものであることが明確でなければならない」という限定を付している。原審では、在職中の意思表示は自由意思によるものとはいえないが、退職時における意思表示は自由意思によるものといえると判断していたが、最高裁は、そのような二分法は採用していない。

　本判決は、Xの放棄の意思表示は、Xの自由な意思に基づくものであると認めるに足る合理的な理由が客観的に存在していたと判断した。ここでいう合理的な理由には、労働者が賃金債権を放棄することによって、事実上ないし法律上の利益を得るといった事情があげられる。その後の判例には、既発生の賃金債権の放棄の効力を否定したもの（北海道国際航空事件—最1小判平成15年12月18日〔放棄の意思表示の明確性の欠如〕）、労基法37条の割増賃金請求権の放棄を否定したもの（テックジャパン事件—最1小判平成24年3月8日〔時間外労働の時間数の事前予想の困難性〕）がある。

＊〔人事労働法114〜119頁〕

93 賃金全額払いの原則(2)─日新製鋼事件

最2小判平成2年11月26日〔昭和63年(オ)4号〕(民集44巻8号1085頁)

> 労働者の退職金債権と使用者の労働者に対する債権とを相殺する合意は有効か。

●事実● Aは、Y会社に在職中、住宅資金として、Y会社、B銀行、C労働金庫から借入れをした。これらの借入金(本件各借入金)は、Aの退職の際に、退職金等から返済することになっていた(B銀行とC労働金庫への返済は、Y会社にあらかじめ委任していた)。Aは、交際費等の出費に充てるために借財を重ね、破産宣告を受けた。Y会社は、事前の取決め通り、Aの依頼もあって、退職金等からAの借入金の返済をすべく、退職金等と、一括返還請求権(Y会社からの借入金分)および委任費用前払請求権(B銀行とC労働金庫からの借入金分)とを相殺処理した(本件相殺)。Aの破産管財人Xは、Y会社による退職金等からの残債務の控除は労基法24条に違反して違法であるとして、未払いの退職金の支払いを求めて訴えを提起した。1審は、本件相殺についてXの否認権の行使を認めて、その請求の一部を認容したが、原審は、否認権の対象とならないとして請求を棄却した。そこで、Xは上告した。

●判旨● 上告棄却(Xの請求棄却)。

Ⅰ (1) 労基法24条1項本文の定める賃金全額払いの原則は、「労働者がその自由な意思に基づき右相殺に同意した場合においては、右同意が労働者の自由な意思に基づいてされたものであると認めるに足りる合理的な理由が客観的に存在するときは、右同意を得てした相殺は右規定に違反するものとはいえないと解するのが相当である」。

(2) 「もっとも、右全額払いの原則の趣旨にかんがみると、右同意が労働者の自由な意思に基づくものであるとの認定判断は、厳格かつ慎重に行われなければならないことはいうまでもない」。

Ⅱ Aは、Y会社の担当者に対し各借入金の残債務を退職金等で返済する手続をとるように自発的に依頼しており、委任状の作成、提出の過程においても強要にわたるような事情はまったくうかがえず、各清算処理手続が終了した後においてもY会社の担当者の求めに異議なく応じ、退職金計算書、給与等の領収書に署名押印をしているのであり、また、本件各借入金は、いずれも、借入れの際には抵当権の

設定はされず、低利かつ相当長期の分割弁済の約定のもとにAが住宅資金として借り入れたものであり、特にY会社借入金およびB銀行借入金については、従業員の福利厚生の観点から利子の一部をY会社が負担するなどの措置が執られるなど、Aの利益になっており、Aにおいても、各借入金の性質および退職するときには退職金等によりその残債務を一括返済する旨の前記各約定を十分認識していたことがうかがえるのであって、これらの点に照らすと、本件相殺におけるAの同意は、同人の自由な意思に基づいてされたものであると認めるに足りる合理的な理由が客観的に存在していたというべきである。

●解説● 賃金は、前借金その他労働することを条件とする前貸しの債権との相殺が禁止されている(労基法17条)が、さらに判例は、使用者からの一方的な相殺は、全額払いの原則(労基法24条)にも反するとしてきた(関西精機事件─最2小判昭和31年11月2日、日本勧業経済会事件─最大判昭和36年5月31日)。本件は、使用者と労働者の合意による相殺も、同様に解すべきかが問題となった。労基法24条は強行規定なので、同条により使用者に禁止されている行為は、たとえ労働者の同意があっても適法となるわけではない。ところが、本判決は、賃金債権の放棄に関する判例(→【92】シンガー・ソーイング・メシーン事件)を受けて、合意相殺の場合にも、「労働者がその自由な意思に基づき相殺に同意した場合には、その同意が労働者の自由な意思に基づいてされたものであると認めるに足りる合理的な理由が客観的に存在するとき」は適法になると判示した。この部分は、その後の判例で、労働者に不利益な内容の同意の存否の判断基準にもとり入れられている(→【82】山梨県民信用組合事件。また、労基法の規制の個別的同意による適用除外を認める趣旨に読むことができるかについては議論がある)。なお、自由意思かどうかの認定は、「厳格かつ慎重に行われなければならない」としており、最高裁も、こうした適用除外が例外的なものであることを示している。

本件では、AにはY会社に対する債務があり、相殺への同意の意思表示の形成過程に強要などはなく、またその債務がAに有利な面もあったという事情から、Aの自由意思を認めるに足りる合理的な理由が客観的に存在していると判断された。

＊〔人事労働法115〜119頁〕

94 賃金全額払いの原則(3)—福島県教組事件

最1小判昭和44年12月18日〔昭和40年(行ツ)92号〕(民集23巻12号2495頁)

過払い賃金の清算のための調整的相殺は、どのような場合に有効と認められるか。

●事実● Y(県)の県立高等学校の教職員であるXらは、昭和33年9月5日から15日まで、勤務評定反対のために職場離脱行為を行った。Yは、その時間分について給料の減額および勤勉手当の減額をすべきであったが、事務が間に合わなかったため、昭和33年9月分の給料(支給日は9月21日)と後期勤勉手当(支給日は12月15日)はXらに全額支給した。その後、Yは、昭和34年1月に過払い分の返納を求め、それに応じない場合には翌月の給料から減額する旨通知をしたところ、Xらは返納に応じなかったため、Yは過払分を同年2月分と3月分の給料から減額した。そこで、Xらは、この減額措置は、労基法24条1項の全額払いの原則に違反することなどを理由に、減額分の支払いを求めて訴えを提起した(なお、昭和40年の法改正で、地公法25条2項で全額払いの原則が定められ、その一方で労基法24条1項は適用除外となっている〔地公法58条3項〕)。

1審は、9月分の給料の過払いの減額は、その通知をしたのがその請求権の発生時から約4カ月も経過した後のものなので違法であるとし、勤勉手当の過払いの減額は、その通知は請求権の発生時の翌月になされたものであるので適法であると判断した。XらとY双方が控訴したが、原審は、いずれも棄却した。そこで、Xらだけが上告した。

●判旨● 上告棄却。
「賃金支払事務においては、一定期間の賃金がその期間の満了前に支払われることとされている場合には、支払日後、期間満了前に減額事由が生じたときまたは、減額事由が賃金の支払日に接着して生じたこと等によるやむをえない減額不能または計算未了となることがあり、あるいは賃金計算における過誤、違算等により、賃金の過払が生ずることのあることは避けがたいところであり、このような場合、これを精算ないし調整するため、後に支払わるべき賃金から控除できるとすることは、右のような賃金支払事務における実情に徴し合理的理由があるというるのみならず、労働者にとっても、このような控除をしても、賃金と関係のない他の債権を自働債

権とする相殺の場合とは趣を異にし、実質的にみれば、本来支払わるべき賃金は、その全額の支払を受けた結果となるのである。このような事情と前記24条1項の法意とを併せ考えれば、適正な賃金の額を支払うための手段たる相殺は、同項但書によって除外される場合にあたらなくても、その行使の時期、方法、金額等からみて労働者の経済生活の安定との関係上不当と認められないものであれば、同項の禁止するところではないと解するのが相当である。この見地からすれば、許さるべき相殺は、過払のあった時期と賃金の清算調整の実を失わない程度に合理的に接着した時期においてされ、また、あらかじめ労働者にそのことが予告されるとか、その額が多額にわたらないとか、要は労働者の経済生活の安定をおびやかすおそれのない場合でなければならないものと解せられる」。

●解説● 本件では、使用者が、過払い賃金を、翌月以降の賃金から控除するという調整的相殺(法的には、使用者の不当利得返還請求権と賃金債権との相殺)は、賃金全額払いの原則に抵触するか(労基法24条1項ただし書の例外要件を満たさなければ適法とならないか)が争点となっている。本判決は、「その行使の時期、方法、金額等からみて労働者の経済生活の安定との関係上不当と認められないもの」であれば、全額払いの原則には抵触しないと判示している。その根拠は、賃金支払い事務における合理的な理由(前払い方式をとっている場合には過払いは不可避的に生じること)と労働者にとって過払い賃金の清算は不当な結果をもたらすものではないこと(本来、支払われるべき賃金が支払われるにすぎないこと)というものである。

判旨は、調整的相殺の適法性に関する具体的な判断基準を、「過払のあった時期と賃金の清算調整の実を失わない程度に合理的に接着した時期においてされ、また、あらかじめ労働者にそのことが予告されるとか、その額が多額にわたらないとか、要は労働者の経済生活の安定をおびやかすおそれのない場合でなければならない」とし、本件の勤勉手当の過払いの減額のほうは、この基準に合致していると判断した。

なお、行政解釈も、「前月分の過払賃金を翌月分で清算する程度は賃金それ自体の計算に関するものであるから、法第24条の違反とは認められない」としている(昭和23年9月14日基発1357号)。

* 〔人事労働法116頁〕

95 賞与請求権の発生要件──クレディ・スイス証券事件

最1小判平成27年3月5日〔平成25年(受)1344号〕

業績連動型報酬について、使用者の支給決定がない場合には、支給請求権は発生しないとされた例。

●**事実**● Xは、外資系の金融商品取引業者であるY会社で、主に証券会社向けの商品開発、営業業務に従事していた。XがY会社と締結した労働契約によると、報酬は年俸制で、固定額の基本給を毎月支給されるのに加えて、Y会社の裁量により年単位でIPC報酬（インセンティブ・パフォーマンス・コンペンセイション・アワード）の支給を受け得るものとされていた。各事業年度におけるIPC報酬の支給の有無および金額は、Y会社の完全な裁量により定められる諸要素（Y会社およびその関連会社またはXの属する部門および部署の業績および収益性、X個人の業績、行動および貢献、Y会社およびその関連会社の戦略的必要性等）に基づいて決定される旨などが定められていた。

Y会社は、Xに対し、平成19年2月に平成18年度分IPC報酬として1700万円を、平成20年2月に平成19年度分IPC報酬として5000万円をそれぞれ支給した。その後、平成20年9月のリーマンショックの後、Y会社の業績は悪化し、グループ全体の方針にしたがい、Xが当時担当していた業務から撤退することとし、当該業務を担当していた従業員に対し退職勧奨をし、Xにも平成20年12月11日に退職勧奨をして、自宅待機を命じ、同21年12月18日に、同月末限りで解雇する旨の意思表示をした。Y会社は、平成20年度分以降のIPC報酬の支給およびその額等に関する決定はせず、支払いも行っていなかったため、Xは、解雇は無効として地位確認と未払い賃金の支払いを求めることに加え、IPC報酬の不払いについて、損害賠償または労働契約上の義務の履行を選択的に求めて訴えを提起した。1審は、解雇は無効としたが、IPC報酬の支払請求は棄却した。控訴審は、解雇無効の判断は維持し、IPC報酬については、解雇前の事業年度である平成20年度分の賃金としてY会社には支払義務があるとし、その額は、上司が仮に推薦したとすれば具申したであろうとする1046万9000円が相当であるとした（東京高判平成25年1月31日）。Y会社は上告した。

●**判旨**● IPC報酬の支払義務を認めた原判決を破棄自判（IPC報酬についてのXの請求棄却）。

「本件労働契約において、IPC報酬については、固定額が毎月支給される基本給とは別に、年単位で、会社及び従業員個人の業績等の諸要素を勘案してY会社の裁量により支給の有無及びその金額が決定されるものと解されるから、その具体的な請求権は、Xが当該契約においてその支給を受け得る資格を有していることから直ちに発生するものではなく、当該年度分の支給の実施及び具体的な支給額又は算定方法についての使用者の決定又は労使間の合意若しくは労使慣行があって初めて発生するものというべきである」。

●**解説**● 1 賞与は、一般には、一時金やボーナスと呼ばれ、通常、夏季と冬季に支給される。多くの企業の就業規則で、賞与制度が規定されている。そこでは基本給に一定の係数を乗じて額を決定するタイプのものもあれば、企業業績や個人成績に応じて額が決定されるために変動性が高いものもある。労働組合がある場合には、団体交渉によって、支給額を定めるのが一般的である。さらに外資系を中心に、基本給に加えてインセンティブ報酬として支給するケースもあり、本件で問題となったのはそのようなタイプの賞与である。

賞与は、就業規則や労働協約等で、支給が制度化されているかぎり、労基法上の賃金となり、同法上は、通常の基本給と同様の法的取扱いとなる（ただし、毎月一定期日払いの原則の例外となることは明記されている〔労基法24条2項〕）。

2 賞与の支給については、就業規則（または労働協約）に根拠規定はあるものの、その支給基準が明確になっておらず、事前に具体的な金額が特定できない場合には、賞与請求権は抽象的なものにとどまると解される。この場合、具体的な請求権がいつ発生するかは、根拠規定の内容によるが、原則として、使用者の決定や労使間の合意により額が特定されたときとなる。本判決の判旨も、このことを確認したものである（判旨と同様の判断をしたものとして、福岡雙葉学園事件──最3小判平成19年12月18日）。もっとも、賞与の支給が慣行的に行われてきており、ただその額が特定できないだけの場合には、不法行為による損害賠償請求が可能とする考え方もある（本件では、不法行為による請求も否定された〔判旨外〕）。

3 支給日に在籍していることを賞与の支給要件としている場合もある。就業規則上のこうした支給日在籍要件の合理性は認められている（大和銀行事件──最1小判昭和57年10月7日、JR東日本事件──東京高判平成29年12月13日。労使慣行のケースで京都新聞社事件──最1小判昭和60年11月28日）。支給日に在籍してはじめて賞与請求権が発生するので、この要件は賃金全額払いの原則（労基法24条1項）とも抵触しない。ただし、任意退職でない場合には、賞与の算定対象期間に在籍していれば、賞与請求権は認められる傾向にある（整理解雇のケースで、リーマン・ブラザーズ証券事件──東京地判平成24年4月10日、病死のケースで、佐藤循環器科内科事件──松山地判令和4年11月2日）が、定年退職の場合は支給日在籍要件がそのまま適用される傾向にある（JR東日本事件・前掲等）。

* 〔人事労働法167〜168頁〕

96　懲戒解雇と退職金—小田急電鉄事件

東京高判平成15年12月11日〔平成14年(ネ)6224号〕

懲戒解雇の場合の退職金不支給条項は有効か。

●事実●　Xは、電鉄会社Yの従業員である。Xは、電車内で痴漢行為を行い、逮捕され、東京都迷惑防止条例違反で略式起訴され、20万円の罰金刑に処せられた。Y会社は、Xの普段のまじめな勤務態度等を考慮して、昇給停止および降職の処分とし、始末書を提出させた。Xは、そのおよそ半年後に再び電車内で痴漢行為を行い、逮捕され、埼玉県迷惑防止条例違反で起訴された（その後、懲役4月、執行猶予3年の有罪判決を受けている）。Y会社は、賞罰委員会の討議を経てXを懲戒解雇とし、退職金規則における、懲戒解雇により退職する者には原則として退職金を支給しないという規定に基づき、退職金を支給しなかった。ただし、Xおよびその家族の当面の生活設計を考慮し、即時解雇をせず、解雇予告手当と冬季一時金は支払った（合計で約90万円）。Xは、退職金の支給を求めて訴えを提起した。1審は、懲戒解雇は有効であるとしたうえで、本件の痴漢行為は、Xのそれまでの勤続の労を抹消してしまうほどの不信行為といわざるをえないと述べて、Xの請求を棄却した。そこで、Xは控訴した。

●判旨●　原判決変更（Xの請求の一部認容）。

Ⅰ　「退職金の支給制限規定は、一方で、退職金が功労報償的な性格を有することに由来するものである。しかし、他方、退職金は、賃金の後払い的な性格を有し、従業員の退職後の生活保障という意味合いをも有するものである。ことに、本件のように、退職金支給規則に基づき、給与及び勤続年数を基準として、支給条件が明確に規定されている場合には、……賃金の後払い的意味合いが強い」。「このような……退職金について、その退職金全額を不支給とするには、それが当該労働者の永年の勤続の功を抹消してしまうほどの重大な不信行為があることが必要である。ことに、それが、業務上の横領や背任など、会社に対する直接の背信行為とはいえない職務外の非違行為である場合には、それが会社の名誉信用を著しく害し、会社に無視しえないような現実的損害を生じさせるなど、上記のような犯罪行為に匹敵するような強度な背信性を有することが必要であると解される」。

Ⅱ　「退職金が功労報償的な性格を有するものであること、そして、その支給の可否については、会社の側に一定の合理的な裁量の余地があると考えられることからすれば、当該職務外の非違行為が、上記のような強度な背信性を有するとまではいえない場合であっても、常に退職金の全額を支給すべきであるとはいえない」。「そうすると、このような場合には、当該不信行為の具体的内容と被解雇者の勤続の功などの個別的事情に応じ、退職金のうち、一定割合を支給すべきものである」。

●解説●　退職金は、法律上の制度ではないが、多くの会社で導入されている（制度を設ける場合には、就業規則に記載しなければならない［労基法89条3の2号］）。退職金の法的性格については、功労報償的な性格、賃金の後払い的な性格、生活保障的な性格があるとされている（判旨Ⅰ。地方公務員の退職手当について同旨のものとして、宮城県教育委員会事件—最3小判令和5年6月27日）。功労報償的な性格があることから、自己都合退職の場合には支給基準を低くするのが一般的であり、また懲戒解雇や懲戒解雇相当事由があった場合には、不支給ないし減額したりする規定が置かれることが多い。これらの規定は退職金が任意の制度で、その内容は会社の自由な設計に委ねられていることから原則として有効と解されている（退職後の競業避止義務違反の場合の退職金不支給・減額規定も同様である［三晃社事件—最2小判昭和52年8月9日も参照］）。

　もっとも、裁判例をみると、退職金の不支給規定を実際に適用する際には、永年勤続の功労を抹消してしまうほどの行為が必要であると解釈し、そうした限定がなされる限りにおいて、当該規定は合理性をもつと判断する傾向にある（労契法7条を参照）。そして、永年勤続の功労が大幅に減殺されているものの（それゆえ懲戒解雇は有効）、完全に抹消されているとはいえない場合には、個別的事情に応じて退職金の減額支給を命じている（判旨Ⅱを参照）。とくに非違行為が本件のような私生活上のものである場合には、これまでの勤続年数や勤務態度等を考慮して、減額支給にとどめる傾向にあり、本件でも3割の支給を認めている（判旨外。同様の減額支給を認めた裁判例として、NTT東日本事件—東京高判平成24年9月28日等。なお、宮城県教育委員会事件・前掲は、公立高校の教諭の飲酒事故の事案で不支給処分を適法とした）。一方、業務上の非違行為の場合には、全額不支給を認める裁判例もある（みずほ銀行事件—東京高判令和3年2月24日）。

　競業避止義務違反の場合の退職金の減額条項の適用については、労働の対償を失わせるほどの顕著な背信性が必要であるとした裁判例がある（中部日本広告社事件—名古屋高判平成2年8月31日［結論は全額請求を認容]）。

＊　[人事労働法168～170頁]

97　企業年金の減額―松下電器産業グループ事件

大阪高判平成18年11月28日〔平成17年(ネ)3134号〕

> 退職者が受給中の企業年金を、会社が一方的に減額することは認められるか。

●事実●　Y会社とそのグループ会社の元従業員であるXらは、Y会社との間で締結した本件福祉年金契約に基づき、年2回、年金が支払われることになっていた。Y会社の年金制度は、本件年金規程に基づいて運営されてきたところ、同規程には、「将来、経済的情勢もしくは社会保障制度に大幅な変動があった場合、あるいは法制面での規制措置により必要が生じた場合には、この規定の全般的な改定または廃止を行う」という条項(本件改廃規定)が含まれていた。

　Y会社は、平成14年4月に現役従業員に対しては、この年金制度を廃止し、また既受給者に対しては、本件改廃規定に基づき、給付利率を2%引き下げた(本件利率改定)。そこで、Xらは、この給付利率の引下げ決定の効力を争うために訴えを提起した。1審は、Xらの請求を棄却したので、Xらは控訴した。

●判旨●　控訴棄却(Xらの請求棄却)。

　Ⅰ　本件年金規程は合理性を有しており(本件改廃規定についてはⅡ)、その内容を知ろうとすれば知り得た状況にあるので(周知性)、本件年金規程によらない旨の特段の合意がない以上、Xらは本件年金規程に従うとの意思で本件福祉年金契約を締結したとするのが相当であり、本件年金規程は、本件福祉年金契約の内容となっていると解される。

　Ⅱ　本件改廃規定は、厳格な要件を規定していること、本件福祉年金契約に基づく年金支給は、受給者の死亡までの長期間継続するものであること、また、本件改廃規定によって変更できる事項は、年金制度の目的趣旨に照らせば、自ずと限界があることに照らせば、その内容には合理性が認められる。

　Ⅲ　本件では、本件改廃規定が規定する経済情勢、社会保障制度に大幅な変動が存することは認められる。もっとも、Y会社は、本件改廃規定が定める要件が認められれば、自由に本件年金規程を改定できるわけではなく、本件利率改定の内容の必要性、相当性を必要とすることは、事柄の性質上明らかである。また、本件利率改定にあたり、Y会社の年金制度は退職労働者の福祉政策として労働組合との協議のうえ発足したものであるから労働組合に対し理解を求めることが必要であるし、また、年金受給者は退職して労働組合員ではないから、不利益を受ける年金受給者に対しても、本件利率改定に対し理解を求める努力をするなど手続の相当性が必要である。

●解説●　給付額が事前に確定している確定給付型の企業年金については、年金資産の運用益が下がると、企業の負担が重くなる。特に企業経営が悪化してくると、退職者の受給する年金水準を維持するために企業が負担を続けることは、現役の従業員や株主の利益と対立することになる(企業年金の中でも、確定拠出年金となると、運用のリスクは労働者側が負うので、こうした問題は起きにくい。また、2017年以降、財政状況に応じて給付額を調整できるリスク分担型企業年金も導入可能となった)。

　しかしながら、退職者の年金受給権は、退職にともない確定しているので、その支給基準や支給額を不利益に変更することについては、受給者本人の同意が必要となる(幸福銀行事件―大阪地判平成12年12月20日を参照)。退職前の段階であれば、就業規則の不利益変更法理(現在の労契法10条)が適用され、実際に合理性を認めた裁判例もある(名古屋学院事件―名古屋高判平成7年7月19日等)が、退職後は、労働契約関係は存在していないので、就業規則の法理の適用はできない(そのときでも、事情変更の原則が適用される場合には不利益変更が認められる可能性はあるが、この原則の適用要件はきわめて厳格である)。

　もっとも、退職後の不利益変更であっても、企業年金の支給に関する合意や協定において、将来における減額を根拠づける条項が設けられていれば、それに基づく変更は可能となる。

　本件では、本件改廃規定を含む本件年金規程があったため、この規程が受給者に対して拘束力をもつか、もつとした場合、給付利率の引下げが、本件改廃規定の定める要件に合致しているかが問題となった。

　判旨Ⅰは、本件年金規程は内容の合理性と周知性があれば、本件福祉年金契約の内容になるとし、そこには、就業規則の法理(労契法7条)との類似性がみられる。判旨Ⅱは本件改廃規定の合理性を認め、判旨Ⅲでは、その解釈の一般的な基準を示し、結論として、本件では、その要件に合致しているとする。手続の相当性に関しては、利率改定に先立って既受給者に説明会を開催するなどし、その94.6%の同意を得ているという事情があり、この点が、本判決の結論に大きな影響を及ぼしていると思われる(手続の重要性については、早稲田大学事件―東京高判平成21年10月29日も参照)。

　本件のような自社年金ではなく、法律で規制されている確定給付企業年金については、受給額の引下げには、厳格な実体的・手続的要件が課されている(確定給付企業年金法。要件の充足を否定した裁判例として、NTTグループ企業事件―東京高判平成20年7月9日)。

＊　[人事労働法170頁補注(2)]

98　労働時間の概念—三菱重工長崎造船所事件

最1小判平成12年3月9日〔平成7年(オ)2029号〕(民集54巻3号801頁)

> 本来の業務の準備行為に要した時間は労働時間か。

●事実●　Xらは、Y会社の従業員でA造船所で就業している。A造船所の始終業基準は、始業に間に合うよう更衣等を完了して作業場に到着し、所定の始業時刻に作業場において実作業を開始するものとされ、さらに、始終業の勤怠把握基準として、始業の勤怠は更衣を済ませ始業時に体操をすべく所定の場所にいるか否かを基準として判断する旨定められていた。また、Xらは、Y会社から、実作業にあたり、作業服のほか所定の保護具、工具等の装着を義務づけられ、その装着を所定の更衣所または控所等において行うものとされていた。さらに、Xらの中には、材料庫等からの副資材や消耗品等の受出しを午前ないし午後の始業時刻前に行うことや、午前の始業時刻前に月数回散水をすることを義務づけられている者もいた。

　Xらは、午前の始業時刻前に、①所定の入退場門から事業所内に入って更衣所まで移動し、②更衣所等において作業服や保護具等を装着して準備体操場まで移動し、午前の終業時刻後に、③作業場または実施基準線から食堂等まで移動し、また④現場控所等において作業服や保護具の一部を脱離するなどし、午後の始業時刻前に、⑤食堂等から作業場または準備体操場まで移動し、また⑥脱離した作業服や保護具を再び装着し、午後の終業時刻後に、⑦作業場または実施基準線から更衣所等まで移動し、作業服や保護具等を脱離し、⑧手洗い、洗面、洗身、入浴を行い、その後に、⑨通勤服を着用し、⑩更衣所等から入退場門まで移動して事業所外に退出した。また、⑪Xらの一部は、午前ないし午後の始業時刻前に副資材や消耗品等の受出しをし、また、午前の始業時刻前に散水を行った。

　Xらは、①～⑪の行為に要する時間は労基法上の労働時間であるとして、これらの行為に要した時間について、就業規則等に基づく割増賃金の支払を求めて訴えを提起した。1審および原審は、②⑦⑪については、労基法上の労働時間と認めたが、それ以外は労働時間と認めなかった。そこで、双方が上告した。

●判旨●　上告棄却(以下は、Y会社の上告した事件の判旨である)。

　Ⅰ　「労働基準法……32条の労働時間とは、労働者が使用者の指揮命令下に置かれている時間をいい、右の労働時間に該当するか否かは、労働者の行為が使用者の指揮命令下に置かれたものと評価することができるか否かにより客観的に定まるものであって、労働契約、就業規則、労働協約等の定めのいかんにより決定されるべきものではないと解するのが相当である。そして、労働者が、就業を命じられた業務の準備行為等を事業所内において行うことを使用者から義務付けられ、又はこれを余儀なくされたときは、当該行為を所定労働時間外において行うものとされている場合であっても、当該行為は、特段の事情のない限り、使用者の指揮命令下に置かれたものと評価することができ、当該行為に要した時間は、それが社会通念上必要と認められるものである限り、労働基準法上の労働時間に該当すると解される」。

　Ⅱ　「Xらは、Y会社から、実作業に当たり、作業服及び保護具等の装着を義務付けられ、また、右装着を事業所内の所定の更衣所等において行うものとされていたというのであるから、右装着及び更衣所等から準備体操場までの移動は、Y会社の指揮命令下に置かれたものと評価することができる。また、Xらの副資材等の受出し及び散水も同様である。さらに、Xらは、実作業の終了後も、更衣所等において作業服及び保護具等の脱離等を終えるまでは、いまだY会社の指揮命令下に置かれているものと評価することができる」。

●解説●　労基法32条は、休憩時間を除き、1週間40時間、1日8時間を超えて働かせてはならないとする(例外は、労基法40条、労基則25条の2)。それを超える時間外労働は原則として許されない(→【102】日立製作所武蔵工場事件〔解説〕)。休憩時間は、労働時間の途中に45分(労働時間が6時間超の場合)または60分(労働時間が8時間超の場合)を、原則として一斉に付与しなければならない(労基法34条)。

　どのような時間が、労働時間に該当するかは、法文上は明確にされていない。この点、本判決は、「労働者の行為が使用者の指揮命令下に置かれたもの」がこれに該当するとする(判旨Ⅰ)。

　さらに、本判決は、このような時間に該当するかどうかは、客観的に判断されるべきものとしている(判旨Ⅰ)。就業規則等で定められた労働時間を所定労働時間というが、所定労働時間外であっても、客観的に使用者の指揮命令下に置かれていると判断されれば、労働時間と評価されることになる。なお、指揮命令には黙示のものも含まれる(大林ファシリティーズ〔オークビルサービス〕事件—最2小判平成19年10月19日等)。

　また、指揮命令下に置かれているかどうかの判断基準として、本判決は、就業を命じられた業務の準備行為などを事業所内において行うことを、使用者から「義務付けられたとき」、または「これを余儀なくされたとき」をあげている(判旨Ⅰ)。この判断基準を本件事案において具体的にあてはめたのが、判旨Ⅱである。

　労働時間をめぐる紛争は、①本来の業務に関連する活動だが、使用者の関与が弱い場合、②本来の業務以外の活動だが、使用者の関与がある場合、③不活動時間でも、完全に労働から解放されていない場合、という類型に分かれる。本件は②に近い類型のケースといえよう(③の類型のケースとしては、【99】大星ビル管理事件)。①の類型のケースとしては、安全委員会の安全活動に参加する時間が、業務に関連するものの、出欠がとられず不参加でも不利益でないことを考慮して、労働時間に該当しないとした裁判例がある(前原鎔断事件—大阪地判令和2年3月3日)。

*　〔人事労働法180～181頁〕

99 仮眠時間の労働時間性—大星ビル管理事件

最1小判平成14年2月28日〔平成9年(オ)608号・609号〕（民集56巻2号361頁）

実作業に従事していない仮眠時間は、労働時間か。

●**事実**● Xらは、ビル管理業務を目的とするY会社の従業員としてビル内巡回監視の業務に従事しており、毎月数回24時間勤務に従事していた。この24時間勤務の間に、休憩時間と仮眠時間（本件仮眠時間）が与えられていた。Xらは、配属先のビルからの外出を原則として禁止され、仮眠室における在室や、電話の接受、警報に対応した必要な措置をとることなどが義務づけられていた。

Y会社では、24時間勤務における仮眠時間は所定労働時間に算入されておらず、泊り勤務手当が支給されるのみで、時間外勤務手当や深夜就業手当の対象となる時間としても取り扱われていなかった。ただし、仮眠時間中に突発作業が発生した場合、残業申請をすれば、実作業時間に対し、時間外勤務手当と深夜就業手当が支給されていた。

Xらは仮眠時間も労働時間にあたると主張して、労働協約、就業規則所定の時間外勤務手当、深夜就業手当、さらに労基法37条所定の時間外割増賃金および深夜割増賃金の支払いを請求した。1審は、Xらの請求をすべて認容し、原審はXらの請求の一部を認容した。XらとY会社の双方が上告した。

●**判旨**● 原判決破棄、差戻し。

I 労基法32条の労働時間とは、労働者が使用者の指揮命令下に置かれている時間をいい、実作業に従事していない仮眠時間（以下「不活動仮眠時間」という）がそれに該当するか否かは、労働者が不活動仮眠時間において使用者の指揮命令下に置かれていたものと評価することができるか否かにより客観的に定まるものというべきである。

II 不活動仮眠時間であっても労働からの解放が保障されていない場合には労基法上の労働時間にあたるというべきである。そして、当該時間において労働契約上の役務の提供が義務づけられていると評価される場合には、労働からの解放が保障されているとはいえず、労働者は使用者の指揮命令下に置かれているというのが相当である。

III Xらは、本件仮眠時間中、労働契約に基づく義務として、仮眠室における待機と警報や電話等に対してただちに相当の対応をすることを義務づけられており、実作業への従事がその必要が生じた場合に限られるとしても、その必要が生じることが皆無に等しいなど実質的に上記のような義務づけがされていないと認めることができるような事情も存しないから、本件仮眠時間は全体として労働からの解放が保障されているとはいえず、労働契約上の役務の提供が義務づけられていると評価することができる。したがって、本件仮眠時間は労基法上の労働時間に

あたる。

●**解説**● 1 本判決は、まず仮眠時間帯において、労働者が実際に労務に従事していない時間（不活動仮眠時間）であっても、使用者からの指揮命令下に置かれていると客観的に評価される時間であれば、労基法上の労働時間に該当するという一般的な判断基準を示した（判旨I。いわゆる手待ち時間は労働時間に該当する）。そして、具体的な判断では、労働者が労働からの解放が保障されていない場合には労働時間と認めることができるとし、仮眠時間であっても、労働契約上の役務の提供が義務づけられていれば、労基法上の労働時間に該当するとしている（判旨II）。

本件では、Xらは、仮眠時間中においても労働契約上の義務として、警報や電話等への対応を義務づけられているので、労働からの解放は保障されていないと判断され、その結果、本件の仮眠時間は労基法上の労働時間に該当するという結論になっている（判旨III）。

なお、判旨IIIでは、たとえ形式的には労働契約上の義務づけがあったとしても、義務づけられた役務に従事する必要が生じることが皆無に等しいといった、実質的に義務づけがされていない事情があれば、労働からの解放の保障があったと判断できる余地を残している（このような事情が認められて、仮眠時間の労働時間性を否定した裁判例として、ビル代行事件—東京高判平成17年7月20日等）。

また、労働契約上の義務づけがあると認定されない場合でも、それだけでただちに労働時間性が否定されるわけではない。判例には、マンションの住込みの管理人が、所定労働時間外においても、管理業務のマニュアルに基づき住民からの要望に対応することが求められていた時間帯は、使用者からの黙示の指示があったとして、労働時間であると判断したものがある（大林ファシリティーズ〔オークビルサービス〕事件—最2小判平成19年10月19日。一方、病院の医師が自主的に導入していた宅直制度について、黙示の指揮命令を否定した裁判例として、奈良県事件—大阪高判平成22年11月16日）。

2 仮眠時間が労基法上の労働時間に該当する場合でも、当然に賃金請求権が発生するものではなく、その時間帯の賃金は当事者が契約で決めることができる。ただし、契約の合理的解釈としては、労基法上の労働時間は、労働契約上の賃金支払いの対象となる時間と解される。これとは別に、時間外労働や深夜労働が発生していれば、割増賃金の支払いが義務づけられる（労基法37条）。その場合の算定基礎賃金は、深夜ではない所定労働時間内の労働に支払われる賃金となる（以上、判旨外）。

3 仮眠時間などの労働密度の薄い業務は、監視・断続的労働として、労働基準監督署長の許可を得れば、労働時間関連規定の適用除外ができる（労基法41条3号）。

＊〔人事労働法180〜181頁〕

100　変形労働時間制—JR西日本〔広島支社〕事件

広島高判平成14年6月25日〔平成13年(ネ)254号〕

変形労働時間制における労働時間の特定要件は、どのような場合に満たされるか。

●**事実**●　旅客鉄道会社であるY会社は、一部の事業場を除き、1カ月単位の変形労働時間制（労基法32条の2）を導入していた。Y会社は、その従業員で動力車運転士であるXら2名に対して、次のような勤務指定の変更を行った。X₁についていえば、平成9年5月分の勤務について同年4月25日に、乗務員の余剰があったため、安全診断問題の作成等の乗務員以外の業務を内容とする勤務日の指定を7日間（7〜9、22・23、27・28日）受けていた（労働時間はいずれも7時間45分）が、その後、Y会社は、勤務指定を変更して乗務員勤務の指定をし、それにより労働時間は7日は14時間48分、8日はゼロ、9日は11時間12分、22日は13時間37分、23日はゼロ、27日は15時間14分、28日はゼロとなった（勤務日が2日にまたがっている場合は勤務開始日の労働時間）。就業規則においては、「業務上の必要がある場合は、指定した勤務を変更する」という規定（本件変更条項）があった。Xらは、この勤務指定の変更により、当初特定されていた勤務時間を超過することとなった時間の労働については、超過勤務手当が支払われるべきであるとして、その支払いを求めて訴えを提起した。1審はXの請求を認容した。そこで、Y会社は控訴した。

●**判旨**●　原判決一部変更（Xの請求の一部認容）。

Ⅰ　労働基準法32条の2に基づく1カ月単位の変形労働時間制がその要件として労働時間の「特定」を要求した趣旨に鑑みると、同条の「特定」の要件を満たすためには、労働者の労働時間を早期に明らかにし、勤務の不均等配分が労働者の生活にいかなる影響を及ぼすかを明示して、労働者が労働時間外における生活設計をたてられるように配慮することが必要不可欠であり、そのためには、各日および週における労働時間をできるかぎり具体的に特定することが必要である。

Ⅱ　「勤務変更は、業務上のやむを得ない必要がある場合に限定的かつ例外的措置として認められるにとどまるものと解するのが相当であり、使用者は、就業規則等において勤務を変更し得る旨の変更条項を定めるに当たっては、……一旦特定された労働時間の変更が使用者の恣意によりみだりに変更されることを防止するとともに、労働者にどのような場合

に勤務変更が行われるかを了知させるため、上記のような変更が許される例外的、限定的事由を具体的に記載し、その場合に限って勤務変更を行う旨定めることを要するものと解すべきであって、使用者が任意に勤務変更しうると解釈しうるような条項では、同条〔筆者注：労基法32条の2〕の要求する『特定』の要件を充たさないものとして無効である」。

●**解説**●　変形労働時間制とは、単位となる期間内における所定労働時間を平均して、週の法定労働時間を超えていなければ、その期間内の日または週において法定労働時間を超えて労働させることができる（時間外労働とならない）制度である。労基法には、1カ月以内を単位とするもの（32条の2）、1年以内を単位とするもの（32条の4）、1週間単位のもの（32条の5）が定められている。このほか、3カ月以内の清算期間において1週間の平均労働時間が法定労働時間を超えない範囲で、始終業時刻を労働者が決定できるフレックスタイム制もある（32条の3）。

1カ月以内および1年以内の単位の変形労働時間制の導入の際には、どの日またはどの週に法定労働時間を超える労働をさせるかを特定することが必要である。その趣旨は、労働者の生活設計への配慮にある（判旨Ⅰ）。また、単位期間内の各週、各日の所定労働時間を就業規則に特定することも必要である（→**【99】**大星ビル管理事件［判旨外］。労働法89条1号も参照）。

本件では、特定された日の変更が可能かが問題となった。使用者としては、勤務指定後の勤務変更ができなければ、業務に支障が出てくることもあろう。特に本件のように、公共性を有する事業では、本判決は、「勤務指定前に予見することが不可能なやむを得ない事由が発生した場合につき、使用者が勤務指定を行った後もこれを変更しうるとする変更条項を就業規則等で定め、これを使用者の裁量に一定程度まで委ねたとしても、直ちに……『特定』の要件を充たさないとして違法となるものではない」とする（判旨外）。

そこで、労働者側の利益と使用者側の必要性とを調整するために、判旨Ⅱは、就業規則において勤務指定後の勤務変更を定めることはできるが、その場合には「変更が許される例外的、限定的事由を具体的に記載し、その場合に限って勤務変更を行う旨定めることを要する」とする（同旨の裁判例として、JR東日本〔横浜土木技術センター〕事件—東京地判平成12年4月27日、岩手第一事件—仙台高判平成13年8月29日）。本件変更条項は、この要件を満たしていないとされた。

＊［人事労働法176〜177頁、183頁補注(1)］

101 事業場外労働のみなし労働時間制—阪急トラベルサポート〔第2〕事件

最2小判平成26年1月24日〔平成24年(受)1475号〕

> 旅行添乗員の業務は、「労働時間を算定し難いとき」
> に該当せず、みなし労働時間を適用できないとした
> 例。

●事実● Xは、A会社が企画する海外ツアーごとに、派遣会社Yに雇用され、A会社に派遣されて添乗業務に従事していた。添乗業務の具体的内容は、A会社が、ツアーの開始前に、添乗員に対しツアーの内容や手順等を示し、添乗員用のマニュアルにより具体的な業務の指示をし、ツアーの実施中は、添乗員に対し、携帯電話を所持して常時電源を入れて、旅行日程の変更が必要となる場合には、A会社の指示を受けることを求め、ツアーの終了後は、添乗日報によって、業務の遂行の状況等の詳細かつ正確な報告を求めていた。

Xには、日当として16000円支払われていたが、時間外や休日の割増賃金の未払い金があるとして、その支払いを求めて訴えを提起した。Y会社は、Xには、労基法38条の2の事業場外労働におけるみなし労働時間制が適用されると主張した。

1審は、「労働時間を算定し難いとき」に該当するが、「業務の遂行に通常必要とされる時間」は11時間であったとして、その時間分に相当する時間外割増賃金等の請求を認めた。双方が控訴したが、原審は、「労働時間を算定し難いとき」に該当しないとして、実労働時間を認定して、Xの請求を一部認容した。そこで、Y会社は上告した。

●判旨● 上告棄却(Xの請求の一部認容)。

Ⅰ 「本件添乗業務は、旅行日程が……その日時や目的地等を明らかにして定められることによって、業務の内容があらかじめ具体的に確定されており、添乗員が自ら決定できる事項の範囲及びその決定に係る選択の幅は限られているものということができる」。

Ⅱ 「本件添乗業務について、A会社は、添乗員との間で、あらかじめ定められた旅行日程に沿った旅程の管理等の業務を行うべきことを具体的に指示した上で、予定された旅行日程に途中で相応の変更を要する事態が生じた場合にはその時点で個別の指示をするものとされ、旅行日程の終了後は内容の正確性を確認し得る添乗日報によって業務の遂行の状況等につき詳細な報告を受けるものとされているということができる」。

Ⅲ 「以上のような業務の性質、内容やその遂行の態様、状況等、A会社と添乗員との間の業務に関する指示及び報告の方法、内容やその実施の態様、状況等に鑑みると、本件添乗業務については、これに従事する添乗員の勤務の状況を具体的に把握することが困難であったとは認め難く、労働基準法38条の2第1項にいう『労働時間を算定し難いとき』に当たるとはいえない」。

●解説● 労基法は、労働時間の全部または一部について事業場外で業務に従事した場合において、労働時間を算定し難いときは、所定労働時間労働したものとみなすとし、このみなし時間と実態との乖離が著しくなることを防ぐために、その業務を遂行するためには所定労働時間を超えて労働することが通常必要になる場合には、その業務の遂行に通常必要とされる時間労働したものとみなされるとし、この業務の遂行に通常必要とされる時間は過半数代表との労使協定によって定めることもできる、としている(労基法38条の2)。

本判決は、Xの業務内容が事前に具体的に確定され、その遂行における選択の幅が限定されていたこと(判旨Ⅰ)、業務についてA会社の具体的指示があり、また業務遂行状況の詳細な報告が求められていたこと(判旨Ⅱ)等を考慮し、労働時間が算定し難いときに該当しないとした。

行政解釈は、①何人かのグループで事業場外労働に従事する場合で、そのメンバーの中に労働時間の管理をする者がいる場合、②事業場外で業務に従事するが、無線やポケットベル等によって随時使用者の指示を受けながら労働している場合、③事業場において、訪問先、帰社時刻等当日の業務の具体的指示を受けた後、事業場外で指示通りに業務に従事し、その後事業場に戻る場合には、「労働時間を算定し難いとき」に該当しないとしている(昭和63年1月1日基発1号)。

ICTの発達により、②の類型に該当するケースが多いと考えられるが、裁判例には、携帯電話等の活用や労働者からの詳細な自己申告によれば労働時間の算定が可能でも、そうした方法の実施(正確性の確認を含む)に過重な経済的負担を要したり、煩瑣に過ぎたりするときには、なお労働時間が算定し難い場合にあたるとするものもある(ナック事件—東京高判平成30年6月21日)。

テレワークなどの在宅型や移動型の勤務形態にも、この制度の適用が可能であるかが問題となろう(「テレワークの適切な導入及び実施の推進のためのガイドライン」〔令和3年3月25日〕も参照)。

＊〔人事労働法177頁〕

102 時間外労働命令の有効要件(1)──日立製作所武蔵工場事件

最1小判平成3年11月28日〔昭和61年(オ)840号〕(民集45巻8号1270頁)

> 使用者は、就業規則の規定に基づき、時間外労働を命じることが認められるか。

●事実● Xは、Y会社のA工場においてトランジスターの品質および歩留の向上を管理する係として勤務していた。昭和42年9月6日、9月の選別実績歩留がXの算出した推定値を下回ったため、B主任が問いただしたところ、Xはその作業に手抜きがあったことを認めた。そこで、BはXに対し、残業して原因の究明と歩留推定のやり直しを命じたところ、Xはこれを拒否して、翌日に実施した。Y会社は、この残業拒否を理由にXに対して出勤停止14日間の懲戒処分を課すとともに、始末書の提出も命じた。Xは、当該処分後に出勤した際、「残業は労働者の権利であり、サービスである」と主張して、就業規則に違反した覚えはないとして始末書の提出を拒否したが、管理者らの説得により始末書を提出したところ、反省の態度がみられないとして受領を拒否されたため、かえって挑発的な発言をするようになった。そこでY会社は、Xの態度は過去4回の処分歴と相まって、就業規則所定の懲戒事由に該当するとして、懲戒解雇とした。Xは、この懲戒解雇は無効であると主張して訴えを提起した。

なお、就業規則には、「業務上の都合によりやむを得ない場合には組合との協定により1日8時間、1週48時間の実労働時間を延長(早出、残業または呼出)することがある」という規定が設けられていた。

1審は、労働組合(Xも加入している)との協定(三六協定)で定める時間外労働事由は具体性に欠けるので残業命令は無効であり、懲戒解雇も無効であるとしたが、原審は残業命令は有効であり、懲戒解雇も有効であると判断した。そこで、Xは上告した。

●判旨● 上告棄却(Xの請求棄却)。
労基法32条の労働時間を延長して労働させることにつき、使用者が、いわゆる三六協定を締結し、これを所轄労働基準監督署長に届け出た場合において、「使用者が当該事業場に適用される就業規則に当該三六協定の範囲内で一定の業務上の事由があれば労働契約に定める労働時間を延長して労働者を労働させることができる旨定めているときは、当該就業規則の規定の内容が合理的なものである限り、それが具体的労働契約の内容をなすから、右就業規則の規定の適用を受ける労働者は、その定めるところに従い、労働契約に定める労働時間を超えて労働をする義務を負うものと解するを相当とする」。

●解説● 1 使用者は、法定労働時間(労基法32

条)を超える労働(時間外労働)や法定休日(同法35条)の労働(休日労働)をさせる場合には、労基法36条に基づき三六協定を締結し、それを労働基準監督署長へ届け出なければならない。さらに、割増賃金の支払いも必要となる(同法37条)。割増賃金を支払っても、三六協定の締結・届出義務は免除されない。

他方、三六協定の締結・届出がなされている場合でも、労働者は使用者からの時間外労働命令に当然に服さなければならないわけではなく、時間外労働命令の拘束力が認められるためには、そのような命令の労働契約上の根拠が必要となる。三六協定は、労基法32条に違反しないという「免罰的効力」(同条違反による罰則の適用を免れさせたり、法定労働時間を超えて働かせる定めを有効としたりする効力)をもつにとどまるからである。

時間外労働を命じる労働契約上の根拠としては、まず個々の労働者の具体的同意があげられるが、さらに、本判決は、就業規則上の合理的な規定も根拠となるとする。現在では労契法7条が根拠となる(また、労働協約も根拠となりうる[味村治裁判官の補足意見も参照])。

本件では、就業規則上、労働組合との協定(三六協定)により、時間外労働を命じることがある、と定められていたので、就業規則の内容の合理性は、この三六協定の内容の合理性の問題となった。本件の三六協定で定めている時間外労働事由について、最高裁は、その合理性を肯定している(判旨外)。

2 三六協定で定めることができる時間外労働の上限(限度時間)は、1カ月45時間、1年360時間であり(労基法36条4項)、ただし、通常予見できない業務量の大幅な増加等にともない臨時的に限度時間を超えて労働させる必要がある場合には、特別条項に基づき、上限が1カ月に100時間未満(休日労働を含む)、1年に720時間以下となる(同条5項。1年間で6カ月以内でなければならない)。この上限規制に反する三六協定は無効である(平成30年12月28日基発1228第15号)。適法な三六協定に基づかない時間外労働は労基法32条違反として罰則の対象となる。また、三六協定に基づき時間外労働や休日労働をさせる場合でも、1カ月に100時間未満、2～6カ月の複数月の月平均で80時間以下でなければならず(同条6項)、これに違反した場合には同項違反としての罰則がある(同法119条1号)。

なお、上記の上限規制の範囲内にあり、かつ、労働契約上の根拠がある場合であっても、時間外労働(または休日労働)命令が、生活上の不利益が大きく、業務上の必要性が十分でない場合には、権利濫用となりうる(労契法3条5項)。

＊[人事労働法175～176頁]

103 時間外労働命令の有効要件(2)―トーコロ事件

東京高判平成9年11月17日〔平成6年(ネ)4745号〕

三六協定の締結主体としての過半数代表者は、どのように選ばれなければならないか。

●**事実**● Xは、Y会社の従業員であり、電算写植機のオペレーターとして、住所録作成(組版)の業務に従事していた。平成3年9月末ころ、組版業務の部署において、午後7時まで残業をする申し合わせがなされ、Xも同年10月初旬ころから、毎日30分ないし1時間45分程度残業をするようになった。Y会社は、繁忙時期に入り、上司がXに何度か残業時間を延長するよう求めたが、Xがこれに従わないとみると、同月31日に営業部長が本件残業命令を発した。Xは、同年2月4日、Xが眼精疲労であるとする医師の診断書を提出した。その後は、Xは、住所録の組版の残りや登録外文字作成の業務に従事し、定時の午後5時半になると帰宅していた。

Y会社の社長は、Xに対し自己都合退職するよう勧告し、Xがこれを拒否すると、解雇を通告した。そこで、Xは、この解雇は無効であるとして、雇用契約上の権利を有する地位にあることの確認などを求めて訴えを提起した。1審は、Xの請求をほぼ認容した(ただし、慰謝料請求は認められなかった)。そこで、Y会社は控訴した。なお、本判決に対して、Y会社は上告したが、最高裁は、本判決の判断は正当として是認できるとして、上告を棄却している(最2小判平成13年6月22日)。

●**判旨**● 控訴棄却(Xの請求の一部認容)。

本件の三六協定は、平成3年4月6日に所轄の労働基準監督署に届け出られたものであるが、協定の当事者は、Y会社と「労働者の過半数を代表する者」としての「営業部A」であり、協定の当事者の選出方法については、「全員の話し合いによる選出」とされていた。

「『労働者の過半数を代表する者』は当該事業場の労働者により適法に選出されなければならないが、適法な選出といえるためには、当該事業場の労働者にとって、選出される者が労働者の過半数を代表して三六協定を締結することの適否を判断する機会が与えられ、かつ、当該事業場の過半数の労働者がその候補者を支持していると認められる民主的な手続がとられていることが必要というべきである(昭和63年1月1日基発第1号参照)」。

Aは「友の会」の代表者であるが、「友の会」は役員を含めたY会社の全従業員によって構成されて

おり、会員相互の親睦等を図り、融和団結の実をあげることを目的とする親睦団体であるから、労働組合でないことは明らかであり、したがって、Aが「友の会」の代表者として自動的に本件三六協定を締結したにすぎないときには、Aは労働組合の代表者でもなく、「労働者の過半数を代表する者」でもないから、本件三六協定は無効というべきである。

また、本件三六協定の締結に際して、労働者にその事実を知らせ、締結の適否を判断させる趣旨のための社内報が配付されたり集会が開催されたりした形跡はなく、Aが「労働者の過半数を代表する者」として民主的に選出されたことを認めるに足りる証拠はない。

●**解説**● 過半数代表とは、当該事業場の労働者の過半数を組織する労働組合(過半数組合)、それがない場合は、当該事業場の労働者の過半数を代表する者(過半数代表者)を指す。過半数代表には、現行法上、就業規則の作成・変更の際に意見聴取を受けたり(労基法90条)、さまざまなタイプの労使協定の締結をしたりするなど重要な権限が与えられている(労基法36条1項、24条1項ただし書、39条4項、6項および9項等。労基法以外にも、育介法6条1項ただし書等)。

過半数代表者については、その選出方法が法律上定められておらず、使用者が一方的に指定するなど、その選出方法に問題がある例があるといわれてきた。現在では、本判決でも引用されている通達を明文化した労基則6条の2(2019年に改正)において、①管理監督者(労基法41条2号)の地位にないこと、②法に規定する協定等をする者を選出することを明らかにして実施される投票、挙手等の方法による手続により選出された者であって、使用者の意向に基づき選出されたものでないこと、という要件が定められている(そのほか、過半数代表者に対する不利益取扱いの禁止や過半数代表者の事務の円滑な遂行への配慮も定められている)。

本件では、「友の会」は労働組合ではなく(したがって、過半数組合に該当しない)、またその代表者であるAが自動的に過半数代表者となるのは民主的な選出という手続的ルールに反するので、Aの締結した労使協定(三六協定)は無効とされ、Xに対する残業命令は無効(それゆえ、解雇も無効)と判断された(判旨外。このほか、過半数代表者が適法に選出されていないことを理由に、専門業務型裁量労働制の導入を定めた労使協定が無効とされ、割増賃金請求が認められた裁判例として、フューチャーインフィニティ事件―大阪地判平成27年2月20日)。

* 〔人事労働法35頁〕

104　割増賃金の支払方法(1)—康心会事件

最2小判平成29年7月7日〔平成28年(受)222号〕

病院医師の割増賃金の基本給組入れ合意の有効性。

●事実●　Xは、医療法人Yとの間で雇用契約を締結していたが、看護師への不適切な指導等を理由として解雇された。そこで労働契約の地位確認および時間外労働に対する未払いの割増賃金等の支払いを求めて訴えを提起した。

　XとY法人との雇用契約によると、賃金は、本給、諸手当、賞与により構成される年俸制で、その額は1700万円であった。また、Y法人の時間外労働に関する規程では、時間外手当の対象となるのは、勤務日の午後9時から翌日の午前8時30分までと休日に発生する緊急業務に要した時間とされ、当直・日直の当番医師には、別途手当を支給することが定められており、それ以外の割増賃金は、年俸に含まれることが合意されていた（本件合意）が、年俸のうち割増賃金にあたる部分は明らかにされていなかった。

　Y法人は、Xに対し、年俸以外に、時間外手当と当直手当を支払っていたが、時間外手当は、深夜割増分だけで、時間外労働分の割増は支払われていなかった。

　1審は、時間外労働が月60時間を超えた場合の割増賃金と深夜労働に対する割増賃金は、年俸に含めて支払われたとはいえないとして、不足分の支払いを命じた。双方が控訴したところ、原審は、本件合意は、Xの医師としての業務の特質に照らして合理性があるとして、原判決を一部取り消して、Xの請求を棄却した（なお1審も控訴審も、解雇は有効としている）。そこで、Xは上告した（解雇に関する論点は排除された）。

●判旨●　原判決破棄、差戻し。

　I　労基法37条の定める使用者の割増賃金支払義務は、それによって時間外労働等を抑制し、労働時間に関する同法の規定を遵守させるとともに、労働者への補償を行おうとする趣旨によるものである。

　II　(1)　割増賃金の算定方法は、同条その他の関係規定に具体的に定められているところ、同条は、同条等に定められた方法により算定された額を下回らない額の割増賃金を支払うことを義務付けるにとどまるものと解され、労働者に支払われる基本給や諸手当にあらかじめ含めることにより割増賃金を支払うという方法自体が直ちに同条に反するものではない。

　(2)　使用者が同条の定める割増賃金を支払ったとすることができるか否かを判断するためには、割増賃金として支払われた金額が、通常の労働時間の賃金に相当する部分の金額を基礎として、同条等に定められた方法により算定した割増賃金の額を下回らないか否かを検討することになるところ、同条の上記趣旨によれば、割増賃金をあらかじめ基本給等に含める方法で支払う場合においては、労働契約における基本給等の定めにつき、通常の労働時間の賃金に当たる部分と割増賃金に当たる部分とを判別することができることが必要であり、割増賃金に当たる部分の金額が同条等に定められた方法により算定した割増賃金の額を下回るときは、使用者がその差額を労働者に支払う義務を負うというべきである。

●解説●　1　労基法37条は、使用者に対して、時間外労働、休日労働、深夜労働をさせた場合における割増賃金の支払いを義務づけている。割増賃金の算定方法は、通常の労働時間または労働日の賃金（労基則19条を参照）に対して所定の割増率を乗じるというものである（割増賃金令によると、割増率は、時間外労働と深夜労働は25%以上、休日労働は35%以上である。なお、時間外労働が1カ月に60時間を超えた場合の割増率の引上げについては、労基法37条1項ただし書および3項を参照）。算定基礎賃金の定め方は、除外賃金（労基法37条5項、労基則21条）以外を除外しない限り、契約の自由である（国際自動車事件—最3小判平成29年2月28日参照）。

　2　割増賃金の算定は、法令の定める方法に従って行う必要があるとは解されておらず、使用者が独自の算定式に基づき支払った割増賃金でも、法令の定める方法によって算定された割増賃金額を上回っていれば、適法となる（判旨II(1)）。また、下回っている場合には、その旨の定めがあるかどうかに関係なく、差額の支払いを請求することができる（労基法13条。判旨II(2)も同旨）。

　3　割増賃金の支払方法については、いわゆる固定残業代の支払いという方法がとられることもある。これには、本件のように割増賃金を基本給に組み入れるタイプと、定額の手当で支給するタイプとがある。どちらも2で述べたことがあてはまるが、前者のタイプでは、通常の労働時間の賃金にあたる部分と時間外の割増賃金にあたる部分とが判別できることが必要である（判旨II(2)。高知県観光事件—最2小判平成6年6月13日等）。判別可能性がない場合には、組入れ合意は無効となり、基本給全額が割増賃金の算定基礎となる。なお固定残業代については、労働者が割増賃金請求権を事前放棄したと使用者側が主張することもある。こうした放棄は自由な意思に基づくものであることが明確であれば有効だが（→【92】シンガー・ソーイング・メシーン事件）、時間外労働の時間数が変動する場合には、この要件を充足しにくいだろう（テックジャパン事件—最1小判平成24年3月8日参照）。

＊〔人事労働法165〜167頁〕

105 割増賃金の支払方法(2)──熊本総合運輸事件

最2小判令和5年3月10日〔令和4年(受)1019号〕

> 時間外労働によっても賃金が増加しない賃金体系において割増賃金は支払ったことになるか。

●事実● 自動車運送事業などを営むY会社の賃金体系は、その運転手であるXが雇用契約を締結した当時は、日々の業務内容等に応じて月ごとの賃金総額を決定したうえで、その賃金総額から基本給と基本歩合給を控除した額を時間外手当とするものであった(旧給与体系)。その後、労働基準監督署から労働時間管理についての指導を受けたY会社は、就業規則を変更し、新たな賃金体系(新給与体系)を導入した。それによると、主たる賃金項目は、①基本給、②基本歩合給、③勤続手当、④割増賃金であり、④は本件時間外手当(残業手当、深夜割増手当、休日割増手当)と調整手当から構成された。本件時間外手当は、①〜③(本件基本給等)を算定基礎として法令に基づき算定され、調整手当は、旧給与体系と同じ方法で算定された賃金総額から、本件基本給等を控除した本件割増賃金の総額から、時間外手当を控除したものであった。

新給与体系の下では、Xを含むY会社の労働者の総労働時間や支払われた賃金総額は、旧給与体系下のものとはほぼ同じだが、新たに調整手当が導入された一方、基本歩合給は大幅に減額された。Y会社は、新給与体系の導入にあたり、Xを含む労働者に対し、変更内容について一応の説明をしたが、とくに異論は出なかった。

Xは、時間外割増賃金の未払い分の支払いを求めて、訴えを提起した。1審は、本件時間外手当は、判別可能性(明確区分性)および対価性の要件を充足しているので割増賃金に充当できるが、調整手当は要件を充足していないので充当できず、算定基礎賃金に組み入れられるとして、Xの請求を一部認容した。控訴審も同様の判断をしたうえで、1審で認定された未払い額をすでにY会社が全額弁済していたとして、Xの請求を棄却した。そこで、XとY会社双方が控訴した。

●判旨● 破棄差戻し。

Ⅰ 「ある手当が時間外労働等に対する対価として支払われるものとされているか否かは、雇用契約に係る契約書等の記載内容のほか、具体的事案に応じ、使用者の労働者に対する当該手当等に関する説明の内容、労働者の実際の労働時間等の勤務状況などの諸般の事情を考慮して判断すべきである。その判断に際しては、労働基準法37条が時間外労働等を抑制するとともに労働者への補償を実現しようとする趣旨による規定であることを踏まえた上で、当該手当の名称や算定方法だけでなく、当該雇用契約の定める賃金体系全体における当該手当の位置付け等にも留意して検討しなければならないというべきである」。

Ⅱ (1) 本件時間外手当と調整手当は、割増賃金の内訳としての区別にすぎず、本件割増賃金は、その全体として時間外労働等に対する対価性をもつかを問題とすべきである。

(2) 新給与体系の下で、基本給等のみが通常の労働時間の賃金で、本件割増賃金が時間外労働等に対する対価として支払われるものと仮定すると、Xの通常の労働時間の賃金は従前より大きく減少し、一方、割増賃金は長時間の時間外労働等を見込んだ過大なものとなるが、こうした変化が生ずることについて、Y会社は、労働者に十分な説明をしていない。

(3) 新給与体系は、その実質において、時間外労働等の有無やその多寡と直接関係なく決定される賃金総額を超えて割増賃金が生じないようにすべく、旧給与体系の下では通常の労働時間の賃金として支払われていた賃金の一部につき、名目のみを本件割増賃金に置き換えて支払う賃金体系である。

(4) 本件割増賃金は、その一部に時間外労働等に対する対価として支払われているものを含むとしても、通常の労働時間の賃金として支払われるべき部分をも相当程度含んでいるが、両者には判別可能性がない。

●解説● 割増賃金の支払い方法として、定額の手当の支給は適法とされている(ただし、法定の計算方法による額より低い場合には差額を支給する必要はある。→【104】康心会事件〔判旨Ⅱ(2)〕)が、その場合、当該手当が、時間外労働等の対価と認められる必要がある(判旨Ⅰ)。過去の判例では、業務手当について、契約書等において時間外労働の対価であるとの記載、賃金体系上の同手当の位置づけ、同手当の額から推計される時間外労働の時間数が実際の時間数と大きく乖離していないことを理由に、対価性を認めたものがある(日本ケミカル事件──最1小判平成30年7月19日)。

本件のような時間外労働の多寡によって賃金総額が変わらない賃金体系は、それ自体は適法とされている。ただ、過去の判例には、通常の労働時間に対する歩合給の算定において、時間外労働の対価として支払われる割増金を控除する賃金体系について、歩合給としての支給が予定されている賃金の一部を、名目のみ割増金に置き換えるもので、割増金のなかに通常の労働時間に対する賃金が含まれており、かつ判別可能性がないとしたものがあった(国際自動車事件──最1小判令和2年3月30日)。一方、本件は、就業規則変更により、算定基礎賃金から割増賃金の構成要素への置き換えがなされた点に特徴がある(控訴審まではこうした不利益変更の合理性が主たる争点であった)。本件時間外手当の対価性は明確であるが、本判決は、調整手当を含んだ本件割増賃金全体の対価性を問題とし(判旨Ⅱ(1))、先例をふまえて対価性の判断をしたうえで(判旨Ⅱ(2))、判別可能性を否定して(判旨Ⅱ(4))、本件割増賃金の支払いでは法定の割増賃金を支払ったことにならないとした。

* 〔人事労働法165〜167頁〕

106 休日の振替──三菱重工横浜造船所事件

横浜地判昭和55年3月28日〔昭和50年(ワ)868号〕

休日の振替は、どのような場合に認められるか。

●事実● Y会社は、大規模な交通ゼネストがあることが予定された昭和49年4月11日と12日を休日に振り替えて、休日であった同月13日(土曜日)と14日(日曜日)を勤務日にした(本件措置)。Y会社の就業規則には、業務上必要がある場合は休日を他の日に振り替えることがある、とする規定があった。ところが、Y会社の従業員であるXらは勤務日とされた13日と14日に出勤しなかったため、Y会社は、Xらを欠勤扱いにし賃金を控除した。そこで、Xらは、控除された賃金相当額の支払いを求めて訴えを提起した。

●判旨● 請求棄却。

Y会社の就業規則の規定によれば、「一定の条件のもとに就業規則所定の休日を他に振替えることができることになっているのであるから、所定の休日は振替のありうることが予定されたうえで特定されているものというべきであり、右の定めは就業規則によるものであることから、その性質上、労働契約の内容をなしているものと解されるので、使用者は、前記の条件が満たされるかぎり、特定された休日を振替えることができるものというべく、たとえ、個々の振替の際に労働者の同意、了解がなくとも、そのことの故に直ちに休日振替が違法、無効となるいわれはないものと解するほかはない。そして、本件においては、4月13日、14日の休日を同月11日、12日に振替えたのみであるから、……労基法35条1項、2項違反の生ずる余地はないので、したがって、本件措置が同条に違反して休日を剥奪したことにならないことは明らかである」。

●解説● 労基法35条は、使用者に対して、「毎週少くとも1回の休日」または「4週間を通じ4日以上の休日」(変形休日制)を労働者に与えることを義務づけている。休日の特定は法律上特に求められていないが、行政監督上は、できるだけ特定させるよう指導する方針になっている(昭和63年3月14日基発150号)。

突発的な業務の都合で、事前に特定された休日が労

働日とされ、別の労働日が休日に振り替えられるという措置がとられることがある。これを休日の振替という。休日の振替には、ある労働日を休日(振替休日)としたうえで、本来の休日を労働日とする「事前の振替」と、ある休日に労働をさせた後に、別の労働日を休日とする(つまり代休を与える)「事後の振替」とがある。

本件では「事前の振替」がなされたケースであり、判旨は、就業規則上の規定があれば、労働者の同意なしにこうした振替を行うことができると判断している(厳密にいえば、合理性の審査が求められる。労契法7条)。なお、通達では、就業規則等において、できる限り、休日振替の具体的事由と振り替えるべき日を規定することが望ましいし、振り替えるべき日は、振り替えられた日以降できる限り近接した日が望ましいと定めている(昭和63年3月14日基発150号等)。

なお、振替を行った結果、1週1日(変形休日制の場合には4週4日)の休日の要件を満たさなくなる場合には、労基法違反となる。逆に、この要件を満たしているかぎりは、法定休日の変更は許されることになり、当該日に労働をさせても休日労働とならず、三六協定の締結・届出(労基法36条)や割増賃金の支払い(同法37条)は求められないことになる(ただし、振替の結果、1週間の労働時間が40時間を超すことになる場合には、三六協定の締結・届出と割増賃金の支払いが必要となる)。

以上に対して、「事後の振替」の場合、労働した日が法定休日の場合は、事後に代休を付与したとしても、休日労働をさせた事実がなくなるわけではないので、三六協定の締結・届出と割増賃金の支払いが必要となる。一方、法的には代休の付与は義務ではないので、使用者は就業規則や労働協約などで特に定めを置いていないかぎり代休を与える必要はないし、代休を付与する場合でも、労基法上の休日に関する規制は適用されない。

「事後の振替」の場合は、休日労働をさせているので、上記の労基法上の規制を遵守するだけでなく、労働契約上の根拠も必要となる(→【102】日立製作所武蔵工場事件)。

＊［人事労働法190頁補注(2)］

107 管理監督者─日本マクドナルド事件

東京地判平成20年1月28日〔平成17年(ワ)26903号〕

ファーストフード店の店長は管理監督者に該当するか。

●**事実**● Xは、ハンバーガー等の販売等を目的とするY会社に昭和62年2月に採用され、その直営店の店長に平成11年10月に昇格している。Y会社では、店長以上の職位の従業員が労基法41条2号の管理監督者として扱われ、法定労働時間（労基法32条）を超える時間外労働がなされても割増賃金（同法37条）が支払われていなかった。Xは、店長職は管理監督者には該当しないとして、未払いの割増賃金の支払い等を求めて訴えを提起した。

●**判旨**● 一部認容。
　「管理監督者については、労働基準法の労働時間等に関する規定は適用されないが（同法41条2号）、これは、管理監督者は、企業経営上の必要から、経営者との一体的な立場において、同法所定の労働時間等の枠を超えて事業活動することを要請されてもやむを得ないものといえるような重要な職務と権限を付与され、また、賃金等の待遇やその勤務態様において、他の一般労働者に比べて優遇措置が取られているので、労働時間等に関する規定の適用を除外されても、上記の基本原則［筆者注：法定労働時間や法定休日の規制の枠を超えて労働させる場合に、割増賃金を支払うべきこと］に反するような事態が避けられ、当該労働者の保護に欠けるところがないという趣旨によるものと解される。
　したがって、Xが管理監督者に当たるといえるためには、店長の名称だけでなく、実質的に以上の法の趣旨を充足するような立場にあると認められるものでなければならず、具体的には、①職務内容、権限及び責任に照らし、労務管理を含め、企業全体の事業経営に関する重要事項にどのように関与しているか、②その勤務態様が労働時間等に対する規制になじまないものであるか否か、③給与（基本給、役付手当等）及び一時金において、管理監督者にふさわしい待遇がされているか否かなどの諸点から判断すべきであるといえる」。
　Xは、①から③のいずれの点も満たさないので、管理監督者には該当しない。

●**解説**● 労基法41条は、労基法上の労働時間に関連する規定について、農業、畜産・水産業に従事する者（1号）、「監視又は断続的労働に従事する者で、使用者が行政官庁の許可を受けたもの」（3号）の適用除外を定めている。さらに、「監督若しくは管理の地位にある者」（管理監督者）と「機密の事務を取り扱う者」の適用除外が定められている（2号）。文言上、適用除外されるのは、「労働時間、休憩及び休日に関する規定」で、年次有給休暇は含まれていない（労基法第4章の見出しと比較せよ）。深夜労働に関する規定も適用除外されない（ことぶき事件─最2小判平成21年12月18日）。
　管理監督者は、3号の監視・断続的労働に従事する者とは異なり、適用除外を受けるにおいて、行政官庁（労働基準監督署長）の事前の許可の必要がないため、使用者側が、当該労働者の役職だけ管理職にし、割増賃金の支払義務を免れようとする「名ばかり管理職」が社会問題となってきた（本判決も、その1つである）。
　管理監督者の定義は法令上は明確にされていないが、従来、行政解釈により、ある程度、明らかにされていた（昭和22年9月13日発基17号、昭和63年3月14日基発150号）。それによると、重要な職務と責任を有していること、現実の勤務態様も労働時間等の規制になじまないような立場にあること、賃金等の待遇面において一般労働者に比し優遇措置が講じられていること、が判断基準となる。
　本判決も、この行政解釈とほぼ同様の基準により、判旨の①から③の要素を考慮して管理監督者の該当性の判断をすべきものとしている。もっとも、管理監督者に該当するためには、判旨が言及しているような「経営者との一体性」が求められると解されており、これはかなり厳格な判断基準である。従来の裁判例においても、管理監督者性が肯定された事例はそれほど多くない（肯定例として、ことぶき事件─前掲［理美容店の総店長］、日本ファースト証券事件─大阪地判平成20年2月8日［証券会社の支店長］等）。
　指揮命令のライン上にないスタッフ職も、管理監督者に該当する可能性はある（昭和52年2月28日基発105号等を参照）が、現実には認められにくいだろう（否定例として日産自動車事件─横浜地判平成31年3月26日）。
　「名ばかり管理職」が生じる背景には、日本に、上級のホワイトカラーに対する適用除外制度（ホワイトカラー・エグゼンプション）がないという事情もある。みなし労働時間制としては裁量労働制（労基法38条の3、38条の4）があるし、2018年の労基法改正により、高度プロフェッショナル制度という、新たな適用除外（あるいは特例）の制度が設けられた（同法41条の2）が、導入要件の厳格さもあり、それらの利用は低調である。

＊［人事労働法179〜180頁］

108 年次有給休暇権の発生要件(1)—林野庁白石営林署事件

最2小判昭和48年3月2日〔昭和41年(オ)848号〕(民集27巻2号191頁)

年休の取得に使用者の承認は必要か。

●事実● Xは、A営林署の職員であり、B労働組合の組合員でもある。B組合は、組合員が、勤務時間内に許可なく職場大会を開いた等の理由で処分を受けたため、これに抗議する闘争を行うこととし、C営林署はその拠点の1つとされた。Xは、Cでの闘争に参加するために、昭和33年12月9日に翌日と翌々日の2日間の年次有給休暇(年休)を請求し、この2日間出勤しなかった。当局はこの年休請求を不承認として2日分の給料をカットしたため、Xがカット分の支払いを求めて訴えを提起した。1審および原審ともに、Xの請求を認容したので、Y(国)は上告した。

●判旨● 上告棄却(Xの請求認容)。

I 年休の権利は、労基法39条1項・2項の要件が充足されることによって法律上当然に労働者に生ずる権利であって、労働者の請求をまってはじめて生ずるものではなく、また、同条5項にいう「請求」とは、休暇の時季にのみかかる文言であって、その趣旨は、休暇の時季の「指定」にほかならない。

労基法は、有給休暇を「与える」といっているが、休暇の付与義務者たる使用者に要求されるのは、労働者がその権利として有する有給休暇を享受することを妨げてはならないという不作為を基本的内容とする義務にほかならない。

II 「年次休暇の利用目的は労基法の関知しないところであり、休暇をどのように利用するかは、使用者の干渉を許さない労働者の自由である、とするのが法の趣旨であると解するのが相当である」。

III 「いわゆる一斉休暇闘争とは、これを、労働者がその所属の事業場において、その業務の正常な運営の阻害を目的として、全員一斉に休暇届を提出して職場を放棄・離脱するものと解するときは、その実質は、年次休暇に名を藉りた同盟罷業にほかならない。したがって、その形式のいかんにかかわらず、本来の年次休暇権の行使ではないのであるから、これに対する使用者の時季変更権の行使もありえず、一斉休暇の名の下に同盟罷業に入った労働者の全部について、賃金請求権が発生しないことになる」。

IV しかし、「他の事業場における争議行為等に休暇中の労働者が参加したか否かは、なんら当該年次有給休暇の成否に影響するところはない」。けだし、労働者が、適法に時季指定をしたときは、使用者による適法な時季変更権の行使がないかぎり、指定された時季に年休が成立するのであり、時季変更権の行使要件である「事業の正常な運営を妨げる」か否かの判断は、当該労働者の所属する事業場を基準として決すべきものであるからである。

●解説● 年休は、労基法39条1項および2項(短時間労働者は3項)に基づき労働者が請求した時季に使用者は付与しなければならない(5項)。法律の文言上、労働者に時季の指定権があるのは明らかであるが、年休権の法的性質については議論があった。本判決は、労基法39条1項および2項所定の要件がそろえば、使用者の対応(承認の有無など)に関係なく、労働者には年休権が当然に発生するとし、それとは別に労働者には時季指定権があるとする二分説の立場を採択することを明示した(判旨I)。ただし、使用者には「事業の正常な運営を妨げる場合」には、時季変更権の行使が認められているので、その意味で、時季指定権の効果は解除条件付きである。なお、2018年の労基法改正で、使用者に対して労働者の年休のうち5日分は、時季指定して付与する義務を課した(39条7項。労働者自身の時季指定ないし計画年休協定により取得した日数は5日分から差し引かれる[同条8項])。

本判決は、年休の自由利用の原則を認め(判旨II)、他の事業場における争議行為に参加するために年休を取得することは年休自由利用の原則の範疇内のことであるが(判旨IV)、労働者がその所属の事業場において、その業務の正常な運営の阻害を目的として、全員一斉に休暇を取得するという一斉休暇闘争は、使用者の時季変更権を前提としないもので、年休に名を藉りた争議行為にすぎないとしている(判旨III。本件は、Xが休暇中に他の事業場での争議行為に参加したが、A営林署での事業の正常な運営を妨げるものではなかったので、年休の成否には影響しないとした[判旨外]。なお同種事案で同じ結論のものとして、国鉄郡山工場事件—最2小判昭和48年3月2日)。

その後、労働者が請求していた年休日に、その所属する労働組合の争議行為が前倒しで行われたため、年休を維持したまま当該事業場における正常な業務の運営を阻害する目的で職場を離脱した事案において、最高裁は「労働基準法の適用される事業場において業務を運営するための正常な勤務体制が存在することを前提としてその枠内で休暇を認めるという年次有給休暇制度の趣旨に反する」ので、年休は成立しないとした(津田沼電車区事件—最3小判平成3年11月19日)。

＊ [人事労働法188〜193頁]

109 年次有給休暇権の発生要件(2)─八千代交通事件

最1小判平成25年6月6日〔平成23年(受)2183号〕(民集67巻5号1187頁)

> 無効な解雇による不就労期間は、年休の出勤率要件の算定において出勤日扱いとなるか。

●事実● 一般乗用旅客自動車運送事業等を営むY会社は、タクシー乗務員として雇用していたXを、平成19年5月16日に解雇する旨の意思表示をし、同日以降のXの就労を拒んだ。Xは、この解雇の有効性を争った裁判で勝訴し、平成21年9月4日、職場に復帰した。

Xは、同月13日から同月15日、平成22年1月13日および同年2月15日の合計5日の労働日につき、年休の時季指定をし、就労しなかった。しかし、Y会社は、Xは前年度において労基法39条2項所定の年休の成立要件を満たしていないとして、Xが就労しなかった5日間を欠勤として扱い、賃金を支払わなかった。そこで、Xは、未払い分の賃金などの支払いを求めて訴えを提起した。1審および原審ともに、Xの年休権は適法に成立していると判断して、その請求を(一部)認容した。そこで、Y会社は上告した。

●判旨● 上告棄却(Xの請求の一部認容)。

労基法「39条1項及び2項における前年度の全労働日に係る出勤率が8割以上であることという年次有給休暇権の成立要件は、法の制定時の状況等を踏まえ、労働者の責めに帰すべき事由による欠勤率が特に高い者をその対象から除外する趣旨で定められたものと解される。このような同条1項及び2項の規定の趣旨に照らすと、前年度の総暦日の中で、就業規則や労働協約等に定められた休日以外の不就労日のうち、労働者の責めに帰すべき事由によるとはいえないものは、不可抗力や使用者側に起因する経営、管理上の障害による休業日等のように当事者間の衡平等の観点から出勤日数に算入するのが相当でなく全労働日から除かれるべきものは別として、上記出勤率の算定に当たっては、出勤日数に算入すべきものとして全労働日に含まれるものと解するのが相当である。

無効な解雇の場合のように労働者が使用者から正当な理由なく就労を拒まれたために就労することができなかった日は、労働者の責めに帰すべき事由によるとはいえない不就労日であり、このような日は使用者の責めに帰すべき事由による不就労日であっても当事者間の衡平等の観点から出勤日数に算入するのが相当でなく全労働日から除かれるべきものとはいえないから、法39条1項及び2項における出勤率の算定に当たっては、出勤日数に算入すべきものとして全労働日に含まれるものというべきである」。

●解説● 年休権が発生するためには、その前の所定期間に全労働日の8割以上出勤していることが要件となる(労基法39条1項および2項)。通常の欠勤は、全労働日に含めたうえで、出勤扱いとならないことに異論はないが、欠勤の種類によっては、全労働日から除外すること、あるいは、全労働日に算入して、出勤扱いとすることもありうる。後者の出勤扱いとされる場合の例としては、業務上の負傷・疾病による療養のための休業、育児休業、介護休業、産前産後の休業が法律で明記されている(同法39条10項)。

従来の行政解釈では、「使用者の責に帰すべき事由による休業の日」と「正当な同盟罷業その他正当な争議行為により労務の提供が全くなされなかった日」は全労働日に含まれないとされていた。しかし、学説上は、全労働日に含めたうえで、出勤扱いにすべきとする見解も有力に主張されていた。

このようななか、本判決は、全労働日を「就業規則や労働協約等に定められた休日以外の」日とする解釈を前提としたうえで、無効な解雇による不就労期間について、「労働者の責めに帰すべき事由」の存否に着目して、これに該当しない場合には、出勤扱いとするという解釈を示した。「労働者の責めに帰すべき事由による欠勤率が特に高い者」を年休取得対象者から除外するという出勤率要件の趣旨をふまえたものである。

ただし、「労働者の責めに帰すべき事由」がない場合であっても、衡平等の観点から、「不可抗力や使用者側に起因する経営、管理上の障害による休業日等」は全労働日には含めないとしている。「使用者側に起因する経営、管理上の障害による休業」は、労基法26条の使用者の帰責事由には該当し、休業手当の請求権を発生させる(→【169】ノース・ウエスト航空事件)が、年休の出勤率要件との関係では出勤扱いとはされないということである。

本判決後、行政解釈は修正されている(平成25年7月10日基発0710第3号)。

＊[人事労働法191頁補注(4)]

110　時季変更権の有効性(1)──電電公社弘前電報電話局事件

最2小判昭和62年7月10日〔昭和59年(オ)618号〕(民集41巻5号1229頁)

交替制で働く労働者の年休の時季指定について、使用者が状況に応じた配慮をせず勤務割の変更をしなかった場合の時季変更権の行使は有効か。

●**事実**●　Xは、Y公社のA局施設部機械課に勤務し、6輪番交替服務の勤務体制に組み入れられていた。Xは、勤務割において日勤勤務にあたっていた昭和53年9月17日(日曜)に年休の時季指定をした。機械課では、労使間の協議により、日曜の日勤勤務の場合に必要な最低配置人員は2名と定められていた。同課のB課長は、Xが同日に予定されている成田空港反対現地集会に参加して違法行為に及ぶおそれがあると考え、参加を阻止するため、Xの代替勤務を申し出ていた職員を説得してその申出を撤回させたうえ、同日にXが出勤しなければ必要な最低配置人員を欠くことになるとして時季変更権を行使した。Xは同日出勤せず、成田空港反対現地集会に参加した。Y公社は、Xに対して無断欠勤を理由として戒告処分にし、賃金を1日分カットした。そこで、Xは、戒告処分の無効と、未払賃金と付加金、および慰謝料の支払を求めて訴えを提起した。1審は、Xの請求をほぼ認容したが、原審は、Y公社の時季変更権の行使は適法であるとして、Xの請求を棄却した。そこで、Xは上告した。

●**判旨**●　原判決一部破棄、一部差戻し（時季変更権の行使は無効と判断した）。

Ⅰ　「労働者の年次休暇の時季指定に対応する使用者の義務の内容は、労働者がその権利としての休暇を享受することを妨げてはならないという不作為を基本とするものにほかならないのではあるが、年次休暇権は労基法が労働者に特に認めた権利であり、その実効を確保するために附加金及び刑事罰の制度が設けられていること（同法114条、119条1号）、及び休暇の時季の選択権が第1次的に労働者に与えられていることにかんがみると、同法の趣旨は、使用者に対し、できるだけ労働者が指定した時季に休暇を取れるよう状況に応じた配慮をすることを要請しているものとみることができる」。

Ⅱ　労基法39条5項ただし書の「事業の正常な運営を妨げる場合」か否かの判断において、「代替勤務者配置の難易は、判断の一要素となるというべきであるが、特に勤務割による勤務体制がとられている事業場の場合には、重要な判断要素であることは明らかである。したがって、そのような事業場において、使用者としての通常の配慮をすれば、勤務割を変更して代替勤務者を配置することが客観的に可能な状況にあると認められるにもかかわらず、使用者がそのための配慮をしないことにより代替勤務者が配置されないときは、必要配置人員を欠くものとして事業の正常な運営を妨げる場合に当たるということはできないと解するのが相当である。そして、年次休暇の利用目的は労基法の関知しないところである……から、勤務割を変更して代替勤務者を配置することが可能な状況にあるにもかかわらず、休暇の利用目的のいかんによってそのための配慮をせずに時季変更権を行使することは、利用目的を考慮して年次休暇を与えないことに等しく、許されないものであり、右時季変更権の行使は、結局、事業の正常な運営を妨げる場合に当たらないものとして、無効といわなければならない」。

●**解説**●　判例は、年休に対応する使用者の義務は、労働者の年休権の享受を妨げてはならないという不作為を基本とすると述べている（→【108】林野庁白石営林署事件〔判旨Ⅰ〕）が、本判決は、これに加えて、労基法は、「労働者が指定した時季に休暇を取れるよう状況に応じた配慮をすることを要請している」とした（判旨Ⅰ）。そこでいう配慮の典型例は、代替勤務者の配置である。とりわけ本件のように最低配置人員が設定されて、その人数しか配置されていない場合には、年休を取得すれば直ちに「事業の正常な運営を妨げる」として、時季変更権の行使が認められる可能性があるので、年休権を実効性のあるものとするためには、使用者は代替勤務者の確保をするなどの配慮が必要となろう。

この際に使用者に求められるのは「状況に応じた」、「通常の配慮」である。その後の判例は、「通常の配慮をすれば代替勤務者を確保して勤務割を変更することが客観的に可能な状況にあったか否かについては、当該事業場において、年次休暇の時季指定に伴う勤務割の変更が、どのような方法により、どの程度行われていたか、年次休暇の時季指定に対し使用者が従前どのような対応の仕方をしてきたか、当該労働者の作業の内容、性質、欠務補充要員の作業の繁閑などからみて、他の者による代替勤務が可能であったか、また、当該年次休暇の時季指定が、使用者が代替勤務者を確保しうるだけの時間的余裕のある時期にされたものであるか、更には、当該事業場において週休制がどのように運用されてきたかなどの諸点を考慮して判断されるべきである」、としている（電電公社関東電気通信局事件──最3小判平成元年7月4日）。

本件では、使用者側は、代替勤務を申し出ていた者に翻意させるなど配慮とは逆の行動をしており、また、その行動の目的は、成田空港反対闘争への参加を阻止するところにあり、年休自由利用の原則（→【108】林野庁白石営林署事件）にも反するものであったことから、時季変更権の行使を無効とした。

＊〔人事労働法188〜191頁〕

111 時季変更権の有効性(2)—電電公社此花電報電話局事件

最1小判昭和57年3月18日〔昭和53年(オ)558号〕(民集36巻3号366頁)

> 年休の取得後に行使された時季変更権は有効か。

●事実● X₁およびX₂は、Y公社に勤務する職員である。X₁は、昭和44年8月18日、午前8時40分ころに、理由を述べずその日の1日分の年休を請求し、午前9時からの勤務に就かなかった。これに対して、所属長であるA課長は、事務に支障が生ずるおそれがあると判断したが、休暇を必要とする事情によっては休暇を認めるのを妥当とする場合があると考え、X₁から休暇を必要とする事情を聴取するため、連絡をするよう電報を打った。しかし、午後3時ころ出社したX₁が、理由を明らかにすることを拒んだため、ただちに年休の請求を不承認とする意思表示をした(X₂も類似の事案)。なお、Y公社の就業規則には、Xらのような交替服務の職員の年休については、前々日までに所属長の承認を得なければならないと定められていた。Y公社は、Xらを欠勤扱いとし、賃金を控除したため、Xらは、未払い賃金と付加金の支払いを求めて訴えを提起した。

1審はXらの請求をほぼ認容したが、原審は、時季変更権の行使は有効であるとして、原判決の一部を取り消した。そこで、Xらは上告した。

●判旨● 上告棄却。

Ⅰ 「使用者の時季変更権の行使が、労働者の指定した休暇期間が開始し又は経過した後にされた場合であっても、労働者の休暇の請求自体がその指定した休暇期間の始期にきわめて接近してされたため使用者において時季変更権を行使するか否かを事前に判断する時間的余裕がなかったようなときには、それが事前にされなかったことのゆえに直ちに時季変更権の行使が不適法となるものではなく、客観的に右時季変更権を行使しうる事由が存し、かつ、その行使が遅滞なくされたものである場合には、適法な時季変更権の行使があったものとしてその効力を認めるのが相当である」。

Ⅱ 原判決は、Xらの本件の各年休の請求が就業規則等の定めに反し前々日の勤務終了時までにされなかったため、Y公社において代行者を配置することが困難となり、事業の正常な運営に支障を生じるおそれがあったところ、Xらが就業規則等の規定どおりに請求しえなかった事情を説明するために休暇を必要とする事情をも明らかにするならば、時季変更権の行使を差し控えることもありうるところであったのに、Xらはその事由すらいっさい明らかにしなかったのであるから、時季変更権を行使されたの

はやむをえないことであると判断したものであって、使用者が時季変更権を行使するか否かを判断するため労働者に対し休暇の利用目的を問いただすことや、休暇の利用目的を明らかにしないこと、または、その明らかにした利用目的が相当でないことを時季変更権行使の理由としうることを一般的に認めたものではない。

●解説● 1 本件では、就業規則の規定に違反して、休暇の取得の直前に時季指定をした労働者に対し、事後的に行使された時季変更権の有効性が争われている。

まず、時季指定権の行使をいつまでになすべきかについては法律上の規定がなく、就業規則上の合理的な制限の範囲内のものであれば適法と解されている。本判決では、交替制勤務の労働者について、前々日までという制限が合理的であることは当然の前提となっている。期間制限が労働者に厳しすぎる(1カ月前までの指定など)と、そのような規定は合理性を欠くと判断される可能性はあろう(労契法7条)。

本判決は、時季変更権の事後的な行使について、時季指定が休暇の始期にきわめて近接した時期に行われ、時季変更権の行使の判断の時間的余裕がなかった場合には、その行使が遅滞なく行われれば適法であるとする(判旨Ⅰ)。時季指定をした日が休暇の取得日に近接すればするほど、事後的な時季変更権の行使が許される可能性が高まるであろう(なお、時季変更権の要件を満たしていない場合であっても、就業規則等の規定に違反した直前の時季指定権の行使が権利濫用となる場合はあろう)。

2 年休については自由利用の原則があり、使用者が休暇目的を考慮して時季変更権を行使するかどうかを決めることは許されない(→【108】林野庁白石営林署事件、【110】電電公社弘前電報電話局事件)。ただし、本判決によると、客観的に時季変更権の要件が備わっている場合に、その行使を差し控えるかどうかを判断するために、休暇目的を問うことは許される(判旨Ⅱ)。

3 時季変更権をめぐっては、非代替的業務に従事する労働者の年休において、事業の正常な運営を妨げる可能性が高いため問題となりやすい。判例上は、高校の期末試験の当日の出題担当教師の年休や、職場の技能改善のための訓練への参加に従事するよう命じられていた従業員の当該訓練日における年休については、時季変更権の行使が有効とされている(それぞれ、道立夕張南高校事件—最1小判昭和62年1月29日、NTT事件—最2小判平成12年3月31日)。非代替的で時期的に限定されている業務の場合には、時季変更権の行使は有効とされやすいということだろう。

＊ [人事労働法191頁補注(5)]

112 時季変更権の有効性(3)—時事通信社事件

最3小判平成4年6月23日〔平成元年(オ)399号〕〔民集46巻4号306頁〕

長期連続休暇に対する時季変更権の行使は有効か。

●事実● Y会社の記者であるXは、科学技術庁（当時）の科学技術記者クラブに1人だけ配置されていた。Xは、昭和55年当時において、前年度の繰越分を含めて40日間の年休日数を有していたところ、同年6月30日、休暇および欠勤届を提出し（8月20日から9月20日まで）、年休の時季指定をした（所定の休日等を除いた年休日数は24日）。

これに対し、Xの所属する社会部の部長は、Xが1カ月も不在になれば取材報道に支障をきたすおそれがあり、代替記者を配置する人員の余裕もないとの理由をあげて、Xに対し、2週間ずつ2回に分けて休暇を取ってほしいと回答したうえで、後半の2週間の時季指定については業務の正常な運営を妨げるものとして、時季変更権を行使した。しかしXは、8月22日から9月20日までの間、欠勤した。

そこで、Y会社は、時季変更権を行使した9月6日から20日までの間の勤務を要する10日間について業務命令に反して就業しなかったことを理由にXを譴責処分に処し、賞与も減額支給した。Xは、この時季変更権の行使は違法であるとして、譴責処分の無効確認と賞与の減額分の支給を求めて訴えを提起した。1審は、時季変更権の行使を有効としたが、原審は、Xの請求をほぼ認容した。そこで、Y会社は上告した。

●判旨● 原判決破棄、差戻し。

Ⅰ 「労働者が長期かつ連続の年次有給休暇を取得しようとする場合においては、それが長期のものであればあるほど、使用者において代替勤務者を確保することの困難さが増大するなど事業の正常な運営に支障を来す蓋然性が高くなり、使用者の業務計画、他の労働者の休暇予定等との事前の調整を図る必要が生ずるのが通常である。しかも、使用者にとっては、労働者が時季指定をした時点において、その長期休暇期間中の当該労働者の所属する事業場において予想される業務量の程度、代替勤務者確保の可能性の有無、同じ時季に休暇を指定する他の労働者の人数等の事業活動の正常な運営の確保にかかわる諸般の事情について、これを正確に予測することは困難であり、当該労働者の休暇の取得がもたらす事業運営への支障の有無、程度につき、蓋然性に基づく判断をせざるを得ないことを考えると、労働者が、右の調整を経ることなく、その有する年次有給休暇の日数の範囲内で始期と終期を特定して長期かつ連続の年次有給休暇の時季指定をした場合には、これに対する使用者の時季変更権の行使については、右休暇が事業運営にどのような支障をもたらすか、右休暇の時期、期間につきどの程度の修正、変更を行うかに関し、使用者にある程度の裁量的判断の余地を認めざるを得ない」。

Ⅱ 「もとより、使用者の時季変更権の行使に関する右裁量的判断は、労働者の年次有給休暇の権利を保障している労働基準法39条の趣旨に沿う、合理的なものでなければならないのであって、右裁量的判断が、同条の趣旨に反し、使用者が労働者に休暇を取得させるための状況に応じた配慮を欠くなど不合理であると認められるときは、……時季変更権行使の要件を欠くものとして、その行使を違法と判断すべきである」。

●解説● 本判決は、労働者が長期連続の年休の時季指定をした場合には、使用者との事前の調整が必要であるとし、そのような調整を経ない時季指定に対しては、時季変更権の行使において使用者にある程度の裁量的判断の余地を認めざるをえないとする（判旨Ⅰ）。もっとも、この使用者の裁量的判断は、年休権を保障している趣旨に沿う合理的なものでなければならない（判旨Ⅱ）。

本判決は、Xの担当していた業務は専門的知識を要するもので代替要員の確保が困難であったこと、記者クラブへの単独配置は企業経営上やむをえないものであったこと、Xが時期や期間についてY会社との間で十分な調整を行わずに、長期連続休暇の時季指定をしていること、Y会社は部長から理由をあげて2回に分けて休暇を取得するよう回答し、実際に後半部分のみ時季変更権を行使するなど、相当な配慮をしていることを考慮して、最終的には、時季変更権の行使を有効と判断した（判旨外）。

長期連続の年休は、休息や余暇の保障という点では望ましいものであるが、本判決によると、使用者との十分な事前調整が必要であるし、そのような調整がなされなければ時季変更権の行使が有効とされやすくなるなど、労働者にとってその取得は容易ではない。

年休は1日ごとに分割した取得も、継続した取得も可能である（労基法39条1項）。一方、半日年休などの1日未満の取得は従来は例外的にのみ認められていた（平成21年5月29日基発0529001号も参照）が、2008年の労基法改正により、1日未満の時間単位年休が、過半数代表との労使協定に基づき5日以内であれば取得できるようになった（同条4項）。

＊［人事労働法188〜189頁］

113　計画年休―三菱重工長崎造船所事件

福岡高判平成6年3月24日〔平成4年(ネ)306号〕

> 労基法上の計画年休協定の定める年休日は、労働者に対して拘束力をもつか。

●**事実**●　船舶等の製造・修理を業とするY会社のA造船所では、昭和59年以来、夏季の連続休暇を実施する一環として有給休暇の一斉付与措置を行っていた。しかし、これに反対する少数労働組合Bの組合員に対しては、そのような措置はとっていなかった。昭和62年に労基法が改正され、協定による計画的年休付与が定められたことから、Y会社は、反対するB組合にも、計画年休措置をとることができると考えた。そこで、昭和63年10月、B組合と計画年休措置について団体交渉を行ったが、合意には至らなかった。他方、Y会社は、A造船所の従業員の98%で組織するC労働組合との間で、平成元年7月25日、26日の2日間を年休日とする計画年休協定（本件協定）を締結し、その協定に従い、本件計画年休を実施した。B組合の組合員であるXは、同月27日、28日に年休を取得するとして欠勤した。Y会社は、本件計画年休の付与によって、Xの年休残日数が1日になっているため、27日は年休となるが、28日は欠勤となるとして、28日分の賃金を控除した。Xは、残存保有年休日数の確認と控除分の賃金の支払い等を求めて訴えを提起した。1審は、Xの請求を棄却したので、Xは控訴した。

●**判旨**●　控訴棄却（Xの請求棄却）。

　Y会社A造船所における本件計画年休は、労基法39条6項の趣旨に則り、年休の取得を促進するため、平成元年から、C組合との間の書面による協定に基づいて実施されたものである。本件協定の締結にあたっては、昭和63年10月以降、3つの労働組合との団体交渉を通じて、制度導入の提案、趣旨説明、意見聴取等適正な手続を経由したことが認められる。そして、本件計画年休は、その内容においても、事業所全体の休業による一斉付与方式を採用し、計画的付与の対象日数を2日に絞るとともに、これを夏季に集中させることによって大多数の労働者が希望する10日程度の夏季連続休暇の実現を図るという法の趣旨に則ったものであり、現時点において年休取得率の向上に寄与する結果が得られていると否とを問わず、Xについて適用を除外すべき特別の事情があるとは認められない以上、これに反対するXに対しても、その効力を有するものというべきである。

●**解説**●　計画年休制度は、1987年の労基法改正の際に、年休の取得の向上を目的として導入されたものである（労基法39条6項）。これは、過半数代表と使用者との間の書面協定により、年休の時季を定めた場合には、労働者の時季指定権と使用者の時季変更権がともに消滅し、協定が定めた時季に年休日が特定されるというものである（ただし、この効果は、労働者の年休の5日分を超える部分だけである）。計画的付与の方法としては、本件のような一斉付与方式があるほか、班別の交代制付与方式、付与計画表による個人別付与方式等がある（昭和63年1月1日基発1号を参照）。

　計画年休協定に私法上の効力が認められるかについては議論がある。労使協定の代表例である三六協定については免罰的効力しかなく、三六協定の内容に則して使用者が時間外労働を命じるためには、別途に労働契約上の根拠が必要と解されている（→【102】日立製作所武蔵工場事件［解説]）。

　ただ、時間外労働については、そもそも労働時間の長さが労働契約により決められるものであるため、三六協定は労基法によるその規制を解除するという効果しかないと解されるのに対して、年休は労基法に基づき付与され、時季指定権や時季変更権も同法に根拠をもち、計画年休協定はその年休の付与方法に関する特別なルールを定めるものにすぎないので、その協定に法的な拘束力を認めるのは、むしろ当然といえるであろう。本判決も、このような立場に立っている。

　もっとも、本件のように少数組合が計画年休に反対している場合に、少数組合の組合員にまで労使協定の効力を及ぼすのには問題があるという考え方もあろう。本判決が、協定が趣旨説明や意見聴取等の手続を経て締結されたことに言及しているのは、この点を考慮したものであろう。しかし、条文上は、労使協定が過半数組合との間で書面により締結されるという形式要件を満たしていれば、その協定は当該事業場の全労働者に拘束力が及ぶと解さざるをえないであろう。

　また、判旨は、協定の適用を除外すべき特別の事情がある場合にも言及している。年休の付与日をあらかじめ定めることが適当でない場合などがこれに該当することになろう（昭和63年1月1日基発1号。たとえば、計画的付与日前の退職が予定されている場合）。

　なお、法定外年休は使用者による一方的な計画的付与が可能だが、計画年休協定が適法に締結されていない場合には、法定年休だけでなく、就業規則上それと一体で定められている法定外年休も、計画的付与が認められないとした裁判例がある（シェーンコーポレーション事件―東京高判令和元年10月9日）。

＊［人事労働法191頁補注(6)]

114　年次有給休暇の取得と不利益取扱い—沼津交通事件

最2小判平成5年6月25日〔平成4年(オ)1078号〕(民集47巻6号4585頁)

> 年休による欠勤日を皆勤手当の算定において欠勤扱いとすることは適法か。

●事実●　Xは、タクシー業を営むY会社の乗務員である。Y会社では、乗務員の出勤率を高めるため、ほぼ交番表(月ごとの勤務予定表)どおり出勤した者に対して、報奨として皆勤手当を支給することとしていた。Y会社は、その従業員で組織するA労働組合(Xも加入)との間で締結した労働協約において、交番表に定められた労働日数および労働時間を勤務した乗務員に対し、昭和63年度は1カ月3100円、平成元年度は1カ月4100円の皆勤手当を支給していた。

Xは、昭和62年8月から平成3年2月までの43カ月間に42日の年休を取得していた。労働協約では、皆勤手当は、欠勤が1日のときは半額とし、欠勤が2日以上のときは不支給とされていたが、この欠勤には、年休を含むものとして運用されてきた(A組合もこの運用を了承していた)。しかし、その後、労働基準監督署の指導があり、A組合との交渉で、年休を欠勤扱いとしないことにし、他方、これまでの減額・不支給分については組合としては請求しないこととした。

Xは、A組合の方針に反して、皆勤手当の過去の減額・不支給分の支払いを求めて訴えを提起した。なお、Xの現実の給与支給月額の中で、皆勤手当の額の占める割合は、最大でも1.85%にすぎなかった。

1審はXの請求を認容したが、原審は原判決を取り消し、Xの請求を棄却した。そこで、Xは上告した。

●判旨●　上告棄却。

労基法附則136条が、「使用者は年次有給休暇を取得した労働者に対して賃金の減額その他不利益な取扱いをしないようにしなければならないと規定していることからすれば、使用者が、従業員の出勤率の低下を防止する等の観点から、年次有給休暇の取得を何らかの経済的不利益と結び付ける措置を採ることは、その経営上の合理性を是認できる場合であっても、できるだけ避けるべきであることはいうまでもないが、右の規定は、それ自体としては、使用者の努力義務を定めたものであって、労働者の年次有給休暇の取得を理由とする不利益取扱いの私法上の効果を否定するまでの効力を有するものとは解されない。また、右のような措置は、年次有給休暇を保障した労働基準法39条の精神に沿わない面を有

することは否定できないものではあるが、その効力については、その趣旨、目的、労働者が失う経済的利益の程度、年次有給休暇の取得に対する事実上の抑止力の強弱等諸般の事情を総合して、年次有給休暇を取得する権利の行使を抑制し、ひいては同法が労働者に右権利を保障した趣旨を実質的に失わせるものと認められるものでない限り、公序に反して無効となるとすることはできないと解するのが相当である」。

●解説●　労基法附則136条は、年休を取得した労働者に対して、賃金の減額その他不利益な取扱いをしないようにしなければならない、と定めている。本判決は、文言に忠実に、同条は努力義務を定めたものであり、私法上の効力はないとした。もっとも公序違反として無効となることはありうる(民法90条)が、その場合は、労基法等に基づく権利の行使を抑制し、その権利を保障した趣旨を実質的に失わせるものと認められない限り、公序違反として無効とならないという判例法理(エヌ・ビー・シー工業事件—最3小判昭和60年7月16日、日本シェーリング事件—最1小判平成元年12月14日、【135】東朋学園事件等を参照)が適用されるとしている。

本判決は、Y会社は、交番表が作成された後に乗務員が年休を取得した場合には代替要員の手配が困難となり、自動車の実働率が低下するという事態が生じるので、このような形で年休を取得することを避ける配慮をした乗務員には皆勤手当を支給するとしたものであって、この措置は、年休の取得を一般的に抑制する趣旨に出たものではないとみられること、また、乗務員が年休を取得したことにより控除される皆勤手当の額が相対的に大きいものではないことなどから、結論として、公序違反にならないとしている(判旨外)。

なお、判例には、労基法39条の趣旨を根拠として、年休の取得日を、その属する期間に対応する賞与の計算上欠勤として扱うことはできないとしたものもある(エス・ウント・エー事件—最3小判平成4年2月18日。同判決は、就業規則上、法定外年休と法定年休とが区別されずに定められているケースには、両年休を同様に取り扱う趣旨と解して、法定外年休にも法定年休と同じ法理があてはまるとしている)が、本判決との整合性は明確でない(そのため、学説には、本判決に批判的な見解もある)。

* 〔人事労働法193頁、201〜202頁〕

115　業務上の負傷・死亡──行橋労基署長〔テイクロ九州〕事件

最2小判平成28年7月8日〔平成26年(行ヒ)494号〕

歓送迎会に参加後の事故と業務遂行性。

●事実●　A会社では、その親会社の中国での子会社から受け入れていた中国人研修生のために、社長業務を代行していたB部長の発案で、親睦を深める目的で本件歓送迎会（費用はA会社負担）が開かれることとなった。A会社で勤務するCも、B部長から参加を勧められた。Cは、いったんは期限が迫っている資料作成の仕事があることを理由に断ったものの、最終的にはこれに応じることとし、当日は、資料作成業務を一時中断して、遅れて参加した。歓送迎会後は、B部長が中国人研修生をその居住するアパートまで送るはずであったが、結局Cが送ることとなり、Cはその途中で交通事故に遭い死亡した。

Cの妻のXは、Y労働基準監督署長に対し、労災保険法に基づく遺族補償給付および葬祭料の支給を請求したが、YはCの死亡が業務上の事由によるものにあたらないことを理由に不支給決定をした。そこでXは、取消訴訟を提起したが、1審は、本件歓送迎会は、従業員有志によって開催された私的な会合であり、Cが任意に行った運転行為が、A会社の支配下にある状態でされたものとは認められないので、Cの死亡は業務上の事由によるものとはいえないと判断して請求を棄却した。原審も、この判断を支持した。そこで、Xは上告した。

●判旨●　原判決破棄、自判（Xの請求認容）。

Ⅰ　労働者の負傷、疾病、死亡等が労災保険法に基づく業務災害に関する保険給付の対象となるには、「それが業務上の事由によるものであることを要するところ、そのための要件の1つとして、労働者が労働契約に基づき事業主の支配下にある状態において当該災害が発生したことが必要であると解するのが相当である」。

Ⅱ　「Cは、A会社により、その事業活動に密接に関連するものである本件歓送迎会に参加しないわけにはいかない状況に置かれ、本件工場における自己の業務を一時中断してこれに途中参加することになり、本件歓送迎会の終了後に当該業務を再開するため本件車両を運転して本件工場に戻るに当たり、併せてB部長に代わり本件研修生らを本件アパートまで送っていた際に本件事故に遭ったものということができるから、本件歓送迎会が事業場外で開催され、アルコール飲料も供されたものであり、本件研修生らを本件アパートまで送ることがB部長らの明示的な指示を受けてされたものとはうかがわれないこと

等を考慮しても、Cは、本件事故の際、なおA会社の支配下にあったというべきである。また、本件事故によるCの死亡と上記の運転行為との間に相当因果関係の存在を肯定することができることも明らかである」。

●解説●　1　労災保険制度における保険給付の対象となる「業務災害」とは、「労働者の業務上の負傷、疾病、障害又は死亡」である（労災保険法7条1項1号）。「業務上」かどうかの判断は、行政解釈によると、災害が業務に起因するものでなければならず（業務起因性）、そのためには、災害が業務の遂行中に、すなわち労働者が事業主の支配ないし管理下にある状態で発生したものであること（業務遂行性）が必要とされている。判例は、このうち業務遂行性については、「労働者が労働契約に基づき事業主の支配下にある状態」かどうかを判断基準としている（十和田労基署長〔白山タイル〕事件──最3小判昭和59年5月29日〔自家用車による通勤途上の事故について、結論としては業務遂行性を否定〕。判旨Ⅰも同旨）。

2　「業務遂行性」が認められるケースとしては、①事業主の支配下にあり、かつその管理下にあって業務に従事している場合、②事業主の支配下にあり、かつその管理下にあるが、業務には従事していない場合、③事業主の支配下にあるが、その管理を離れて、業務に従事している場合がある。歓送迎会や忘年会などへの参加は、③に該当するかが問題となり、これを否定した例もある（福井労基署長〔足羽道路企業〕事件──名古屋高金沢支判昭和58年9月21日等）が、本判決は、歓送迎会が会社の事業活動に密接に関連するものであり、それへの参加が事実上強制されていたことや、事故の発生が、社長業務を代行していた部長が行う予定であった送迎をCが代わって遂行中のものであったことが重視されて、業務遂行性を肯定した（判旨Ⅱ）。

3　業務遂行性が認められても、業務に内在したり、通常随伴する危険が現実化したりしたものでなければ、業務起因性（判例は「相当因果関係」という）は否定されて、「業務上」の災害とはならない。たとえば、上記の①の場合でも、それが自然現象やけんかなどの被災者の私的な逸脱行為などによる場合（仕事上の注意に端を発した大工のけんかについて、業務起因性を否定した判例として、倉敷労基署長事件──最1小判昭和49年9月2日）、上記の②の場合でも、事業場施設やその管理の不備・欠陥によるものでない場合、上記の③の場合でも、積極的な私的な行動に起因する場合には、業務起因性が否定される。

＊　[人事労働法53〜54頁]

116　業務上の疾病——横浜南労基署長〔東京海上横浜支店〕事件

最1小判平成12年7月17日〔平成7年(行ツ)156号〕

過労により発症したくも膜下出血について業務起因性が認められるか。

●事実●　Xは、A海上火災保険会社のB支店で支店長付の運転手の業務に従事していた。Xの昭和58年1月から同59年5月11日までの時間外労働時間は、1カ月平均約150時間、走行距離は1カ月平均約3500キロメートルであり、特に同58年12月以降の1日平均の時間外労働時間は7時間を上回り（深夜労働時間も含まれる）、同月以降の各月の走行距離もかなり多かった。

昭和59年5月10日、Xは、午前5時50分に車庫を出発し、午後7時30分ころ車庫に帰ったが、午後7時50分ころエンジンオイルの漏れを発見し、午後11時ころまでかかって修理し、同月11日午前1時ころに就寝した。Xは、同日午前4時30分ころ起床し、午前5時少し前に車庫に行き、支店長を迎えに行くため自動車を運転して車庫を出たが、その後、間もなく、本件くも膜下出血を発症した。

Xは、昭和56年10月と同57年10月の各健康診断では血圧が正常と高血圧の境界領域にあり、高血圧症が進行していたが、治療の必要のない程度のものであった。Xには、酒、たばこ等健康に悪影響を及ぼすと認められる嗜好はなかった。

Xは、本件くも膜下出血の発症により休業したため、Y労基署長に対して休業補償の請求をしたところ、Yは不支給処分とした。そこで、Xはこの処分の取消しを求めて訴えを提起した。1審はXの請求を認容したが、原審は1審判決を取り消した。そこで、Xは上告した。

●判旨●　原判決破棄、自判（Xの請求認容）。

Xの業務は精神的緊張を伴うものであったうえ、支店長の業務の都合に合わせて行われる不規則なものであり、拘束時間がきわめて長く、また、その労働密度は決して低くはない。Xは、本件くも膜下出血の発症に至るまで相当長期間にわたりこのような業務に従事してきたのであり、このような勤務の継続がXにとって精神的、身体的にかなりの負荷となり慢性的な疲労をもたらしたことは否定し難い。Xの発症前日から当日にかけての業務は、Xの従前の業務と比較して決して負担の軽いものであったとはいえず、それまでの長期間にわたる過重な業務の継続と相まって、Xにかなりの精神的、身体的負荷を与えたものとみるべきである。

「Xの基礎疾患の内容、程度、Xが本件くも膜下出血発症前に従事していた業務の内容、態様、遂行状況等に加えて、脳動脈りゅうの血管病変は慢性の高血圧症、動脈硬化により増悪するものと考えられており、慢性の疲労や過度のストレスの持続が慢性の高血圧症、動脈硬化の原因の1つとなり得るもの

であることを併せ考えれば、Xの右基礎疾患が右発症当時その自然の経過によって一過性の血圧上昇があれば直ちに破裂を来す程度にまで増悪していたとみることは困難というべきであり、他に確たる増悪要因を見いだせない本件においては、Xが右発症前に従事した業務による過重な精神的、身体的負荷がXの右基礎疾患をその自然の経過を超えて増悪させ、右発症に至ったものとみるのが相当であって、その間に相当因果関係の存在を肯定することができる」。

●解説●　「業務上の疾病」の範囲については、労基法75条2項に基づき、同法施行規則35条、別表第1の2において列挙されている。また、そこに具体的に列挙されていない疾病であっても、「その他業務に起因することの明らかな疾病」であれば「業務上の疾病」と認められる（別表第1の2第11号）。本件で問題となったくも膜下出血のような過労を原因とする脳心臓疾患は、以前は別表第1の2に列挙されていなかったが、2010年の改正により、心理的負荷等による精神障害と並び追加された（8号。精神障害は9号）。

脳心臓疾患の業務上認定については、行政による認定基準が定められていた（昭和62年10月26日基発620号、平成7年2月1日基発38号）が、本件当時は、長期間の就労による疲労やストレスの蓄積に起因する脳心臓疾患について、業務起因性を認めることが困難であった。そのようななか、本判決は、発症直前の業務が特に過重であるという事情がないにもかかわらず（ただし、「決して負担の軽いものではなかった」と認定している）、基礎疾患の程度や内容（治療を要するほどの高血圧ではなかったこと）、業務の内容（精神的緊張をともなうもので、労働密度も低いとはいえなかったこと）に加え、「他に確たる増悪要因を見いだせない」こと（本件では、健康に悪影響を及ぼす嗜好がなかったことが重要である）から、業務上の負荷と発症との間の相当因果関係を肯定した（つまり、業務起因性を肯定した）。

こうした司法の判断を受け、行政も、認定基準を改め（平成13年12月12日基発1063号）、「長期間の過重業務」による発症の場合もカバーするように改められ、発症前おおむね6カ月の業務の過重性も考慮されるようになった。とくに発症前1カ月の時間外労働が100時間を超える場合、または発症前2カ月間ないし6カ月間の1カ月平均の時間外労働がおおむね80時間を超える場合には、業務と発症の関連性が高いとされている（現在は、令和3年9月14日基発0914第1号）。

複数事業労働者の複数業務要因災害の認定においては、複数事業での労働時間や精神的負荷が総合的に評価される（労災保険法20条の3、同法施行規則18条の3の6を参照。→【29】小川建設事件［解説］）。

なお、業務上の疾病については、災害（事故）によるもの以外は、業務遂行性（→【115】行橋労基署長〔テイクロ九州〕事件）は実際上問題とならない。

＊［人事労働法54頁］

117　治療機会の喪失──地公災基金愛知県支部長〔瑞鳳小学校〕事件

最3小判平成8年3月5日〔平成4年(行ツ)70号〕

> 発症には業務起因性がない場合でも、その後の業務の遂行により治療機会が奪われたために症状が悪化した場合に、業務起因性が認められた例。

●**事実**●　Aは、市立B小学校の教諭として勤務していたところ、ポートボールの練習試合の審判として球技指導中、ハーフタイムに気分が悪いといって倒れ、意識不明となって入院した。入院先で、Aは特発性脳内出血と診断され、その後死亡した。

Aは、意識不明となった当日は、午前7時40分過ぎころ出勤し、直ちにポートボールの練習指導を行い、続いて朝の会に参加した後、時間割表どおりに授業を行い、午前11時35分から50分まで清掃指導をした。その後、C小学校で練習試合があり、他校の試合で審判もすることになっていたため、午後1時ころ自家用車に児童を同乗させて市内のC小学校へ出発した。Aは、当日出勤後間もないころから頭痛等の身体的不調を訴え、普通の健康状態にあるとは考えにくい行動をとり、また、体調が悪いことから、昼ころとポートボールの試合の審判の開始前の2回にわたり、同僚の教諭らに審判の交代を頼んだが、聞き入れられず、やむなく午後2時ころに始まった他校の試合に審判として臨んだものであった。

Aの妻子であるXらは、地方公務員災害補償法に基づき、地公災基金支部長(Y)に遺族補償と葬儀料の支給を請求したところ、公務外認定処分を受け支給が認められなかった。Xらは、この不支給処分について、所定の機関に、審査請求、再審査請求をしたが、いずれも棄却された。そこで、Xらは公務外認定処分の取消しを求めて訴えを提起した。1審はXらの請求を認容したが、原審は1審判決を取り消し、Xらの請求を棄却した。そこで、Xらは上告した。なお、差戻し後の控訴審は、再びXらの請求を棄却し(名古屋高判平成10年3月31日)、その上告は棄却された(最2小判平成12年4月21日)。

●**判旨**●　原判決破棄、差戻し。

本件では、出血開始後の公務の遂行がその後の症状の自然的経過を超える増悪の原因となったことにより、またはその間の治療の機会が奪われたことにより死亡の原因となった重篤な血腫が形成されたという可能性を否定し去ることは許されない。

仮にこの可能性が肯定されるならば、Aの特発性脳内出血が後の死亡の原因となる重篤な症状に至ったのは、午前中に脳内出血が開始し、体調不調を自覚したにもかかわらず、直ちに安静を保ち診察治療を受けることが困難であって、引き続き公務に従事せざるをえなかったという、公務に内在する危険が現実化したことによるものとみることができる。

●**解説**●　本件では、Aが特発性脳内出血を発症したこと自体については公務起因性(民間の労災保険における業務起因性に相当する)が認められていない。しかし、本判決は、そのような場合でも、発症後の公務の遂行がその後の症状の自然的経過を超える増悪の原因となったり、あるいは、その間の治療の機会が奪われたことにより重篤化をもたらした場合には、公務起因性が認められるという判断枠組みを示している(ただし、差戻し後の上告審は、「発症当日に行った公務が脳内出血の拡大に影響を及ぼしたとは認められず、また、発症後直ちに医師の診察を受けたとしても脳内出血の拡大を防ぐことができたとは認められない」とした差戻し控訴審の判断を受け入れて、公務外認定処分を適法としている)。

また、最高裁は、発症後、入院して適切な治療と安静を必要としていたにもかかわらず公務に戻り、その後、死亡したという事案で、「直ちに安静を保つことが困難で、引き続き公務に従事せざるを得なかったという、公務に内在する危険が現実化した」として公務起因性を認めている(地公災基金東京都支部長〔町田高校〕事件──最3小判平成8年1月23日)。

これらは公務災害の事案であるが、民間労働者の労災事案においても、同様の判断が示されている(中央労基署長〔永井製本〕事件──東京高判平成12年8月9日、尼崎労基署長〔森永製菓塚口工場〕事件──大阪高判平成12年11月21日)。

118　過労自殺と労災──豊田労基署長〔トヨタ自動車〕事件

名古屋高判平成15年7月8日〔平成13年(行コ)28号〕

> 過労によりうつ病に罹患して自殺した場合に、業務
> 起因性が認められるか。

●事実●　Aは、B自動車会社の設計課に所属していた従業員である(35歳)。Aは、当時係長の職に就いており、中間管理職として、一般職員よりもストレスが強い業務に従事していた。Aは、昭和63年2月以降、業務量が格段に増加する一方で、Aの残業時間数は、設定されていた目標残業時間数にほぼ合致しており、それだけAの労働密度は高いものとなっていた。

昭和63年7月は、Aの部署で設計作業の締切が迫るなど、業務が過重になり、同月の時間外労働時間は68.5時間であった。この頃、Aは所属する労働組合からの強い要請により、職場委員長に就任している。就任は9月からの予定であったが、Aは業務に支障をきたすことを懸念し、不安や焦燥感を相当感じることとなった。さらに、Aは、同年8月20日に、16日間の海外出張を命じられた(出張は6カ月先)が、Aは自分の部署の作業遅延を気にかけ、出張によって、設計作業の締切を遵守できなくなると悩んでいた。

Aは、同年8月25日に、ビルから飛び降り自殺をした。Aの妻Xは、Aの自殺は、業務に起因するうつ病によるものであるとして、Y労基署長に対し、労災保険法に基づく遺族補償年金と葬祭料の申請を行ったが、Yは不支給処分をした。Xは、この不支給処分の取消しを求めて訴えを提起した。1審は、Xの請求を認容したので、Yが控訴した。

●判旨●　控訴棄却（Xの請求認容）。

業務と精神疾患の発症・増悪との間に相当因果関係が肯定されるためには、単に業務が他の原因と共働して精神疾患を発症もしくは増悪させた原因であると認められるだけでは足りず、当該業務自体が、社会通念上、当該精神疾患を発症もしくは増悪させる一定程度以上の危険性を内在または随伴していることが必要である。

うつ病の発症メカニズムは十分解明されていないが、現在の医学的知見によれば、「ストレス─脆弱性」理論が合理的であると認められる。もっとも、「ストレス─脆弱性」理論においても、ストレスと個体側の脆弱性の関係等は、医学的に解明されているわけではない。したがって、業務とうつ病の発症・増悪との間の相当因果関係の存否の判断は、うつ病に関する医学的知見を踏まえて、発症前の業務内容および生活状況ならびにこれらが労働者に与える心身的負荷の有無や程度、さらには当該労働者の

基礎疾患等の身体的要因や、うつ病に親和的な性格等の個体側の要因等を具体的かつ総合的に検討し、社会通念に照らして判断するのが相当である。

Aは、過重、過密な業務および職場委員長への就任内定による心身的負荷とAのうつ病親和的な性格傾向が相乗的に影響し合って、昭和63年7月下旬ないし8月上旬頃にうつ病を発症し、さらにその後の作業日程調整および本件出張命令によってうつ病が急激に悪化し、うつ病による希死念慮の下に発作的に自殺したと認められる。

「上記の過重、過密な業務等による心身的負荷は、Aに対し、社会通念上、うつ病の発症だけではなく増悪においても、一定程度以上の危険性を有するものであったと認められるから、業務と本件うつ病の発症との間には相当因果関係を肯定することができ、本件自殺は、本件うつ病の症状として発現したものであるから、労災保険法12条の2の2第1項の『故意』には該当しないものである」。

●解説●　労働者の自殺は、「故意による死亡」として、労災保険給付の支給対象とならないのが原則である（労災保険法12条の2の2第1項）。かつての通達では、自殺が業務上の死亡と認定されるためには、労働者の自殺が心神喪失状態において行われることを要するとされていた。しかし、その後の通達により、業務による心理的負荷によって精神障害が発症したと認められる者が自殺を図った場合には、業務起因性を認めることとされ（平成11年9月14日基発544号。その後、平成23年12月26日に新しい認定基準が出され〔基発1226第1号〕、最新のものは、令和5年9月1日基発0901第2号）、また、故意との関係でも、「業務上の精神障害によって、正常の認識、行為選択能力が著しく阻害され、又は自殺行為を思いとどまる精神的な抑制力が著しく阻害されている状態で自殺が行われた場合には故意には該当しない」と扱われることになった（平成11年9月14日基発545号）。本判決も、故意に該当しないと判断し、業務起因性を肯定している（→【119】静岡労基署長〔日研化学〕事件）。

行政の認定基準は、業務上の疾病と認定されるためには、①所定の対象疾病を発病していること、②対象疾病の発病前おおむね6カ月の間に、業務による強い心理的負荷が認められること、③業務以外の心理的負荷および個体側要因により対象疾病を発病したとは認められないことのいずれの要件も満たす必要があるとしている。これは、本判決も言及する「ストレス─脆弱性」理論に依拠している（その内容については、→【119】〔解説〕）。

＊〔人事労働法55頁〕

119　パワハラ自殺と労災──静岡労基署長〔日研化学〕事件

東京地判平成19年10月15日〔平成18年(行ウ)143号〕

> 職場でのいじめによる自殺について、業務起因性が認められるか。

●**事実**●　A（昭和42年生まれ）は、大学卒業後の平成2年4月にB会社に入社し、同9年4月からC営業所C2係に所属して、医療情報担当者（MR）として勤務していた。同14年4月、C2係に係長Dが配属され、同係はD係長、Aと他1名の3人体制となった。D係長は大きな声で、一方的に、相手の性格や言い方等に気を配らずに傍若無人な話し方をする性格であり、Aに対しても、「存在が目障り」「車のガソリン代がもったいない」「何処へ飛ばされようと、Aは仕事をしない奴だと言いふらしたる」「給料泥棒」「お前は対人恐怖症やろ」、などと発言していた。

Aは、平成15年3月、家族や上司を名宛人とする8通の遺書を残し、公園で自殺した。Aの妻であるXは、Y労基署長に対し、Aの死亡は業務に起因するものであるとして、労災保険法に基づく遺族補償年金と葬祭料の支給を請求したが、Yは不支給処分をした。そこで、Xはその処分の取消しを求めて訴えを提起した。

●**判旨**●　請求認容。

Ⅰ　「精神障害の発症については、環境由来のストレスと、個体側の反応性、脆弱性との関係で、精神的破綻が生じるかどうかが決まるという『ストレス─脆弱性』理論が、現在広く受け入れられていると認められること……からすれば、業務と精神障害の発症との間の相当因果関係が認められるためには、ストレスと……個体側の反応性、脆弱性を総合考慮し、業務による心理的負荷が、社会通念上、客観的にみて、精神障害を発症させる程度に過重であるといえる場合に、業務に内在又は随伴する危険が現実化したものとして、当該精神障害の業務起因性を肯定するのが相当である」。

Ⅱ　「労働者の自殺についての業務起因性が問題となる場合、通常は、当該労働者が死の結果を認識し認容したものと考えられるが、少なくとも、当該労働者が業務に起因する精神障害を発症した結果、正常な認識、行為選択能力が著しく阻害され、自殺を思い止まる精神的な抑制力が著しく阻害されている状態で自殺に至った場合には、当該労働者が死亡という結果を認識し認容していたとしても、当該結果を意図したとまではいうことができず、労災保険法12条の2の2第1項にいう『故意』による死亡には該当しないというべきである」。

Ⅲ　「一般に、企業等の労働者が、上司との間で意見の相違等により軋轢を生じる場合があることは……避け難いものである。……上司とのトラブルに伴う心理的負荷が、企業等において一般的に生じ得る程度のものである限り、社会通念上客観的にみて精神障害を発症させる程度に過重であるとは認めら

れないものである。しかしながら、そのトラブルの内容が、上記の通常予定されるような範疇を超えるものである場合には、従業員に精神障害を発症させる程度に過重であると評価されるのは当然である」。

本件では、「D係長のAに対する態度によるAの心理的負荷は、人生においてまれに経験することもある程度に強度のものということができ、一般人を基準として、社会通念上、客観的にみて、精神障害を発症させる程度に過重なものと評価するのが相当である」。

●**解説**●　本件は、いわゆるパワー・ハラスメント（パワハラ）を受けたことを原因とする自殺の業務起因性が問題となった事件である（民事事件については、→【123】さいたま市環境センター事件）。本判決は、多くの裁判例と同様、精神障害の発症について、「ストレス─脆弱性」理論に基づき、ストレスと個体側の反応性・脆弱性を総合考慮し、業務による心理的負荷が、社会通念上、客観的にみて、精神障害を発症させる程度に過重であるといえる場合に、業務に内在または随伴する危険が現実化したものとして業務起因性を肯定するという判断枠組みを採用している（判旨Ⅰ）。自殺について、一定の場合に故意を否定する（判旨Ⅱ）のも、近年の裁判例のとおりである（→【118】豊田労基署長〔トヨタ自動車〕事件）。

認定基準（令和5年9月1日基発0901第2号）では、心理的な負荷による精神疾患の発症が業務上の疾病と認められるための要件の1つである、発病前おおむね6カ月間の「業務による強い心理的負荷」は、「当該出来事及びその後の状況による心理的負荷が、客観的に対象疾病を発病させるおそれのある強い心理的負荷であると認められることをいう」とされている。心理的負荷が「強」、「中」、「弱」の3段階のうち「強」と判断される場合がこれに該当する。現在では、パワハラやカスタマーハラスメントも、心理的の負荷となる出来事の類型に追加されている。なお、心理的負荷の強度は、主観的な受け止め方ではなく、同種の労働者（精神障害を発病した労働者と職種、職場における立場や職責、年齢、経験等が類似する者）が一般的にどう受け止めるかという観点から評価するとされている。

本件は、現認定基準の基になった平成23年の基準が出される前の事件であるが、本判決は、D係長のパワハラにより、Aの受けた心理的負荷は、一般人を基準として、精神障害を発症させる程度に過重なものであったと判断されている（判旨Ⅲを参照）。本判決がその根拠としてあげたのは、①D係長がAに発した言葉自体の内容が過度に厳しいこと、②D係長の態度にAに対する嫌悪の感情の側面があること、③D係長がAに対し極めて直截なものの言い方をしていたこと、④C2係の勤務形態が、上司とのトラブルを円滑に解決することが困難な環境にあったこと、である（判旨外）。

*　［人事労働法55頁］

120　安全配慮義務(1)—陸上自衛隊八戸車両整備工場事件

最3小判昭和50年2月25日〔昭和48年(オ)383号〕(民集29巻2号143頁)

安全配慮義務とは何か。

●**事実**●　Aは、昭和40年7月13日に陸上自衛隊八戸駐屯地の車両整備工場において車両を整備していたところ、後進していた大型自動車の後車輪で頭部を轢かれて即死した。Aの両親であるXらは、昭和44年10月6日に、Y(国)に対して損害賠償の請求をするため訴えを提起したが、1審および原審ともに、Xらの請求を棄却した。そこで、Xらは上告した。

●**判旨**●　原判決破棄、差戻し。

　Ⅰ　「国は、公務員に対し、国が公務遂行のために設置すべき場所、施設もしくは器具等の設置管理又は公務員が国もしくは上司の指示のもとに遂行する公務の管理にあたって、公務員の生命及び健康等を危険から保護するよう配慮すべき義務(以下「安全配慮義務」という。)を負っているものと解すべきである」。

　Ⅱ　「もとより、右の安全配慮義務の具体的内容は、公務員の職種、地位及び安全配慮義務が問題となる当該具体的状況等によって異なるべきものであ」る。

　Ⅲ　「安全配慮義務は、ある法律関係に基づいて特別な社会的接触の関係に入った当事者間において、当該法律関係の付随義務として当事者の一方又は双方が相手方に対して信義則上負う義務として一般的に認められるべきものであって、国と公務員との間においても別異に解すべき論拠はな」い。

●**解説**●　1　労災が発生したとき、被災労働者(死亡事故の場合には、その遺族)は、政府から労災保険給付が支給されるが、さらに使用者に対して損害賠償を請求することも可能である(労災保険給付と民事損害賠償との調整については、→【127】三共自動車事件等)。その際の損害賠償請求の根拠の1つとなるのが、使用者の安全配慮義務である。

　使用者(またはその従業員)の過失または故意により労災が発生したときに、使用者が、民法709条等により不法行為に基づく損害賠償責任を負うことについては異論がない(本件では、自賠法3条による責任が問題となっている)。

　問題は、労働者側が、使用者の安全配慮義務違反を理由として、債務不履行による損害賠償請求(民法415条)ができるかである。こうした債務不履行構成と、前述の不法行為構成とでは、時効の点で重要な違いがあった。本件では、事故から約4年3カ月経過後に提訴がなされているが、自動車損害賠償の請求権(時効については、民法の不法行為に関する規定が適用される)は、3年で時効消滅してしまう(当時の民法724条)ので、加害者が時効を援用すると、労働者側の請求は認められないことになる。これに対し、債務不履行による損害賠償請求権が認められると、時効は10年(当時の民法167条1項)となるので、本件のような事案でも請求が認められることになる。この点について、本判決は、公務員の事案であったが、使用者に安全配慮義務を認めた最初の最高裁判決であり(判旨Ⅰ)、時効期間も民法167条1項(当時のもの)によるとした(判旨外)。

　しかも、「安全配慮義務は、ある法律関係に基づいて特別な社会的接触の関係に入った当事者間において、当該法律関係の付随義務として当事者の一方又は双方が相手方に対して信義則上負う義務として一般的に認められるべきもの」と述べており(判旨Ⅲ)、この判示部分から、安全配慮義務は、国と公務員との関係だけでなく、民間労働者にも広く適用しうるものと解することができた。実際、その後の判例は、民間労働者と使用者との関係においても、安全配慮義務を認めている(→【121】川義事件)。

　その後は、労契法において、「使用者は、労働契約に伴い、労働者がその生命、身体等の安全を確保しつつ労働することができるよう、必要な配慮をするものとする」と規定され(5条)、使用者の安全配慮義務は明文の根拠をもつものとなっている。

　2　安全配慮義務が認められたことの意味としては、不法行為構成の場合には、労働者側は使用者の過失を立証しなければならないのに対して、債務不履行構成の場合には、使用者側が帰責事由のないことを立証しなければならない(航空自衛隊事件—最2小判昭和56年2月16日)という点があげられる。ただし、安全配慮義務の具体的な違反は労働者側で主張立証しなければならないので、実際上の労働者側の負担は、債務不履行構成であっても必ずしも軽いものではない。

　一方、債務不履行構成の場合には、不法行為構成の場合(民法711条)とは異なり、遺族に固有の慰藉料の請求権は認められない(大石塗装・鹿島建設事件—最1小判昭和55年12月18日)。また、遅延損害金の発生は、不法行為構成の場合には、事故の日からであるのに対して、債務不履行構成の場合には、履行の請求時の翌日からとなる(民法412条3項を参照。前掲・大石塗装・鹿島建設事件)。これらの点では、不法行為構成のほうが、労働者側に有利となる。なお、時効の面では2017年の民法改正(2020年4月施行)により、人の生命または身体を害する場合において、不法行為構成と債務不履行構成との間の差異がなくなった(166条1項、167条、724条、724条の2[主観的起算点から5年、客観的起算点から20年])。

*　[人事労働法49〜53頁]

121 安全配慮義務(2)―川義事件

最3小判昭和59年4月10日〔昭和58年(オ)152号〕（民集38巻6号557頁）

> 宿直中の従業員が強盗により殺害された場合において、使用者に安全配慮義務違反が認められた例。

●事実● Y会社の従業員であるAは、宿直勤務中、Y会社に侵入して商品を盗もうとした同社の元従業員Bに殺害された。Aの両親のXらは、Y会社の安全配慮義務違反を理由に、損害賠償の請求をするため、訴えを提起した。1審は、Xらの請求を一部認容した（Aの過失を3割5分と認定して過失相殺した）。原審も、Xらの請求を一部認容した（Aの過失を2割5分として過失相殺した）。そこで、Y会社は上告した。

●判旨● 上告棄却（Xの請求の一部認容）。

Ⅰ 「雇傭契約は、労働者の労務提供と使用者の報酬支払をその基本内容とする双務有償契約であるが、通常の場合、労働者は、使用者の指定した場所に配置され、使用者の供給する設備、器具等を用いて労務の提供を行うものであるから、使用者は、右の報酬支払義務にとどまらず、労働者が労務提供のため設置する場所、設備もしくは器具等を使用し又は使用者の指示のもとに労務を提供する過程において、労働者の生命及び身体等を危険から保護するよう配慮すべき義務（以下「安全配慮義務」という。）を負っているものと解するのが相当である」。

Ⅱ 「もとより、使用者の右の安全配慮義務の具体的内容は、労働者の職種、労務内容、労務提供場所等安全配慮義務が問題となる当該具体的状況等によって異なるべきものであることはいうまでもないが、これを本件の場合に即してみれば、Y会社は、A1人に対し……24時間の宿直勤務を命じ、宿直勤務の場所を本件社屋内、就寝場所を同社屋1階商品陳列場と指示したのであるから、宿直勤務の場所である本件社屋内に、宿直勤務中に盗賊等が容易に侵入できないような物的設備を施し、かつ、万一盗賊が侵入した場合は盗賊から加えられるかも知れない危害を免れることができるような物的施設を設けるとともに、これら物的施設等を十分に整備することが困難であるときは、宿直員を増員するとか宿直員に対する安全教育を十分に行うなどし、もって右物的施設等と相まって労働者たるAの生命、身体等に危険が及ばないように配慮する義務があったものと解すべきである」。

Ⅲ 本件では、Aに対する安全配慮義務の不履行があり、それにより本件事故が発生したものという

ことができるので、Y会社は、この事故によって被害を被った者に対しその損害を賠償すべき義務がある。

●解説● 本件は、民間労働者について使用者の安全配慮義務を認めた、最初の最高裁判決である（公務員については、→【120】陸上自衛隊八戸車両整備工場事件）。使用者には、労働契約上、安全配慮義務がある（現在は労契法5条）が、本判決は、これを、「労働者が労務提供のため設置する場所、設備もしくは器具等を使用し又は使用者の指示のもとに労務を提供する過程において、労働者の生命及び身体等を危険から保護するよう配慮すべき義務」と定義している（判旨Ⅰ）。

安全配慮義務の具体的内容は、「労働者の職種、労務内容、労務提供場所等安全配慮義務が問題となる当該具体的状況等によって異なるべきもの」とされており（判旨Ⅱ）、ケース・バイ・ケースの判断となる。

安全配慮義務の内容として、まずあげられるのは、労働者の利用する施設、機械、器具等についての安全を確保する義務である。これは、設備等の物的な面での安全確保だけでなく、適正な人員配置や安全教育といった人的な面からの安全確保も含まれる。本判決は、本件では使用者には、安全を確保できるように物的施設等を十分に整備し、それが困難であるときは、宿直員を増員するとか宿直員に対する安全教育を十分に行うなどの義務があったと判断している（判旨Ⅱ）。

近年では、安全配慮義務の内容に、労働者の健康に配慮する義務も含められるようになっている（労契法5条の「生命、身体等」には「健康」も含まれると解すべきである）。たとえば、労働者が過労により脳出血で死亡したという事案（いわゆる過労死の事案）において、使用者は「労働時間、休憩時間、休日、休憩場所等について適正な労働条件を確保し、さらに、健康診断を実施した上、労働者の年齢、健康状態等に応じて従事する作業時間及び内容の軽減、就労場所の変更等適切な措置を採るべき義務を負う」という一般論を述べ、高血圧症の労働者に対して業務の軽減措置等を講じなかったことに安全配慮義務違反があるとした裁判例がある（システムコンサルタント事件―東京高判平成11年7月28日）。

さらに、最高裁は、過労自殺の事案で、使用者に健康配慮義務を認め、その違反を理由とする損害賠償責任を肯定している（→【122】電通事件。ただし、不法行為の事案である）。

* 〔人事労働法49〜53頁〕

122　過労自殺と安全配慮義務—電通事件

最2小判平成12年3月24日〔平成10年(オ)217号・218号〕〔民集54巻3号1155頁〕

労働者の過労による精神障害に起因する自殺について、使用者の安全配慮義務違反は認められるか。

●**事実**●　Aは、平成2年4月にY会社に入社し、同年6月にラジオ推進部に配属された。Aは、同年8月ころから、翌日の午前1時ないし2時ころに帰宅することが多くなり、同年11月末ころまでは、出勤した翌日の午前4時ないし5時ころに帰宅していたが、それ以降、帰宅しない日があるようになった。

ラジオ推進部には、平成3年7月に至るまで、新入社員の補充はなく、同月以降、Aは、独立して業務を遂行することとなった。このころ、Aは、帰宅しない日が多くなった。Aは、心身ともに疲労困ぱいした状態になっていて、Aの上司もそれに気付いていた。

Aは、平成3年8月27日、自宅で自殺した。Aの両親であるXらは、Y会社に対して、民法415条ないし709条に基づき、Aの死亡による損害の賠償を請求した。1審は、Xらの請求をほぼ全面的に認容したが、原審は、過失相殺の規定（民法722条）の類推適用により、発生した損害の7割のみをY会社に負担させるのを相当とする判断を行った。そこで、XらとY会社の双方が上告した。

●**判旨**●　Xら敗訴部分について原判決破棄、差戻し。

Ⅰ　「労働者が労働日に長時間にわたり業務に従事する状況が継続するなどして、疲労や心理的負荷等が過度に蓄積すると、労働者の心身の健康を損なう危険のあることは、周知のところである。……使用者は、その雇用する労働者に従事させる業務を定めてこれを管理するに際し、業務の遂行に伴う疲労や心理的負荷等が過度に蓄積して労働者の心身の健康を損なうことがないよう注意する義務を負うと解するのが相当であり、使用者に代わって労働者に対し業務上の指揮監督を行う権限を有する者は、使用者の右注意義務の内容に従って、その権限を行使すべきである」。

Ⅱ　「身体に対する加害行為を原因とする被害者の損害賠償請求において、裁判所は、加害者の賠償すべき額を決定するに当たり、損害を公平に分担させるという損害賠償法の理念に照らし、民法722条2項の過失相殺の規定を類推適用して、損害の発生又は拡大に寄与した被害者の性格等の心因的要因を一定の限度でしんしゃくすることができる……。この趣旨は、労働者の業務の負担が過重であることを原因とする損害賠償請求においても、基本的に同様に解すべきものである。しかしながら、企業等に雇用される労働者の性格が多様のものであることはい

うまでもないところ、ある業務に従事する特定の労働者の性格が同種の業務に従事する労働者の個性の多様さとして通常想定される範囲を外れるものでない限り、その性格及びこれに基づく業務遂行の態様等が業務の過重負担に起因して当該労働者に生じた損害の発生又は拡大に寄与したとしても、そのような事態は使用者として予想すべきものということができる。しかも、使用者又はこれに代わって労働者に対し業務上の指揮監督を行う者は、……その配置先、遂行すべき業務の内容等を定める……際に、各労働者の性格をも考慮することができるのである。したがって、労働者の性格が前記の範囲を外れるものでない場合には、裁判所は、業務の負担が過重であることを原因とする損害賠償請求において使用者の賠償すべき額を決定するに当たり、その性格及びこれに基づく業務遂行の態様等を、心因的要因としてしんしゃくすることはできない」。

●**解説**●　使用者の安全配慮義務には、物理的な安全面だけでなく、労働者の健康（精神的な健康も含む）の面への配慮も含められる（→【121】川義事件［解説］）。本判決は、「使用者は、その雇用する労働者に従事させる業務を定めてこれを管理するに際し、業務の遂行に伴う疲労や心理的負荷等が過度に蓄積して労働者の心身の健康を損なうことがないよう注意する義務を負う」と述べている（判旨Ⅰ）。これは不法行為における注意義務の内容として述べられているが、安全配慮義務（健康配慮義務）の内容としても、そのままあてはまると解されよう（現在では労契法5条の解釈）。

自殺の場合には、労働者本人が引き起こしたことなので、そもそも相当因果関係があるのか、という論点もある。しかし、判例は、うつ病に罹患すると自殺に至る確率が、正常な場合よりも格段に高まる点を考慮して、過労によってうつ病に罹患したことについて相当因果関係があれば、自殺に至るまでの因果関係も肯定している。その一方で、労働者の性格等の心因的要因は過失相殺の規定（民法722条2項、418条）の類推適用により、損害額の減額理由となるとする。ただし、労働者の性格は多様なので、「ある業務に従事する特定の労働者の性格が同種の業務に従事する労働者の個性の多様さとして通常想定される範囲を外れるものでない限り」、その性格等を心因的要因として斟酌してはならない（判旨Ⅱ）。もっとも、その後の裁判例では、自殺した労働者側の事情を考慮して損害額を減額した例は少なくない（→【123】さいたま市環境センター事件）。なお、労働者が自らの精神的健康についての情報を申告しなかったことをもって過失相殺をすることは、許されないとした判例がある（東芝事件—最2小判平成26年3月24日）。

＊　〔人事労働法48〜53頁〕

123 パワハラ自殺と安全配慮義務──さいたま市環境センター事件

東京高判平成29年10月26日〔平成27年(ネ)6308号〕

> パワハラを原因とする自殺について、使用者の安全配慮義務違反が認められた例。

●事実● Aは、平成14年7月にY市に採用された。Aは平成22年6月2日に重症うつ状態レベルで、最低90日の自宅療養を要する旨の診断を受けたため、病気休暇を取得し、同年8月31日に職場復帰した。その後、平成23年4月1日付けで、Y市のBセンターに異動し、その係長Cの指示で、Dの指導を受けることになった。Dは、職場関係者のなかに嫌がらせを受けた者がいるなど、その言動に問題があり、そのことはC係長も認識していた。なお、Aが過去、うつ病を理由に病気休暇を取得していた事実は、BセンターのE所長やC係長には引き継がれていなかった。

Aは、Dとペアを組んで業務をしていたが、その過程で暴力を振るわれるなどのパワハラを受け、それによるストレスを原因とした体調不良をE所長に訴えていた。同年7月ころからは、AはDと仕事上関わらない体制となったが、Aの精神状態は悪化した。同年12月14日、E所長は、Aに病院で診断を受けるよう勧めたところ、Aの診断結果は、不眠を伴う重症うつ状態のレベルであり、最低でも90日間程度の加療と自宅療養が適切であるというものだった。しかし、Aは同月16日、Bセンターを訪れ、E所長に対し、就労継続を希望したことから、E所長は、勤務を認めることとした。その後も、Aは休暇をとると言っては、それを取り消すといったことを繰り返し、E所長はAの意向をその都度受け入れていた。同月21日、医師との面談結果に基づき、Aは同月22日より病気休暇を取得して療養することとなったが、Aは仕事を辞めさせられると受け止めて号泣した。同日夜、E所長はAの親であるX₁に電話して、診断書の内容を22日から休暇を要すると訂正して持参するよう求めたところ、それを聞いたAは自宅の2階へ駆け上がり自殺した。

Aの両親のXらは、AがDからのパワハラによりうつ病を悪化させて自殺した等と主張して、Y市に対して、安全配慮義務違反と国家賠償法に基づく損害賠償等の支払いを求めて訴えを提起した。1審は、Y市の損害賠償責任を認めたが、過失相殺またはその類推適用により賠償額の8割を減じた。そこで、XらとY市双方が控訴した。

●判旨● 原判決一部変更、一部認容(過失相殺等による減額を7割とした)。

Ⅰ 「Yは、その任用する職員が生命、身体等の安全を確保しつつ業務をすることができるよう、必要な配慮をする義務(安全配慮義務)を負うものである」。「上記の安全配慮義務には、精神疾患により休業した職員に対し、その特性を十分理解した上で、病気休業中の配慮、職場復帰の判断、職場復帰の支援、職場復帰後のフォローアップを行う義務が含まれるものと解するのが相当である」。

Ⅱ 使用者は、「安全配慮義務のひとつである職場環境調整義務として、良好な職場環境を保持するため、職場におけるパワハラ、すなわち、職務上の地位や人間関係などの職場内の優位性を背景として、業務の適正な範囲を超えて、精神的、身体的苦痛を与える行為又は職場環境を悪化させる行為を防止する義務を負い、パワハラの訴えがあったときには、その事実関係を調査し、調査の結果に基づき、加害者に対する指導、配置換え等を含む人事管理上の適切な措置を講じるべき義務を負う」。

●解説● 職場におけるいじめやパワハラによる自殺については、労災事案(→【119】静岡労基署長〔日研化学〕事件)だけでなく、使用者の安全配慮義務違反として損害賠償責任が認められた裁判例が多数ある(初期の代表的なものとして、川崎市水道局事件──東京高判平成15年3月25日、誠昇会北本共済病院事件──さいたま地判平成16年9月24日)。

本判決は、パワハラを、「職務上の地位や人間関係などの職場内の優位性を背景として、業務の適正な範囲を超えて、精神的、身体的苦痛を与える行為又は職場環境を悪化させる行為」と定義し、こうしたパワハラに対しては、使用者は、安全配慮義務の1つである職場環境調整義務として良好な職場環境を保持するため、これを防止したり、訴えがあったときに事実関係を調査したり、調査結果に基づき、加害者に対する人事管理上の適切な措置を講じたりする義務を負う、としている(判旨Ⅱ)。現在では、労働施策総合推進法上、「事業主は、職場において行われる優越的な関係を背景とした言動であって、業務上必要かつ相当な範囲を超えたものによりその雇用する労働者の就業環境が害されることのないよう、当該労働者からの相談に応じ、適切に対応するために必要な体制の整備その他の雇用管理上必要な措置を講じなければならない」という規定がある(30条の2第1項。具体的なパワハラの行為類型として、同条3項に基づく指針[「事業主が職場における優越的な関係を背景とした言動に起因する問題に関して雇用管理上講ずべき措置等についての指針」(令和2年1月15日厚生労働省告示5号)]で定められているのは、①身体的な攻撃、②精神的な攻撃、③人間関係からの切り離し、④過大な要求、⑤過小な要求、⑥個の侵害である。なお、これらの規定は本件のような地方公務員にも適用される[38条の2を参照])。この義務は、それ自体は私法上の効力をもたず、行政による助言、指導、勧告および勧告違反の場合の公表といった手法での履行確保を図るものである(同法33条)が、安全配慮義務や職場環境配慮義務(本判決では、職場環境調整義務)の内容に解釈によって取り込まれることはありうる。

本判決は、Aの病気休暇の情報が共有されなかったことは、直ちに安全配慮義務に反するものではないが、C係長やE所長が、Aからのパワハラの訴えに適切に対応しなかったことや、E所長が自己の判断で勤務の継続をさせ、Aのうつ病の症状を増悪させたことに、安全配慮義務違反があるとした(判旨外)。

* [人事労働法66~67頁]

124 労働災害と取締役の損害賠償責任──大庄ほか事件

大阪高判平成23年5月25日〔平成22年(ネ)1907号〕

労働者が長時間労働により死亡した場合において、
取締役も損害賠償責任を負うか。

●事実●　Aは、平成19年3月に大学卒業後、同年4月1日にY₁会社に入社し、その運営する店舗で調理関係の業務に従事していたが、同年8月11日未明に急性左心機能不全により死亡した。Aの労働時間は、死亡前の1カ月間では総労働時間約237時間34分、時間外労働時間数95時間58分、2カ月目では、それぞれ273時間41分、105時間41分、3カ月目では、302時間11分、129時間6分、4カ月目では、251時間6分、78時間12分となっており、Aは恒常的に長時間労働を行っていた（なお、本件は労災認定もされている）。

Y₁会社では、新卒者の賃金は最低支給額19万4500円とされていたが、その内訳は基本給が12万3200円、役割給が7万1300円で、役割給は80時間分の時間外労働を前提としたものであった。また三六協定では、1カ月100時間、1年間に6回、750時間を限度として延長できるものとされていて、実際、Aの勤務するB店でも月の労働時間が300時間を超えることが常態化していた。

Aの両親のX₁・X₂は、Y₁会社には不法行為または債務不履行に基づき、また代表取締役社長Y₂およびその他の取締役Y₃〜Y₅には不法行為または会社法429条1項に基づき、損害賠償を請求した。1審は、Xらの請求を一部認容した。そこで、Yらは控訴した。本判決に対して、Yらは上告したが、上告棄却・不受理となっている。

●判旨●　控訴棄却（以下では、Y₂〜Y₅に関する判示部分のみとりあげる）。

Ⅰ　「取締役は、会社に対する善管注意義務として、会社が使用者としての安全配慮義務に反して、労働者の生命、健康を損なう事態を招くことのないよう注意する義務を負い、これを懈怠して労働者に損害を与えた場合には会社法429条1項の責任を負うと解するのが相当である」。

Ⅱ　人事管理部の上部組織である管理本部長Y₅、店舗本部長Y₃、店舗本部の下部組織である第一支社長Y₄は、B店の労働状況を把握しうる組織上の役職者であって、現実の労働状況を認識することが十分に容易な立場にあり、その認識をもとに、相当業務を執行し、また、取締役会を構成する一員として取締役会での議論を通して、労働者の生命・健康を損なうことがないような体制を構築すべき義務を負っていた。また、Y₂も代表取締役として、同様の義務を負っていた。しかるに、Y₂らが、Y₁会社をして、労働者の生命・健康を損なうことがないような体制を構築させ、長時間勤務による過重労働を

抑制させる措置をとらせていたとは認められない。

Ⅲ　Y₁会社では、基本給の中に時間外労働80時間分を組み込む給与体系の下で恒常的に時間外労働が1カ月80時間を超える者が多数出現しがちであった。また、三六協定の特別延長条項に記載されていた臨時の特別の事情とは無関係に、恒常的に三六協定に定める時間外労働を超える時間外労働がなされていた。こうした恒常的な長時間労働は、B店だけでなく、他店でも惹起していたものと推認される。このような全社的な従業員の長時間労働について、Y₂らは認識していたか、極めて容易に認識できたと考えられる。

Ⅳ　「Y₂らは、悪意又は重大な過失により、会社が行うべき労働者の生命・健康を損なうことがないような体制の構築と長時間労働の是正方策の実行に関して任務懈怠があったことは明らかであり、その結果Aの死亡という結果を招いたのであるから、会社法429条1項に基づく責任を負うというべきである」。

●解説●　会社法429条1項は、役員等がその職務を行うについて悪意または重大な過失があったときは、これによって第三者（労働者も含む）に生じた損害を賠償する責任を負うと定めている。「その職務を行うについて」とは任務懈怠を意味すると解されており、具体的には、法令違反の場合と善管注意義務（会社法330条、民法644条）または忠実義務（会社法355条）に違反する場合とがある。本件では、本判決はまず、取締役は会社に対する善管注意義務として、会社が安全配慮義務（労契法5条）に違反しないよう注意する義務を負うとし（判旨Ⅰ）、本件のY₂らには「労働者の生命・健康を損なうことがないような体制を構築すべき義務」があったとする（判旨Ⅱ）。Y₁会社では、長時間労働を前提とするような勤務体制がとられ、実際に長時間労働が恒常的に行われ、Y₂らは少なくともこれを極めて容易に認識可能であった（判旨Ⅲ）にもかかわらず、前記の義務に違反したとして、結論として、Y₂らの悪意または重過失による任務懈怠を肯定した（判旨Ⅳ）。

裁判例には、長時間労働による死亡についての安全配慮義務違反が問題となった事件で、本件のように、取締役の損害賠償責任を認めたものが、比較的多くみられる（おかざき事件──大阪高判平成19年1月18日、サン・チャレンジほか事件──東京地判平成26年11月4日、フルカワほか事件──福岡高判令和元年7月18日等）。

労働法規の遵守体制の構築について企業としての取組みに問題があった場合、取締役は、労働法規違反に起因して労働者に生じた損害の賠償責任を負担する可能性があるということである（大会社における内部統制システム構築義務も参照〔会社法362条4項6号・5項〕）。

＊〔人事労働法52〜53頁〕

125　直接的な雇用関係がない者に対する安全配慮義務──三菱重工神戸造船所事件

最1小判平成3年4月11日〔平成元年(オ)516号・1495号〕

下請会社の従業員の、作業場での騒音を原因とする聴力障害について、元請会社に安全配慮義務違反が認められるか。

●**事実**●　Xら（18名）は、Y会社のいくつかの下請企業に在籍し、Y会社のA造船所において就労してきたが、聴力障害に罹患した。Xら社外工は、その就労期間中、A造船所の敷地内で作業をし、Y会社の本工と一緒に同一の作業をすることもあった。Xら社外工に対する作業上の指揮監督については、直接的には各下請企業の責任者が行っていたが、それはY会社の職制から受けた指示に基づくものであった。

Xらは、聴力障害は、A造船所における騒音によるものであるとして、Y会社に対して安全配慮義務違反および不法行為を理由として、損害賠償（慰謝料）の請求をするために訴えを提起した。1審は、Xらの請求を一部認容した。原審は、1審を一部変更したが、Xらの請求を一部認容した（なお、Xらの中には消滅時効等を理由に請求を棄却された者もいる）。そこで、Y会社は上告した。

●**判旨**●　上告棄却（Xらの請求の一部認容）。

「Y会社の下請企業の労働者がY会社のA造船所で労務の提供をするに当たっては、いわゆる社外工として、Y会社の管理する設備、工具等を用い、事実上Y会社の指揮、監督を受けて稼働し、その作業内容もY会社の従業員であるいわゆる本工とほとんど同じであったというのであり、このような事実関係の下においては、Y会社は、下請企業の労働者との間に特別な社会的接触の関係に入ったもので、信義則上、右労働者に対し安全配慮義務を負うものであるとした原審の判断は、正当として是認することができる」。

●**解説**●　1　労契法は、安全配慮義務を、労働契約に伴う義務と定めている（5条）。では、労働契約関係にない者との間で、安全配慮義務が認められる余地はないのであろうか。本件は、労契法の制定前の事件だが、元請会社が、下請会社の従業員に対して、安全配慮義務を負うことがあるかが問われた事件である。

安全配慮義務を最初に認めた最高裁判決は、この義務を、「ある法律関係に基づいて特別な社会的接触の関係に入った当事者間において」認められるものとし

ており（→【120】陸上自衛隊八戸車両整備工場事件）、労働契約関係の存在がこの義務の前提になるとは考えられていない。実際、その後の最高裁判決においても、元請企業が、下請企業の従業員との関係で、雇用契約に準ずる法律関係の当事者であるとして、安全配慮義務を負うことを認めたものがあった（大石塗装・鹿島建設事件─最1小判昭和55年12月18日）。

本判決も、これらの判例を踏襲し、元請会社の安全配慮義務を認めた原審判断を支持した。実際上、問題となるのは、どのような事実関係がそろえば、「特別な社会的接触の関係に入った」と判断してよいのかである。本判決は、下請企業の労働者が、①元請会社の事業場で労務の提供をしていること、②元請会社の管理する設備、工具等を用いていること、③事実上、元請会社の指揮、監督を受けて稼働していること、④作業内容が元請会社の従業員（本工）とほとんど同じであったこと、という事実に言及している。

安全配慮義務は、労働契約に根拠づけられた指揮命令関係がなくても、事実上、その指揮や監督が及んでいる場合には、広く認められるべきであり、判例の傾向は妥当といえるだろう。労契法の制定後は、本件のようなケースは労契法の類推適用ということになろう。

なお、労安衛法は、元方事業者に下請会社の従業員に対する義務を課している（29条以下）。これらの義務も、安全配慮義務の特定の際には考慮されるだろう（竹中土木ほか事件─東京地判平成26年2月13日等を参照）。

2　安全配慮義務は、元来、雇用関係に限定された義務でないことからすると（→【120】）、労働者以外の者にも適用可能である（シルバー人材センターを介した非雇用型就労をする高齢者に関する、綾瀬市シルバー人材センター事件─横浜地判平成15年5月13日等を参照）。また、業務委託契約において、実質的な指揮監督関係があったとして、委託者の受託者へのハラスメントについて安全配慮義務違反を認めた裁判例もある（アムールほか事件─東京地判令和4年5月25日）。なお、非労働者の保護という点では、健康障害を生ずるおそれのある物の表示義務を定める労安衛法57条等は、同じような危険のある現場で働く非労働者をも保護する趣旨であるとして、政府の規制権限不行使による健康障害について、同法上の労働者には該当しない一人親方にも国賠法上の賠償請求を認めた判例が登場して注目されている（国ほか事件─最1小判令和3年5月17日）。

＊〔人事労働法50～51頁〕

126 労災保険給付と労働基準法上の災害補償責任──神奈川都市交通事件

最1小判平成20年1月24日〔平成18年(受)1154号〕

業務災害により休職中であった労働者が、症状固定により労災保険法上の休業補償給付を打ち切られた場合、労基法上の休業補償の支給を請求することが認められるか。

●**事実**● Yタクシー会社の乗務員であるXは、平成7年9月27日、タクシーに乗務中、第三者の運転する普通乗用自動車に衝突され、頸椎捻挫等の傷害を負った。Xは、この事故の後、休職し、労災保険法に基づく休業補償給付を受けていたが、平成11年11月2日付けで、A労基署長から、Xの傷害につき同年8月31日に症状が固定したとして、①同年9月1日以降の療養、休業補償給付は、全部不支給とする、②同年7月16日から同年8月31日までの休業補償給付は、実際に通院した日のみを療養のため休業する日と認め、その余は不支給とする旨の決定を受けた。Xは、平成12年4月16日、タクシー乗務員として復職した。

Xは、Y会社に対し、平成11年7月16日から同12年4月15日までの期間（年休を取得した期間を除く）について、主位的に、雇用契約または労働協約に基づく賃金の支払いを求め、予備的に、労基法26条に基づく休業手当または同法76条1項に基づく休業補償の支払いを求めた。1審は、Xの請求を棄却した。原審は、賃金請求と労基法26条の休業手当の請求は棄却したが、労基法76条1項に基づく休業補償は使用者に支払義務があるとした（東京高判平成18年3月22日）。そこで、Y会社は上告した。

●**判旨**● 原判決破棄、自判（Xの請求棄却）。

「労働者が、労働基準法76条に定める休業補償と同一の事由について、労働者災害補償保険法12条の8第1項2号、14条所定の休業補償給付を受けるべき場合においては、使用者は、労働基準法84条1項により、同法76条に基づく休業補償義務を免れると解するのが相当である」。

「労働者災害補償保険法の適用事業に使用されている労働者に関しては、同法14条1項に基づき休業補償給付が支給されないこととされている休業の最初の3日間に係る分を除き、使用者は、およそ労働基準法76条に基づく休業補償義務を免責されることになる」。

本件については、「Xが労働者災害補償保険法の適用事業に使用されている労働者であり、Xの労働基準法76条1項に基づく休業補償請求の範囲が本件事故を原因とする休業の最初の3日間に係る分を含まないことは明らかであるから、Y会社は、同法84条1項により、同法76条に基づく休業補償義務を免れる」。

●**解説**● 使用者は、労働者の業務上の負傷や疾病に対しては、所定の災害補償責任を負う（労基法75条以下）が、この責任は、労災保険法に基づく給付が行われるべきときは免れるものとされている（同法84条1項）。労災保険法は、労基法上の災害補償責任の責任保険として創設されたものだからである（今日では、災害補償責任とは無関係の給付も多い［通勤災害、年金給付、二次健康診断等給付、複数業務要因災害に関する保険給付等］）。このように、労災保険制度があるため、労基法上の災害補償責任は、実際上は、意味のないものとなっている（ただし、労災保険法上の休業補償給付は休業の4日目から支給されるので、最初の3日間は使用者に労基法上の休業補償義務［76条］が生じる）。

本件では、業務災害により休職中であった労働者が、症状固定（治癒）により休業補償給付が打ち切られた後の処遇が問題となった。症状固定になっても、それは完治を意味するものではなく、ただちに復職が認められるわけではないので、本件のように休職期間中であるにもかかわらず、労災保険給付も認められないという事態が生じうる。そこで、このようなときに労基法上の休業補償が認められるかどうかが問題となるが、本判決は、労基法84条1項は、労災保険の給付と労基法上の災害補償責任とが相互に併存していて両者が調整されるという趣旨のものではなく（同条2項の災害補償責任と民事損害賠償責任については、そのような調整が行われる関係にある）、使用者は、労災保険制度の適用対象者に対しては、保険給付が実際に支給されたかどうかに関係なく、災害補償責任は（最初の3日間の休業補償給付を除き）いっさい免れるという判断を示した。なお、労基法26条の休業手当についても、本判決は、平成12年4月15日までタクシー乗務への復職を認めなかったことについては正当な理由があり、その間、使用者にはXの行った事務職としての就労申入れを受け入れる義務はなかったとし、Xの休業は使用者の責めに帰すべき事由によるものではないとして、その請求を認めなかった（判旨外）。

＊〔人事労働法140頁補注(2)〕

127　労災保険給付と民事損害賠償との調整(1)—三共自動車事件

最3小判昭和52年10月25日〔昭和50年(オ)621号〕(民集31巻6号836頁)

> 民事損害賠償から、労災保険の将来給付分を控除することは認められるか。

●事実●　Y会社は、特殊自動車等の分解整備を業とする会社である。Xは、Y会社の整備工として雇用され、本社付設工場において就業しており、事故当時は満20歳であった。Xは、トラクターショベル車の点検修理作業に従事中に、ワイヤーロープの切断によりバケットが頭上に落下して脳挫傷、頸椎骨折等の重傷を負った。そこでXは、民法717条および715条に基づいてY会社に対して損害賠償を請求した。

　1審および原審ともに、Xの損害賠償請求を一部認容した。原審は、損害額については、労災保険から支給を受けた休業補償給付金と長期傷病補償給付金(現行法では、傷病補償年金)、ならびに厚生年金保険から支給を受けた障害年金を逸失利益から控除するだけでなく、将来において給付される長期傷病補償給付金および障害年金についても現在価額を算出したうえ、逸失利益から控除した。Xはこれを不服として上告した。

●判旨●　原判決破棄、自判(Xの請求の一部認容。原判決および1審判決を一部変更して賠償額を増額)。

　Ⅰ　「労働者災害補償保険法に基づく保険給付の実質は、使用者の労働基準法上の災害補償義務を政府が保険給付の形式で行うものであって、厚生年金保険法に基づく保険給付と同様、受給権者に対する損害の塡補の性質をも有するから、事故が使用者の行為によって生じた場合において、受給権者に対し、政府が労働者災害補償保険法に基づく保険給付をしたときは労働基準法84条2項の規定を類推適用し、また、政府が厚生年金保険法に基づく保険給付をしたときは衡平の理念に照らし、使用者は、同一の事由については、その価額の限度において民法による損害賠償の責を免れると解するのが、相当である」。

　Ⅱ　「右のように政府が保険給付をしたことによって、受給権者の使用者に対する損害賠償請求権が失われるのは、右保険給付が損害の塡補の性質をも有する以上、政府が現実に保険金を給付して損害を塡補したときに限られ、いまだ現実の給付がない以上、たとえ将来にわたり継続して給付されることが確定していても、受給権者は使用者に対し損害賠償の請求をするにあたり、このような将来の給付額を損害賠償債権額から控除することを要しないと解するのが、相当である」。

●解説●　1　労働災害に遭った労働者(死亡事故の場

合は、その遺族)は、労災保険の申請をして、保険給付を受給することができるし、同時に、安全配慮義務違反等を理由に、使用者に損害賠償を請求することもできる(労契法5条、民法415条、709条等。→【120】陸上自衛隊八戸車両整備工場事件)。もっとも、労働者が労災保険給付と民事損害賠償との両方を受けることができるとすると、損害の二重塡補となるし、また、使用者が強制保険として労災保険に加入していることによる利益(保険利益)が損なわれることになる。

　そこで、判旨Ⅰは、労基法84条2項を類推適用し、政府が労災保険の給付をしたときは、使用者は、同一の事由については、その価額の限度において民法による損害賠償の責を免れるとした。

　2　労災保険給付が年金給付等の形で行われる場合、将来における保険給付分について、あらかじめ損害賠償額から控除できるかについては、学説の立場は対立してきた。

　控除を認めると、労働者は、その将来の保険給付分に相当する損害額については、民事訴訟で一括して補償を受けることができず、労災保険による年金給付(つまり、分割支給)を受け入れることを強制されることになり、死亡などにより途中で年金が消滅したりすると、結局は、損害の塡補がなされないままに終わる可能性がある。一方、控除をしなければ、前述のような、労働者への二重の損害塡補や、使用者の保険利益の問題が出てくる。こうしたなか、本判決は、控除をしないとする非控除説の立場を明らかにした(判旨Ⅱ)。すでに、最高裁は、第三者行為災害における労災保険法12条の4(判決当時は改正前の20条)の解釈として、同旨の判断をしていた〔仁田原・中村事件—最3小判昭和52年5月27日〕)。

　ただ、非控除説には、前述のような問題があったため、本判決後、1980年に法改正がなされ、使用者は、将来の保険給付分のうち前払い一時金(労災保険法59条等)の限度で損害賠償の支払いが猶予され、その間に、年金給付または前払い一時金の支給がなされた場合には、その限度で損害賠償責任が免除されることになった(同法64条1項)。前払い一時金の範囲を超える部分については、労働者や遺族が損害賠償を受けたときには、その価額の限度で保険給付のほうが支給停止される(同条2項)。

　なお、非控除説に立ち、使用者が将来分について賠償した場合、使用者が労災保険給付の請求権を代位取得できるか(民法422条を参照)という問題があるが、判例はこれを否定している(三共自動車事件—最1小判平成元年4月27日)。

*　〔人事労働法55〜56頁〕

128　労災保険給付と民事損害賠償との調整(2)─コック食品事件

最2小判平成8年2月23日〔平成6年(オ)992号〕（民集50巻2号249頁）

> 特別支給金を、民事損害賠償の損害額から控除する
> ことは認められるか。

●**事実**●　給食弁当等の製造販売を行うY会社におい
て、弁当調理補助作業にパートタイマーとして従事し
ていたXは、Y会社の工場での作業中に、弁当箱洗浄
機に右手を巻き込まれて負傷し、入通院して加療を受
けた。その後、症状が固定したが、後遺障害が残り、
労災保険の障害等級10級に該当すると認定された。

Xは、Y会社に対して、安全配慮義務違反を理由に、
入院雑費、休業損害、後遺障害による逸失利益等の賠
償を求めて訴えを提起した。1審および原審ともに、
Xの請求を一部認容した。賠償額の算定にあたり、1
審・原審はいずれも、Xが労災保険から受給した休業
補償給付と障害補償給付は逸失利益から控除したもの
の、休業特別支給金と障害特別支給金は控除しなかっ
た。そこで、Y会社は、特別支給金についても控除す
べきであるとして上告した。

●**判旨**●　上告棄却（Xの請求の一部認容）。

Ⅰ　労災保険法による保険給付は、使用者の労基
法上の災害補償義務を政府が労災保険によって保険
給付の形式で行うものであり、業務災害または通勤
災害による労働者の損害を塡補する性質を有するか
ら、保険給付の原因となる事故が使用者の行為によ
って生じた場合につき、政府が保険給付をしたとき
は、労基法84条2項の類推適用により、使用者は
その給付の価額の限度で労働者に対する損害賠償の
責めを免れると解されるし、使用者の損害賠償義務
の履行と年金給付との調整に関する規定も設けられ
ている。

Ⅱ　「保険給付の原因となる事故が第三者の行為
によって生じた場合につき、政府が保険給付をした
ときは、その給付の価額の限度で、保険給付を受け
た者の第三者に対する損害賠償請求権を取得し、保
険給付を受けるべき者が当該第三者から同一の事由
について損害賠償を受けたときは、政府はその価額
の限度で保険給付をしないことができる旨定められ
ている」（労災保険法12条の4）。

Ⅲ　他方、政府は、労災保険により、被災労働者
に対し、休業特別支給金、障害特別支給金等の特別
支給金を支給するが、特別支給金の支給は、労働福
祉事業（現在は、社会復帰促進等事業）の一環とし
て、被災労働者の療養生活の援護等によりその福祉の増
進を図るために行われるものであり、使用者または
第三者の損害賠償義務の履行と特別支給金の支給と
の関係について、保険給付の場合における前記各規

定と同趣旨の定めはない。

Ⅳ　「このような保険給付と特別支給金との差異
を考慮すると、特別支給金が被災労働者の損害をて
ん補する性質を有するということはできず、したが
って、被災労働者が労災保険から受領した特別支給
金をその損害額から控除することはできないという
べきである」。

●**解説**●　労災保険給付と民事損害賠償とは、「同一
の事由」の範囲で調整がなされ（→【127】三共自動車事
件）、「同一の事由」とは、保険給付の対象となる損害
と民事損害賠償の対象となる損害とが同性質で、保険
給付と民事損害賠償が相互補完性を有する関係にある
ものとされている（青木鉛鉄事件─最2小判昭和62年7
月10日）。具体的には、労災保険の補償給付とこのよ
うな関係にあるのは、財産的損害のうちの消極損害
（逸失利益）だけであるとされ、したがって、たとえ
ば慰謝料は、調整対象とはならず全額支給される（同
判決）。

では、労災保険から支給されるものの、保険給付と
してではなく、社会復帰促進等事業として支給される
特別支給金（労災保険法29条1項2号を参照）は、民事
損害賠償との調整対象となるのだろうか。特別支給金
が、実質的には保険給付の上乗せとしての意味がある
ため、保険給付と同じように民事損害賠償と調整可能
かが問題となる。

この点について、本判決は、労災保険給付について
は、民事損害賠償との調整に関する法的根拠（労基法
84条2項の類推適用等）がある（判旨Ⅰ、Ⅱ）のに対し
て、特別支給金については、このような調整規定はな
く、さらに特別支給金は、社会復帰促進等事業の一環
として、被災労働者の療養生活の援護などによりその
福祉の増進を図るために支給されるものであり、保険
給付のように損害を塡補する性質を有しないことから、
損害賠償から控除することはできないとした（判旨Ⅲ、
Ⅳ。なお、本判決と同旨の判例として、→【139】改進社事
件）。

しかし、この判例に対しては、特別支給金は本体の
保険給付と支給事由も手続も同じであり、保険給付と
の一体性があることから、特別支給金の支給が社会復
帰促進等事業の枠内で行われることや、明文の調整規
定がないという形式的な理由だけで控除を認めないの
は妥当でないという批判もある。

なお、休職期間について、賃金請求が認められる場
合（民法536条2項）、その間に得ていた休業補償給付
は、賃金自体を塡補する関係にないので、損益相殺の
対象とならないとした裁判例もある（アイフル事件─
大阪高判平成24年12月13日）が、疑問である。

* ［人事労働法55〜56頁］

129 労災保険給付と民事損害賠償との調整(3)―高田建設事件

最3小判平成元年4月11日〔昭和63年(オ)462号〕（民集43巻4号209頁）

> 民事損害賠償の額について、被災労働者の過失分の減額は、労災保険給付を控除する前に行うべきか、控除した後に行うべきか。

●**事実**● Xは、普通貨物自動車を運転中に、Y₁運転の乗用車と衝突して負傷した。そこで、Xは、Y₁とY₁運転の乗用車の所有者であるY₂に対して損害賠償を請求した。Xは、この事故により、治療費、通院費、入院付添費、入院雑費、休業損害、入通院慰謝料、弁護士費用等の損害を被った。他方、自賠責保険から治療費が、労災保険から休業補償給付金が支払われ、またY₂から150万円の支払いがなされている。

1審は、損害額全体から労災保険給付を控除した後、Xの過失分7割を減額した額の賠償を認めた。そこでXは控訴した。原審は、Xの過失分は6割であるとし、Xの過失分をまず減額したところ、休業損害は799万706円、その他の損害は156万5385円となり、休業損害は、労災保険により全額補塡され、その他の損害も、自賠責保険とY₂の支払いによって全額補塡されているという理由で、Xの請求を棄却すべきとした（一部認容した1審判決は相当ではないが、控訴したのがXだけであり、1審判決を不利益に変更をすることは許されないので、控訴棄却となった）。そこで、Xは上告した。

●**判旨**● 上告棄却。1人の反対意見あり。

Ⅰ 「労働者災害補償保険法（以下「法」という。）に基づく保険給付の原因となった事故が第三者の行為により惹起され、第三者が右行為によって生じた損害につき賠償責任を負う場合において、右事故により被害を受けた労働者に過失があるため損害賠償額を定めるにつきこれを一定の割合で斟酌すべきときは、保険給付の原因となった事由と同一の事由による損害の賠償額を算定するには、右損害の額から過失割合による減額をし、その残額から右保険給付の価額を控除する方法によるのが相当である」。

Ⅱ 「法12条の4は、……受給権者に対する第三者の損害賠償義務と政府の保険給付義務とが相互補完の関係にあり、同一の事由による損害の二重塡補を認めるものではない趣旨を明らかにしているのであって、政府が保険給付をしたときは、右保険給付の原因となった事由と同一の事由については、受給権者が第三者に対して取得した損害賠償請求権は、右給付の価額の限度において国に移転する結果減縮すると解されるところ……、損害賠償額を定めるに

つき労働者の過失を斟酌すべき場合には、受給権者は第三者に対し右過失を斟酌して定められた額の損害賠償請求権を有するにすぎないので、同条1項により国に移転するとされる損害賠償請求権も過失を斟酌した後のそれを意味すると解するのが、文理上自然であり、右規定の趣旨にそうものといえる」。

●**解説**● 労災事件における民事損害賠償において、労働者側にも過失がある場合には、過失相殺が行われて、損害賠償額の減額が行われる（民法722条2項、418条）。労災保険給付の支給があった場合、その額は損害賠償額から控除される（→【127】三共自動車事件）が、過失相殺による減額は、労災保険給付の控除の前に行うべきとする説と、後に行うべきとする説がある。

前者の控除前相殺説によると、労災保険給付の支給分は、使用者の過失相当分に充当されることになる。本判決は、この立場である（判旨Ⅰ）。労災保険給付は、使用者の損害賠償責任に対する保険であることを考慮すると、この立場が、労災保険制度の趣旨に合致するといえるであろう（ただし、判旨Ⅱにおける理由付けは、第三者行為災害に関する労災保険法12条の4の文理解釈を決め手としており、これが十分に説得的なものといえるかには疑問も残る［後述の伊藤正己裁判官の反対意見も同旨］。なお、控除前相殺説は、使用者行為災害の場合にも妥当するものであり、先例がある［大石塗装・鹿島建設事件―最1小判昭和55年12月18日］）。

後者の控除後相殺説によると、労災保険給付は、使用者過失分と労働者過失分に按分され、それぞれが労使双方の負担すべき損害分に充当されることになる。使用者にとっては、損害賠償額から控除される割合が減ることになり、労働者に有利となる。本判決の伊藤正己裁判官の反対意見は、この立場をとり、その理由として、「労災保険制度が社会保障的性格を有し、できるだけ労働者の損害を補償しようとしていることは、法……の解釈にも反映させてしかるべきである」ことを挙げる。

なお、本件のような交通事故で、労災保険給付で塡補されない損害について、被害者である労働者が自動車損害賠償責任保険の請求をする場合（自賠法16条1項）、国の代位請求（労災保険法12条の4第1項。【130】小野運送事件［解説］参照）と競合し、その合計額が自賠責保険の保険金額を超えるときでも、被害者（労働者）は、按分された額ではなく、国に優先して保険会社に損害賠償額の支払いを請求できる（自賠責保険金請求事件―最1小判平成30年9月27日）。

* ［人事労働法57〜58頁］

130　第三者行為災害と示談──小野運送事件

最3小判昭和38年6月4日〔昭和37年(オ)711号〕(民集17巻5号716頁)

> 第三者行為災害について、加害者と被害者との間で示談が成立した場合、それは労災保険給付の支給額に影響するか。

●事実●　Y会社の従業員であったAは、Y会社の自動車を運転中に、B会社の従業員であるCと接触し、Cに骨折等の傷害を与えた。これにより、Cは、Aの使用者であるY会社に対し、約46万円の損害賠償請求権を得ることとなった（民法715条）。

その後、Y会社とCの間で示談が成立した。その内容は、自動車損害賠償保障法に基づく給付金10万円と慰謝料・治療費2万円をY会社から受け取り、その他の損害賠償請求権をいっさい放棄するというものであった。

X（国）は、Cからの労災保険給付の申請の際、この示談のことを聞き、Cに対し、労災保険法に基づき給付される保険給付金約42万円のうち、12万円を差し引いた約30万円を支払った。

Xは、労災保険法12条の4に基づき、この給付額をY会社に対し求償した。Y会社は、Cが示談によって損害賠償請求権を放棄した以上、XがCに対し補償給付をしたとしても、XがCに代位して請求できる金銭債権はないとして、その支払いを拒否した。

1審は、Xの請求を認容した。Y会社が控訴したところ、原審は、1審判決を取り消し、Y会社の主張を認めた（XのCへの不当利得返還請求の可能性は示唆している）。そこで、Xは上告した。

●判旨●　上告棄却（Xの請求棄却）。

Ⅰ　「労働者が第三者の行為により災害をこうむった場合にその第三者に対して取得する損害賠償請求権は、通常の不法行為上の債権であり、その災害につき労働者災害補償保険法による保険が付せられているからといって、その性質を異にするものとは解されない。したがって、他に別段の規定がないかぎり、被災労働者らは、私法自治の原則上、第三者が自己に対し負担する損害賠償債務の全部又は一部を免除する自由を有する」。

Ⅱ　労災保険法12条の4第1項は、政府は、補償の原因である事故が、第三者の行為によって生じた場合に保険給付をしたときは、その給付の価額の限度で、補償を受けた者が第三者に対して有する損害賠償請求権を取得する旨を規定するとともに、同条2項は、前項の場合において、補償を受けるべきものが、当該第三者より同一の事由につき損害賠償を受けたときは、政府は、その価額の限度で災害補償の義務を免れる旨を規定している。この2項は、単に、被災労働者らが第三者から現実に損害賠償を受けた場合には、政府もまた、その限度において保険給付をする義務を免れる旨を規定しているだけであるが、労災保険制度は、もともと、被災労働者らの被った損害を補償することを目的とするものであるから、被災労働者が、第三者の自己に対する損害賠償債務の全部または一部を免除し、その限度において損害賠償請求権を喪失した場合、政府は、その限度において保険給付をする義務を免れる。

●解説●　第三者行為災害とは、政府、事業主、被災労働者以外の第三者の行為により業務上の災害に遭う場合をいう。この場合にも、労災保険給付はなされるが、政府は、労災保険給付をした場合には、被災労働者が加害者である第三者に対して有する損害賠償の請求権を取得し、その第三者に対して法定代位権を行使することができる（労災保険法12条の4）。

本件で問題となったのは、被災労働者が、加害者との間で示談をした場合、労災保険の給付額に影響するかである。労災保険法の条文上は、被災労働者が第三者から損害賠償を受けた場合には、政府はその価額の限度で保険給付を免れるが、示談のように被災労働者が加害者の債務の免除をした場合にも、同様に解してよいのかが問題となるのである。

判旨Ⅰは、労災保険の対象となる損害賠償債権であっても、普通の不法行為債権と変わりはないのであり、私的自治の原則に基づき、被災労働者には免除をする自由があるとする。

この場合、政府の行う労災保険給付も縮減するかであるが、判旨Ⅱはこれを肯定する。その理由は、労災保険制度は、被災労働者らの被った損害を補償することを目的とするものであり、被災労働者が、加害者の損害賠償債務を免除すると、その限度において被災労働者の損害賠償請求権は喪失するので、政府はその限度において保険給付をする義務を免れるという点にある（そのため、政府は、被害者が免除した分については、給付をしても加害者に法定代位権を行使することはできない）。

このような結論は、被災労働者が不用意な示談や真意に沿わない示談をした場合に酷な結果が生じるおそれがあるが、本判決は、①労災保険制度に対する労働者らの認識を深めること、②保険給付が迅速に行われること、③損害賠償債務の免除が被災労働者らの真意に出たものかどうかに関する認定を厳格に行うこと（錯誤または詐欺等も問題とされるべきである）によって、防止しうると述べている（判旨外）。

131　通勤災害—羽曳野労基署長事件

大阪高判平成19年4月18日〔平成18年(行コ)46号〕

介護目的での通勤経路からの逸脱後の災害は、通勤災害に該当するか。

●事実●　Xは、平成13年2月26日、勤務終了後、両足が不自由な義父Aの介護のために、A宅に寄り、約1時間40分程度、Aの身の回りの世話をした後、A宅を出た。Xは、帰宅途中、原付バイクと接触し、頭蓋骨骨折、脳挫傷等の怪我を負った（本件事故）。A宅は、Xの通勤経路から外れていたが、本件事故は、A宅から帰る途中コンビニエンスストアに寄った後、通常の通勤経路（復路）に入る直前の交差点（道路幅3.9メートル）を横断しているところ（復路まで0.9メートルの地点）で遭ったものであった。

　Xは、通勤災害であるとして労災保険法に基づき、Y労基署長に対して休業給付の申請をしたが、Yは不支給処分を行った。そこでXは、Yの不支給処分の取消しを求め、訴えを提起した。1審は、Xの請求を認容したため、Yは控訴した。

●判旨●　控訴棄却（Xの請求認容）。

　I　Aは当時85歳の高齢であり、両下肢機能全廃のため、食事の世話、入浴の介助、簡易トイレにおける排泄物の処理といった日常生活全般について介護が不可欠な状態であった。X夫婦はA宅の近隣に居住しており、独身で帰宅の遅い義兄と同居しているAの介護を行うことができる親族は他にいなかったので、Xは週4日間程度これらの介護を行い、Xの妻もほぼ毎日父Aのために食事の世話やリハビリの送迎をしてきた。

　このような事情の下では、XのAに対する介護は、「労働者本人又はその家族の衣、食、保健、衛生など家庭生活を営むうえでの必要な行為」というべきであるから、労災保険法施行規則8条1号所定の「日用品の購入その他これに準ずる行為」にあたる。

　II　「合理的な経路とは、事業場と自宅との間を往復する場合に、一般に労働者が用いると認められる経路をいい、必ずしも最短距離の唯一の経路を指すものでないから、この合理的な経路も、1人の労働者にとって1つとは限らず、合理的な経路が複数ある場合には、そのうちのどれを労働者が選択しようが自由であると解されている。また、徒歩で通勤する場合に、この合理的な経路である限り、労働者が道路のいずれの側を通行するかは問わないと解す

るのが相当である」。

●解説●　通勤災害とは、「労働者の通勤による負傷、疾病、障害又は死亡」である（労災保険法7条1項3号を参照）。通勤災害に対しても、業務災害とほぼ同じ保険給付が行われる。ここでいう「通勤」とは、労働者が、就業に関し、合理的な経路と方法により、①住居と就業の場所との間の往復、②就業の場所から他の就業の場所への移動（たとえば、副業先への移動）、③①に掲げる往復に先行し、または後続する住居間の移動（たとえば、単身赴任の労働者が週末に帰省先と往復すること）を行うことをいう（7条2項）。「就業」に関しない移動は、ここでの「通勤」には含まれない。勤務時間後の任意参加の会合への参加は、業務性があれば「就業」に含まれる（否定例として、中央労基署長事件—東京高判平成20年6月25日等）。

　①から③の経路を逸脱し、または移動を中断した場合、その逸脱または中断の間およびその後の移動は「通勤」には含まれない（7条3項）。ただし、この逸脱または中断が、日常生活上必要な行為であって、厚生労働省令で定めるものをやむをえない事由により行うための最小限度のものである場合は、当該逸脱または中断の間を除き「通勤」として取り扱われる（同項ただし書）。ここでいう「厚生労働省令で定めるもの」とは、日用品の購入、教育訓練の受講、選挙権の行使、病院での診療等があげられている（労災保険法施行規則8条）。

　本件は、義父の介護のために義父宅に立ち寄った後に災害に遭ったケースである。これが通勤災害と認められるためには、事故が起きた場所が、合理的な経路の範囲内であり、かつ、合理的な経路からいったん逸脱した理由が、労災保険法7条3項ただし書の要件を充たす必要がある。

　本判決は、まず後者の点について、介護はこの事件当時は労災保険法施行規則8条には列挙されていないものの、同条1号の「日用品の購入その他これに準ずる行為」に該当するという解釈を示した（判旨I）。文言上は、かなり無理な解釈であるが、その後、同条に新たに5号が設けられ、家族の介護が追加されたため、立法的に解決された。

　本判決は、合理的な経路について、かなり緩やかな解釈を行っている（判旨II）。一方、同種の事例について厳格な解釈をした裁判例（札幌中央労基署長事件—札幌高判平成元年5月8日）もある。

132 間接差別—三陽物産事件

東京地判平成6年6月16日〔平成3年(ワ)5511号・平成4年(ワ)14509号〕

勤務地限定勤務の女性従業員の賃金を勤務地非限定勤務の男性従業員よりも低くすることが、女性であることを理由とする賃金差別に該当するか。

●**事実**● Y会社は、年功的要素を加味した職能資格を基準とした賃金制度を導入していたが、その給与規定には、非世帯主および独身の世帯主には所定の本人給を支払わないという条項があった（世帯主基準）。Y会社では、男性従業員は、実年齢に対応した本人給と一時金が支払われたが、女性従業員の多くは、世帯主基準の適用により、25歳の年齢を想定した賃金設定で本人給が据え置かれることになった。

Y会社は、労働基準監督署から、世帯主基準の運用に際して、男女同一賃金に違反する疑いがないように措置すべきとの指導を受けたため、給与規定に勤務地域基準を導入した。この基準は、本人の意思で勤務地域を限定して勤務に就いている従業員に対して26歳相当の本人給で据え置くというものであった。

Xらは、世帯主基準および勤務地域基準の適用によって本人給に差をつけることは労基法4条違反であるとし、債務不履行ないし不法行為を理由として、実年齢に対応した本人給および一時金と既払いの賃金との差額等を求めて訴えを提起した。

●**判旨**● 一部認容。

Ⅰ Y会社は、住民票上、女性の大多数が非世帯主または独身の世帯主に該当するという社会的現実およびY会社の従業員構成を認識しながら、世帯主基準の適用の結果生じる効果が女性従業員に一方的に著しい不利益となることを容認して上記基準を制定したものと推認でき、本人給が25歳または26歳相当のものに据え置かれる女性従業員に対し、女性であることを理由に賃金を差別したものというべきである。本件世帯主基準は、労基法4条の男女同一賃金の原則に反し、無効である。

Ⅱ 一般論として、広域配転義務の存否により賃金に差異を設けることにはそれなりの合理性が認められるから、本件において、勤務地域基準の制定および運用が男女差別といえるものでないかぎり、何ら違法とすべき理由はない。

しかし、Y会社は、女性従業員は、すべて営業職に従事しておらず、過去現在とも広域配転を経験したことがないこと、そして、女性従業員が一般に広域配転を希望しないことを認識していた。Y会社は、労働基準監督署の指導を受け、給与規定の取扱いを正当化するために、勤務地域基準の適用の結果生じる効果が女性従業員に一方的に著しい不利益となる

ことを容認しつつ、この基準を新たに制定したものと推認されるのである。この基準は、女性であることを理由に賃金を差別したものであるというべきであり、労基法4条の男女同一賃金の原則に反し、無効である。

●**解説**● 労基法4条は、女性であることを理由とする賃金差別を禁止している（→【85】兼松事件［解説］）。

本件では、直接的には、女性に対する不利益な本人給が定められているわけではない。当初は、世帯主基準、その後は、勤務地域基準を用いた結果、賃金に格差が生じたにすぎないともいえる。労基法は、3条および4条に定める事由（国籍、信条、社会的身分、性別）以外の事由による賃金格差を禁止してはいない（他の法律では、短時間有期雇用法9条、労組法7条1号などがある）ため、本件のような格差は当然には違法とはいえない。

ただ、本件では、世帯主基準については、女性従業員の大多数が非世帯主であることを認識し、女性従業員に一方的に著しい不利益となることを容認して設けられたものであるとして、労基法4条違反としている（判旨Ⅰ。なお、裁判例には、共働きの場合に家族手当を世帯主に支給する扱いは、収入の多いほうを世帯主とするのは適法だが、夫に一定以上の所得があれば、夫のみを世帯主とする扱いは違法としたものがある［前者は日産自動車事件—東京地判平成元年1月26日、後者は岩手銀行事件—仙台高判平成4年1月10日）］。

また、勤務地域基準については、一般的にはその合理性は認められるものの、本件では従来の格差を正当化するために、女性従業員に一方的に著しい不利益となることを容認しつつ制定されたものであるとして、労基法4条違反となるとしている（判旨Ⅱ）。

本件は、中立的な基準を用いながら、その結果として、実質的に差別をもたらす間接差別の事例のようでもある。間接差別が、明文の規定なしに、禁止される差別に含まれると解釈できるかについては争いがある。ただ、本件では、使用者が用いた基準は形だけのもので、男女の格差を容認しており、実質的には、直接的な女性差別があった事案とみるべきであろう。

なお、均等法では、募集、採用、昇進における一定の措置について、性別以外の事由を要件とするもののうち、措置の要件を満たす男女比率等の事情を勘案して実質的に性別を理由とする差別となるおそれがあるもの（募集・採用における身長・体重・体力要件、募集・採用・昇進・職種変更における転居をともなう配置転換の応諾要件、昇進における異なる事業場への配置転換経験要件に限定）で、合理的理由のないものは間接差別として禁止されている（7条、同法施行規則2条）。

* ［人事労働法65頁］

133 セクシュアル・ハラスメント—福岡セクシュアル・ハラスメント事件

福岡地判平成4年4月16日〔平成元年(ワ)1872号〕

> 職場の上司によるセクシュアル・ハラスメントについて、使用者は損害賠償責任を負うか。

●**事実**● Xは、情報誌の編集発行等を行うY₁会社の女性従業員であり、Y₂は、同社発行雑誌の編集長であった。Xは、過去に雑誌編集の経験があったため、入社後すぐに、Y₁会社の発行する雑誌の編集を、Y₂に代わって担当するようになり、その後も、記事の執筆等を含めた社内の重要な業務を担当するようになった。そして、Y₂が病気で入院した後は、Y₂の補充として出向してきたA係長とXが、Y₁会社の業務方針を決定するようになった。そのため、Y₂は、業務に復帰後、社内の重要業務にかかわれないという疎外感をもち、Xに対しライバル心を抱くようになった。

このようななか、Y₂は、Y₁会社の従業員や社外の関係者らに対し、Xの異性関係が乱れている等の発言を繰り返し、また、Aに代わって入社したB専務に対して、取引先からの依頼が途絶えたのは、取引先の支店長とXの不倫関係が終了したことが原因であると、事実関係を十分に確認することなく報告するなどした。

Y₂とXの確執によって、職場環境に悪影響が生じ始めたため、B専務は、XとY₂に対して、話合いにより問題を解決するよう指示したが、両者の関係は修復しなかった。そこで、B専務は、まずXに、関係が修復できなければ退職してもらうと述べたところ、Xは、退職の意思を示した。他方、Y₂は、3日間の自宅謹慎と賞与の減俸処分を受けた。

Xは、Y₂に対して、民法709条に基づき、Y₁会社に対して、民法715条に基づき、損害賠償の支払い等を求めて訴えを提起した。

●**判旨**● 一部認容(慰謝料は150万円)。

Ⅰ 「Y₂が、Y₁会社の職場又はY₁会社の社外ではあるが職務に関連する場において、X又は職場の関係者に対し、Xの個人的な性生活や性向を窺わせる事項について発言を行い、その結果、Xを職場に居づらくさせる状況を作り出し、しかも、右状況の出現について意図していたか、又は少なくとも予見していた場合には、それは、Xの人格を損なってその感情を害し、Xにとって働きやすい職場環境のなかで働く利益を害するものであるから、Y₂はXに対して民法709条の不法行為責任を負う」。

Ⅱ 「使用者は、被用者との関係において社会通念上伴う義務として、被用者が労務に服する過程で生命及び健康を害しないよう職場環境等につき配慮すべき注意義務を負うが、そのほかにも、労務遂行に関連して被用者の人格的尊厳を侵しその労務提供に重大な支障を来す事由が発生することを防ぎ、又はこれに適切に対処して、職場が被用者にとって働きやすい環境を保つよう配慮する注意義務もあると解されるところ、被用者を選任監督する立場にある者が右注意義務を怠った場合には、右の立場にある者に被用者に対する不法行為が成立することがあり、使用者も民法715条により不法行為責任を負うことがあると解するべきである」。

●**解説**● 事業主は、職場におけるセクシュアル・ハラスメント(性的な言動への対応により労働条件の不利益を受けたり、性的な言動により就業環境が害されること)のないよう、雇用管理上必要な措置を講じる義務やその他の責務が課されている(均等法11条および11条の2)。同様の規定は、他の類型のハラスメントにも定められているが、これらの規定は、ハラスメントを直接禁止するものではない。ただ、加害者は本件のように民法上の不法行為責任(709条)を負うことはあるし(判旨Ⅰ)、行為の内容によっては刑事責任が科されることもある。一方、事業主のほうも、被用者の人格的尊厳が侵害されて、労務提供に重大な支障を来す事由の発生を防止するなどの「職場が被用者にとって働きやすい環境を保つよう配慮する注意義務」があるとされ、被用者を選任監督する立場にある者がこの注意義務に違反した場合には、その者に不法行為が成立し、事業主は使用者責任(民法715条)を負うことになる(判旨Ⅱ)。本件では、B専務も対応が不適切であったとして注意義務違反があるとされ、Y₁会社は、Y₂の行為だけでなく、B専務の行為についても使用者責任を負うとした(判旨外)。

その後の裁判例では、事業主には労働契約上の付随義務として、職場環境配慮義務(表現にはバリエーションがある)があるとして、セクシュアル・ハラスメントなどに対して適切な対応をしない企業に対して、債務不履行責任を認めるものがある(仙台セクシュアル・ハラスメント〔自動車販売会社〕事件—仙台地判平成13年3月26日等)。こうした義務は安全配慮義務の1つとして位置づけられることもある(パワハラのケースで、→【123】さいたま市環境センター事件)。いずれにせよ今日では、職場での人格的利益を侵害するケースにおいて、職場環境配慮義務違反による損害賠償責任が認められるケースが増えている。

* 〔人事労働法66〜67頁〕

134　セクシュアル・ハラスメントと法令遵守体制—イビデンほか事件

最1小判平成30年2月15日〔平成28年(受)2076号〕

子会社の従業員間のセクハラ問題への対応について、
親会社に信義則違反がなかったとされた例。

●事実●　Y会社は、そのグループ会社の法令遵守体制の一環として、グループ会社の事業場内で就労する者が法令等の遵守に関して相談できるコンプライアンス相談窓口を設けていた。Y会社の子会社であるA会社の契約社員であったXは、同じく子会社であるB会社の課長職Cよりストーカー的な行為（本件行為1）を受けたため、D係長（Xの直属の上司）に対し、Cに本件行為1をやめるよう注意してほしい旨を相談し、D係長は、朝礼の際に、名指しはせずにストーカーをやめるように注意する発言をした。しかし、その後もCの本件行為1が続いたため、Xは、上司に相談したが、対応してもらえなかったことから、A会社を退職した。その後Xは、派遣会社を介してY会社の別の事業場での業務に従事するようになった。Cはその後も、Xの自宅付近で、数回Cの自動車を停車させるなどした（本件行為2）。A会社の契約社員Eは、かつての同僚であったXのために、本件行為2について、上記相談窓口に対し、事実確認等の対応をしてほしい旨の申出（本件申出）をした。Y会社は、本件申出を受け、A・B両社に依頼して関係者の聞き取り調査を行わせたが、Xに対する事実確認は行わず、Eに対し、本件申出に係る事実は確認できなかった旨を伝えた。

Xは、C、B会社、A会社への損害賠償に加え、Y会社にも、均等法11条1項の措置義務の違反を内容とする債務不履行ないし不法行為に基づく損害賠償を求めて、訴えを提起した。1審は、Xの請求をすべて棄却したため、Xは控訴した。控訴審（名古屋高判平成28年7月20日）は、C、B会社、A会社のいずれの損害賠償責任も認めたうえで、Y会社も、グループ会社の全従業員に対して、直接または各グループ会社を通じて法令遵守のための相応の措置を講ずべき信義則上の義務を負っているにもかかわらず、Cのセクハラ行為について、この義務を履行しなかったなどとして債務不履行による損害賠償責任を認めた。そこで、Y会社は上告した。

●判旨●　原判決破棄、自判（控訴審判決を取り消し、1審判決を支持。Xの請求棄却）。

Ⅰ　Y会社は、「法令等の遵守に関する社員行動基準を定め、本件法令遵守体制を整備していたものの、Xに対しての指揮監督権を行使する立場にあったとか、Xから実質的に労務の提供を受ける関係にあったとみるべき事情はない」し、また、「本件法令遵守体制の仕組みの具体的内容が、A会社が使用者として負うべき雇用契約上の付随義務をY会社自らが履行し又はY会社の直接間接の指揮監督の下でA会社に履行させるものであったとみるべき事情はうかがわれない」。「以上によれば、Y会社は、自ら

又はXの使用者であるA会社を通じて本件付随義務〔筆者注：使用者が就業環境に関して労働者からの相談に応じて適切に対応すべき義務〕を履行する義務を負うものということはできず、A会社が本件付随義務に基づく対応を怠ったことのみをもって、Y会社のXに対する信義則上の義務違反があったものとすることはできない」。

Ⅱ　もっとも、グループ会社の事業場内で就労した際に、法令等違反行為によって被害を受けた従業員等が、本件相談窓口に対しその旨の相談の申出をすれば、Y会社は、相応の対応をするよう努めることが想定されていたものであり、「上記申出の具体的状況いかんによっては、当該申出をした者に対し、当該申出を受け、体制として整備された仕組みの内容、当該申出に係る相談の内容等に応じて適切に対応すべき信義則上の義務を負う場合があると解される」が、本件では、Y会社は、本件行為1につき、実際に相談窓口での相談の申出をしていないXとの関係で、前記の信義則上の義務を負うものではない。

●解説●　本判決は、親会社がグループ会社全体の法令遵守のために相談窓口を設けていた事案で、グループ会社の事業場内で就労した際に、法令等違反行為によって被害を受けた従業員等が、相談窓口に対しその旨の相談の申出をすれば、相応の対応をするよう努めることが想定されていた場合には、申出の具体的状況によっては、当該申出をした者に対し、当該申出を受け、体制として整備された仕組みの内容、当該申出に係る相談の内容等に応じて適切に対応すべき信義則上の義務を負う場合がある、としている（判旨Ⅱ）。

均等法（11条、11条の3）、育介法（25条）および労働施策総合推進法（30条の2）は、ハラスメントに関して、事業主に雇用管理上必要な措置を講じる義務を課しているが、相談窓口の整備は、こうした義務の履行の一環とみることができる（会社法362条4項6号・5項の内部統制システム構築義務も参照）。その具体的な運用は、各会社の判断に委ねられるが、いったん制度を設けた以上、その制度の趣旨に則した運用をすることは、労働契約における信義則上の義務となる。そこには、親会社が子会社の従業員からの相談に対応することも含まれるが、本件では、本件申出の相談内容は、Cの職務執行に直接関係するものではなく、本件申出の当時、Xはすでにとと同じ職場では就労しておらず、本件行為2が行われてから8カ月以上経過していたことから（判旨外）、義務違反はなかったとされた。

なお、公益通報者保護法は、一定の違反行為について、労働者を内部通報へと誘導しているし（3条1項1号〔行政機関への通報や外部への通報より保護要件を緩和〕）、2020年改正では、事業者に公益通報対応体制の強化を求めている（11条以下）。ハラスメントも、通報対象事実（2条3項、別表）に該当する場合（刑法犯に該当する場合等）には、同法の適用対象となる。

＊〔人事労働法67～68頁補注(3)〕

135 産前産後の休業と賞与の出勤要件—東朋学園事件

最1小判平成15年12月4日〔平成13年(受)1066号〕

法律によって保障されている休業期間は、賞与の支給要件との関係で欠勤扱いにしてよいか。

●**事実**● 学校法人Yにおいて、期間の定めのない労働契約に基づき事務職として働くXは、平成6年7月8日に出産し、翌9日から同年9月2日までの8週間、産後休業を取得した。その後、Xは、Y法人の育児休職規程に基づいて勤務時間の短縮を請求し、同年10月6日から翌年7月8日までの間、1日につき1時間15分の勤務時間短縮措置を受けた。

Xは、平成6年度の夏期賞与および期末賞与について、賞与の支給に関する回覧文書に基づき、産前産後の休業期間が欠勤と扱われたため、給与規程（就業規則）中の賞与の支給について90%以上の出勤を要件とする条項（本件90%条項）に基づき、支給がなされなかった。また、平成7年度の夏期賞与についても、勤務時間短縮措置に基づく短縮時間分が欠勤日数に加算されて90%の出勤率要件を満たさないことから、支給がなされなかった。回覧文書は、給与規程に基づき作成されたもので、そこには、賞与の算定方法として欠勤日数に応じた減額が定められていると同時に、欠勤日数の算定方法についても定められていた。

Xは、産後休業の日数や勤務時間短縮措置による短縮時間分を欠勤に算入することは、労基法や育児介護休業法の趣旨に反し違法であるとして、賞与の支給を求めて訴えを提起した。1審はXの請求を認め、原審も1審の判断を支持した。そこで、Y法人は上告した。

●**判旨**● 原判決破棄、差戻し。1人の反対意見あり。

Ⅰ 「産前産後休業を取得し、または勤務時間の短縮措置を受けた労働者は、その間就労していないのであるから、労使間に特段の合意がない限り、その不就労期間に対応する賃金請求権を有しておらず、当該不就労期間を出勤として取り扱うかどうかは原則として労使間の合意にゆだねられているというべきである」。

Ⅱ 従業員の出勤率の低下防止等の観点から、出勤率の低い者につきある種の経済的利益を得られないこととするのは、一応の経済的合理性を有するものである。本件90%条項は、産前産後休業（労基法65条）や育児休業法10条（現在の育児介護休業法23条）を受けて定められた勤務時間の短縮措置を請求

しうる法的利益に基づく不就労を含めて出勤率を算定するものであるが、これらの法規定の趣旨に照らすと、これにより上記権利等の行使を抑制し、ひいては労基法等が権利等を保障した趣旨を実質的に失わせるものと認められる場合にかぎり、公序に反するものとして無効となる。

本件90%条項は、これらの権利等の行使に対する事実上の抑止力は相当強いとみるのが相当である。そうすると、本件90%条項のうち、出勤すべき日数に産前産後休業の日数を算入し、出勤した日数に産前産後休業の日数および勤務時間短縮措置による短縮時間分を含めないものとしている部分は、公序に反し無効であるというべきである。

Ⅲ 賞与の計算式の適用にあたっては、産前産後休業の日数および勤務時間短縮措置による短縮時間分は、回覧文書の定めるところに従って欠勤として減額の対象となるというべきである。

●**解説**● 賞与の支給要件に、一定の出勤要件を課すことは、基本的には使用者の自由にまかされている。ただ、本判決は、労基法等の法律上の休暇・休業の権利を行使した場合に、それを欠勤扱いとすることは、法律が権利を保障した趣旨を実質的に失わせるものと認められる場合には公序違反で無効となる（民法90条）とする（判旨Ⅱ）。このような労働者の権利行使に対する不利益取扱いの有効性の判断規準は、判例上すでに確立していたものである（エヌ・ビー・シー工業事件—最3小判昭和60年7月16日、日本シェーリング事件—最1小判平成元年12月14日、→【114】沼津交通事件）。なお、現在では、産前・産後休業（労基法65条）の取得や育児・介護休業の取得、3歳未満の子を養育中の労働者による所定労働時間の短縮請求等を理由とする解雇その他不利益取扱いを明文で禁止する規定がある（均等法9条3項、育介法10条、16条、23条の2等）。

本判決は、産前産後の休業等は、これを出勤扱いとしない本件90%条項は一部無効となるが、これと不可分一体ではない賞与支給の根拠条項に基づく賞与額の算定において欠勤扱いとすることは直ちに無効となるものではないと判断した（判旨Ⅲ）。原判決は、賞与額の算定において欠勤扱いとすることをも違法としていたが、不就労期間を無給とする合意は可能であり（判旨Ⅰ参照。ノーワーク・ノーペイの原則）、本判決は、この考え方を賞与にもあてはめたものといえよう。

* ［人事労働法201〜202頁］

136　妊娠中の軽易業務への転換と不利益取扱い—広島中央保健生活協同組合事件

最1小判平成26年10月23日〔平成24年(受)2231号〕（民集68巻8号1270頁）

妊娠中の女性の請求による軽易業務への転換にともなう降格は、不利益取扱いに該当するか。

●事実●　消費生活協同組合Yの組織するA病院に理学療法士として勤務するXは、妊娠したため、労基法65条3項に基づいて軽易業務への転換を請求した。この異動により、これまでの副主任の役職を免ぜられた（本件措置1）。その後、Xは、産前休業および産後休業を取得し、引き続き育児休業を取得した。休業あけの職場復帰後のポストでは、すでに別の副主任がいたため、Xは副主任に任ぜられなかった（本件措置2）。

Xは、本件措置1は、均等法9条3項に違反する無効なものであり、また本件措置2は育介法10条にも違反する無効なものであると主張し、副主任手当の支払い、および、債務不履行または不法行為に基づく損害賠償を求めて訴えを提起した。1審も原審も、Xの請求を認めなかった。そこで、Xは上告した。差戻審では、本件措置1が不法行為に該当すると認められた（広島高判平成27年11月17日）。

●判旨●　原判決破棄、差戻し。

Ⅰ　女性労働者を妊娠中の軽易業務への転換を契機として降格させることは、原則として男女雇用機会均等法9条3項の禁止する取扱いにあたるものと解されるが、「当該労働者が軽易業務への転換及び上記措置により受ける有利な影響並びに上記措置により受ける不利な影響の内容や程度、上記措置に係る事業主による説明の内容その他の経緯や当該労働者の意向等に照らして、当該労働者につき自由な意思に基づいて降格を承諾したものと認めるに足りる合理的な理由が客観的に存在するとき、又は事業主において当該労働者につき降格の措置を執ることなく軽易業務への転換をさせることに円滑な業務運営や人員の適正配置の確保などの業務上の必要性から支障がある場合であって、その業務上の必要性の内容や程度及び上記の有利又は不利な影響の内容や程度に照らして、上記措置につき同項の趣旨及び目的に実質的に反しないものと認められる特段の事情が存在するときは、同項の禁止する取扱いに当たらないものと解するのが相当である」。

Ⅱ　「上記の承諾に係る合理的な理由に関しては、上記の有利又は不利な影響の内容や程度の評価に当たって、上記措置の前後における職務内容の実質、業務上の負担の内容や程度、労働条件の内容等を勘案し、当該労働者が上記措置による影響につき事業主から適切な説明を受けて十分に理解した上でその諾否を決定し得たか否かという観点から、その存否を判断すべきものと解される。また、上記特段の事情に関しては、上記の業務上の必要性の有無及びその内容や程度の評価に当たって、当該労働者の転換後の業務の性質や内容、転換後の職場の組織や業務態勢及び人員配置の状況、当該労働者の知識や経験等を勘案するとともに、上記の有利又は不利な影響の内容や程度の評価に当たって、上記措置に係る経緯や当該労働者の意向等をも勘案して、その存否を判断すべきものと解される」。

●解説●　均等法は、女性労働者の妊娠、出産などを理由とした不利益な取扱いを禁止している（9条3項）。妊娠中の軽易業務への転換に対する不利益取扱いも同じである（均等法施行規則2条の2第6号）。

不利益取扱いのうち解雇は、妊娠中か出産後1年を経過しないでなされると、禁止されている理由によるものでないことを事業主が証明しない限り無効となる（均等法9条4項）。降格については、こうした規定はないものの、本判決は、均等法9条3項を強行規定と解し（判旨外）、軽易業務への転換請求を契機としてなされた降格は、原則として同項に違反するとしたうえで、例外として、自由な意思による承諾がある場合と、降格させないと業務上の支障があるなどの特段の事情がある場合をあげた（判旨Ⅰ）。前者は、賃金全額払いの原則（労基法24条）に抵触する合意相殺の効力を認めた判例を念頭に置いたものであろう（→【93】日新製鋼事件）。そこでは、労働者の承諾が、適切な説明を受けて十分に理解した上でのものであるかが重視されている（判旨Ⅱ。【82】山梨県民信用組合事件も参照）。

本判決は、本件措置2についての判断はしていないが、櫻井龍子裁判官の補足意見は、本件措置2が育介法10条に反する可能性を指摘していた。その後の裁判例では、育児休業からの復帰の際、正社員の勤務時間では就労できない労働者の、無期労働契約から有期労働契約への変更を自由意思によるものとしたもの（ジャパンビジネスラボ事件—東京高判令和元年11月28日。役職の変更があったが、経済的不利益がなかった場合には、同条・均等法9条3項違反はなく有効とした裁判例として、アメックス事件—東京地判令和元年11月13日）、短時間勤務を申し出た労働者とのパート契約の締結は、自由意思によるものではなく、育介法23条の2で禁止する不利益な取扱いに該当し無効としたものがある（フーズシステム事件—東京地判平成30年7月5日）。

*　［人事労働法62頁］

137 育児休業の取得と不利益取扱い─稲門会〔いわくら病院〕事件

大阪高判平成26年7月18日〔平成25年(ネ)3095号〕

> 3カ月以上の育児休業を取得した労働者に翌年度の昇給を行わなかったことが、不利益取扱いに該当するか。

●事実● Xは、平成10年4月、医療法人Yに採用され、平成15年4月からY法人のA病院で看護師として勤務してきた（平成25年1月末に退職）。Y法人の就業規則によると、A病院で勤務する者の基本給は、本人給、職務給、および、経験年数と能力により定まる職能給で構成されている。Y法人の育児介護休業規定には、育児休業中は本人給のみの昇給とする旨の規定があった。Y法人は、この規定は、従来からの運用を確認したものであり、育児休業として3カ月以上の欠勤があった者は、他の私傷病と同様、職能給の昇給を行わない趣旨のものと解していた（労働組合も同様の認識であった）。また、Y法人の賃金制度に関係している人材育成評価制度のマニュアルでは、育児休業などにより、評価期間中における勤務期間が3カ月に満たない場合は、評価不能として取り扱う旨の定めがあった。

Xは、平成22年9月4日から同年12月3日まで育児休業を取得したところ、Y法人は、Xの3カ月間の不就労を理由として、平成23年度の職能給を昇給させなかった。また、Xは平成23年度の終了により、同24年度の昇格試験の受験資格が認められていたはずが、平成22年度が受験資格に必要な標準年数に算入されなかったために、受験資格が認められなかった。Xは、これらの取扱いが、育介法10条に定める不利益取扱いに該当し公序良俗（民法90条）に反する違法行為であると主張して、Y法人に対し、不法行為に基づき、昇給・昇格していた場合の給与等の支払いを求めて訴えを提起した。

1審は、不昇給は公序良俗違反ではないとしたが、受験機会の不付与は、不法行為に該当するとした（京都地判平成25年9月24日）。そこで、Xは控訴した。

●判旨● 原審の一部取消し（Xの請求を認容）。

Ⅰ 育介法10条の禁止する不利益な取扱いは、同法が労働者に保障した同法上の育児休業取得の権利を抑制し、ひいては同法が労働者に前記権利を保障した趣旨を実質的に失わせる場合は、公序に反し、不法行為法上も違法になるものと解するのが相当である。

Ⅱ 本件不昇給規定は、3カ月の育児休業により、他の9カ月は、その就労状況いかんにかかわらず職能給昇給の審査対象から除外し、休業期間中の不就労の限度を超えて育児休業者に職能給を昇給させないという不利益を課すものであり、育児休業を私傷病以外の他の欠勤、休暇、休業の取扱い（不就労日に含めない取扱い）よりも合理的理由なく不利益に取り扱うものである。

このような取扱いは、Y法人の人事評価制度の在り方に照らしても合理性を欠くし、育児休業を取得する者に無視できない経済的不利益を与えるものであって、育児休業の取得を抑制する働きをするものであるから、育介法10条に禁止する不利益取扱いに当たり、かつ、同法が労働者に保障した育児休業取得の権利を抑制し、ひいては同法が労働者に保障した趣旨を実質的に失わせるものであるといわざるを得ず、公序に反し無効である。

●解説● 育介法10条は、育児休業の申請や取得を理由とする解雇その他不利益な取扱いを禁止する規定である（介護休業等にも準用されている〔同法16条等〕）。この規定に違反した措置の私法上の効力は明確ではないが、本判決は、同条に該当することを理由にただちに無効とするのではなく、同法などで権利を保障した趣旨を実質的に失わせる効果をもつ場合には公序違反とする判例（→【135】東朋学園事件等）を参照し、不法行為法上の違法性の判断を行った（判旨Ⅰ）。

ただ、同条と同種の規定である均等法9条3項は強行規定とされていること（→【136】広島中央保健生活協同組合事件）からすると、育介法10条も強行規定と解するのが自然である（同最高裁判決の櫻井裁判官の補足意見も参照）。この判例と整合的に判旨Ⅰを解するならば、同条の「不利益な取扱い」に該当するかの判断において、「権利を保障した趣旨を実質的に失わせる」かどうかという基準が適用されると解すべきことになろう（なお、定期昇給の停止について、休業期間に不就労であったことによる効果以上の不利益を与えることを理由に、同条違反の不法行為が成立するとした裁判例として、近畿大学事件─大阪地判平成31年4月24日。また、育児短時間勤務を理由とする昇給抑制について同法23条の2違反の不法行為が成立するとした裁判例として、全国重症心身障害児(者)を守る会事件─東京地判平成27年10月2日）。

なお、育児休業や介護休業等の取得等に対するハラスメントについては、事業主の雇用管理上必要な措置を講じる義務が定められている（育介法25条。マタニティ・ハラスメントについての同様の義務については、均等法11条の3を参照）。

* 〔人事労働法201～202頁〕

138　国際労働契約における準拠法の選択―ルフトハンザ事件

東京地判平成9年10月1日〔平成5年(ワ)12180号・19557号〕

外国法人で働く日本人労働者に対しては、どの国の法律が適用されるか。

●事実●　Xら3名（日本人）は、ドイツに本店を置く航空会社Yと雇用契約（本件各雇用契約）を締結し、エアホステスとして勤務していた。Y会社では、基本給のほかに、インフレ手当の意味をもつ付加手当を支給していた。付加手当に関しては、書面において、「Y会社は付加手当を撤回または削減する権利を留保する」という本件留保条項が挿入されていた。

Y会社は、Xらの給与所得に対する課税方法の変更により、Xらの給与の手取額が増加することとなったため、付加手当を支給する理由が失われたとして、本件留保条項に基づき付加手当を撤回することとした。Xらの月例給与総額に占める付加手当の割合は、約10ないし13％であった。Xらは、付加手当の撤回は無効であるとして、その支払いを求めて訴えを提起した。

●判旨●　請求棄却。

Ⅰ　「雇用契約の準拠法については、法例7条の規定に従いこれを定めるべきであるが、当事者間に明示の合意がない場合においても、当事者自治の原則を定めた同条1項に則り、契約の内容等具体的事情を総合的に考慮して当事者の黙示の意思を推定すべきである」。

Ⅱ　本件各雇用契約においては、Y会社とXらとの間で、Xらの権利義務についてはY会社の乗務員に関する労働協約によると合意されていること、この労働協約により、XらY会社の乗務員の基本的な労働条件全般が定められていること、この労働協約はドイツ労働法に独特の規定に基づくものであり、その内容もドイツの労働法等の法規範に基づいていること、この労働協約の適用を受ける労働条件の交渉は、本社の従業員代表を通じてなされていること、付加手当等の労働協約の適用を受けない個別的な労働条件についても、Xらは本社（在ドイツ）の客室乗務員人事部と交渉してきたこと、Xらに対する具体的労務管理と指揮命令は客室乗務員人事部が行っていたこと、Xらの給与は雇用契約上ドイツマルクで合意され、Y会社の給与算定部（在ドイツ）でドイツマルクにより、ドイツの社会保険制度や税制に則して算定され、その後、東京営業所において国外所得として税務処理などをした後にXらに日本円で送金されていること、Xらに対する募集および面接試験は日本で行われたが、本社の客室乗務員人事部が東京ベースのエアホステスの募集を決定し、同人事部の担当者が来日して面接試験を行い、採用決定をしたものであること、X₂およびX₃はドイツにおいて雇用契約書に署名しており、X₁は日本において雇用契約書に署名しているが、署名した雇用契約書は東京営業所を通じて本社の客室乗務員人事部に返送しており、Xらの雇用契約はいずれもY会社の本社の担当者との間で締結されていることが認めら

れる。

以上の諸事実を総合すれば、本件各雇用契約を締結した際、本件各雇用契約の準拠法はドイツ法であるとの黙示の合意が成立していたものと推定することができる。

●解説●　国際的な労働契約が締結された場合、どの国の法律が適用されるのかという準拠法の問題については、かつては法例7条1項により、当事者自治の原則に基づき決定するものとされていた。当事者の合意が明確でない場合でも、同条2項により行為地法を適用するのではなく、当事者の黙示の意思を探求するという手法がとられてきた（判旨Ⅰも参照）。

その後、2006年に「法の適用に関する通則法」（以下、通則法）が制定された。通則法では、当事者自治の原則を引き続き採用したうえで（7条）、労働契約についての特則が定められた（12条）。

それによると、まず、当該労働契約に最も密接な関係がある地の法（最密接関係地法）以外の地の法が選択された場合において、第1に、労働者が、最密接関係地法の中の特定の強行規定を適用すべき旨の意思を使用者に対し表示したときは、その強行規定も適用される（1項）。第2に、最密接関係地法は、当該労働契約において労務を提供すべき地の法と推定する。労務を提供すべき地を特定できない場合には、当該労働者を雇い入れた事業所の所在地の法と推定する（以上、2項）。ただし、これは推定なので覆されることはある（理化学研究所事件―東京高判平成30年10月24日等）。

次に、当事者による準拠法の選択がなされなかった場合には、通則法8条1項により、最密接関係地法が準拠法となる。このときも当該労働契約において労務を提供すべき地の法が、この最密接関係地法と推定される（12条3項。8条2項は適用されない）。仮に、本件のような事案で、黙示の合意を探求するのではなく、準拠法選択がなされていなかったと認定された場合、通則法を適用すると、最密接関係地法は、Xらは東京ベースの勤務であり勤務地が日本であるので日本法と推定されるが、判旨Ⅱで認定されたような事情があれば、この推定が覆されて、ドイツ法が準拠法と判断される可能性はあるであろう。本判決はドイツ法を適用し、本件の付加手当の撤回が、ドイツ民法典315条の「公正な裁量」に基づくと認められるかどうかについて検討して、これを肯定している。

本件と同様の事案で、準拠法は日本法と明記されていたが、労務提供地が特定できないので、最密接関係地法は雇入れ事業所所在地法とされ、それがオランダ法と判断されたため、強行規定である同法の無期転換規定が適用されて、日本法の無期転換の要件（労契法18条）を充足していないにもかかわらず、無期転換が認められたケースがある（ケイ・エル・エム・ローヤルダッチエアーラインズ事件―東京地判令和5年3月27日）。

なお、国際裁判管轄については、2012年の民事訴訟法改正により、労働関係における特則（3条の4第2項・3項、3条の7第6項）が設けられている。

＊〔人事労働法196～197頁〕

139 外国人労働者の逸失利益—改進社事件

最3小判平成9年1月28日〔平成5年(オ)2132号・平成8年(オ)2383号〕(民集51巻1号78頁)

> オーバーステイの外国人が労災に遭った場合の逸失利益は、どのように算定されるか。

●**事実**● Xは、パキスタン回教共和国の国籍を有する者であり、昭和63年11月28日、日本で就労する意図の下に、短期滞在（観光目的）の在留資格で入国し、翌日からY₁会社に雇用され、在留期間経過後も不法に残留し、継続してY₁会社において製本等の業務に従事していたところ、平成2年3月30日に指の一部を切断するという本件事故に被災して後遺障害を残す負傷をした。XはY₁会社および同社の代表取締役Y₂に対して、安全配慮義務違反を理由とする損害賠償を求めて訴えを提起した。1審は、Xの後遺障害による逸失利益については、Xが本件事故後、別のA会社で働くようになり、そこを退社した日の翌日から3年間は日本においてY₁会社から受けていた実収入額と同額の収入を、その後67歳までの39年間は来日前に母国で得ていた収入を日本円に換算して1カ月あたり3万円程度をそれぞれ得ることができたものと認めるのが相当であるとして、Xの請求を一部認容した。Xは控訴したが、原審は控訴を棄却した。そこで、Xは上告した（Yらも附帯上告）。

●**判旨**● 上告棄却（Xの請求の一部認容）（以下は、逸失利益に関する判示部分のみとりあげる）。

Ⅰ 「財産上の損害としての逸失利益は、事故がなかったら存したであろう利益の喪失分として評価算定されるものであり、その性質上、種々の証拠資料に基づき相当程度の蓋然性をもって推定される当該被害者の将来の収入等の状況を基礎として算定せざるを得ない。損害の塡補、すなわち、あるべき状態への回復という損害賠償の目的からして、右算定は、被害者個々人の具体的事情を考慮して行うのが相当である。こうした逸失利益算定の方法については、被害者が日本人であると否とによって異なるべき理由はない」。

Ⅱ 「したがって、一時的に我が国に滞在し将来出国が予定される外国人の逸失利益を算定するに当たっては、当該外国人がいつまで我が国に居住して就労するか、その後はどこの国に出国してどこに生活の本拠を置いて就労することになるか、などの点を証拠資料に基づき相当程度の蓋然性が認められる程度に予測し、将来のあり得べき収入状況を推定すべきことになる。そうすると、予測される我が国での就労可能期間ないし滞在可能期間内は我が国での収入等を基礎とし、その後は想定される出国先（多くは母国）での収入等を基礎として逸失利益を算定するのが合理的ということができる。そして、我が国における就労可能期間は、来日目的、事故の時点

における本人の意思、在留資格の有無、在留資格の内容、在留期間、在留期間更新の実績及び蓋然性、就労資格の有無、就労の態様等の事実的及び規範的な諸要素を考慮して、これを認定するのが相当である」。

Ⅲ 在留期間を超えて不法にわが国に残留し就労する不法残留外国人は、最終的にはわが国からの退去を強制されるものであり、わが国における滞在および就労は不安定なものといわざるをえない。そうすると、在留特別許可等によりその滞在および就労が合法的なものとなる具体的蓋然性が認められる場合はともかく、不法残留外国人のわが国における就労可能期間を長期にわたるものと認めることはできないものというべきである。

●**解説**● 外国人が日本に在留するためには、在留資格のいずれかに該当しなければならない。在留資格の中には、就労が認められているものもあるが、その在留資格に応じた就労活動をしなければならず、また在留期間は許可された範囲となっている（出入国管理及び難民認定法2条の2、別表第1を参照）。就労が認められていない在留資格で在留して就労している場合、認められた就労活動とは異なる就労活動をしている場合、在留期間を超えて滞在して就労している場合などは、不法就労となる（不法就労外国人を雇用した事業主や不法就労を助長した者は処罰される〔同法73条の2〕）。

不法就労の場合であっても、実際に労働関係が展開している場合には、労働保護法規の適用はある。その典型例が、労災保険の適用である。さらに本判決は、安全配慮義務違反による損害賠償請求も認めている（なお、2009年の外国人研修制度の改正前に、雇用関係にない研修期間中も使用従属関係があったとして、労働保護法規の適用を認めた裁判例は少なくない〔三和サービス事件—名古屋高判平成22年3月25日等〕）。

本件の主たる争点は、不法残留中の外国人の逸失利益の算定方法である。本判決は、逸失利益の算定は、「種々の証拠資料に基づき相当程度の蓋然性をもって推定される当該被害者の将来の収入等の状況を基礎として算定せざるを得ない」とし、このことは日本人と外国人とで区別する理由はないとする（判旨Ⅰ）。しかし、一時的にしか日本に滞在しない外国人の特殊性もあるのであり、そうした外国人については、予測される日本での就労可能期間ないし滞在可能期間内は日本での収入等を基礎とし、その後は想定される出国先（多くは母国）での収入等を基礎として逸失利益を算定するのが合理的とする（判旨Ⅱ）。そして、不法残留の場合には、強制退去の可能性もあることから、日本での就労可能期間を長期にわたると認めることはできないとし（判旨Ⅲ）、結論として、日本での滞在期間を3年とした原審の判断を相当としている。

最新重要判例 200 労働法

第 2 章 集団的労使関係法

140　労働組合法上の労働者性(1)──INAXメンテナンス事件

最3小判平成23年4月12日〔平成21年(行ヒ)473号〕

業務委託契約を締結しているカスタマーエンジニアは、労組法上の労働者か。

●**事実**●　X会社は、親会社であるA会社の製造した住宅設備機器の修理を業とする会社である。X会社のカスタマーエンジニア(以下、CE)は、一般労働組合BのC支部の下にD分会を結成し、B組合、C支部、D分会(以下、まとめて組合)は連名で、X会社に労働条件の変更等を議題とする団体交渉を申し入れた。これに対し、X会社は、CEは個人事業主であり、労組法上の労働者ではないので、団体交渉に応じる義務はないと回答して、これを拒絶した。

　X会社は、CEとの間で業務委託契約を締結しているが、個別の業務は、X会社が、発注した顧客の所在場所を担当するCEに依頼し、CEがそれに応諾したうえで行われていた。CEが応諾しなくても、X会社は業務委託契約の債務不履行と判断していなかったが、実際には応諾拒否の割合は1%弱であった。CEは業務の際、A会社の子会社の作業であることを示すため、X会社の制服着用や名刺携行をし、業務終了時にはX会社に報告書を提出していた。業務委託手数料は、顧客らへの請求金額に、CEの級に応じた一定率を乗じて算出されていた。CEの作業時間は1件平均約70分、1日平均計3.7時間で、X会社からの平均依頼件数は月113件、平均休日取得日数は月5.8日であった。

　B組合とC支部は、E労働委員会に対して、X会社の団交拒否は不当労働行為(労組法7条2号)に該当するとして救済を申し立てたところ、Eは団交応諾と文書手交を内容とする救済命令を発した。X会社は、Y(中央労働委員会)に再審査申立てをしたが、Yはこれを棄却する命令を発した。そこで、X会社は、Yの命令の取消しを求めて訴えを提起した。1審はX会社の請求を棄却したため、X会社が控訴したところ、原審はCEの労働者性を否定して、Yの命令を取り消した。そこで、Yは上告した。

●**判旨**●　原判決破棄、自判(X会社の請求棄却)。

　CEは、X会社の主たる事業であるA会社の住宅設備機器の修理補修業務の遂行に不可欠な労働力として、X会社の組織に組み入れられていた。また、CEとX会社との間の業務委託契約の内容は、X会社の定めた「業務委託に関する覚書」によって規律されており、個別の修理補修等の依頼内容をCE側で変更する余地がなかったことも明らかであるから、X会社がCEとの間の契約内容を一方的に決定していたものというべきである。さらに、CEの報酬は、X会社が商品や修理内容に従ってあらかじめ決定した顧客等に対する請求金額に、当該CEにつきX会社が決定した級ごとに定められた一定率を乗じ、これに時間外手当等に相当する金額を加算する方法で支払われていたのであるから、労務の提供の対価と

しての性質を有するものということができる。加えて、X会社からの修理補修等の依頼について、たとえCEが承諾拒否を理由に債務不履行責任を追及されることがなかったとしても、各当事者の認識や契約の実際の運用においては、CEは、基本的にX会社による個別の修理補修等の依頼に応ずべき関係にあったものとみるのが相当である。しかも、CEは、X会社の指定する業務遂行方法に従い、その指揮監督の下に労務の提供を行っており、かつ、その業務について場所的にも時間的にも一定の拘束を受けていたものということができる。以上の諸事情を総合考慮すれば、CEは、X会社との関係において労組法上の労働者に当たると解するのが相当である。

●**解説**●　労組法上の労働者概念(3条)は、労基法(9条)や労契法(2条1項)の労働者概念(→**【88】**横浜南労基署長〔旭紙業〕事件等)と比べて、「使用される」という要件がないなど、文言上、より広いものとなっている(たとえば、失業者は、労組法上の労働者ではあるが、労基法上の労働者ではない)。このことは、労組法上の労働者に該当するためには、労働契約関係の存在は必ずしも必要ではないことを意味している。ただ、一般的な判断枠組みは明確ではなく、本判決もこれを明示していない事例判決といえる。

　本判決は、形式的には労働契約ではない業務委託契約を締結しているCEが、①事業の遂行に不可欠な労働力として組織に組み入れられていたこと、②契約内容が一方的に決定されていたこと、③報酬が労務提供の対価としての性質を有すること、④実質的に諾否の自由がなかったこと、⑤業務遂行において指揮監督下にあり、場所的拘束性と時間的拘束性もあったことを考慮して、労組法上の労働者性を肯定している(同様の基準で、合唱団員の労組法上の労働者性を肯定した判例として、新国立劇場運営財団事件──最3小判平成23年4月12日)。その後の判例では、⑥独立の事業者としての実態を備えていないことを判断要素として追加している(ビクターサービスエンジニアリング事件──最3小判平成24年2月21日)。以上のように実態に着目した判断をするのは、これまでの判例も同様であった(CBC管弦楽団労組事件──最1小判昭和51年5月6日)。

　最近では、個人事業主についても、労組法上の労働者性を肯定する例が増えている(バイシクルメッセンジャーについて、ソクハイ事件──東京地判平成24年11月15日、NHKの地域スタッフについて、NHK事件──東京高判平成30年1月25日等)。また労働委員会レベルでは、フードデリバリーサービスの配達員の労働者性を肯定したものも登場している(ウーバージャパンほか事件──東京都労委命令令和4年10月4日)。このようなプラットフォーム就労者のケースでは、団交の相手先のプラットフォーム事業者が、単なるマッチングサービスの提供者ではなく、労組法上の使用者と認められるかという点も問題となる。

* 〔人事労働法241~242頁〕

141 労働組合法上の労働者性(2)—セブン-イレブン・ジャパン事件

東京高判令和4年12月21日〔令和4年(行コ)184号〕

> コンビニエンスストアのフランチャイズ・チェーンの加盟者は、労組法上の労働者に該当するか。

●**事実**●　Xは、コンビニエンスストアのフランチャイズ・チェーン（コンビニチェーン）を運営するA会社と加盟店基本契約（本件契約）を締結して店舗を経営する加盟者が加入する組合である。X組合は、A会社に「団体交渉のルール作り他」を協議事項とする団体交渉を申し入れたが、A会社は、加盟者は独立した事業主であるなどと主張して、これを拒否した。そこで、X組合は、A会社の団交拒否は不当労働行為（労組法7条2号）に該当するとして、B県労働委員会に救済を申し立てたところ、Bは加盟者の労働者性を肯定し、団交応諾命令を発した。A会社はY（中央労働委員会）に再審査を申し立てたところ、Yは加盟者の労働者性を否定し、初審命令を取り消した。そこで、X組合は、Yの命令の取消しを求めて訴えを提起した。1審は、X組合の請求を棄却したので、X組合は控訴した。なお本判決に対する上告は不受理となっている。

●**判旨**●　控訴棄却（請求棄却）（以下は、控訴審が引用する1審判決の内容である）。

Ⅰ　(1)　「労組法の趣旨や目的、労組法3条の文言に照らせば、労組法の適用を受ける労働者は、労働契約によって労務を供給する者に加え、その他の契約によって労務を供給して収入を得る者で、使用者との交渉上の対等性を確保するために労組法の保護を及ぼすことが必要かつ適切と認められる者をも含むと解するのが相当である」。

(2)　「加盟者が労組法上の労働者に該当するか否かを判断するに当たっては、①加盟者が相手方の事業遂行に不可欠ないし枢要な労働力として組織に組み入れられているか、②契約の締結の態様から、加盟者の労働条件や労務の内容を相手方が一方的・定型的に決定しているか、③加盟者の報酬が労務供給に対する対価又はそれに類するものとしての性格を有するか、④加盟者が、相手方からの個々の業務の依頼に対して、基本的に応ずべき関係があるか、⑤加盟者が、一定の時間的、場所的拘束を受け、A会社の指揮命令の下において労務を提供していたか、⑥加盟者が独立した事業者としての実態を備えているかといった事情を総合的に考慮して、使用者との交渉上の対等性を確保するために労組法の保護を及ぼすことが必要かつ適切と認められるかという観点から判断するのが相当である」。

Ⅱ　(1)　加盟者は、本件契約上、「加盟店の経営の基本的な方針や重要事項の決定を行うべき立場にあるところ、これらは、加盟店の経営に不可欠な業務であって、加盟者自らが、損益及び権利義務の帰属主体として、その経営判断に基づき、事業者とし

て行うものである」。これに対し、店舗運営業務は、「加盟者自らがこれを行うか、従業員に担当させるかを、加盟者自身の判断によって決定することができ、実態としても、加盟者が店舗運営業務に長時間従事することを余儀なくされているものでもない。このように、加盟者が店舗運営業務に従事することは、加盟者が経営判断業務を行うのとは異なり、」本件契約上、不可欠の要素ではない。

(2)　判旨Ⅰ(2)①は、加盟者の本件契約上の位置づけから否定されるし、実態上も、加盟者は独立した事業者と評価するにふさわしい裁量をもっており、判旨Ⅰ(2)④のような関係にもない。また加盟者がA会社から受ける月次引出金等は、顧客から得た収益を獲得しているもので、本件契約上の義務履行に対する報酬ではないので、判旨Ⅰ(2)③も認められない。本件契約が一方的・定型的に定められていることや年中無休や24時間営業の義務づけは、加盟店の事業活動についてのもので、労務提供のあり方に関するものではないので、判旨Ⅰ(2)②や⑤も認められない。さらに加盟者は独立した事業者としての実態も備えているので、判旨Ⅰ(2)⑥（労働者性を否定する要素）も認められる。

●**解説**●　本件は、コンビニチェーンにおいて、本社（フランチャイザー）とフランチャイズ契約を結ぶ加盟店（フランチャイジー）の個人店長が、労組法上の労働者に該当するかが争われた事件である。本判決は、この場合の労働者性判断も、平成23年の最高裁判決（【140】INAXメンテナンス事件）が示した6つの要素によるものとしている（判旨Ⅰ(2)）。ただ、従来の事例とは異なり、本件は事業者性が強く、労務供給者と呼ぶことができるかという論点もあった。しかし、本判決は、労務供給が労働契約以外の契約によるものであっても、労組法による保護の必要性と適切性があれば労働者に含まれるとした（判旨Ⅰ(1)）。

6要素による労働者性判断を具体的に行ったのは判旨Ⅱ(2)であるが、本判決は、その前に判旨Ⅱ(1)で、加盟者の業務を、経営判断業務と店舗運営業務とに分け、本件契約上不可欠であるのは前者であり、その業務では加盟者に独自の決定権限があったとする。この部分は、判旨Ⅱ(2)⑥に関する判断と重複するが、最高裁の挙げた6要素をどう評価して総合判断するかは事案によるのであり、本判決は、⑥の要素を実質的に先行させ、加盟者の事業者性が強いことを踏まえて、その他の要素も判断するという枠組みを採用したといえる。

なお、加盟者は、労働者性を否定されても、事業者として事業協同（小）組合を結成して団体交渉を申し込むことはできる（中小企業等協同組合法9条の2第12項）が、労働組合の定義（労組法2条）を満たさず、資格審査をパスできないので、不当労働行為救済制度の利用はできないことになる（同法5条1項を参照）。

＊〔人事労働法241～242頁〕

142 混合組合の法的性格─大阪教育合同労組事件

東京高判平成26年3月18日〔平成25年(行コ)395号〕

> 地公法の適用を受ける職員と労組法の適用を受ける
> 職員とが混在する混合組合に、不当労働行為救済に
> おける申立人適格が認められるか。

●**事実**● Aは、地方自治体Xの公立学校の教職員等を中心に結成された団体で、地公法が適用される組合員(地公法適用組合員)と労組法が適用される組合員(労組法適用組合員)により構成される混合組合である。

A組合は、Xの公立学校の常勤講師や非常勤講師等の任用の保障(雇用の継続)を交渉事項とする団体交渉を申し入れたところ、B教育委員会は個別の任用は交渉事項ではないことなどを理由に、これを拒否した。そこで、A組合はXの団交拒否は労組法7条2号の不当労働行為に該当するとして、C労働委員会に救済申立てをしたが、Cは却下(地公法適用職員に関する部分)および棄却(労組法適用職員に関する部分)をしたので、A組合はY(中央労働委員会)に再審査を申し立てたところ、YはCの棄却命令の部分を取り消し、Bに文書手交を命じたが、却下命令については相当とした。そこで、Xは、Yの命令が違法であるとして、その取消しを求めて訴えを提起した。1審はXの請求を棄却した。そこで、Xは控訴した。なお、本判決に対して、Xは上告したが、上告棄却・不受理となっている。

●**判旨**● 控訴棄却(Xの請求棄却。以下は、本判決が引用する1審判決の内容である)。

「地公法は、登録された職員団体となる場合を除き、職員団体の構成員を地公法が適用される一般職の地方公務員に限定する旨の規定を置いておらず、地公法及び労組法は、一般職の地方公務員が労働団体に加入することを制限する旨の規定を置いていないことからすれば、現行法は、混合組合の存在を許容しているものと解することができる。

そして、混合組合が地公法適用組合員と労組法適用組合員とにより構成されているとの組織実態があることに鑑みれば、混合組合は、代表される組合員に対し適用される法律の区別に従い、地公法の職員団体及び労組法上の労働組合としての複合的な法的性格を有すると解するのが自然かつ合理的である(複合性格説・二元適用論)」。

混合組合であるA組合は、「労組法適用組合員に関する問題については、労働組合として、労組法上の権利を行使することができるというべきであるか

ら、労組法7条各号の別を問わず、救済命令の申立人適格を有するものと解するのが相当である」。

●**解説**● 特別職の地方公務員(地公法3条3項)は、地公法が適用されず(同法4条2項)、労組法の適用を受ける。本件の非常勤講師は、特別職の地方公務員である(同法3条3項3号)。他方、本件の常勤講師のような一般職の地方公務員(同法3条2項)は、労組法は適用されず(同法58条1項)、その結成する職員団体は、地公法による特別な規制を受ける(同法52条以下。争議行為も禁止されている。同法37条)。そこで、こうした地公法の規制を受ける一般職の職員と労組法の適用を受ける職員とが混在する「混合組合」が、労組法の適用を受ける職員との関係で労組法上の労働組合と認められるのか(特に、不当労働行為救済の申立人適格があるのか)という点が問題となってきた。

従来の裁判例は、不利益取扱いの事案について、労組法の適用される労働者(単純労務職員[地公法57条]等)の救済手段が奪われることは適切でないとして、混合組合にも申立人適格を認めてきた(北海道立釧路療養所事件─札幌高判昭和56年9月29日等)。中労委の実務でも、そのような取扱いがなされてきた。

もっとも、裁判例のなかには、職員団体か労働組合かどちらか一方の性格しかもたず、それに応じて地公法か労組法かが適用されるという単一性格説・一元適用論にたつものもあり、そのうえで、労組法7条1号および4号との関係でのみ、混合組合の申立人適格を肯定するものもあった(大阪教育合同労組事件─大阪高判平成14年1月22日)。しかし、単一性格説・一元適用論では、混合組合の法的性格が、組合員の量的割合や役員構成という容易に変動しうる要素によるのでは、判断基準が不安定となるし、また不当労働行為救済制度は労組法7条の各号を相互補完的に活用することが期待されていることから、1号と4号のみに限定して申立人適格を認める必然性がないとして、本判決は、中労委と同様、複合性格説・二元適用論を支持した(大阪高裁も、現在では、本判決と同じ立場である。大阪教育合同労組事件─大阪高判平成27年1月29日)。

なお、混合組合に対するチェック・オフの中止について、チェック・オフは労組法適用職員と地公法適用職員との間で不可分ではないので、後者の職員は労組法上の不当労働行為救済制度の適用を求めることができないとした裁判例がある(泉佐野市事件─大阪高判平成28年12月22日)。

143 組合加入拒否の違法性—全ダイエー労組事件

横浜地判平成元年9月26日〔昭和63年(ワ)710号〕

労働組合は、会社の上級職制に対して組合員資格を否定することが認められるか。

●事実● Xは、昭和44年にA会社に入社し、同58年以降、A会社の資格制度上、副主事の地位にある。Y労働組合では、A会社との間で締結した労働協約において、副主事以上の者をY組合の組合員の範囲から除外する旨を定め、組合規約においても、同趣旨の規定を置いている。Xは同63年、Y組合への加入を申し込んだが、Y組合は、Xが組合員資格を有しないことを理由に、Xの加入申込みを承認しなかった。

Xは、Y組合の加入拒否により、組合員であれば支給されたであろう昇給額と実際の昇給額の差額等の損害を被ったとして、その賠償を求めて訴えを提起した。

●判旨● 請求棄却。

Ⅰ 「労働者と労働組合の法律関係は、労働者が組合に加入申込をし、組合がこれに対する承諾をすることによって初めて発生するものであり、組合が特定企業の従業員で組織され、労働者が当該企業の従業員であるからといって、そのことから当然に労働者と組合間に何らかの法律関係が生じるというものではない。この意味では、労働組合への加入は、申込と承諾という2つの意思表示から成る契約の締結であって、労働者から加入の申込があった場合、これを拒否することが違法と評価され、損害賠償義務を負うか否かはともかくとして、労働組合には承諾義務はないと解するのが一般である。このことは、労働組合と特定企業との間にユニオンショップ協定が締結されている場合においても、異別に解すべき理由はなく、労働者は組合に対して組合加入の承認を求めうべき私法上の請求権を有しないというべきである」。

Ⅱ 「労働組合は労働者が自己の利益を擁護するため自主的に結成する任意団体であるから、組合員資格をどのように定めるかについては、労働組合法上労働組合に与えられている特別の権能、すなわち、団体交渉によって組合員をはじめとする労働者の労働条件を規定する権能とこれを法的に強化するための諸々の保護との関係で一定の制約を受けるほか、原則として組合の自治に委ねられると解するのが相当である。殊に、従業員の職種、地位、職位、資格その他の種類等労働者の利害関係の相違を基準として加入資格を制限することは、いかなる範囲の労働者を結集することが労働運動上効果的であるかという組織構成の決定の問題であって、組合自治の領域に属するものというべきであるから、Y組合が、A

会社の資格制度上副主事以上の者を組合員の除外資格とする組合規約に基づき、Xの加入を承認しなかったことは、何ら違法を招来するものでない。……労働組合法2条も、企業別組合に対し、但書1号所定の労働者以外のすべての従業員に組合員資格を付与すべきことを規定するものではない。従って、Y組合の組合員資格がこれらの規定又はその精神に反し無効であるということはできないし、他に、これを無効とすべき理由も見いだしえない」。

●解説● 労働者が、労働組合への加入を拒否された場合、労働者はそのことを法的に争うことができるのであろうか。組合加入の拒否の事例には、組合員資格がないことを理由とする場合と、組合員資格があったとしても、その労働者の加入は認めないという場合とがある。本件は前者の場合である。

本判決は、労働組合への加入は、契約の締結であり、「労働者は組合に対して組合加入の承認を求めうべき私法上の請求権を有しない」と述べる(判旨Ⅰ)。この判断は、本件とは異なり、組合員資格があるにもかかわらず、加入を拒否された場合にもあてはまると解すべきであろう。もっとも、判旨Ⅰは、加入拒否により、拒否された労働者に損害賠償請求権が発生する可能性は否定していない。

本件では、Y組合が組合員資格から副主事以上の労働者を除外したことの適法性が問題となっており、この点につき、本判決は、原則として、これは組合自治の問題であると述べている。ただし、「労働組合法上労働組合に与えられている特別の権能、すなわち、団体交渉によって組合員をはじめとする労働者の労働条件を規定する権能とこれを法的に強化するための諸々の保護との関係で一定の制約を受ける」とも述べている(判旨Ⅱ)。その具体的な意味は必ずしも明確ではないが、労組法が、人種、宗教、性別、門地、身分によって組合員資格を奪われないことを規約の必要記載事項として定めていることを考慮に入れると(5条2項4号)、そこで列挙された理由によって組合加入が拒否された場合には、違法と評価されて損害賠償請求が認められる可能性はあろう。

もっとも、本判決は、本件のように、一定の職制以上の者を組合員資格から除外することについては、組合自治の問題であり、Y組合の加入拒否は違法ではないとしている(判旨Ⅱ)。なお、使用者の利益代表者の組合加入を認めれば、その組合は法適合組合ではなくなり(2条ただし書1号)、それに伴う不利益は生じうるが、だからといって、組合員や非組合員の範囲の自主的な決定が制約されるわけではない(日本アイ・ビー・エム事件—東京高判平成17年2月24日を参照)。

* [人事労働法242頁]

144 労働組合からの脱退の制限—東芝労働組合小向支部・東芝事件

最2小判平成19年2月2日〔平成16年(受)1787号〕（民集61巻1号86頁）

> 労働組合からの脱退を制限する合意を組合員と使用者がした場合の、その合意は有効か。

●**事実**● XはY_2会社に雇用され、同社の従業員で構成されているY_1労働組合に加入した。Y_1組合とY_2会社とが締結した労働協約には、ユニオン・ショップ協定とチェック・オフ協定の条項がある。これに基づき、Y_2会社は、Y_1組合の組合費のチェック・オフをしている。

Xは、割増賃金についての運用等に不満があり、それに関するY_1組合の対応にも不満をもったことから、A全国一般労働組合B地連に加入したうえで、Y_1組合に対し脱退届を送付したが、Y_1組合は、その受理を留保した。XおよびB地連は、Y_2会社に対し、XがB地連に加入したことを通知するとともに、団体交渉を申し入れたが、Y_2会社は、Y_1組合が脱退届の受理を留保していることを理由に団体交渉に応じなかった。

XとB地連は、これが不当労働行為にあたるとして、C労働委員会に不当労働行為の救済を申し立てたところ、和解が成立した。和解の際には、Y_1組合に所属し続けることをXに義務づけることなどを内容とする本件付随合意がなされた。

その後、Xは、工場内での配置転換等について不満を抱き、Y_1組合に支援を求めても不十分な対応しかされなかったとして、再びY_1組合に不満をもち、脱退の意思表示をし、Y_2会社に対してチェック・オフの中止を申し入れた。

Y_2会社がこれに応じなかったため、Xは、Y_1組合に対して、Xが組合員としての地位を有しないことの確認およびチェック・オフされた金額の返還等を求めて、またY_2会社にはY_1組合の組合費を控除しない金額の賃金をXに支払う義務を負うことの確認を求めて、訴えを提起した。1審は、Xの請求を認容したが、原審は、Xの脱退の効力を否定し、1審判決のうち脱退の有効性を前提とした部分を取り消した。そこで、Xは上告した。

●**判旨**● 原判決破棄、自判（Xの請求認容）。

Ⅰ 一般に、労働組合の組合員は、脱退の自由、すなわち、その意思により組合員としての地位を離れる自由を有するものと解される。そうすると、本件付随合意は、脱退の自由を制限し、XがY_1組合から脱退する権利をおよそ行使しないことを、Y_2会社に対して約したものであることとなる。

Ⅱ 本件付随合意は、XとY_2会社との間で成立したものであるから、その効力は、原則として、XとY_2会社との間において発生するものであり、Xが本件付随合意に違反してY_1組合から脱退する権利を行使しても、Y_2会社との間で債務不履行の責任等の問題を生ずるにとどまる。

Ⅲ 労働組合は、組合員に対する統制権の保持を法律上認められ、組合員はこれに服し、組合の決定した活動に加わり、組合費を納付するなどの義務を免れない立場に置かれるものであるが、それは、組合からの脱退の自由を前提としてはじめて容認されることである。そうすると、本件付随合意のうち、Y_1組合から脱退する権利をおよそ行使しないことをXに義務づけて、脱退の効力そのものを生じさせないとする部分は、脱退の自由という重要な権利を奪い、組合の統制への永続的な服従を強いるものであるから、公序良俗に反し、無効であるというべきである。

●**解説**● 労働組合からの脱退は原則として自由である（判旨Ⅰ）。脱退を制限するような定めは無効となる（脱退には組合の機関の承認を要するとする組合規約を無効とした裁判例として、日本鋼管鶴見製作所事件—東京高判昭和61年12月17日。組合への債務をすべて履行しなければ脱退できないとする組合規約を無効としたものとして、全日本建設交運一般労働組合兵庫合同支部事件—大阪地判令和元年5月29日）。また、本判決は「労働組合は、組合員に対する統制権の保持を法律上認められ、組合員はこれに服し、組合の決定した活動に加わり、組合費を納付するなどの義務を免れない立場に置かれるものであるが、それは、組合からの脱退の自由を前提として初めて容認される」、と述べている（判旨Ⅲ。なお、ユニオン・ショップのように、組合からの脱退を事実上制約するものにとどまる制度は、判例上、原則として有効とされている。→【145】三井倉庫港運事件）。

本件付随合意は、XがY_1組合から脱退しないことを義務づけたものであり、Xの脱退の自由を制限する内容をもつものといえる（判旨Ⅰ）。ただ、こうした合意がY_1組合との間で結ばれたのではなく、Y_2会社との間で結ばれたという点に、本件の特徴がある。

Y_1組合との間で結ばれていれば、判旨Ⅲのロジックにより端的に無効ということになろうが、Y_2会社との関係では、この合意が当然に無効となるのではない。また、この合意はX・B地連とY_2会社との和解にともなって結ばれたもので（Y_2会社は和解金として250万円をB地連側に支払っている）、一方的にXが押しつけられたという事情があるわけでもない。

最高裁は、本件付随合意は、Xの脱退の効力を否定するという部分は無効である（判旨Ⅲ）が、債務不履行責任の問題が生じる余地はあるとする（判旨Ⅱ）。脱退しない義務を課すこと自体は有効であり、それに違反したときに、損害賠償という金銭解決のみ認める趣旨なのであろう。ただ、この立場であっても、実際にXに債務不履行責任が認められるのは、Y_2会社が何も問題のある行為をとっていないにもかかわらず、Y_1組合がXのために十分な対応をしないなどの理由により脱退したような場合に限られるであろう。

* ［人事労働法254頁］

145 ユニオン・ショップ─三井倉庫港運事件

最1小判平成元年12月14日〔昭和60年(オ)386号〕〔民集43巻12号2051頁〕

ユニオン・ショップ協定締結組合から脱退し、別組合に加入した労働者への解雇は有効か。

●事実● Y会社の海上コンテナトレーラー運転手であるXらは、昭和58年2月21日午前8時半ころ、A労働組合に対して脱退届を提出して同組合を脱退し、即刻B労働組合C支部に加入し、その旨を同日午前9時10分ころY会社に通告した。Y会社は、A組合との間で、「Y会社は、Y会社に所属する海上コンテナトレーラー運転手で、A組合に加入しない者及びA組合を除名された者を解雇する」という内容のユニオン・ショップ協定を締結していた。

A組合は、Xらについて、脱退届を提出したその日に、Y会社に対しユニオン・ショップ協定に基づく解雇をするよう要求し、Y会社は、同日午後6時ころXらを解雇した。そこで、Xらは、この解雇は解雇権濫用で無効であるとして、従業員たる地位にあることの確認を求めて訴えを提起した。1審および原審ともに、Xの請求を認容した。そこで、Y会社は上告した。

●判旨● 上告棄却。

「ユニオン・ショップ協定は、労働者が労働組合の組合員たる資格を取得せず又はこれを失った場合に、使用者をして当該労働者との雇用関係を終了させることにより間接的に労働組合の組織の拡大強化を図ろうとするものであるが、他方、労働者には、自らの団結権を行使するため労働組合を選択する自由があり、また、ユニオン・ショップ協定を締結している労働組合（以下「締結組合」という。）の団結権と同様、同協定を締結していない他の労働組合の団結権も等しく尊重されるべきであるから、ユニオン・ショップ協定によって、労働者に対し、解雇の威嚇の下に特定の労働組合への加入を強制することは、それが労働者の組合選択の自由及び他の労働組合の団結権を侵害する場合には許されないものというべきである。したがって、ユニオン・ショップ協定のうち、締結組合以外の他の労働組合に加入している者及び締結組合から脱退し又は除名されたが、他の労働組合に加入し又は新たな労働組合を結成した者について使用者の解雇義務を定める部分は、右の観点からして、民法90条の規定により、これを無効と解すべきである（憲法28条参照）。そうすると、使用者が、ユニオン・ショップ協定に基づき、このような労働者に対してした解雇は、同協定に基づく解雇義務が生じていないのにされたものであるから、客観的に合理的な理由を欠き、社会通念上相当なものとして是認することはできず、他に解雇の合理性を裏付ける特段の事由がない限り、解雇権の濫用として無効であるといわざるを得ない」。

●解説● ユニオン・ショップとは、その会社の従業員が全員、ある労働組合の組合員でなければならないことを意味し、使用者と労働組合との間でユニオン・ショップ協定が結ばれれば、使用者は、その労働組合に加入しない労働者や、脱退したり、除名されたりした労働者を解雇する義務を負うとされているのが通常である。こうしたユニオン・ショップ協定に基づく解雇については、解雇権濫用法理（現在では労契法16条）の適用下においても有効となるというのが判例の立場である（→【45】日本食塩製造事件）。

ところで、本判決は、この判例の射程を限定した点で重要な意味をもつ。すなわち、労働組合から脱退した労働者であっても、別の労働組合に加入している場合には、ユニオン・ショップ協定における使用者の解雇義務は及ばないと判断したのである（同旨の判例として、日本鋼管鶴見製作所事件―最1小判平成元年12月21日〔除名のケース〕）。その理由として、判旨は、次の点をあげている。①労働者には、自らの団結権を行使するため労働組合を選択する自由があること、②ユニオン・ショップ協定を締結している労働組合の団結権と同様、同協定を締結していない他の労働組合の団結権も等しく尊重されるべきであること、である。すなわち、労働者の組合選択の自由と他の労働組合の団結権の保障という観点から、ユニオン・ショップ協定の効力範囲は限定されるのである（なお、別組合に加入していても、そのことを企業に告知していないときの解雇の有効性については議論の余地がある〔これに肯定的な裁判例として、トヨタ自動車事件―名古屋地岡崎支判令和3年2月24日〕）。

この判決によって、ユニオン・ショップ協定に基づく解雇が認められるのは、労働組合を脱退した後、あるいは、労働組合から除名された後、どの労働組合にも加入せず、新たな労働組合も結成していない場合に限られることになる（このほか、採用後、どの労働組合にも加入しない労働者にもユニオン・ショップ解雇は認められる）。これにより、ユニオン・ショップ協定の効力は大幅に減殺されることになった。

なお、ユニオン・ショップ協定の有効性については、疑問を提起する学説もある。従来、憲法28条の保障する団結権は、同21条の保障する結社の自由とは異なり、団結しない自由を認めないと解されてきた（消極的団結権の否定）。しかし今日では、労働組合に加入するかどうかは、労働者の自由な決定にゆだねられるべきであり、ユニオン・ショップ協定は、そのような労働者の自由を侵害するとして無効と解すべきであるという説や少なくとも解雇権の濫用と解すべきとする説も有力である（その根拠としては、消極的団結権の肯定や憲法13条の自己決定権の尊重等があげられている）。

＊〔人事労働法253〜254頁〕

146 労働組合の統制権──三井美唄労組事件

最大判昭和43年12月4日〔昭和38年(あ)974号〕（刑集22巻13号1425頁）

労働組合の方針に反して、地方議会議員選挙に独自に立候補して当選した組合員に対する権利停止の統制処分は有効か。

●**事実**● A労働組合は、昭和34年のB市の市議会議員選挙の際に統一候補を選んだが、組合員のCは、統一候補に選ばれなかったにもかかわらず、独自に立候補しようとした。そこで、YらA組合の役員は、Cに立候補を断念するよう説得したが、結局、Cは立候補し当選した。A組合は、Cを1年間の権利停止処分（統制処分）にした。Yらは、これらの行為が公職選挙法225条3号（選挙の候補者や当選人等を威迫する罪）に該当するとして起訴された。1審は、Yらを有罪とし、原審は無罪とした。そこで、検察官は上告した。

●**判旨**● 原判決破棄、差戻し（一部分のみ上告棄却）。

Ⅰ 「憲法28条は、……企業者対労働者、すなわち、使用者対被使用者という関係に立つ者の間において、経済上の弱者である労働者のために、団結権、団体交渉権および団体行動権（いわゆる労働基本権）を保障したものであ」る。

Ⅱ 「労働基本権を保障する憲法28条も、さらに、これを具体化した労働組合法も、直接には、労働者対使用者の関係を規制することを目的としたものであり、労働者の使用者に対する労働基本権を保障するものにほかならない。ただ、労働者が憲法28条の保障する団結権に基づき労働組合を結成した場合において、その労働組合が正当な団体行動を行なうにあたり、労働組合の統一と一体化を図り、その団結力の強化を期するためには、その組合員たる個々の労働者の行動についても、組合として、合理的な範囲において、これに規制を加えることが許されなければならない（以下、これを組合の統制権とよぶ。）。……憲法上、団結権を保障されている労働組合においては、その組合員に対する組合の統制権は、一般の組織的団体のそれと異なり、労働組合の団結権を確保するために必要であり、かつ、合理的な範囲内においては、労働者の団結権保障の一環として、憲法28条の精神に由来するものということができる」。

Ⅲ 「地方議会議員の選挙にあたり、労働組合が、……いわゆる統一候補を決定し、組合を挙げてその選挙運動を推進することは、組合の活動として許さ

れないわけではなく、また、統一候補以外の組合員であえて立候補しようとするものに対し、組合の所期の目的を達成するため、立候補を思いとどまるよう勧告または説得することも、それが単に勧告または説得にとどまるかぎり、組合の組合員に対する妥当な範囲の統制権の行使にほかなら」ないが、その「域を超え、立候補を取りやめることを要求し、これに従わないことを理由に当該組合員を統制違反者として処分するがごときは、組合の統制権の限界を超えるものとして、違法といわなければならない」。

●**解説**● 労働組合は、通常、組合員に対して組合内部の秩序の維持のための規律を定め、それに違反する場合に制裁を課すという規定を置いている。この制裁を統制処分という。統制処分としては、譴責、戒告、制裁金（罰金）、権利停止、除名が定められていることが多い。

最高裁は、憲法28条は、経済的な弱者である労働者に対して、団結権その他の労働基本権を享受することを保障している（判旨Ⅰ）が、労働者が団結権に基づき結成した労働組合も団結権が保障されており、「労働組合の統一と一体化を図り、その団結力の強化を期するためには、その組合員たる個々の労働者の行動についても、組合として、合理的な範囲において、これに規制を加えることが許されなければならない」として、組合の統制権が「憲法28条の精神に由来する」としている（判旨Ⅱ）。

もっとも、労働組合の統制権は、「労働組合の団結権を確保するために必要であり、かつ、合理的な範囲内」のものでなければならない（判旨外）。労働組合の正規の決定に違反する行為は統制処分の対象となるのが原則であるが、本件のような組合員の政治的自由（とくに公職選挙への立候補は憲法15条1項で保障されている重要な基本的人権である）と抵触する行為については、それを断念するよう勧告または説得することは許されるが、その域を超えて、行為をとりやめることを要求し、これに従わないことを理由に統制処分をすることは、統制権の限界を超えることになる（判旨Ⅲ）。なお、その後の判例には、国政選挙で、労働組合が推薦する候補以外の候補を応援した組合員に対する除名処分についても、本判決を引用したうえで、無効と判断したものがある（中里鉱業所事件──最2小判昭和44年5月2日）。

* ［人事労働法253〜254頁］

147　組合員の協力義務—国労広島地本事件

最3小判昭和50年11月28日〔昭和48年(オ)499号〕（民集29巻10号1698頁）

労働組合の政治的活動に関わる費用について、組合員は臨時組合費の納入義務を負うか。

●事実●　Xは、旧国鉄の職員によって結成された労働組合であり、Yらはいずれも旧国鉄の職員で、X組合の組合員であった。X組合は、YらがX組合を脱退した後に、組合費の支払いを怠っていたとして、その支払いを求めて訴えを提起した。1審は、一般組合費については請求を認容したが、臨時組合費のうち、炭労資金、安保資金、政治意識昂揚資金等は、Yらに納入義務はないとした。原審も1審の判断を維持した。そこで、X組合は上告した（なお、Yらも、敗訴部分について上告したが棄却されている）。

●判旨●　原判決一部破棄、自判（Xの請求の一部認容）。2人の反対意見あり。

Ⅰ　「思うに、労働組合の組合員は、組合の構成員として留まる限り、組合が正規の手続に従って決定した活動に参加し、また、組合の活動を妨害するような行為を避止する義務を負うとともに、右活動の経済的基礎をなす組合費を納付する義務を負うものであるが、これらの義務（以下「協力義務」という。）は、もとより無制限のものではない。労働組合は、労働者の労働条件の維持改善その他経済的地位の向上を図ることを主たる目的とする団体であって、組合員はかかる目的のための活動に参加する者としてこれに加入するのであるから、その協力義務も当然に右目的達成のために必要な団体活動の範囲に限られる」。

Ⅱ　「労働組合の活動の範囲が広く、かつ弾力的であるとしても、そのことから、労働組合がその目的の範囲内においてするすべての活動につき当然かつ一様に組合員に対して統制力を及ぼし、組合員の協力を強制することができるものと速断することはできない。労働組合の活動が組合員の一般的要請にこたえて拡大されるものであり、組合員としてもある程度まではこれを予想して組合に加入するのであるから、組合からの脱退の自由が確保されている限り、たとえ個々の場合に組合の決定した活動に反対の組合員であっても、原則的にはこれに対する協力義務を免れないというべきであるが、労働組合の活動が前記のように多様化するにつれて、組合による統制の範囲も拡大し、組合員が1個の市民又は人間として有する自由や権利と矛盾衝突する場合が増大し、しかも今日の社会的条件のもとでは、組合に加入していることが労働者にとって重要な利益で、組合脱退の自由も事実上大きな制約を受けていることを考えると、労働組合の活動として許されたもので

あるというだけで、そのことから直ちにこれに対する組合員の協力義務を無条件で肯定することは、相当でないというべきである」。

Ⅲ　「それゆえ、……問題とされている具体的な組合活動の内容・性質、これについて組合員に求められる協力の内容・程度・態様等を比較考量し、多数決原理に基づく組合活動の実効性と組合員個人の基本的利益の調和という観点から、組合の統制力とその反面としての組合員の協力義務の範囲に合理的な限定を加えることが必要である」。

●解説●　組合員には、労働組合の正規の手続で決まったことには従うという協力義務がある。組合費の納入義務も、その協力義務の1つであり、これに違反した場合には、通常は除名処分となる。本件では、臨時組合費の中に、組合の政治的な活動に関わるものがあったため、協力義務を課すことが組合員の政治的な自由と抵触しないかが問題となった。

本判決は、一般論として、組合員の協力義務も無制限なものではなく、労働者の労働条件の維持改善その他経済的地位の向上を図るという目的の達成のために必要な団体活動の範囲に限られるとする（判旨Ⅰ）。組合員には脱退の自由があることからすると、ある程度、広い統制力を組合に認めてもよいといえそうだが、本判決は、組合脱退の自由が事実上大きく制約されていることも考慮すべきとする（判旨Ⅱ）。そして、具体的な組合活動の内容・性質と組合員に求められる協力の内容・程度・態様等を比較考量し、「多数決原理に基づく組合活動の実効性と組合員個人の基本的利益の調和という観点から」、組合の統制力と組合員の協力義務の範囲に合理的な限定を加えることが必要であるとする（判旨Ⅲ）。

具体的にみていくと、本判決は、他組合の闘争に対する支援資金（炭労資金）は、組合の目的に合致するとして協力義務を肯定し、特定の立候補者支援のためにその所属政党に寄付する資金（政治意識昂揚資金）は、どの政党を支持するかは、組合員各人が自主的に決定すべき事柄であるとして協力義務を否定した。

他方、安保反対闘争に参加して処分を受けた組合員を救援するための資金（安保資金）は、結論として、組合員個人の政治的思想等に関係する程度はきわめて軽微であるとして、協力義務を肯定している。なお、一般論としては、「労働者の権利利益に直接関係する立法や行政措置の促進又は反対のためにする活動のごとき」は、組合員に協力義務を認めてよいが、安保反対活動そのものは、「個人的かつ自主的な思想、見解、判断等に基づいて決定すべきことであるから」協力義務は認められないとしている（以上、判旨外）。

＊〔人事労働法256頁補注(2)〕

148 チェック・オフ—エッソ石油事件

最1小判平成5年3月25日〔平成3年(オ)928号〕

> 組合員から組合費のチェック・オフの中止の申し出
> があった場合には、使用者はチェック・オフを継続
> してはならないか。

●**事実**●　Xらは、Y会社の従業員であり、A労働組合の組合員であったが、闘争方針の相違から執行部と激しく対立するようになり、昭和57年9月にB労働組合を結成した。その後、B組合に属する支部・分会連合会は、Y会社に対して、Xらの同月以降のチェック・オフにかかるA組合の組合費をA組合に交付せず、この支部・分会連合会に支払うよう申し入れた。それにもかかわらず、Y会社は、同年10月から翌年3月までのXらの毎月の賃金等から、A組合の組合費を控除し、A組合に交付した。そこで、Xらは、Y会社のこの行為は不法行為に該当するとして、チェック・オフされた組合費分に相当する損害額の賠償を求めて訴えを提起した。1審はXらの請求を認容し、原審もXらの請求をほぼ認容した。そこで、Y会社は上告した。

●**判旨**●　上告棄却（Xらの請求の一部認容）。

Ⅰ　「労働基準法……24条1項ただし書の要件を具備するチェック・オフ協定の締結は、これにより、右協定に基づく使用者のチェック・オフが同項本文所定の賃金全額払の原則の例外とされ、同法120条1号所定の罰則の適用を受けないという効力を有するにすぎないものであって、それが労働協約の形式により締結された場合であっても、当然に使用者がチェック・オフをする権限を取得するものでないことはもとより、組合員がチェック・オフを受忍すべき義務を負うものではないと解すべきである」。

Ⅱ　「使用者と労働組合との間に右協定（労働協約）が締結されている場合であっても、使用者が有効なチェック・オフを行うためには、右協定の外に、使用者が個々の組合員から、賃金から控除した組合費相当分を労働組合に支払うことにつき委任を受けることが必要であって、右委任が存しないときには、使用者は当該組合員の賃金からチェック・オフをすることはできないものと解するのが相当である。そうすると、チェック・オフ開始後においても、組合員は使用者に対し、いつでもチェック・オフの中止を申し入れることができ、右中止の申入れがされたときには、使用者は当該組合員に対するチェック・オフを中止すべきものである」。

●**解説**●　チェック・オフとは、労働組合の組合費を、使用者が組合員に支払う賃金から控除することであり、控除分は労働組合に引き渡される。その意味で、これは使用者による便宜供与の1つである。チェック・オフは、労働組合と使用者との間の協定に基づき行われるが、その協定が労働協約の形式で締結されたときには（労組法14条を参照）、規範的効力が生じ（同法16条）、組合員がチェック・オフによる組合費の徴収を義務づけられるのかが問題となる。この点について、本判決は、労働協約の形式で締結されたものであっても、組合員が「チェック・オフを受忍すべき義務を負うものではない」として規範的効力を否定している（判旨Ⅰ）。

また、チェック・オフは、賃金の一部を控除する点で、賃金全額払いの原則（労基法24条1項）に反することになる（→【173】済生会中央病院事件［判旨外］）ため、チェック・オフが有効に行われるためには、使用者と過半数代表との間で書面による労使協定が締結されていなければならない（同項ただし書。そのため、過半数組合でない労働組合は、自力ではチェック・オフを合法化できないことになる）。本判決は、労使協定の効力は免罰的効力にすぎず（三六協定については、→【102】日立製作所武蔵工場事件）、この協定により使用者がチェック・オフを行う権限を取得したり、組合員がチェック・オフを受忍する義務を負ったりするわけではないとする（判旨Ⅰ）。

そのうえで、本判決は、使用者がチェック・オフを行うためには、組合員からの支払委任が必要であるとする（判旨Ⅱ）。この見解によると、使用者は、労働組合とのチェック・オフ協定と組合員の支払委任とに基づき、組合費を組合に支払うことが義務づけられ、チェック・オフは、その費用についての組合員への償還請求権（民法650条）と、組合員への賃金支払債務の一部とを相殺すると法律構成されることとなる。

この法律構成をとると、組合員はいつでも支払委任を撤回でき（民法651条1項）、その後は、使用者はチェック・オフを行う権限を失うことになる（判旨Ⅱ）。実際には、組合員からの支払委任の撤回は考えにくい（撤回をすると統制処分の対象となろう）が、本件のような組合移籍にともない、どの組合に所属するかが明確でなくなったときには、支払委任の撤回（チェック・オフ中止の申入れ）の有無によりチェック・オフの継続の適法性を判断できるようにする点に本判決の実務上の意義がある。こうした事情がない通常のケースでは、所属組合が使用者とチェック・オフ協定を締結し、規約にチェック・オフ規定がある場合には、組合員はこの規約に従うことを当然に受容していると解されるので、個別的な支払委任はチェック・オフの有効要件ではないとした裁判例もある（アートコーポレーション事件—東京高判令和3年3月24日）。

＊〔人事労働法254～255頁〕

149　労働組合の分裂—名古屋ダイハツ労組事件

最１小判昭和49年９月30日〔昭和44年(オ)438号〕

労働組合からの集団脱退により新たな労働組合が結成された場合に、組合財産の分割は認められるか。

●事実●　Aは、B会社の従業員で結成された労働組合である。A組合はCの下部組織として活動してきたが、組合内部において、Cの傘下を離れたほうがよいという意見が生じて、大多数はこれに賛成した。しかし、組合内部には、Cの下部組織としての立場を頑強に維持しようとする少数派があった。そのようななか、A組合の委員長Dは、独断で臨時組合大会を開催し、解散動議を出して、解散決議を強行した。A組合の規約には、解散決議は組合大会で組合員の直接無記名投票により採決することを要する旨規定されていたが、この解散決議は、起立の方法によって採決された。

その後、A組合の組合員224名は、A組合は解散の決議により消滅したとして、Y組合を結成し、Dを執行委員長に選任した。その際、A組合の会計係がY組合に加入しており、Y組合の結成に参加した人員が解散に反対した人員に比し圧倒的に多数であった事情等もあって、A組合の財産はY組合の財産として、Dが保管するに至った。他方、A組合の解散決議に反対したA組合の組合員約40名は、執行委員長を新たに補充したのみで、他の組合員役員および組合規約ならびに組合の名称については何ら変更を加えることなく、X組合（すなわち、A組合）として現在に至っている。

X組合は、DがA組合の財産をY組合の財産として独占保有し損害を与えたとして、Y組合に対してその賠償を求めて訴えを提起した。１審は、A組合の解散決議は無効であるし、組合分裂があったとも認められないとして、X組合の請求を認容した。Y組合は控訴したが、原審は控訴を棄却した。そこで、Y組合は上告した。

●判旨●　上告棄却（X組合の請求認容）。
Ⅰ　「労働組合の規約中に解散決議の採決方法につき直接無記名投票による旨の定めがある場合において、それ以外の採決方法によってされた組合解散決議は、あらかじめ決議に参加する者全員がその採決方法によることを同意していたと認められるときのほかは、客観的にみてその採決方法によらざるをえないと認めるに足りるだけの特段の事情が存しないかぎり、無効であると解するのが相当である」。

本件では、起立の方法によることにつき決議参加者全員の同意を得ていなかったのであり、そのような方法によらざるをえないと認めるに足りるだけの特段の事情があったといい難い。

Ⅱ　「労働組合において、その内部に相拮抗する異質集団が成立し、その対立抗争が甚だしく、そのため、組合が統一的組織体として存続し活動することが事実上困難となり、遂に、ある異質集団に属する組合員が組合（以下、旧組合という。）から集団的に離脱して新たな組合（以下、新組合という。）を結成し、ここに新組合と旧組合の残留組合員による組合（以下、残存組合という。）とが対峙するに至るというような事態が生じた場合には」、「旧組合は、組織的同一性を損なうことなく残存組合として存続し、新組合は、旧組合とは組織上全く別個の存在であるとみられるのが通常であって、ただ、旧組合の内部対立によりその統一的な存続・活動が極めて高度かつ永続的に困難となり、その結果旧組合員の集団的離脱及びそれに続く新組合の結成という事態が生じた場合に、はじめて、組合の分裂という特別の法理の導入の可否につき検討する余地を生ずるものと解されるのである」。

●解説●　法人格をもたない労働組合は、いわゆる権利能力なき社団であり、その財産は、判例上、組合員全員の総有とされ、組合員全員の同意による、総有廃止などの財産処分に関する定めがない限り、組合員は当然には持分権や分割請求権をもつものではない（品川白煉瓦事件—最１小判昭和32年11月14日。国労大分地本事件—最１小判昭和49年９月30日も参照）。労働組合の内部において深刻な対立が生じて、多数の組合員が集団的に脱退したという場合でも、これを単なる脱退と評価すれば、組合員には組合財産の分割請求権が原則としてない以上、組合財産は、残存組合が独占的に保有することができる。しかし、このような場合、「組合の分裂」という概念を認めて、組合財産の分割を認めるほうが公平であるという考え方もある。

本判決は、「旧組合の内部対立によりその統一的な存続・活動が極めて高度かつ永続的に困難となり、その結果旧組合員の集団的離脱及びそれに続く新組合の結成という事態が生じた場合」に、はじめて「組合の分裂」という概念を認める余地があるとしている（判旨Ⅱ）。ただ、この基準はかなり厳格なもので、本件でも、「A組合は、到底機能喪失により自己分解したとは評価しえ」ないとされ、このような場合に該当しないとされた（判旨外）。

なお、本判決は、本件の解散決議を無効と判断している（判旨Ⅰ）が、仮に解散決議が有効であった場合、残余財産の帰属については、法人格のある労働組合の場合に準じた処理（労組法13条の10を参照）をすべきとする見解が有力である。

＊［人事労働法256頁補注(1)］

150 複数組合の共同交渉—旭ダイヤモンド工業事件

東京高判昭和57年10月13日〔昭和54年(行コ)115号・116号〕

企業内における複数の労働組合からの共同交渉の申込みに、使用者は応じなければならないか。

●**事実**●　X会社には、それぞれ別の工場の従業員を組織しているA労働組合とB労働組合がある。両組合は、年末一時金について、X会社に共同交渉を申し入れた。しかし、X会社は、共同交渉が回答促進を目的とするものであるなら、従来から両組合に同時回答をしているので共同交渉の必要がないこと、両組合の組織形態が基本的に異なっていること、要求事項に違いがあることを理由にこれを拒否した。その後、両組合は「統一交渉団」を結成し、交渉権限の委任状を添えて、X会社に団体交渉を申し込んだが、X会社はこれも拒否した。なお、X会社では、これまでA、B両組合による共同交渉に応じたことはあった。

A、B両組合は、X会社の前記の団交拒否は不当労働行為であるとして、Y労働委員会に救済申立てをしたところ、Yは不当労働行為と認定して「統一交渉団」との団交応諾を命じた。そこで、X会社は、この救済命令の取消しを求めて訴えを提起した。1審は、控訴審引用の判断を示して、救済命令を取り消した。そこで、Yは控訴した。なお、最高裁（最2小判昭和60年12月13日）は、原審の認定判断を正当として、上告を棄却している。

●**判旨**●　控訴棄却（X会社の請求認容。以下は、控訴審の引用する1審判決の内容である）。

Ⅰ　「団体交渉権を保障される労働者の団体は、まずなによりも団結力を保持するものでなければならないのであり、この団結力を保持する団体であるということができるためには、構成員に対し統制力をもちそこに統一的な団体意思が形成されていることが必要であると解される。……統制力を欠き統一団体意思の形成されていない単なる労働者の集団は使用者との団体交渉能力をもたず、このような団体からの団体交渉申し入れに対しては使用者がこれを拒否しても正当な理由があるものとして不当労働行為にはならないものと解されるのであるが、このことは、その間に統制力を欠き統一団体意思の形成されていない単なる労働組合の集団からの団体交渉の申し入れについてもまた、同様である」。

Ⅱ　「同一企業内に複数の労働組合が併存する場合であっても、その交渉の形態（ないし方式）は、各労働組合と使用者との個別交渉の形態によるのが原則である。このような各労働組合の個別交渉の原則のわくをこえて複数の労働組合が共同して使用者に対し団体交渉を求めることは、各労働組合の闘争力、交渉力を強化するとともに複数の労働組合の組合員相互に共通する具体的要求事項を統一的ないし画一的に解決することを目的とし、その点で意義があるものと考えられるのであるが、使用者に対する関係でこのような共同交渉の形態による団体交渉を求めることができるためには、複数の労働組合相互間において統一された意思決定のもとに統一した行動をとることができる団結の条件すなわち統一意思と統制力が確立されていることが必要である」。

Ⅲ　「もっとも、……使用者が労働組合と労働協約又は協定等により共同交渉の形態による団体交渉を行うことを約している場合、共同交渉の形態による団体交渉を行うことが確立した労使慣行となっている場合、その他使用者が共同交渉の申し入れに応ずることが合理的かつ相当であると認められる特段の事情がある場合には、使用者が共同交渉の申し入れを拒否することは許されないものというべきであるが、右のような例外的な場合を除いては、……共同交渉の形態による団体交渉の申し入れであることを理由にこれを拒否しても、正当な理由があるものとして、不当労働行為にはならない」。

●**解説**●　日本では、アメリカのように排他的交渉代表制は採用されていないので、同一企業内で複数の労働組合が併存する場合には、使用者はいずれの労働組合からの団交申込みにも応じなければならない。では、企業内における複数の労働組合が共同交渉や、統一交渉団を結成して交渉を申し込んできた場合にも、使用者はそれに応じなければならないのだろうか。

本判決は、まず、統制力を欠き統一団体意思が形成されていない単なる労働者の集団は団体交渉能力をもたないとし、同じことは、労働組合の集団でもあてはまるとする（判旨Ⅰ）。そして、複数の労働組合が併存する場合には、個別交渉が原則であり、共同交渉を申し込むためには、「複数の労働組合相互間において統一された意思決定のもとに統一した行動をとることができる団結の条件」、すなわち統一意思と統制力が確立されていることが必要とする（判旨Ⅱ）。例外は、労働協約や労使慣行がある場合や共同交渉に応じることが合理的かつ相当と認められる特段の事情がある場合である（判旨Ⅲ。本件では、そうした特段の事情はないとされた［判旨外］）。また、共同交渉を求める労働組合の一部に団交権がない場合には、使用者はその旨を告げて団交権のない者を団交から除くことを求めることができ、労働組合がそれに応じない場合は団交に応ずべき義務はないとした裁判例がある（ビクターサービスエンジニアリング事件—東京高判平成25年1月23日）。

＊〔人事労働法245頁〕

151 誠実交渉義務──山形大学事件

最2小判令和4年3月18日〔令和3年(行ヒ)171号〕(民集76巻3号283頁)

使用者が団体交渉に応じる際に求められる交渉態度はどのようなものか。

●**事実**● 国立大学法人Xは、その雇用する教職員等で組織されたA労働組合に対し、平成26年1月から55歳を超える教職員に対する本件昇給抑制および同27年4月からの給与制度の見直しによる本件賃下げについて団体交渉の申入れをし、同25年11月以降、A組合との間で複数回の団体交渉をしたが、その同意を得られないまま、同27年1月から本件昇給抑制を実施し、同年4月から本件賃下げを実施した。A組合は、団体交渉におけるX法人の対応が不誠実で労組法7条2号の不当労働行為に該当するとして、Y県労働委員会に救済申立てをした。Yは、不当労働行為の成立を認め、X法人に対し誠実に団体交渉に応ずべき旨を命じた。これに対し、X法人は、取消訴訟を提起した。1審はX法人の請求を認容し、Yの救済命令を取り消した。Yが控訴したところ、原審は、救済命令が発せられた当時、本件昇給抑制や本件引下げの実施から約4年が経過し、関係職員全員にこれらを踏まえた法律関係が積み重ねられており、団体交渉をしても有意な合意を成立させることは事実上不可能であったとして、X法人に団交を命じることは、Yの裁量権の範囲を逸脱し違法であるとして、控訴を棄却した。Yは上告した。

●**判旨**● 破棄差戻し。

Ⅰ 使用者は、必要に応じてその主張の論拠を説明し、その裏付けとなる資料を提示するなどして、誠実に団体交渉に応ずべき義務(誠実交渉義務)を負い、この義務に違反すると、労組法7条2号の不当労働行為に該当する。

Ⅱ 「団体交渉に係る事項に関して合意の成立する見込みがないと認められる場合には、誠実交渉命令を発しても、労働組合が労働条件等の獲得の機会を現実に回復することは期待できないものともいえる。しかしながら、このような場合であっても、使用者が労働組合に対する誠実交渉義務を尽くしていないときは、その後誠実に団体交渉に応ずるに至れば、労働組合は当該団体交渉に関して使用者から十分な説明や資料の提示を受けることができるようになるとともに、組合活動一般についても労働組合の交渉力の回復や労使間のコミュニケーションの正常化が図られるから、誠実交渉命令を発することは、不当労働行為によって発生した侵害状態を除去、是正し、正常な集団的労使関係秩序の迅速な回復、確保を図ることに資するものというべきである。そうすると、合意の成立する見込みがないことをもって、誠実交渉命令を発することが直ちに救済命令制度の本来の趣旨、目的に由来する限界を逸脱するという

ことはできない」。

●**解説**● 労組法7条は、使用者が正当な理由なく団体交渉(団交)を拒むこと(団交拒否)を不当労働行為として禁止している(2号)が、そのなかには、使用者が労働組合との団交に対して誠意をもって応じる義務(誠実交渉義務)に違反する場合も含まれることは、学説、裁判例上、異論がない。また、労働委員会が、誠実交渉義務違反があったと認定した場合に、誠実交渉命令を発することは、その裁量の範囲内と解されている(判旨外。労働委員会の救済命令に関する裁量については、【178】第二鳩タクシー事件を参照)。

本判決も、使用者に誠実交渉義務があることを前提に、その内容として、「必要に応じてその主張の論拠を説明し、その裏付けとなる資料を提示する」ことを例示している(判旨Ⅰ)。従来の代表的な裁判例は、誠実交渉義務を、「労働組合の要求や主張に対する回答や自己の主張の根拠を具体的に説明したり、必要な資料を提示するなどし、また、結局において労働組合の要求に対し譲歩することができないとしても、その論拠を示して反論するなどの努力をすべき義務があるのであって、合意を求める労働組合の努力に対しては、右のような誠実な対応を通じて合意達成の可能性を模索する義務がある」と定式化してきた(カール・ツァイス事件─東京地判平成元年9月22日)。このように、誠実交渉義務の中核的要素は、合意達成の可能性の模索であるといえたが、判旨Ⅰでは、資料提示や説明に言及するにとどまり、判旨Ⅱも合わせてみると、合意達成の可能性より、コミュニケーションの正常化に力点があるように読める。ただ、これは有意な合意成立が事実上不可能であるという原審が認定した本件の事実関係の特殊性に影響されたものといえそうである。本件でも当初の要求事項以外についての合意達成は可能であることをふまえると、本判決が、合意達成の可能性を度外視して、単にコミュニケーションの正常化に資すれば、団交の場で使用者に資料提示や説明が義務づけられたと一般化することには異論もありえよう。

誠実交渉義務違反の典型例は、従来の裁判例をみると、必要な資料の不提示や不十分な説明以外に、文書による回答への固執、合意達成の意思がないことを明言して交渉に臨むこと、実質的に交渉権限のない者の出席、不必要な交渉引き延ばし、合理的な理由のない交渉手続(時間、場所など)への固執などである。

なお、双方の主張が出尽くし、さらなる交渉の進展の見込みがない行き詰まり状態(デッドロック)に陥った場合には、使用者が団交を打ち切っても正当な理由によるものと認められる(池田電器事件─最2小判平成4年2月14日)。ただし、いったんデッドロックに陥っても、その後の事情変更があれば、使用者に再び誠実交渉義務が生じることはある(寿建築研究所事件─東京高判昭和52年6月29日を参照)。

* [人事労働法243～244頁]

152 義務的団交事項—根岸病院事件

東京高判平成19年7月31日〔平成19年(行コ)23号〕

使用者は、非組合員である新規採用者の初任給について、労働組合と団体交渉をする義務があるか。

●**事実**●　X病院の常勤職員の賃金は、基本給と諸手当とで構成されており、基本給は、初任給額をベースに加算して決定されていた。X病院は、その職員で組織されている唯一の労働組合であるA組合に対して、毎年、初任給額について通知をしていた。

X病院は、平成11年2月26日に、A組合に対し、同年3月1日以降の新規採用者について、その初任給額を引き下げると通知し、実際に大幅な引下げを行った。A組合は同年3月、X病院に対し、初任給引下げについて団体交渉を申し入れ、同月17日と同月30日の2回、団体交渉が行われた。

A組合は、同年4月21日、B労働委員会に対して、初任給引下げが支配介入に該当し、また2回の団体交渉におけるX病院の対応が不誠実であるとして、不当労働行為の救済申立てを行った。同年4月22日、3回目の団体交渉が行われたが、初任給引下げについては、X病院は、Bの判断にゆだねるとして、何らの交渉も行わなかった。

その後、Bは、X病院に対して、団交、初任給額の是正、謝罪文の掲示を命じる救済命令を発した。X病院は、Y（中央労働委員会）に対して再審査を申し立てたところ、Yは、初任給額の是正を命じた部分を取り消し、謝罪文の一部を変更し、その余の再審査申立てを棄却した。X病院とA組合はともに取消訴訟を提起した。1審はX病院の請求を認容し、A組合の請求を棄却した。そこで、A組合は控訴した。なお、X病院は本判決に対して上告したが、最高裁は、上告棄却、不受理の決定をしている。

●**判旨**●　原判決一部取消し（団交拒否の成立は肯定したが、初任給引下げの支配介入該当性は否定した。以下は、団交拒否に関する判示部分である）。

Ⅰ　「誠実な団体交渉が義務付けられる対象、すなわち義務的団交事項とは、団体交渉を申し入れた労働者の団体の構成員たる労働者の労働条件その他の待遇、当該団体と使用者との間の団体的労使関係の運営に関する事項であって、使用者に処分可能なものと解するのが相当である」。

Ⅱ　「非組合員である労働者の労働条件に関する問題は、当然には上記団交事項にあたるものではないが、それが将来にわたり組合員の労働条件、権利等に影響を及ぼす可能性が大きく、組合員の労働条件との関わりが強い事項については、これを団交事項に該当しないとするのでは、組合の団体交渉力を否定する結果となるから、これも上記団交事項にあたると解すべきである」。

●**解説**●　使用者は、労働組合からの団交の申込みに対して、すべての要求事項について応じなければならないわけではない。使用者が応じなければならない義務的団交事項の法律上の定義はないが、従来から、判旨Ⅰの「団体交渉を申し入れた労働者の団体の構成員たる労働者の労働条件その他の待遇、当該団体と使用者との間の団体的労使関係の運営に関する事項であって、使用者に処分可能なもの」という定義（あるいは類似の定義）が支持されてきた（→【140】INAXメンテナンス事件〔判旨外〕も参照）。

使用者の経営や生産に関する事項は、原則として、義務的団交事項に該当しないが、それが組合員の労働条件や雇用に影響がある場合には、その面については義務的団交事項となると解されている（日本ロール製造事件—東京地判平成30年5月30日等）。組合員の個別的事項も、義務的団交事項とされている（ソクハイ事件—東京高判平成28年2月24日等）。

本件では、初任給という非組合員の労働条件が問題となっている。本判決は、非組合員の労働条件については、原則として義務的団交事項には該当しないとする。ただし、「将来にわたり組合員の労働条件、権利等に影響を及ぼす可能性が大きく、組合員の労働条件との関わりが強い事項」は例外的に義務的団交事項に該当するとする（判旨Ⅱ）。この事件では、初任給の大幅な引下げが将来の賃金額に影響し、その初任給の適用を受ける将来の組合員と既存の組合員との間に賃金格差が生じて団結力を減殺するおそれがあることを考慮して、本件初任給引下げは義務的団交事項にあたると判断されている（判旨外）。このように、本判決は、初任給という、交渉時点では非組合員の労働条件について、組合員の労働条件との関わりが強いという観点から義務的団交事項と認めたものであり、非組合員の労働条件が義務的団交事項となることを一般的に認めたものではない。

なお、X病院の初任給はこれまで団体交渉事項とされていなかった。それは初任給の引下げがなかったことによるものであるが、本判決は、X病院側がこれを経営事項として一方的に決定できると考えていたことにも相当な理由があり、組合弱体化の意図は認められないとして、支配介入の成立は認めなかった（判旨外）。

＊〔人事労働法244～245頁〕

153 団体交渉拒否に対する司法救済──国鉄事件

東京高判昭和62年1月27日〔昭和61年(ネ)682号〕

団体交渉を求める法的地位の確認請求はできるか。

●**事実**● Yは、鉄道事業等を営む公法上の法人であり、Xは、主としてYに雇用されている職員で構成される労働組合である。Yは、規程に基づき、その職員らに対して、乗車証を交付してきたが、第3次臨時行政調査会の基本答申に応じて、乗車証制度等を見直そうとした。これに対し、X組合は、乗車証制度は職員の労働条件の一部となっているとしてその存続を求めることとし、Yに対して、乗車証制度問題について団体交渉を再三申し入れた。しかし、Yは、乗車証制度の改廃は管理運営事項であり、公共企業体等労働関係法（現在は、行政執行法人の労働関係に関する法律）8条に定める団体交渉事項ではないとして、この申入れに応じないばかりか、通達を発して乗車証制度の改廃措置をとった。そこで、X組合は、①鉄道乗車証等に関する労働協約の締結、②前記通達等の改廃、③精勤乗車証等の存続という事項について、団体交渉を申し入れたが、Yはこれを拒否した。

そこで、X組合は、Yが前記各事項について、X組合と団体交渉を行う義務があることの確認と、違法な行為により被った損害の賠償を求めて訴えを提起した。1審は、X組合が団交を求める法的地位にあることの確認はしたが、損害賠償請求は認めなかった。Yは控訴し、X組合も附帯控訴した。なお、本判決はYにより上告されたが、最高裁は、前記各事項につき団体交渉を求めうる地位にあることの確認を求める本件訴えは確認の利益を欠くものとはいえず、適法であるとした原審の判断は、正当として是認できるとして、上告を棄却している（最3小判平成3年4月23日）。

●**判旨**● 控訴、附帯控訴棄却（以下は、控訴審の引用する1審判決の内容である）。

Ⅰ 「労働組合法は、団体交渉権が侵害された場合には、労働委員会の救済命令手続により、その侵害を回復する制度を採用していることは、その規定の文言自体から明らかである。しかし、このような救済命令制度があるからといって、直ちに、労働組合の団体交渉権が労働委員会に対する救済命令の申立権であるにとどまり、使用者は労働委員会の救済命令に従うべき義務（使用者の国に対する公法上の義務）を負うにすぎず、団体交渉に関しては、労働組合と使用者との間に私法上の法律関係は全く存在しないものと解するにはなお一層の検討が必要であろう」。

Ⅱ 団体交渉の性質、労組法7条の規定に違反する法律行為の効力、同法の他の関連規定や労働委員会規則の内容（労組法6条には団体交渉の権限の委任に関する規定があり、同法27条ならびに同法の規定に基づき制定された労働委員会規則は、団体交渉権の侵害に対して、労働組合の労働委員会への救済申立権を定め、労働委員会における審問の手続は当事者主義的構造をとることを定めている）、さらに同法と憲法28条との密接な関係を考慮すると、労組法7条の規定は、「単に労働委員会における不当労働行為救済命令を発するための要件を定めたものであるにとどまらず、労働組合と使用者との間でも私法上の効力を有するものと解すべきであって、労働組合が使用者に対して団体交渉を求める法律上の地位を有し、使用者はこれに応ずべき地位にあるものと解し、これを前提として、その侵害に対して労働委員会に対する救済申立権が発生するものと解するのが相当である」。

●**解説**● 労働組合は、使用者の団交拒否に対して、労働委員会に不当労働行為の救済（行政救済）を申し立てることができる（労組法7条2号、27条）が、さらに、裁判所に対して、団体交渉請求権を根拠として、団交応諾仮処分を申請することがあった。しかし、学説、裁判例上、団交応諾仮処分における被保全権利としての団体交渉請求権が認められるか（つまり、団交拒否について司法救済が認められるか）については争いがある。

これを否定する見解は、①労使間の交渉において、使用者が誠実に交渉していたかどうかは、微妙な判断を要することがらであり、労使問題の専門的機関である労働委員会にしか適切な判断ができないこと、②誠実交渉義務でいう義務とは、労働組合側に具体的な権利（請求権）を付与したものではないこと、③私法上の団交請求権を認めるとしても、使用者の債務の内容をどのように特定するのかが難しいこと、④団体交渉の履行を裁判上強制してみても実効性を期し難いこと、などを理由にあげている。

これに対して、本判決は、憲法28条や労組法の関連条文を根拠として、私法上も、労働組合は使用者に対して団交を求める法律上の地位を有することができるとしている（最近の裁判例として、敬人会事件──熊本地判令和2年3月18日）。

なお、使用者の不当労働行為が不法行為に該当する場合には、民法709条等を根拠に、労働組合は損害賠償請求をすることもできる（労働組合の社会的評価の低下による無形損害の賠償を認めた裁判例として、日本レストランシステム事件──大阪地判平成22年10月28日、引越社事件──名古屋地判平成29年3月24日等）。これは、団体交渉拒否だけでなく、支配介入や不利益取扱いの場合にも認められうる司法救済の手法の1つである（横浜税関事件──最1小判平成13年10月25日も参照）。なお、本件では、労働組合に損害が発生していないことを理由に、損害賠償請求は認められなかった。

このほか、使用者の不利益取扱い（労組法7条1号）は、私法上も無効と解されている（その法律構成は、同号を強行規定と解する見解と民法90条や労契法16条を根拠とする見解がある）ので、労働契約上の地位確認等の司法救済が可能である（新光会事件──最3小判昭和43年4月9日を参照）。ただし、就労請求権は原則否定される（→【7】読売新聞社事件）ので、行政救済とは異なり、原職復帰を強制することはできない。

* ［人事労働法237～238頁］

154 労働協約の成立要件—都南自動車教習所事件

最３小判平成13年３月13日〔平成12年(受)192号〕（民集55巻２号395頁）

労働組合と使用者との間の書面化されていない合意にも規範的効力が認められるか。

●**事実**● Xらは、Y会社のA自動車教習所に勤務する従業員である。Y会社には、Xらが所属するB労働組合とその他のC労働組合とがある。Y会社は、毎年B組合との間でベースアップ（ベア）交渉を行い、そこで締結された労働協約に基づき賃金を支給していた。

平成３年、Y会社は、新しい賃金体系を導入しようとしたところ、C組合は同意し、B組合は同意しなかったが、そのまま、就業規則の改訂により新賃金体系を導入した。平成３年度のベア交渉で、Y会社は、初任給に5000円を加算してベアを行う旨の回答をしたが、この回答は、新賃金体系を前提としたものであった。そのため、B組合はベア分には同意したが、新賃金体系の導入には同意せず、結局、協定書の作成には至らなかった。Y会社は、労働協約が書面に作成されなかったことを理由に、ベア分をB組合の組合員には支給せず、C組合の組合員と非組合員にのみ支給した。平成４年度以降も、B組合とY会社との間でベア交渉が行われ、引上げ額については合意が成立したが、平成３年度と同様の理由でB組合は協定書の作成を拒否し続けた。そのため、Y会社は、平成４年度以降も、B組合の組合員にはベア分を支給しなかった。

Xらは、主位的請求として、平成３年から同７年までの間のベア分およびベアにともなう時間外労働の増額分等からなる未払い賃金を、また予備的請求として、不法行為による損害賠償を求めて訴えを提起した。１審および原審ともに、Xらの主位的請求を認容した。そこで、Y会社は上告した。

●**判旨**● Y会社敗訴部分について原判決破棄、差戻し。

Ⅰ 「労働協約は、利害が複雑に絡み合い対立する労使関係の中で、関連性を持つ様々な交渉事項につき団体交渉が展開され、最終的に妥結した事項につき締結されるものであり、それに包含される労働条件その他の労働者の待遇に関する基準は労使関係に一定期間安定をもたらす機能を果たすものである」。

Ⅱ 労組法は、労働協約にこのような機能があることにかんがみ、16条で規範的効力を規定しているほか、17条で一般的拘束力を規定しているし、労基法92条は、就業規則が当該事業場について適用される労働協約に反してはならないこと等を規定している。

Ⅲ 労組法14条が、労働協約は、書面に作成し、両当事者が署名し、または記名押印することによってその効力を生ずることとしているゆえんは、労働

協約に前記のような法的効力を付与することとしている以上、その存在および内容は明確なものでなければならないからである。

Ⅳ 労働協約は複雑な交渉過程を経て団体交渉が最終的に妥結した事項につき締結されるものであるから、口頭による合意または必要な様式を備えない書面による合意のままでは後日合意の有無およびその内容につき紛争が生じやすいので、その履行をめぐる不必要な紛争を防止するために、団体交渉が最終的に妥結し労働協約として結実したものであることをその存在形式自体において明示する必要がある。

Ⅴ 「したがって、書面に作成され、かつ、両当事者がこれに署名し又は記名押印しない限り、仮に、労働組合と使用者との間に労働条件その他に関する合意が成立したとしても、これに労働協約としての規範的効力を付与することはできないと解すべきである」。

●**解説**● 労組法14条は、労働協約が効力を発生するためには、書面により作成され、両当事者が署名または記名押印することが必要である、と定めている（要式性）。要式性を欠く労働協約の効力については、①一切の効力がない、②規範的効力や一般的拘束力はないが、債務的効力はある、③一般的拘束力はないが規範的効力と債務的効力はある、という考え方に分かれる。

本判決は、労働協約の定める労働条件は、労使関係に一定期間安定をもたらす機能があり（判旨Ⅰ）、その機能にかんがみて、労組法および労基法は労働協約に規範的効力、一般的拘束力、就業規則に対する優先効を付与しているのであり（判旨Ⅱ）、労働協約の要式性は、こうした効力をもつ労働協約について、その存在および内容を明確にするために定められたものとする（判旨Ⅲ）。そして、こうした要式性は、合意の有無や内容をめぐる紛争を防止するためにも必要であり（判旨Ⅳ）、結論として、要式性を欠く場合は、規範的効力は認められないとした（判旨Ⅴ）。

この判決により、最高裁が、前記の考え方の中の③を支持しないことは明らかになったが、①と②のいずれの立場であるかは明確ではない。理論的には、要式性を欠くとはいえ、労使間に合意が成立している場合には、少なくとも債務的効力は発生するという考え方はありえよう（もっとも、労使間では口頭の約束だけでは、合意があったと認定されないことが多いであろう）。また、労働組合と使用者との間の合意が、黙示の合意や労使慣行等を根拠として個別的労働契約の中に取り込まれていると解釈される場合には、労働者は労働契約を根拠として、その合意内容の履行を使用者に請求することが認められるであろう。

＊［人事労働法249頁］

155 労働協約の規範的効力(1)—朝日火災海上保険〔石堂〕事件

最1小判平成9年3月27日〔平成7年(オ)1299号〕

> 退職金基準や定年年齢を引き下げる労働協約に規範的効力が認められるか。

●**事実**● Y会社は、昭和40年に、A会社の鉄道保険部を引き継いだが、それにともないA会社の従業員であったXらは、Y会社に移籍することになった。Y会社は、同社に元からいた従業員と、A会社から移籍した従業員との間の労働条件を直ちには統一せず、Y会社の従業員で組織されたB労働組合との交渉を通じて、順次統一化を進めた。しかし、定年年齢については、合意に至らないまま時が経過し、A会社出身の者は満63歳であるのに対し、それ以外の従業員は満55歳とされていた。

Y会社は、昭和52年、経営が悪化したため、従業員の定年年齢の統一についてB組合との間で交渉を続けた。その結果、同58年5月に、定年年齢の統一、退職金支給率の変更について口頭で合意し、同年7月、この合意内容を書面化した本件労働協約に労使双方が署名押印した。本件労働協約の締結にともない、Y会社は就業規則も同一内容に改訂した。

本件労働協約の主たる内容は、昭和58年4月1日より満57歳の誕生日をもって定年とすること、定年後引き続き勤務を希望し、かつ、心身ともに健康な者は、原則として満60歳まで特別社員として再雇用されること（特別社員の給与は、定年時の本人給および職能給の合計額の60%）、退職金は、満57歳の定年時に支給し、退職金の基準支給率は、従来の「30年勤続・71箇月」から「30年勤続・51箇月」とし、この変更にともなう代償金が支給されること、というものであった。

A会社出身で、B組合の組合員であったXは、本件労働協約が締結されたときには53歳であった。Xは、労働協約の変更による定年年齢の引下げと退職金基準支給率の引下げは無効であると主張して、65歳定年制（Xは、労使慣行により定年年齢は65歳と主張）を前提とする退職金の支払いを受ける地位にあることの確認を求めて訴えを提起した。1審および原審ともに、Xの請求を棄却した。そこで、Xは上告した。

●**判旨**● 上告棄却（Xの請求棄却）。

Ⅰ 「本件労働協約は、Xの定年及び退職金算定方法を不利益に変更するものであり……これによりXが受ける不利益は決して小さいものではないが、同協約が締結されるに至った……経緯、当時のY会社の経営状態、同協約に定められた基準の全体としての合理性に照らせば、同協約が特定の又は一部の組合員を殊更不利益に取り扱うことを目的として締

結されたなど労働組合の目的を逸脱して締結されたものとはいえず、その規範的効力を否定すべき理由はない」。

Ⅱ 「本件労働協約に定める基準がXの労働条件を不利益に変更するものであることの一事をもってその規範的効力を否定することはできないし……、また、Xの個別の同意又は組合に対する授権がない限り、その規範的効力を認めることができないものと解することもできない」。

●**解説**● 労組法16条は、「労働協約に定める労働条件その他の労働者の待遇に関する基準に違反する労働契約の部分は、無効とする」という強行的効力を規定し、「無効となつた部分は、基準の定めるところによる。労働契約に定がない部分についても、同様とする」という直律的効力も規定している。両者の効力を合わせて規範的効力という（労働協約よりも有利な労働契約にもこの効力が及ぶかについては、有利原則の問題として議論がある）。

労働条件を不利益に変更する労働協約にも、この規範的効力が生じるかについては議論があった。かつては、労組法2条は、労働組合の主たる目的を、「労働条件の維持改善その他経済的地位の向上を図ること」と定めており、組合員の労働条件を不利益に変更することは、労働組合の目的に反するので、組合員個人の同意を必要とするという裁判例もあった（大阪白急タクシー事件—大阪地決昭和53年3月1日等）。しかし、その後、団体交渉は、ギブ・アンド・テイクの要素があり、労働条件の不利益変更をいっさい認めないのは現実的ではないとして、変更内容について合理性が否定される場合でなければ、規範的効力を認めるべきという考え方が強まってきた（たとえば、日本トラック事件—名古屋高判昭和60年11月27日）。

本判決は、労働条件を不利益に変更する労働協約の規範的効力を原則として肯定した（→【157】朝日火災海上保険〔高田〕事件も参照）うえで、例外的に、「同協約が特定の又は一部の組合員を殊更不利益に取り扱うことを目的として締結されたなど労働組合の目的を逸脱して締結されたもの」である場合には規範的効力が否定されるとした。これは、従来の裁判例とは異なり、労働協約の内容について、労働組合が組合内部の少数派の利益を不当に侵害する内容の労働協約を締結していないかに着目する公正代表審査の考え方を示したものとみることができる。

その具体的な判断は、協約締結の経緯、使用者側の経営状態、協約に定めた基準の全体としての合理性等を考慮して行われる（判旨Ⅰ。中央建設国民健康保険組合事件—東京高判平成20年4月23日も参照）。

＊〔人事労働法250〜251頁〕

156 労働協約の規範的効力(2)—近畿大学事件

大阪高判令和2年5月27日〔令和元年(ネ)1471号〕

規約所定の手続をとらずに締結された労働協約に規
範的効力は認められるか。

●事実● X₁およびX₂は、A大学を運営する学校法
人Yに、それぞれ平成17年4月、平成4年4月に採用
された教員で、それぞれ平成26年12月4日、平成25
年11月28日にB労働組合に加入した。
　Y法人の職員給与規程（就業規則）には、勤続年数
に応じて増額される勤続手当の定めがあったが、Y法
人は平成19年4月に、同18年4月の支給額で凍結す
る変更を行った（平成19年変更）。Y法人は平成18年9
月22日付の書面で、すべての教職員に、その旨を通
知した。一方、B組合の執行委員長Cは、同じ内容の
労働協約を同年7月6日に締結した（平成18年協約）。
同協約は事前の総会決議や執行委員長への権限委任は
されていなかったが、同年12月に開催された総会で
報告がなされ、その際には組合員からの意見は出なか
った。規約上は、協約締結は総会決議事項であったが、
この手続は長年遵守されていなかった。
　また、Y法人とB組合は、平成9年に、私立学校教
職員共済組合に納付する給与掛金について、本来は労
使折半だが労働者側の負担が44.5%となるように、Y
法人が5.5%分の負担金を支給する内容の労働協約を
締結していた。しかし、平成24年1月にB組合の執行
委員長Dは、Y法人の理事長との間で、Y法人の共済
掛金負担金（以下、負担金）を、一定の経過措置を経
て廃止することを内容とする労働協約を締結した（平
成24年協約）。同協約についても、事前の総会決議や
執行委員長への権限委任はされていなかったが、同年
11月の総会で報告がなされ、その際にも組合員から
意見は出なかった。なお、Y法人は、平成24年4月24
日付の書面の配布をもって、負担金の廃止を全教職員
に周知している。B組合および組合員は、負担金が廃
止されて以降、特段異議を述べることはなかった。
　Xらは、平成18年協約、平成19年変更、平成24年
協約は有効ではないとして、変更前の規程による勤続
手当との差額および負担金廃止前後の差額の支払いを
求めて訴えを提起した。1審は、平成19年変更につい
ては、労契法10条に基づき拘束力を認めた。また
平成18年協約と平成24年協約については、執行委員
長には権限委任はなかったが事後の総会の追認により、
協約締結時に遡って有効とされ、Xらは組合加入時か
らその適用を受けることになる、とした。しかし組合
加入前の分については、負担金の廃止に個別同意をし
ていないので、適用されない（勤続手当については平成
19年変更に合理性がある）、とした（大阪地判平成31年4
月24日）。XらとY法人双方が控訴した（以下では、労
働協約に関する判断のみとりあげる）。

●判旨● 双方の控訴を棄却（X₁の組合加入前の負
担金差額分のみ認容）。
　Ⅰ B組合では、長年にわたり、労働協約に調印
後に総会の承認を得るとの運用が定着しており、B
組合は、これまで労働協約締結前に総会の決議を経
るという手続を履践していなかった。しかしながら、
①規約では、労働協約の締結が総会の決議事項であ

ると明確に規定されていること、②労働協約の規範
的効力が組合員の労働条件に与える影響に照らすと、
労働協約についての締結権限の委任は、明確なもの
であることを要するというべきであること、③本件
組合の上記運用が、一律に労働協約の締結を執行委
員長に委ねるものであるか否かは必ずしも明確なも
のであるとはいえないことから、本件における両労
働協約の締結にあたって、当時の執行委員長に両協
約の締結権限があったとはいえない。
　Ⅱ 「労働組合の代表者又は労働組合の委任を受
けた者は、当該労働組合又はその組合員のために使
用者等と労働協約の締結その他の事項に関して交渉
する権限を有すること（労働組合法6条）、当該交渉
の結果締結された労働協約の規範的効力は、労働組
合法17条又は18条の一般的拘束力を有する場合を
除き、労働協約当事者である労働組合の組合員にの
み及ぶと解されること、労働者に労働組合加入の自
由があること、以上の点からすると、当該協約の規
範的効力が生じた後に労働協約当事者である労働組
合の組合員になった者の労働契約の内容が、組合員
でなかった時点に遡って、当該労働協約により変更
されると解することはできず、当該組合員に対する
当該協約の規範的効力の始期は、労働協約上特段の
定めがない限り、労働組合加入の時点であると解す
べきである」。

●解説● 1 労働協約の締結が、規約上、総会（大
会）決議事項とされているにもかかわらず、その手続
を経ていない場合、規範的効力を否定できるかは、単
なる労働協約の内部手続の問題であり、協約締結に向
けた使用者の信頼を損なうべきでないとして規範的効
力を肯定すべきとする考え方もある（また、民法110条
の類推適用により正当理由の有無で処理する考え方もあり
うる）が、適正な手続で代表されなかった組合員の利
益を重視してこれを否定すべきとする考え方もある
（この立場として、中根製作所事件—東京高判平成12年7
月26日）。規約とは異なる慣行が定着している場合、
それを尊重するのは組合自治の観点から望ましい面も
あるが、執行委員長への協約締結権限の委任は明確で
あることが求められる（判旨Ⅰ）ことからすると、単
なる慣行では不十分と解されるであろう（執行委員長
の協約締結権限について厳格な判断をしたものとして、→
【82】山梨県民信用組合事件〔判旨外〕）。
　2 労働組合に中途で加入した場合、これまでの労
働契約の内容と労働協約の内容が一致しないことがあ
る。これは有利原則の問題となり、これを肯定すると
労働協約の規範的効力は及ばなくなるが、判旨Ⅱは労
働協約が優先すること（有利原則否定論）を前提に、
ただ労働協約は組合加入時からしか適用されず、協約
締結時に遡ることはないとした。そして組合加入前の
部分は個別同意の問題となるが、負担金の廃止をY法
人は文書で一方的に通知したにすぎず、情報提供や説
明をしていないとして、Xらが自由な意思に基づいて
受け入れたと認めることができる合理的理由が客観的
に存在するとはいい難いとされた（判旨外。→【82】
〔判旨Ⅱ〕）。

＊〔人事労働法250〜253頁〕

157 労働協約の一般的拘束力—朝日火災海上保険〔高田〕事件

最3小判平成8年3月26日〔平成5年(オ)650号〕（民集50巻4号1008頁）

> 労働協約の拡張適用による労働条件の不利益変更は認められるか。

●**事実●** Xは昭和26年6月にA会社の鉄道保険部の職員として採用された。同40年にA会社の鉄道保険部はY会社に引き継がれた。Xは、同58年4月1日現在、Y会社のB支店の営業担当調査役の地位にあり、すでに満57歳に達していた。Y会社とC労働組合との間で締結された労働協約では、調査役は非組合員と定められていて、Xも非組合員であった。B支店では、常時使用されている従業員の4分の3以上がC組合の組合員であった。

労働協約の締結に至るまでの経緯は、朝日火災海上保険〔石堂〕事件（→【155】）と同じである。Xは、本件労働協約および改訂就業規則は自らに適用されないとして、労働契約上の地位の確認および変更前の規定に基づく賃金との差額の支払を求めて訴えを提起した。1審は、労働協約の拡張適用および就業規則の変更の拘束力をともに肯定して、遡及的に不利益変更をした部分を除き、Xの請求を棄却した（一部認容）。原審も基本的には1審判決を支持し、Xが原審で追加した退職金の差額請求については一部認容した。そこで、Y会社は上告した。

●**判旨●** 上告棄却（Xの請求の一部認容、一部却下、一部棄却。以下では、労働協約の一般的拘束力の部分のみとりあげる）。

Ⅰ 「労働協約には、労働組合法17条により、一の工場事業場の4分の3以上の数の労働者が一の労働協約の適用を受けるに至ったときは、当該工場事業場に使用されている他の同種労働者に対しても右労働協約の規範的効力が及ぶ旨の一般的拘束力が認められている。ところで、同条の適用に当たっては、右労働協約上の基準が一部の点において未組織の同種労働者の労働条件よりも不利益とみられる場合であっても、そのことだけで右の不利益部分についてはその効力を未組織の同種労働者に対して及ぼし得ないものと解するのは相当でない。けだし、同条は、その文言上、同条に基づき労働協約の規範的効力が同種労働者にも及ぶ範囲について何らの限定もしていない上、労働協約の締結に当たっては、その時々の社会的経済的条件を考慮して、総合的に労働条件を定めていくのが通常であるから、その一部をとらえて有利、不利をいうことは適当でないからである。また、右規定の趣旨は、主として一の事業場の4分の3以上の同種労働者に適用される労働協約上の労働条件によって当該事業場の労働条件を統一し、労働組合の団結権の維持強化と当該事業場における公

正妥当な労働条件の実現を図ることにあると解されるから、その趣旨からしても、未組織の同種労働者の労働条件が一部有利なものであることの故に、労働協約の規範的効力がこれに及ばないとするのは相当でない」。

Ⅱ 「しかしながら他面、未組織労働者は、労働組合の意思決定に関与する立場になく、また逆に、労働組合は、未組織労働者の労働条件を改善し、その他の利益を擁護するために活動する立場にないことからすると、労働協約によって特定の未組織労働者にもたらされる不利益の程度・内容、労働協約が締結されるに至った経緯、当該労働者が労働組合の組合員資格を認められているかどうか等に照らし、当該労働協約を特定の未組織労働者に適用することが著しく不合理であると認められる特段の事情があるときは、労働協約の規範的効力を当該労働者に及ぼすことはできないと解するのが相当である」。

●**解説●** 労組法17条によると、労働協約が「一の工場事業場に常時使用される同種の労働者の4分の3以上の数の労働者が一の労働協約の適用を受けるに至つたとき」は、当該労働協約を締結した労働組合の組合員でない同種の労働者にも適用される。これを労働協約の拡張適用（一般的拘束力）という（このほかに、地域レベルの拡張適用もある〔労組法18条〕）。

労働協約の拡張適用による労働条件の不利益変更が認められるかについて、本判決は、文言上否定されていないこと、労働協約は総合的に労働条件を定めていくので、その一部をとらえて有利、不利をいうべきでないこと、という規範的効力と共通する理由をあげたうえで、17条の趣旨（労働条件の統一化、団結権の維持強化、公正妥当な労働条件の実現）にも言及して、原則としてこれを肯定する（判旨Ⅰ）。ただし、未組織労働者は労働組合の意思決定に関与する立場になく、また労働組合のほうも未組織労働者の利益を擁護する立場にないことも考慮して、「特定の未組織労働者に適用することが著しく不合理であると認められる特段の事情があるとき」は一般的拘束力は否定されるとした（判旨Ⅱ）。具体的な判断要素としては、不利益の程度・内容、協約締結に至った経緯、当該労働者の組合員資格の有無などがあげられている（判旨Ⅱ）。本件では、不利益の程度が大きく、Xに組合員資格がないことが重視されて、一般的拘束力は否定された。

本判決は、未組織労働者への拡張適用の事例であるが、少数組合の組合員への拡張適用による労働条件の不利益変更は、通説は、少数組合の団結権や団体交渉権の尊重という観点から、拡張適用を認めていない（裁判例として、大輝交通事件—東京地判平成7年10月4日等）。

* 〔人事労働法251頁〕

158 労働協約の一部解約—ソニー事件

東京高決平成6年10月24日〔平成6年(ラ)801号〕

労働協約中の一部の条項を解約することは適法か。

●**事実**● Xらはγ会社の従業員であり、同社内で組織されるA労働組合の組合員である。γ会社には、A組合以外にγ会社を含む3会社の従業員によって組織されるB組合がある。組合員数はA組合が約120名、B組合が総計で約9600名である。

平成4年4月に、γ会社はA組合との間で労働協約を締結した。この協約は「賃金に関する項目」と「その他の項目」とに分けられており、「その他の項目」の中の1つに「労働時間短縮について」という項目があった。この「労働時間短縮について」という項目では、「生産性向上、業務の効率化、その他制度の多面的な見直し等経営体質強化に必要な対応を行うことを前提として、次の施策を実施する」という前文があり、それを受けて、所定労働時間を、平成5年は1896時間、平成6年は1856時間と段階的に短縮することが定められていた(本件時短協定)。そして、平成5年の時短分40時間は年5日の個人別休日とする旨の合意がなされ、実際、Xらはすでに有していたものと合わせて合計11日の休日を取得した。

平成5年10月、γ会社はA組合に対して、円高など経営環境の悪化を理由に、本件時短協定による平成6年の時短を1年間延期したい旨の申入れをし団体交渉が行われたが、A組合はこれを受け入れなかった。B組合は同様の申入れに対して同意をしていた。

γ会社は、平成5年12月17日、A組合に対して平成6年の時短を行わない旨通知し、同27日に本件時短協定のうち所定労働時間を平成6年から1856時間とする部分を解約した。これに対して、Xらはこの解約は無効であると主張し、平成6年の時短分として各自が指定した日を個人別休日として行使できる地位を有すること、予備的に、年間16日の個人別休日を有する地位にあること、および所定労働時間が平成6年1月以降1856時間である地位にあることを仮に定めることを申し立てた。原審は、被保全権利は未だ抽象的なものにとどまり保全の必要性もないとして申立てを却下したため、Xらは抗告した。

●**決定要旨**● 抗告棄却(Xらの申立て却下)。

Ⅰ 「多くの場合には、一々の労働協約は、その内部において相互に関連を有する一体的な合意であるから、一方の当事者が自己に不利と考えるその一部を取りだして解約しようとすれば、残された他の部分により他方の当事者が当初予想しなかった危険、損害を被ることもないではなく、解約は当該1つの労働協約全部に及ぶのを原則とすべきものと解することができる」。

Ⅱ 本件時短協定には前文が付されており、その前文は「生産性向上等のための諸施策を講ずることができなくなったときには労働時間短縮を義務付けられるものではない趣旨であると解するのが常識的である」。「当事者双方において、このように前提件の付せられた他とは性質の異なる条項をおいたからには、これを他の部分と切り離して扱うこととなることも当然に予想されるべきことであったといわなければならない」。

Ⅲ 「協約自体のなかに客観的に他と分別することのできる部分があり、かつ分別して扱われることもあり得ることを当事者としても予想し得たと考えるのが合理的であると認められる場合には、協約の一部分を取りだして解約することもできると解するのが相当である」。

●**解説**● 労働協約の中の一部の規定のみの解約(一部解約)は、原則として許されない。労働協約は、労使双方が全体を一体的な合意として妥結するのが通常であり、その中の一部分だけを解約できるとすると、一方当事者が都合の悪い部分のみを解約することも認められてしまい妥当でないからである。

ある裁判例は、定年延長にともない一括して合意された退職金条項と賃金条項を含む労働協約について、使用者が退職金条項のみを解約しようとした事案で、両条項は「互いに密接な関連性を有し、そのいずれが欠けても協約の締結は期待できなかったこと」を理由に解約を無効としていた(光洋精工事件—大阪地判平成元年1月30日)。本決定も、原則として一部解約は認めない立場である(決定要旨Ⅰ)。

この原則の例外は、「協約自体のなかに客観的に他と分別することのできる部分があり、かつ分別して扱われることもあり得ることを当事者としても予想し得たと考えるのが合理的であると認められる場合」である(決定要旨Ⅲ。労働協約中の共済掛金負担割合に関する部分の独立性を重視して、その部分のみの一部解約を有効とした裁判例として、桃山学院事件—大阪高判平成28年8月26日。債務的部分〔非組合員の範囲に関する条項〕の一部解約を認めた裁判例として、日本アイ・ビー・エム事件—東京高判平成17年2月24日)。

本件で問題となった時短協定については、本決定は、「前提条件の付せられた他とは性質の異なる条項」があることから、「他の部分と切り離して扱うこととなることも当然に予想されるべきことであった」として、その部分のみの解約は許されるとした(決定要旨外)。

* [人事労働法249〜250頁]

159 労働協約失効後の労働条件──香港上海銀行事件

最1小判平成元年9月7日〔昭和60年(オ)728号・729号〕

> 退職金を定める労働協約が失効した場合でも、退職金の請求は認められるか。

●事実●　Y会社の就業規則には、退職金は「支給時の退職金協定による」と定められていた。Y会社には、Xの属する少数派のA労働組合と多数派のB労働組合とがあり、Y会社がB組合と締結したのと同じ内容の退職金協定がA組合との間で締結されていた。Y会社は、B組合と締結した退職金協定の写しを添付した就業規則を所轄の労働基準監督署長に届け出ていた。

　Y会社の臨時職員であるXは、雇用期間を当初は昭和54年6月30日までとされ、その後は昭和58年6月30日まで1年ごとに更新された。ただし、退職金の支給については、昭和55年6月30日に退職したものとみなして、同日に支払うものとされていた。

　ところで、Y会社がXの加入していたA組合と締結していた本件退職金協定は昭和53年12月末に失効していた。Y会社は協定失効時の基本給を基礎とした退職金を仮に支給しようとした（昭和55年度の退職金協定が成立したときの清算を前提）が、Xはその受領を拒否し、本件退職金協定に基づき、昭和55年6月末の基本給を基礎とした退職金の支払いを求めて訴えを提起した。1審はXの請求を認容した。なお、Y会社では、昭和59年7月25日に、B組合との間で、昭和55年度退職金協定が締結されており、さらにその協定に基づき就業規則の変更を行い、昭和59年8月21日に所轄労働基準監督署長に届け出た。原審は、このB組合との協定が、労働協約の一般的拘束力（労組法17条）に基づきXにも及ぶとして（これにより当初の退職金よりも減額される）、1審判決を変更した。Xは上告し、Y会社も附帯上告した。

●判旨●　X敗訴部分について、原判決破棄、自判（Xの請求認容）。

　I　XとY会社との間の労働契約上は、退職時に退職金の額が確定することが予定されており、就業規則の規定も、Y会社が従業員に退職金の支払義務を負うことを前提として、その額の算定だけを退職金協定に基づき行おうとする趣旨のものと解されるから、A組合との間で新たな退職金協定が締結されていないからといって、Xの退職金額が確定せず、具体的な退職金請求権も発生しないと解するのは相当でなく、労働契約、就業規則等の合理的な解釈により退職時においてその額が確定されるべきである。

　II　Y会社は、B組合と締結した退職金協定書の写しを添付した就業規則変更届を所轄労働基準監督署長に届け出ており、同協定に定められた退職金の支給基準は、就業規則に取り入れられてその一部となったというべきである。そして、就業規則は、労働協約が失効して空白となる労働契約の内容を補充する機能も有すべきものであることを考慮すれば、就業規則に取り入れられこれと一体となっている退職金協定の支給基準は、退職金協定が有効期間の満了により失効しても、当然には効力を失わず、退職金協定のない労働者については、この支給基準により退職金額が決定されるべきものと解するのが相当である。

　III　「既に発生した具体的権利としての退職金請求権を事後に締結された労働協約の遡及適用により処分、変更することは許されないというべきであるから」、昭和59年にB組合との間で締結された昭和55年度退職金協定のXへの拡張適用はそもそも認められない。就業規則の変更についても、同様の理由により遡及効を認めることはできない。

●解説●　1　労働協約が期間満了や解約により終了した場合、その後の労働条件がどうなるかについては、労働協約の規範的効力が労働契約にどのように作用するかという論点とかかわる。これについては、労働協約は労働契約の内容に化体するという説（化体説）と、労働協約は労働契約をその外部から規律するという説（外部規律説）とがある。化体説によれば、労働協約が失効しても、労働協約の内容は労働契約の内容として残存することになる。一方、外部規律説によると、労働協約が失効すれば、労働契約の内容は空白になる。学説、裁判例上は、外部規律説が有力である。ドイツでは、労働協約の失効後も、労働協約の直律的効力は継続するという余後効が法律の明文で認められているが、日本では、そのような規定はなく、余後効は認められないと解されている。

　外部規律説によると、労働協約の失効後は、空白となった労働契約の内容を補充することが必要となる（判旨Iも参照）。就業規則等の補充規範がないかぎり、従前の労働協約上の労働条件が、労働契約の内容を補充することになる（組合員の労働契約の合理的意思解釈。鈴蘭交通事件─札幌地判平成11年8月30日、音楽之友社事件─東京地判平成25年1月17日を参照）。本判決は、就業規則の届出の過程などから、労働協約が就業規則の内容に取り込まれており、就業規則の効力として、従来の労働協約の規定が適用されるとした（判旨II）。

　2　労働協約や就業規則の遡及的適用により、労働条件を不利益に変更することは、それがすでに発生した具体的な権利の処分や変更をもたらすものである場合には認められない（判旨III）。既往の労働に対する対価としての賃金請求権が、その典型例である（→【157】朝日火災海上保険〔高田〕事件［判旨外］。平尾事件─最1小判平成31年4月25日〔弁済期の到来した賃金請求権の支払猶予にもこの法理は適用される〕）。

＊〔人事労働法251頁〕

160 労働協約の債務的効力——弘南バス事件

最3小判昭和43年12月24日〔昭和39年(オ)773号〕(民集22巻13号3194頁)

平和義務違反の争議行為の正当性は認められるか。

●**事実**● 一般乗合自動車運送事業を営むY会社の従業員らで組織されたA労働組合は、昭和35年、賃上げおよび協約改訂の要求をしてY会社と団体交渉を行ったが、妥結に至らなかったので、同年3月7日に指名ストに入った（協約改訂目的の指名ストは同月21日から）。Y会社は、同年4月15日に、A組合の車掌支部の支部長X₁と副支部長X₂とに対して、ビラ等の掲示、無許可職場集会の強行、車掌控室における労働歌の合唱等をしたことを理由として懲戒解雇を行ったところ、Xらは、この懲戒解雇は無効であるとして、従業員としての地位を有することの確認を求めて訴えを提起した。

なお、Y会社とA組合との間では、昭和34年の賃上げ争議妥結協定では「今後の労使関係について双方は良識と理解と信義に立脚し企業繁栄のための最善の努力と協力の関係を確立する」、細目協定では「組合は会社の昭和34年度事業計画達成のため全面的に会社に協力するとともに、労使間は問題を常に平和的に解決する」と定められていた。さらに、昭和33年に締結された労働協約には、「本協約の有効期間は、調印の日から昭和35年6月7日迄とする。期間満了後1カ年を限り有効とする。但し、期間内でも両者の合意により変更することが出来る」という条項が含まれていた。

1審は、本件懲戒解雇は解雇権の濫用であるとして、Xらの請求を認容し、原審は、Y会社の控訴を棄却した。原審は、争議妥結協定と細目協定が絶対的平和義務を定めたと解しうるとしても、組合の債務不履行責任を生じるにとどまり、個々の組合員に関し争議行為の正当性を失わせるものではないとした。また、相対的平和義務については、労働協約の有効期間満了の相当の期間前に、満了後の労働条件を定めるべき次期労働協約の締結の要求をなすことには合理的理由があるとして、本件のように協約有効期間満了から約2カ月半前に行われた争議行為は、相対的平和義務に反しないと判断した（仙台高秋田支判昭和39年4月14日）。そこで、Y会社は上告した。

●**判旨**● 上告棄却（Xらの請求認容）。

平和義務に違反する争議行為は、その平和義務が労働協約に内在するいわゆる相対的平和義務である場合においても、また、いわゆる絶対的平和義務条項に基づく平和義務である場合においても（争議妥結協定および細目協定は、紛争解決に関する当事者のたんなる心構えの相互確認の域を出るものではなく、いわゆる絶対的平和義務条項ではありえない）、これに違反する争議行為は、たんなる契約上の債務の不履行であって、これをもって、企業秩序の侵犯にあたるとすることはできず、また、個々の組合員がかかる争議行為に参加することも、労働契約上の債務不履行にすぎないものと解するのが相当である。

したがって、使用者は、労働者が平和義務に違反する争議行為をし、またはこれに参加したことのみを理由として、当該労働者を懲戒処分に付しえない。

●**解説**● 労働協約には、労働条件その他の労働者の待遇に関する基準を定める部分とそれ以外の部分とがある。前者を規範的部分といい、後者を債務的部分という。規範的部分には規範的効力が認められる（労組法16条）。債務的部分には、規範的効力は生じないが、債務的効力（契約としての効力）は生じる。労働協約には、労働組合と使用者との間の契約としての面もあるからである。

労働協約の債務的効力のなかには、通常の契約とは異なる独自の考察が必要となるものもある。その典型例が平和義務である。平和義務とは、協約当事者が協約有効期間中に争議行為に訴えないという義務であり、これはさらに、相対的平和義務と絶対的平和義務とに分けられる。相対的平和義務とは、協約所定の事項の改廃を目的とした争議行為をしない義務であり、絶対的平和義務とは、このような目的に限定せず、いっさいの争議行為をしない義務である。

相対的平和義務の根拠については、協約の性質あるいは信義則上当然に認められるとする説（内在説）と協約当事者の明示または黙示の合意に根拠を求める説（合意説）とがある。他方、絶対的平和義務については、当事者がこのような義務について特に合意をした場合にのみ認められると解されている。本判決は、本件では、争議妥結協定および細目協定は絶対的平和義務条項とはいえないと判断している。

本件では、争議行為が平和義務に違反して行われた場合に、それに参加した労働者に対する懲戒処分の有効性が問題となっている。本判決は、平和義務違反の争議行為は、労働組合の契約（労働協約）上の債務不履行にすぎず、これをもって企業秩序侵犯にあたるものではないとし、また、組合員個人をみても、これは労働契約上の債務不履行にすぎず、当然には懲戒処分ができるわけではないとしている。企業秩序侵害が認められない限り、懲戒事由には該当しないという趣旨であろう。なお、争議行為に正当性があれば、懲戒処分は無効となる（労組法7条1号、民法90条、労契法15条または［解雇の場合は］16条）が、平和義務違反の事実は、直ちに争議行為の正当性を否定するものではなくても、正当性を否定する判断要素とはなる。

* ［人事労働法259頁］

161　労働協約中の事前協議約款の効力—洋書センター事件

東京高判昭和61年5月29日〔昭和58年(ネ)1140号〕

労働協約中の事前協議約款を遵守せずになされた懲戒解雇は有効か。

●**事実**●　X₁およびX₂は、洋書および教育機器の展示・販売等を目的とするY会社の従業員であり、昭和48年にA労働組合を結成した。Y会社は、賃借していたビルの建て替えのために、一時的な立ち退きを要請されたため、仮店舗に移転する旨をA組合に通告したところ、A組合は、職場面積が小さくなる、労働条件の低下につながるとして、これに反対した。Y会社は、別の仮店舗の案をいくつか出したが、A組合はこれに応じなかった。Y会社が、最終的に仮店舗移転を強行したところ、Xらは、仮店舗に出勤してきたY会社のB社長を、旧社屋のビルに連れて行き、長時間にわたり軟禁し、暴行傷害を実行するという事件を起こした。その後も、Xらは旧社屋のビルを占拠するなどのトラブルを起こした。

　そこで、Y会社は、Xら両名を懲戒解雇した（本件解雇）。なお、Y会社とA組合との間で締結された労働協約には、「会社は運営上、機構上の諸問題ならびに従業員の一切の労働条件の変更については、事前に、組合、当人と充分に協議し同意を得るよう努力すること」という条項（本件事前協議約款）が含まれていた。Y会社は、本件解雇に際して、事前にA組合および本人と協議をしなかったので、Xらは、本件解雇は、本件事前協議約款に違反して無効であることなどを理由として、雇用契約上の地位を有することの確認を求めて訴えを提起した。1審は、Xらの請求を棄却した。そこで、Xらは控訴した。

●**判旨**●　控訴棄却（Xらの請求棄却）。

　「組合の構成員は、パートタイマーのX₃を除けば、本件解雇をされたX₁及びX₂の両名のみであり、A組合の意思決定は主として右両名によって行われ、A組合の利害と右両名の利害とは密接不可分であったところ、Xら両名は、本件解雇理由たる、前叙の両名共謀によるB社長に対しての長時間に及ぶ軟禁、暴行傷害を実行した当の本人であるから、その後における組合闘争としての、Xら両名らによる旧社屋の不法占拠などの前叙の事態をも併せ考えると、もはや、Y会社とA組合及びXら両名との間には、本件解雇に際して、本件事前協議約款に基づく協議を

行うべき信頼関係は全く欠如しており、前叙の『労働者の責に帰すべき事由』に基づく本件解雇については、A組合及び当人の同意を得ることは勿論、その協議をすること自体、到底期待し難い状況にあった、といわなければならないから、かかる特別の事情の下においては、Y会社が本件事前協議約款に定められた手続を履践することなく、かつ、A組合及び当人の同意を得ずに、X₁及びX₂を即時解雇したからといって、それにより本件解雇を無効とすることはできない」。

●**解説**●　労働協約の中には、労働組合との協議などの手続が定められていることが少なくない。たとえば、解雇や配転の際には事前に労働組合と協議をする、あるいは労働組合の同意を得るといった条項がその典型例である。このような条項に違反して行われた解雇や配転などの効力については議論がある。こうした条項には規範的効力が認められるとして、条項違反の解雇や配転などを無効とする見解や、条項には債務的効力しか認められないので解雇や配転などは有効だが、条項に違反した使用者の労働組合に対する債務不履行による損害賠償責任は認められるとする見解がある。もっとも、債務的効力しか認められないとしても、こうした条項に違反した解雇や配転などは、重大な手続的違背があるとして、権利濫用により無効となるという考え方もある。最後の考え方によると、本件のような解雇の事例で、事前協議約款の違反があった場合には、解雇権濫用法理（現在の労契法16条）により無効とするという法律構成がとられることになる。

　本判決は、事前協議約款が解雇に及ぼす効力自体については明言していない。本判決が、本件において、事前協議約款に違反していないと判断したのか、違反しているが、本件の事情を考慮すると、解雇の効力には影響しないと判断したのかは判然としないが、解雇権が濫用となるかどうかについて、事前協議約款違反の事実を、その他の諸事情と併せて考慮したうえで判断するという枠組みを採用したとみることができるだろう。

　いずれにせよ、本件では、Y会社と、軟禁や暴行傷害をした当の組合員との間には、事前協議を行うべき信頼関係は失われているので、事前協議をしていなくても重大な手続違背とはいえず、解雇の効力に影響しないケースであったといえよう。

＊〔人事労働法246～247頁〕

162 公務員の労働基本権—全農林警職法事件

最大判昭和48年4月25日〔昭和43年(あ)2780号〕(刑集27巻4号547頁)

公務員の労働基本権を制限する国家公務員法上の規定は合憲か。

●**事実●** 昭和33年10月、内閣が警察官職務執行法の一部を改正する法律案を衆議院に提出したとき、これに反対するために、農林水産省の職員によって組織されているA労働組合は、同年11月5日に所属長の許可なしに正午出勤の行動に入ることとし、同日の午前9時から11時40分までの間、庁舎前における職場集会を計画し(実際の開始時間は午前10時)、同省職員に参加を慫慂して、争議行為をあおった。このため、A組合の役員であるXら5名が、国公法110条1項17号(現在は111条の2第1号)に該当するとして起訴された。1審は全員無罪、2審は全員有罪であった。そこで、Xらは上告した。

●**判旨●** 上告棄却(Xらは有罪)。1人の反対意見あり。

Ⅰ 「公務員は、……自己の労務を提供することにより生活の資を得ているものである点において一般の勤労者と異なるところはないから、憲法28条の労働基本権の保障は公務員に対しても及ぶものと解すべきである。ただ、この労働基本権は、……それ自体が目的とされる絶対的なものではないから、おのずから勤労者を含めた国民全体の共同利益の見地からする制約を免れない」。

Ⅱ 「公務員の地位の特殊性と職務の公共性にかんがみるときは、これを根拠として公務員の労働基本権に対し必要やむをえない限度の制限を加えることは、十分合理的な理由があるというべきである。けだし、公務員は、公共の利益のために勤務するものであり、公務の円滑な運営のためには、……それぞれの職場においてその職責を果すことが必要不可欠であって、公務員が争議行為に及ぶことは、その地位の特殊性および職務の公共性と相容れないばかりでなく、多かれ少なかれ公務の停廃をもたらし、その停廃は勤労者を含めた国民全体の共同利益に重大な影響を及ぼすか、またはその虞れがあるからである」。

Ⅲ 「公務員の場合は、その給与の財源は国の財政とも関連して主として税収によって賄われ、……その勤務条件はすべて政治的、財政的、社会的その他諸般の合理的な配慮により適当に決定されなければならず、しかもその決定は民主国家のルールに従い、立法府において論議のうえなされるべきもので、同盟罷業等争議行為の圧力による強制を容認する余地は全く存しないのである。……公務員の勤務条件の決定に関し、政府が国会から適法な委任を受けていない事項について、公務員が政府に対し争議行為を行なうことは、……民主的に行なわれるべき公務員の勤務条件決定の手続過程を歪曲することともなって、憲法の基本原則である議会制民主主義(憲法41条、83条等参照)に背馳し、国会の議決権を侵す虞れすらなしとしないのである」。

Ⅳ 「一般の私企業においては、その提供する製品または役務に対する需給につき、市場からの圧力を受けざるをえない関係上、争議行為に対しても、いわゆる市場の抑制力が働くことを必然とするのに反し、公務員の場合には、そのような市場の機能が作用する余地がないため、公務員の争議行為は場合によっては一方的に強力な圧力となり、この面からも公務員の勤務条件決定の手続をゆがめることとなるのである」。

Ⅴ 公務員は、労働基本権に対する制限の代償として、人事院勧告等、制度上整備された生存権擁護のための関連措置による保障を受けている。

●**解説●** 公務員の争議行為は、全面的に禁止されている(国公法98条2項、地公法37条1項、行執労法17条1項)。公務員も憲法28条の勤労者に該当する(判旨Ⅰ)ことからすると、このような争議行為禁止規定は、憲法28条に違反しないかが問題となる。昭和40年代初めは、判例は、合憲的限定解釈により合憲となるとする立場(実質的には違憲判断に近い)をとっていた(全逓東京中郵事件—最大判昭和41年10月26日等)が、本判決により、全面合憲論に修正された。

本判決は、まず労働基本権は、「国民全体の共同利益の見地からする制約」があるとしたうえで(判旨Ⅰ)、「公務員の地位の特殊性と職務の公共性」にかんがみ、「労働基本権に対し必要やむをえない限度の制限を加えることは、十分合理的な理由がある」とする(判旨Ⅱ)。そして、議会制民主主義の観点、市場の機能が作用する余地がないこと、労働基本権の制限の代償があることなどを理由に、公務員の労働基本権の制限を合憲とした(判旨Ⅲ~Ⅴ)。

最高裁は、その後の判決で、公務員は、財政民主主義に表れている議会制民主主義の原則により、その勤務条件の決定に関し国会または地方議会の直接、間接の判断を待たざるをえない特殊な地位に置かれているので、「労使による勤務条件の共同決定を内容とするような団体交渉権ひいては争議権を憲法上当然には主張することのできない立場にある」と述べている(全逓名古屋中郵事件—最大判昭和52年5月4日)。

＊〔人事労働法265頁〕

163 争議行為の正当性の判断基準─御國ハイヤー事件

最2小判平成4年10月2日〔平成元年(オ)676号〕

タクシー会社における、労働組合の争議行為として
の車両確保には正当性が認められるか。

●**事実**●　Yらは、A県下のタクシー労働者の個人加
盟による単一組織であるB労働組合C地方本部の組合
員（執行委員長、書記長ら）およびX会社の従業員で組
織されたD分会の分会長等である。タクシー業を営む
X会社は、賃金引上げなどをめぐりC地本と団体交渉
をしてきたが、交渉が物別れに終わったため、C地本
はストライキを実施することとした。その際、組合員
は、乗務することとなっていたタクシー6台をX会社
側が稼働させるのを阻止するため、タクシーの傍らに
座り込んだり寝転んだりしてタクシーが格納された車
庫を2日にわたり占拠した。そこで、X会社は、Yら
に対して、Yらの行動はX会社が本件タクシーを搬出
し稼働させることを不可能にして、違法にX会社の営
業を妨害したものであるとして、不法行為に基づく損
害賠償を求めて、訴えを提起した。1審はX会社の請
求をほぼ認容したが、原審は、Yらの行動は正当な争
議行為に該当するとして、X会社の請求を棄却した。
そこで、X会社は上告した。

●**判旨**●　原判決破棄、差戻し。

I　「ストライキは必然的に企業の業務の正常な
運営を阻害するものではあるが、その本質は労働者
が労働契約上負担する労務供給義務の不履行にあり、
その手段方法は労働者が団結してその持つ労働力を
使用者に利用させないことにあるのであって、不法
に使用者側の自由意思を抑圧しあるいはその財産に
対する支配を阻止するような行為をすることは許さ
れず、これをもって正当な争議行為と解することは
できないこと、また、使用者は、ストライキの期間
中であっても、業務の遂行を停止しなければならな
いものではなく、操業を継続するために必要とする
対抗措置を採ることができること」は、判例の趣旨
とするところである。

II　以上の理は、「非組合員等により操業を継続
してストライキの実効性を失わせるのが容易である
と考えられるタクシー等の運行を業とする企業の場
合にあっても基本的には異なるものではなく、労働
者側が、ストライキの期間中、非組合員等による営
業用自動車の運行を阻止するために、説得活動の範
囲を超えて、当該自動車等を労働者側の排他的占有
下に置いてしまうなどの行為をすることは許されず、

右のような自動車運行阻止の行為を正当な争議行為
とすることはできないといわなければならない」。

III　「これを本件についてみるに、……Yらは、
互いに意思を通じて、X会社の管理に係る本件タク
シーをB組合の排他的占有下に置き、X会社がこれ
を搬出して稼働させるのを実力で阻止したものとい
わなければならない。……Yらの右自動車運行阻止
の行為は、……争議行為として正当な範囲にとどま
るものということはできず、違法の評価を免れない
というべきである」。

●**解説**●　労働組合の団体行動は、正当な場合には、
刑事免責と民事免責が認められ、さらに使用者の不利
益取扱いからの保護も認められる（それぞれ、労組法
1条2項、8条、7条1号）。団体行動には争議行為と
組合活動があり、両者には正当性の判断基準に違いが
あると解されている。

争議行為の概念については、行為類型を限定せずに、
労働者の団結の集団的行動であって、「業務の正常な
運営を阻害する行為」（労調法7条も参照）とする見解
が多数説であるが、有力な異論もある。いずれの立場
でも、ストライキ、怠業、ピケッティング、ボイコッ
トが争議行為に含まれることには争いがない。

争議行為の正当性は、目的、手段、態様の面から判
断される。一般的な判断基準としては、労務の不提供
という消極的な形態をとるストライキを中心とする発
想の下、使用者側の自由意思の不法な抑圧やその財産
に対する支配の阻止をする場合には正当性を否定して
いる（判旨I）。このため積極的な形態をとるピケッ
ティングの正当性については、厳しい判断がなされて
きた（朝日新聞社小倉支店事件─最大判昭和27年10月22
日。国労久留米駅事件─最大判昭和48年4月25日も参照）。
本判決も、ピケッティングと類似の機能をもつ争議戦
術に対して、ピケッティングと同様の判断枠組みを採
用している。学説上は、判例が支持する平和的説得論
（ピケッティングの正当性を平和的説得の範囲までしか認
めないこと）に対しては批判的なものが多く、むしろ、
団結の示威の行使までは正当と認めるべきとする見解
が有力である。

判旨Iの後半部分は、争議行為時においても、使用
者には操業継続の自由があるとする判例（→**176**山陽
電気軌道事件）を踏襲している。ストライキの実効性
を確保するためには、使用者の操業継続を阻止する争
議戦術が効果的であるとしても、正当性の判断基準が
緩和されるわけではないのである（判旨II）。

＊〔人事労働法259～260頁〕

164 政治ストの正当性—三菱重工長崎造船所事件

最2小判平成4年9月25日〔平成4年(オ)1310号〕

> 原子力船の入港に反対する目的で行われたストライキに正当性が認められるか。

●**事実**● Xら3名は、Y会社の従業員であり、A労働組合のY会社支部のB分会の幹部であった。B分会は、昭和53年10月16日、原子力船むつのS港への入港と、それをめぐる政府、N県、S市の方針決定や施策等に抗議する目的をもって、同日午後4時30分からストライキの名の下にその所属組合員たるY会社の社員（241名）を職場離脱させた。Xらは、闘争委員長および副闘争委員長として、この政治ストを指揮あるいはこれを補佐し、あわせてX₁とX₂は自らも職場離脱した。Y会社は、Xらを出勤停止の懲戒処分にした。そこで、Xらは、この処分の無効確認を求めて訴えを提起した。

1審は、Xらの請求を棄却した。原審（福岡高判平成4年3月31日）も、「本件ストライキが『むつ』入港及びそれをめぐる政府・N県・S市の方針決定並びに施策等に抗議する目的であったことは争いがないところ、もともと右のような事項はXらの労働条件とは直接関係しない事項であり、Y会社に対し、これを対象に団体交渉を求めることはできない」として、1審の判断を維持した。そこで、Xらは上告した。

●**判旨**● 上告棄却（Xらの請求棄却）。

「使用者に対する経済的地位の向上の要請とは直接関係のない政治的目的のために争議行為を行うことは、憲法28条の保障とは無関係なものと解すべきことは、当裁判所の判例……とするところであり、これと同旨の原審の判断は正当として是認することができ、原判決に所論の違憲はない」。

●**解説**● 政治ストとは、国または地方公共団体等の公的団体を名宛人とする要求や抗議のために行われるストライキである。労使関係の当事者である使用者にとっては、労働組合との団体交渉によって解決できない事項をめぐるストライキであるので、こうしたストライキに正当性が認められるかについては争いがある。

学説上は、①政治ストは、使用者に処理できない政治的要求を掲げるものなので、正当性はないとするもの（否定説）、②政治的要求を掲げているかどうかは、正当性に影響しないとするもの（肯定説）、③労働者の経済的利益に直接かかわる経済的政治ストと純粋政治ストとを区別し、前者のみ憲法28条による保障の範囲内であるとして正当性を認めるもの（二分説。純粋政治ストは憲法21条の表現の自由によって保障されるにとどまるとする）、とに分かれている。

本判決は、政治ストは、使用者に対する経済的地位の向上の要請とは直接関係のない政治的目的のためになされるものなので、憲法28条の保障とは無関係として正当性を否定している。この判決が引用する判例では、「とくに勤労者なるがゆえに、本来経済的地位向上のための手段として認められた争議行為をその政治的主張貫徹のための手段として使用しうる特権をもつものとはいえないから、かかる争議行為が表現の自由として特別に保障されるということは、本来ありえないものというべきである」（→【162】全農林警職法事件［判旨外］）と述べており、この判旨は、政治ストは、憲法28条のみならず、21条によっても保障されない趣旨と解することができる。その意味で、判例は、①の否定説の立場であるとみられる。

なお、他社における他組合の労働者の争議を支援する目的で行われる同情ストの正当性についても、使用者にとって、労働組合との団体交渉によって解決できない事項をめぐるストライキであるという点で、政治ストと同じような議論があてはまる。政治ストについて、団体交渉による解決可能性のないことを重視して正当性を否定する学説は、同じ理由で同情ストについても否定説を支持する。

もっとも、学説のなかには、支援対象となる争議で争われている労働条件が、同情ストに参加する労働者の労働条件あるいは経済的利益と実質的な関連性があれば正当性を認めるべきとして、同情ストの正当性を原則的に肯定する立場もある。

裁判例のなかには、同情ストの正当性を否定したものもある（杵島炭礦事件—東京地判昭和50年10月21日）が、この判決の事案は、企業別組合の産業別連合体が、傘下の労働組合の要求実現のために他の傘下組合に統一的にストライキを実施させたケースであり、これを同情ストとみて正当性を否定することについては、学説の否定説の立場からも批判がある。

* ［人事労働法259頁］

165 抜打ストの正当性─JR東日本〔国鉄千葉動労〕事件

東京高判平成13年9月11日〔平成12年(ネ)4078号・5700号〕

使用者のスト対抗措置に抗議するために前倒しで行われたストライキに正当性は認められるか。

●**事実**● Xは、旅客鉄道事業等を営む会社であり、Yは、X会社のA支社管内における動力車に関係する業務に従事する従業員などで構成される労働組合である。Y組合は、かねてからの諸懸案要求事項に対するX会社の対応が不誠実であるとして、X会社から誠意ある対応がないかぎり、平成2年3月19日からストライキを実施することを決定し、同月16日に、19日午前0時以降48時間ないし72時間、ストライキを行う旨の通知を行った（労調法37条に基づく通知はすでに行っている）。

同月18日、X会社側が、Y組合の組合員らに対してA運転区への入構や庁舎への立入り制限をしたり、組合事務所前にフェンスを設置したりしたため、Y組合はこれに抗議した。しかし、解決しなかったので、Y組合は、同日午前11時55分ころ、X会社側に対し、正午以降全乗務員を対象としたストライキを実施することを口頭で正式に通告し、これを実行した。

X会社は、本件前倒しストライキによって、対策要員経費や代替輸送費などの損害が生じたとして、Y組合に対して損害賠償を求めるために訴えを提起した。1審は、X会社の行った入構制限等は不当労働行為とはいえず、Y組合の前倒しストライキは正当性を欠くとして、X会社の請求を認めた（一部容認）。そこで、Y組合は控訴した。

●**判旨**● 原判決を変更（X会社の請求の一部認容。X会社の過失を認め、過失相殺により損害額を減額）。

Ⅰ 「使用者は、ストライキの期間中であっても、業務の遂行を停止しなければならないものではなく、操業を継続するために必要な対抗措置を採ることができると解するのが相当である」。

Ⅱ 「労働組合又はその組合員が使用者の許諾を得ないで使用者の所有し管理する物的施設を利用して組合活動を行うことは、これらの者に対しその利用を許さないことが当該物的施設につき使用者が有する権利の濫用であると認められるような特段の事情がある場合を除いては、当該物的施設を管理利用する使用者の権限を侵し、企業秩序を乱すものであって、正当な組合活動に当たらないと解される」。

「争議行為時ないしその準備行為時であることから、当然に、使用者の所有し管理する物的施設に対する権限が制限されると解すべき根拠はなく、同行為時であることが上記特段の事情の存否を判断する

に当たり一事情として考慮されることがあるとしても、上記一般論自体が修正されるべきものということはできない」。

Ⅲ 本件におけるX会社の措置は、「本件スト時における操業継続を図るために必要かつ相当な対抗措置であったということができ、施設管理権を濫用したというような特段の事情があるということもできないというべきである」。Y組合のストライキの前倒し実施は、「X会社の正当な施設管理権の行使に抗議し、これに対抗するために行われたとみるべきである。したがって、本件前倒し実施の目的には、自らの事前の争議通告に反してストライキを行うことを正当化するに十分な緊急性・重要性が存しないというべきである」。

●**解説**● 労調法8条で定める公益事業における争議行為については、当事者は、少なくとも10日前までに労働委員会および厚生労働大臣または都道府県知事にその旨を通知しなければならない（37条）。その他の場合には、争議行為の予告は、対使用者との関係でも、労働組合の義務とはされていない（労働協約上、特に予告義務が定められている場合は別である）。そのため、予告をしないで行う抜打ストは、当然に正当性が否定されるとは解されていない。ただし、抜打ストによって、使用者の事業に多大な混乱をもたらしたような場合には、正当性が否定される可能性はある。

本件は、すでに争議行為の予告通知をしていた労働組合に対して、使用者が争議対抗措置をとったことに抗議をするために、予告していた時よりも半日早く争議行為を開始したという事案である。この点について、本判決は、使用者は争議行為中であっても操業継続のための対抗措置をとることができるとする判例（→【163】御國ハイヤー事件）や企業施設を無許可で利用した組合活動の正当性に関する判例（→【172】国鉄札幌運転区事件）を参照しながら（判旨Ⅰ、Ⅱ）、本件のX会社の対抗措置は正当であり、それに抗議するための前倒しストには、それを「正当化するに十分な緊急性・重要性が存しない」と判断した（判旨Ⅲ）。

なお、本件ストには抗議ストとしての側面もある。抗議ストとは、労働組合のほうから積極的に要求を出すのではなく、使用者の態度に対する抗議のために行われるものである。抗議ストの正当性については裁判例上争いがあるが、雇用や労働条件に関する具体的な要求を含んでいると判断できる場合には正当性を認めるべきであろう。本件では、抗議ストとしての正当性が否定されたわけではなく、前倒しで実施した点で正当性が認められないという判断がなされたものである。

＊〔人事労働法259頁〕

166 指名ストの正当性──新興サービス事件

東京地判昭和62年5月26日〔昭和60年(モ)1596号〕

配転命令拒否の指名ストに正当性は認められるか。

●**事実**● X₁〜X₅は、Y会社の従業員であり、A労働組合の組合員である。Y会社は、昭和59年10月24日、Xらに対して本件配転命令を発した。A組合は、これは不当労働行為であり、労働協約上の事前協議義務に反すると主張して、その撤回を求めて団体交渉を行う一方で、10月25日以降、Xらに対して、本件配転命令による新任地への赴任を拒否する指名ストに入るよう指令した。その後も、団体交渉が継続されたが、決裂したため、Y会社は、Xら5名を本件配転命令に従わないことを理由に本件懲戒解雇を行った。そこで、Xらは、本件懲戒解雇は、正当な争議行為を理由とする不利益取扱いであり無効であるとして、地位保全、賃金仮払いの仮処分の申請をした。原審は、この申請を認容したので、Y会社は異議申立てをした。

●**判旨**● 仮処分決定認可。

Ⅰ 「組合が使用者の従業員に対する配転命令を不当として争議行為を実施するに際し、争議手段として配転対象者の労務不提供という手段を選択し、当該従業員がこの指令に従い配転命令を拒否して新勤務に従事しないという争議行為に出たときは、当該争議行為は、労務不提供にとどまる限り、正当性を有するものと解すべきである」。

Ⅱ 「本件ストライキ権の行使は、組合が本件配転命令を不当労働行為であると考えてその撤回を要求する組合の指令に基づいて実施されたものであるから、その目的において正当であるばかりか、その手段においても本件配転命令自体を拒否して配転先の勤務に従事しないという労務の不提供にとどまるものであるから、正当というべきである」。

Ⅲ 「本件懲戒解雇は申請人らが正当な争議行為をしたことを理由としてなされたものであるから、労働組合法7条1号に該当した不当労働行為として無効というべきである」。

●**解説**● 特定の組合員を指名してストライキを行わせることを、指名ストという。指名ストには、本件のように、配転命令を受けた組合員が、それを拒否するためにストライキに入るというケースもある。こうした配転拒否のための指名ストについては、一定の要求事項のための手段としてストライキを行うものではなく、ストライキによって、その要求事項を直接実現し

てしまうものなので、正当性は認められないという考え方もある。

本判決は、本件の指名ストについて、まず目的面において、「本件配転命令を不当労働行為であると考えてその撤回を要求する組合の指令に基づいて実施されたもの」で、正当と判断している（判旨Ⅱ）。また手段面においても、「本件配転命令自体を拒否して配転先の勤務に従事しないという労務の不提供にとどまるもの」であり、正当と判断している（判旨Ⅰ、Ⅱ）。

本件では、前者の目的面については、労働組合が配転命令の撤回を求めて団体交渉を申し入れており、その交渉過程において、圧力手段として指名ストという争議行為を利用したという事情が、正当性判断において重視されたと解すべきであろう。このような団体交渉を申し入れないまま、いきなり配転拒否の指名ストに入る場合には、単なる配転命令拒否と異ならず、正当性を失うと解すべきである（単なる配転命令拒否であると、配転命令が有効であれば、それに従わないことを理由とする懲戒解雇は通常は有効と判断されるだろう）。

一方、指名ストの正当性を否定した裁判例として、青森銀行事件（青森地判昭和45年4月9日）がある。同判決は、「赴任拒否闘争は単に新任店に赴任しないという限度では、消極的に使用者に対し労働力の提供を拒否する点でストライキ的争議手段と解しうるが、さらに進んで使用者の就労拒否命令を排除して旧任店で強制的に就労を続行することは、使用者の人事権を無視し、その人事権能の一部を労組において行使せんとするものであるから、たとえ争議行為が多かれ少なかれ使用者の労務指揮権を排除する性質を帯びているものであるとしても、かような争議行為は前記目的との関連を考慮しその闘争期間が極めて短期間であるとかの特段の事情が存在しないかぎりは違法性を帯びるものといわなければならない」と述べている。すなわち、赴任の拒否にとどまらず、旧任地での就労を強行するという態様となると、その争議行為は原則として正当性を欠くということである。

なお、団体交渉が平行線をたどり、膠着状況になっているなか、長年、組合側が要求を出さずに、要求事項を実現していた事案で、団体交渉による要求事項の実現を図るのではなく、要求事項を自力執行の形で実現する争議行為を行ったとして、目的と態様の面から正当性を欠くとした裁判例がある（関西外国語大学事件──大阪高判令和3年1月22日〔大学教員が週6コマを超える授業などを拒否する争議行為をした事案〕）。

* 〔人事労働法260頁〕

167 争議行為と賃金—水道機工事件

最1小判昭和60年3月7日〔昭和55年(オ)39号〕

出張・外勤拒否闘争として、使用者の業務命令に反して内勤業務に従事した労働者に対し、賃金カットを行うことは認められるか。

●**事実**● Xらはや会社の従業員であり、A労働組合に所属している。Y会社は、昭和48年2月5日から同14日までの間、Xらに対し、出張・外勤をするよう業務命令を発した。ところがA組合は、同年1月30日、Y会社に対し、同年2月1日以降外勤・出張拒否闘争および電話応待拒否闘争に入る旨を通告していた。そして、Xらは、この通告に基づく争議行為として、出張・外勤を行わず、Y会社に出勤し、内勤業務に従事した。Y会社においては、出張・外勤の必要が生じた場合、従業員が自己の担当業務の状況を考慮し、注文主と打合せのうえ、あらかじめ日時を内定し、上司の許可ないし命令を得るとか、上司から出張・外勤を命じられた場合にも、出張日程等については上司と協議のうえこれを決定するなど、従業員の意思が相当に尊重されていたが、このような取扱いは、Y会社が業務命令を発する手続を円滑にするため事実上許容されていたにすぎなかった。

Y会社は、外勤・出張拒否闘争に従事したXらの賃金を全額カットしたため、Xらはその賃金分の支払いを求めて訴えを提起した。1審および原審ともに、Xらの請求を棄却した。そこで、Xは上告した。

●**判旨**● 上告棄却（Xらの請求棄却）。

「原審は、……本件業務命令は、組合の争議行為を否定するような性質のものではないし、従来の慣行を無視したものとして信義則に反するというものでもなく、Xらが、本件業務命令によって指定された時間、その指定された出張・外勤業務に従事せず内勤業務に従事したことは、債務の本旨に従った労務の提供をしたものとはいえず、また、Y会社は、本件業務命令を事前に発したことにより、その指定した時間については出張・外勤以外の労務の受領をあらかじめ拒絶したものと解すべきであるから、Xらが提供した内勤業務についての労務を受領したものとはいえず、したがって、Y会社は、Xらに対し右の時間に対応する賃金の支払義務を負うものではないと判断している。原審の右判断は、……正当として是認することができ、原判決に所論の違法はない」。

●**解説**● 争議行為に参加している労働者は労務を提供していないので、使用者には賃金の支払義務はない。ここでは、労働契約における解釈準則としてのノーワーク・ノーペイの原則があてはまる。

本判決は、使用者が出張・外勤業務を命じたにもかかわらず、組合員が争議行為として内勤業務に従事したという事案において、組合員は「債務の本旨に従った労務の提供」をしたことにはならず、使用者が、内勤業務の労務提供を受領したとは認められない以上、使用者は賃金の支払義務を負わないと判断した。本件では、使用者の指示した出張・外勤業務に関する労務は提供していないという点で、ストライキを行っているのと同じである。内勤業務での労務提供は、使用者が指示したものではなく、争議行為として行われたもので、債務の本旨に従ったものではないので、賃金請求権は認められない。

使用者の指揮命令に従わない労務提供を争議行為として行う例としては、怠業もある。怠業は、労務提供義務の一部不履行であり、不履行の程度に応じて賃金のカットが認められると解されている（怠業は争議行為として行われる以上、全体として債務の本旨に従った労務の提供がないので、賃金全額をカットすべきという見解もある）。裁判例の中にも、怠業中の労働者の賃金（固定給部分）について、その不完全履行の割合が特定できるかぎり、その部分を除いた賃金請求権しか生じないと述べるものがある（西区タクシー事件—横浜地判昭和40年11月15日。これは「応量カット」と呼ばれる）。

なお、本件のようなケースや怠業の場合でも、事実上は、不完全とはいえ労務を提供しているのであり、それにより使用者に利益が生じている場合には、労働者に不当利得返還請求権が認められる可能性はある（民法703条、704条）。

このほか、勤務時間中の組合活動（たとえば、勤務時間中に労働組合の要求を掲げたリボンをつけて労務に従事する場合）についても、使用者からの指揮命令に従わずに労務を提供するという点では、怠業と同様であり、賃金の請求ができるかが問題となる。まず、組合員に対してリボンを着用した就労を禁止すること（使用者が労務の受領を拒否すること）は、そのような就労が業務に支障があると判断される場合には適法と解されるし、その結果、組合員が労務の提供ができなくなったとしても、使用者には帰責事由はないので賃金支払義務はないと解すべきである（民法536条2項）。他方、いったん労務に従事させた後においては、理論的には応量カットはできるであろうが、現実には不完全履行の割合を特定するのは容易でないだろう。ただ、使用者としては、賃金面では対処できないとしても、服務規律に違反することを理由に懲戒処分を課すことができる場合はあろう（賃金面等とは別に、こうした組合活動の正当性については、→【171】大成観光事件）。

＊〔人事労働法260〜261頁〕

168 争議行為時の賃金カットの範囲─三菱重工長崎造船所事件

最２小判昭和56年９月18日〔昭和51年(オ)1273号〕（民集35巻６号1028頁）

争議行為の場合に家族手当をカットすることは許されるか。

●事実● Xらは、Y会社のA造船所に勤務する従業員であり、B労働組合に所属している。B組合は、昭和47年７月および８月の両月にわたってストライキを行い、Y会社は、Xらに対して、各ストライキ期間に応じた家族手当を支払わなかった。この家族手当は、Y会社の就業規則の一部である社員賃金規則により、扶養家族数に応じて毎月支給されていたものである。A造船所においては、昭和23年ころから同44年10月まで、社員賃金規則中に、ストライキ期間中、その期間に応じて家族手当を含む時間割賃金を削減する旨の規定を置き、この規定に基づいてストライキ期間に応じた家族手当の削減をしてきた。そして、Y会社は、昭和44年11月１日、賃金規則から家族手当削減の規定を削除し、そのころ作成した社員賃金規則細部取扱のなかに同様の規定を設けた。その際には、Y会社従業員の過半数で組織されたC労働組合の意見を徴取していた。Y会社は、この改正後も、昭和49年に家族手当が廃止され、有扶手当が新設されるまで、従来どおり、ストライキの場合の家族手当の削減を継続してきた。

B組合は、昭和47年８月、Y会社に対し、家族手当削減分の返済を求めたが、Y会社はこれに応じなかった。そこで、Xらは、家族手当の支払いを求めて訴えを提起した。１審および原審ともに、Xらの請求を認容した。そこで、Y会社は上告した。

●判旨● 原判決破棄、自判（Xらの請求棄却）。

Ⅰ　Y会社のA造船所においては、ストライキの場合における家族手当の削減が昭和23年ころから昭和44年10月までは就業規則（社員賃金規則）の規定に基づいて実施されており、その後も、細部取扱のうちに定められ、同様の取扱いが引き続き異議なく行われてきたというのであるから、ストライキの場合における家族手当の削減は、Y会社とXらの所属するB組合との間の労働慣行となっていたものと推認することができる。

Ⅱ　「ストライキ期間中の賃金削減の対象となる部分の存否及びその部分と賃金削減の対象とならない部分の区別は、当該労働協約等の定め又は労働慣行の趣旨に照らし個別的に判断するのを相当とし、Y会社のA造船所においては、昭和44年11月以降も本件家族手当の削減が労働慣行として成立していると判断できることは前述したとおりであるから、いわゆる抽象的一般的賃金二分論を前提とするXらの

主張は、その前提を欠き、失当である」。

Ⅲ　労基法37条５項が「家族手当を割増賃金算定の基礎から除外すべきものと定めたのは、家族手当が労働者の個人的事情に基づいて支給される性格の賃金であって、これを割増賃金の基礎となる賃金に算入させることを原則とすることがかえって不適切な結果を生ずるおそれのあることを配慮したものであり、労働との直接の結びつきが薄いからといって、その故にストライキの場合における家族手当の削減を直ちに違法とする趣旨までを含むものではなく、また、同法24条所定の賃金全額払の原則は、ストライキに伴う賃金削減の当否の判断とは何ら関係がない」。

●解説● 争議行為の場合の賃金の控除は、労働契約の解釈問題であり（→【167】水道機工事件［解説］）、したがって、控除の範囲についても、労働契約の解釈にゆだねられることになる。もっとも、この点については、賃金には日々の労働の提供に対応して交換的に支払われる部分（交換的部分の賃金）と生活保障的に従業員の地位に対して支払われる部分（生活保障の部分の賃金）の２つに分けられ、ストライキによって控除しうるのは前者の交換的部分に限られるという考え方もある（賃金二分説［論］）。これは、最高裁によっても支持されたことがあった（明治生命事件─最２小判昭和40年２月５日）。ただし、この最高裁判決も、「労働協約等に別段の定め」がある場合には、その定めを優先するという考え方を示していた。

本件では、ストライキの際に家族手当を控除することが労使（労）慣行となっていると認定されており（判旨Ⅰ）、こういう場合には、賃金二分説は妥当しないとされている（判旨Ⅱ）。これは、先の判例に照らすと、「労働協約等」には労使慣行も含まれるということであろう。いずれにせよ、賃金二分説は、当事者の合意等に優先する強行的なルールではないということである。

なお、本件では、B組合は、労基法37条５項が家族手当を割増賃金の算定基礎から除外しているのは、この手当が労働時間に対応した賃金でないことを認めているからであり、このような賃金の生活保障的部分は、ストライキなどにより不就業となった場合には控除できない趣旨だと主張していた。しかし、本判決は、同項の趣旨は、家族手当のような労働者の個人的事情に基づいて支給される性格をもつものが、割増賃金の算定基礎に含まれるのは適切でないということであって、ストライキの場合の家族手当の削減を違法とする趣旨までを含むものではない、とした（判旨Ⅲ）。

* ［人事労働法260〜261頁］

169 争議行為不参加者の賃金請求権─ノース・ウエスト航空事件

最2小判昭和62年7月17日〔昭和57年(オ)1189号・1190号〕(民集41巻5号1283頁・1350頁)

部分ストの場合の争議行為不参加者に賃金請求権は認められるか。

●事実● Xらは、民間定期航空運輸事業を営むY会社の従業員で、A労働組合に所属し、沖縄営業所または大阪営業所に勤務していた。Y会社は、羽田地区でグラウンドホステス業務や搭載業務に他社の労働者を従事させていたが、A組合は、これは職安法44条に違反するとして中止を求めた。Y会社は、改善案を発表したが、A組合はそれでは不十分であるとして改善案の実行を阻止するため、東京地区の組合員でストライキを決行し、業務用機材の占拠をした。このストライキの結果、東京─沖縄便、東京─大阪便は大幅に減便となった。そのため、Y会社は、Xらに対して、就労が不要となったとして休業を命じた。そこでXらは、主位的に休業期間中の賃金の支払い、予備的に休業手当の支払いを求めて訴えを提起した。1審は、請求を全部棄却したが、原審は休業手当の請求のみ認容した。そこで、XらとY会社がともに上告した。

●判旨● 〔1〕 Xら上告事件(賃金請求関係〔昭和57年(オ)1190号〕)、上告棄却(Xらの請求棄却)。

Ⅰ 「企業ないし事業場の労働者の一部によるストライキが原因で、ストライキに参加しなかった労働者が労働をすることが社会観念上不能又は無価値となり、その労働義務を履行することができなくなった場合、不参加労働者が賃金請求権を有するか否かについては、当該労働者が就労の意思を有する以上、その個別の労働契約上の危険負担の問題として考察すべきである。このことは、当該労働者がストライキを行った組合に所属していて、組合意思の形成に関与し、ストライキを容認しているとしても、異なるところはない」。

Ⅱ 「ストライキは労働者に保障された争議権の行使であって、使用者がこれに介入して制御することはできず、また、団体交渉において組合側にいかなる回答を与え、どの程度譲歩するかは使用者の自由であるから、団体交渉の決裂の結果ストライキに突入しても、そのことは、一般に使用者に帰責さるべきものということはできない」。

Ⅲ したがって、労働者の一部によるストライキが原因でストライキ不参加労働者の労働義務の履行が不能となった場合は、使用者が不当労働行為の意思その他不当な目的をもってことさらストライキを行わしめたなどの特別の事情がないかぎり、民法536条2項の「債権者の責めに帰すべき事由」にはあたらない。

〔2〕 Y会社上告事件(休業手当請求関係〔昭和57年(オ)1189号〕)、原判決破棄、自判(Xらの請求棄却)。

Ⅳ 労基法26条は、「使用者の責に帰すべき事由」による休業の場合に、使用者の負担において労働者の生活をその規定する限度で保障しようとする趣旨によるものであって、同条項が民法536条2項の適用を排除するものではなく、休業手当請求権と賃金請求権とは競合しうるものである。

Ⅴ 休業手当の制度は、賃金の全額を保障するものではなく、しかも、その支払義務の有無を使用者の帰責事由の存否にかからしめていることからみて、労働契約の一方当事者たる使用者の立場をも考慮すべきものである。そうすると、労基法26条の解釈適用にあたっては、いかなる事由による休業の場合に労働者の生活保障のために使用者に負担を要求するのが社会的に正当とされるかという考量を必要とする。このようにみると、「使用者の責に帰すべき事由」とは、取引における一般原則たる過失責任主義とは異なる観点をも踏まえた概念というべきであって、民法536条2項の「債権者の責めに帰すべき事由」よりも広く、使用者側に起因する経営、管理上の障害を含むものと解するのが相当である。

●解説● 本件では、自らの所属する労働組合の一部の組合員の行ったストライキ(部分スト)の影響により、そのストライキに参加しなかった労働者の就労が社会観念上不能または無価値となった場合の賃金請求権の存否が争点となっている。本判決は、これは危険負担の問題であり(民法536条2項)、使用者の帰責事由の有無によって決まるとする(判旨Ⅰ)。そして、団体交渉の決裂は、原則として使用者の帰責事由ではない(判旨Ⅱ)が、例外として、「使用者が不当労働行為の意思その他不当な目的をもってことさらストライキを行わしめたなどの特別の事情」があれば帰責事由は認められる、とする(判旨Ⅲ。本件では、このような「特別の事情」は否定された)。

賃金請求が認められない場合でも、労基法26条の休業手当は認められる可能性がある(判旨Ⅳは、両請求権は競合可能とする)。休業手当の要件にも、使用者の帰責事由があるが、これは民法536条2項の帰責事由よりも広く、「使用者側に起因する経営、管理上の障害」を含むと解されている(判旨Ⅴ。ただし、本件では、労基法26条の帰責事由も否定された)。

なお、従業員の一部を組織する労働組合の行ったストライキ(一部スト)により就労できなくなった非組合員の賃金については議論があるが、少なくとも休業手当の請求は認められるべき場合があるであろう。

* 〔人事労働法261頁〕

170 違法争議行為と損害賠償責任—書泉事件

東京地判平成4年5月6日〔昭和54年(ワ)5308号〕

違法な争議行為について労働組合だけでなく組合員も損害賠償責任を負うか。

●事実●　Xは、書籍、雑誌の販売を業とする会社で、従業員数は100名余りである。Y₁は、X会社の正社員とパートタイム労働者で結成された労働組合であり、組合員数は30名弱であった。Y₂〜Y₅はY₁組合の組合員であり、Y₆〜Y₈は、Y₁組合を支援していた者である。昭和53年、Y₁組合は、賃上げ等の春闘要求の実現を目指して、同年4月から翌54年4月にかけてストライキを実施した。特に、昭和53年11月22日以降は無期限の全日ストライキに突入した。ストライキはピケッティングをともなうものであったが、その態様は、X会社のA店舗、B店舗の出入口ドア、ショウウィンドウおよび外部に面したガラスにステッカーやビラを多数貼付し、あるいはY₁組合名やスローガンの入った横断幕を張り、店の出入口の前にY₁組合員や支援労働者が各数名ずつ腕章、ゼッケン、鉢巻きを着用するなどして佇立や座り込みをし、あるいはハンドマイク等を使用して顧客にストライキ中なので入店購買をしないよう呼びかけて気勢をあげ、これに応じないで入店を試みた顧客に対しては罵声を浴びせて入店を阻止し、強引に入店した顧客については組合員ら数名が取り囲んだうえ押し戻して書籍購入を断念させるというものであった。

　X会社は、この本件争議行為のため、売上げが激減し、会社倒産の危機感を抱いたため、争議の解決と操業継続のために、臨時従業員50名を雇い入れ、その後、Y₁組合の組合員を排除して営業を再開した（なお、その過程で、臨時従業員の行動には行き過ぎもあり、Y₁組合からX会社への損害賠償請求訴訟が起こされ、Y₁組合勝訴の判決が確定している）。

　X会社は、本件争議行為は違法であるとして、Yらに対して、昭和53年11月から同54年2月までの間に被った損害9771万1000円の賠償を求めて訴えを提起した。

●判旨●　請求認容。

　Ⅰ　本件争議行為は、Y₁組合が、書籍販売を阻止してX会社に損失を与えることにより交渉を有利に進めようとの意図のもとに、店内に入ろうとする顧客を対象として行われたものであるところ、その態様は、顧客に対する不買の呼びかけやビラの配付にとどまらず、およそ顧客が自由に出入りして購入したい本を探せるような雰囲気ではない状況を作出したうえ、Y₁組合員らの説得に応ぜずあえて店内に入ろうとする顧客に対しては、罵声を浴びせたり取り囲んで押し戻すなど実力をもって入店を阻止するというものであり、これらの事情を総合すると、

本件争議行為は平和的説得の範囲を超えたものであって違法であるといわざるをえない。

　Ⅱ　Y₂らは、いずれもY₁組合役員として違法な本件争議行為の実施を決定し、他の組合員と共同してこれを実行した者であるから、X会社に対し、共同不法行為（民法719条1項）に基づき本件争議行為によりX会社が被った損害を賠償すべき責任がある。そして、本件争議行為当時、Y₂ら4名はいずれもY₁組合の役員であったから、権利能力なき社団であるY₁組合は、民法44条1項（筆者注：現在の一般社団・財団法人法78条に相当）の類推適用により、本件争議行為実施についての不法行為責任を負う。

　Ⅲ　「争議行為が集団的団体行動の性質を有していることは事実であるとしても、そのことが直ちに個々の組合員の行為が法的評価の対象外になるとの結論には結びつかず、むしろY₁組合員の行動は一面社団であるY₁組合の行為であると同時に、組合員個人の行為である側面を有すると解されるから、組合員個人についても前記のとおり不法行為責任が成立するものというべきである」。

　支援労働者であるY₆らも、本件争議行為の実施につき助言、指導を与えていたことを推認することができ、しかも争議行為にも一部参加していたということができるから、本件争議行為実施について共同不法行為者（民法719条）としての責任を負うべきである。

●解説●　1　争議行為が正当性を欠く場合には、民事免責は認められないので、労働組合および組合員は、不法行為（民法709条）や債務不履行（同法415条）を理由に損害賠償責任を負うことになる。もっとも、学説には、争議行為の「二面集団的本質」論を説いて、個人責任を否定する見解もあった。すなわち、争議行為は労働組合という団体の行為であると同時に、個々の労働者の集団的行為としてのみ実現されるという二面的に集団的な性格をもち、個々の組合員の行為は労働組合という団体の争議行為の構成部分にすぎないので、団体だけが責任主体となるとするのである。しかし、本判決は、そうした考え方を明確に否定しており（判旨Ⅲ）、結論として、労働組合の不法行為と組合員（および支援労働者）の共同不法行為の成立を認めた（判旨Ⅱ）。なお、学説のなかには、労働組合の正規の決定による場合には、団体責任が第一次的で、個人責任は附従的なものとすべきとする有力説もある。

　2　違法な争議行為がなされた場合の懲戒処分については、組合幹部であるが故に当然に重い責任を負うという解釈は妥当ではない（七十七銀行事件—仙台地判昭和45年5月29日も参照）が、その責任や役割の大きさから重い責任を負うことはありうる（ミツミ電機事件—東京高判昭和63年3月31日を参照）。

＊　［人事労働法264頁補注⑵］

171 就業時間中の組合活動の正当性—大成観光事件

最3小判昭和57年4月13日〔昭和52年(行ツ)122号〕（民集36巻4号659頁）

リボン闘争の正当性は認められるか。

●事実● Xはホテル業を営む会社である。X会社の従業員で組織されたA労働組合は、昭和45年9月、賃上げを要求してX会社と団体交渉をしたが、要求が受け入れられなかったので、同年10月6日午前9時から同月8日午前7時までの間および同月28日午前7時から同月30日午後12時までの間の2回にわたり、X会社の経営するホテルB内において、就業時間中にもかかわらず組合員たる従業員の一部が各自「要求貫徹」またはこれに添えて「C労連」（A組合の上部団体）と記入したリボンを着用するという本件リボン闘争を実施した。X会社は、このリボンを取り外すように警告したが、A組合はこれに応じなかった。本件リボン闘争は、主として、結成後3カ月のA組合の内部における組合員間の連帯感ないし仲間意識の昂揚、団結強化への士気の鼓舞という効果を重視して実施されたものであった。

X会社は、本件リボン闘争を指令した組合三役であるDら6名を減給ないし譴責処分にした。そこで、A組合とDらは、この処分は不当労働行為にあたるとしてY労働委員会に救済を申し立てた。Yは、不利益取扱いの成立を認め（支配介入は否定）、救済命令を発したところ、X会社は、その取消しを求めて訴えを提起した。

1審は、不当労働行為の成立を否定して、X会社の請求を認容した。1審では、リボン闘争の違法性を、「一般違法性」と「特別違法性」とに分け、前者について、リボン闘争の組合活動としての側面では、勤務時間中は、労働者が使用者の業務上の指揮命令に服して労務の給付ないし労働をしなければならない状況にあるので、「勤務時間の場で労働者がリボン闘争による組合活動に従事することは、人の褌で相撲を取る類の便乗行為であるというべく、経済的公正を欠く」し、誠意に労務に服すべき労働者の義務に違背すると述べ、さらに争議行為としての側面でも違法であるとした。また「特別違法性」については、「ホテル業におけるいわゆるリボン闘争は、その業務の正常な運営を阻害する意味合いに深甚なものがある」として、労働組合の正当な行為たりえないとした（東京地判昭和50年3月11日）。原審も、1審の判断をほぼ維持してYの控訴を棄却した（東京高判昭和52年8月9日）ので、Yは上告した。

●判旨● 上告棄却（X会社の請求認容）。
「本件リボン闘争は就業時間中に行われた組合活動であってA組合の正当な行為にあたらないとした原審の判断は、結論において正当として是認することができる」。

●解説● 就業時間中に組合員が、組合の要求事項などを記載したリボンを着用して勤務するリボン闘争の正当性については、職務専念義務に反するかという観点から議論がされてきた（このほか、これが争議行為に該当するかも争われてきた）。下級審では、当初は、リボン闘争を正当とするものもあったが、のちに正当性を否定するものが主流となった。正当性を否定する裁判例では、リボン闘争は、具体的な実害の発生の有無にかかわらず、職務専念義務に違反するという判断が基礎になっていた。本件の1審判決も、リボン闘争は誠実労働義務に違反すると述べて、厳格な職務専念義務論に立脚しており、本判決も、この考え方を支持したものといえる（ただし、1審判決は、本件では「特別違法性」として、業務の阻害が甚大であった点にも言及しており、実害の発生を考慮していた）。

すでに、最高裁は、政治的な要求を記載したプレートを着用して勤務した旧電電公社の職員のケースで、厳格な職務専念義務論に立って、その職員に対する懲戒処分の有効性を認めており（→【24】電電公社目黒電報電話局事件）、その後の判例の多くも、厳格な職務専念義務論を踏襲している（→【1】国鉄鹿児島自動車営業所事件。なお、裁判例の中には、勤務時間中の職場離脱の事案で、団結権確保のために必要不可欠で、組合活動に至った原因が専ら使用者にあり、業務に具体的な支障がないときは、正当性が認められるとしたものもある〔オリエンタルモーター事件—東京高判昭和63年6月23日〕）。

なお、本判決には伊藤正己裁判官による補足意見が付されている。伊藤裁判官は、電電公社目黒電報電話局事件では、①プレート着用が組合の活動でなかったこと、②プレートに記載された文言が政治的な内容のものであって、その着用が政治活動にあたること、③それが法律によって職務専念義務の規定されている公共部門の職場における活動であったことを指摘して、本件とは事案を異にすると述べた。そして、「職務専念義務といわれるものも、労働者が労働契約に基づきその職務を誠実に履行しなければならないという義務であって、この義務と何ら支障なく両立し、使用者の業務を具体的に阻害することのない行動は、必ずしも職務専念義務に違背するものではないと解する。そして、職務専念義務に違背する行動にあたるかどうかは、使用者の業務や労働者の職務の性質・内容、当該行動の態様など諸般の事情を勘案して判断されることになる」という、いわば緩和された職務専念義務論を展開した。学説の多くは、この見解を支持している。ただし、伊藤裁判官も、本件においては、ホテルBに実害が生じていたとして、結論として、組合活動の正当性を否定している。

＊〔人事労働法123頁補注(3)、262頁〕

172 企業施設を利用した組合活動の正当性(1)—国鉄札幌運転区事件

最3小判昭和54年10月30日〔昭和49年(オ)1188号〕（民集33巻6号647頁）

企業施設内における無許可のビラ貼付に対する懲戒処分は有効か。

●**事実●** Y（旧国鉄）の職員で組織されていたA労働組合は、合理化案反対の要求を目的とした春闘に臨むにあたり、全国各地方本部にビラ貼付の指令を出した。これを受けたA組合B地方本部の指令に基づき、B駅分会またはC運転区分会所属の組合員であるXらは、B駅のロッカー合計199個に約400枚のビラを貼り、その他の所のロッカーにも大量のビラを貼った。助役らは再三、Xらの行為を制止しようとしたが、Xらはそれを振り切ってビラ貼付行為を行った。

Yでは、その管理する施設に許可なく文字等を記載または掲示することを禁じ、A組合に対しても掲示板の設置は認めるが掲示板以外の場所に組合の文書を掲示することを禁じていた。もっとも、本件ビラの貼付がされた当時、A組合がYから文書の掲示を許可されていた組合掲示板には、必要な多数の文書が掲示されていたため本件ビラを貼付する余地はなかった。また、本件ビラが貼付されたところは、旅客その他の一般公衆の出入りはまったくなく、Xら職員が休憩等のために使用する場所であって、同所を使用する大部分の職員はA組合の組合員であった。

Yは、Xらを戒告処分にした。Xらは、戒告処分の無効確認を求めて訴えを提起した。1審は戒告処分を有効と判断したが、原審は無効と判断した。そこで、Yは上告した。

●**判旨●** 原判決破棄、自判（Xらの請求棄却）。

Ⅰ 「労働組合又はその組合員であるからといって、使用者の許諾なしに右物的施設を利用する権限をもっているということはできない」。

Ⅱ 「もっとも、当該企業に雇用される労働者のみをもって組織される労働組合（いわゆる企業内組合）の場合にあっては、当該企業の物的施設内をその活動の主要な場とせざるを得ないのが実情であるから、その活動につき右物的施設を利用する必要性の大きいことは否定することができないところではあるが、労働組合による企業の物的施設の利用は、本来、使用者との団体交渉等による合意に基づいて行われるべきもの……であって、利用の必要性が大きいことのゆえに、労働組合又はその組合員において企業の物的施設を組合活動のために利用しうる権限を取得し、また、使用者において労働組合又はその組合員の組合活動のためにする企業の物的施設の

利用を受忍しなければならない義務を負うとすべき理由はない、というべきである」。

Ⅲ 「労働組合又はその組合員が使用者の所有し管理する物的施設であって定立された企業秩序のもとに事業の運営の用に供されているものを使用者の許諾を得ることなく組合活動のために利用することは許されないものというべきであるから、労働組合又はその組合員が使用者の許諾を得ないで叙上のような企業の物的施設を利用して組合活動を行うことは、これらの者に対しその利用を許さないことが当該物的施設につき使用者が有する権利の濫用であると認められるような特段の事情がある場合を除いては、職場環境を適正良好に保持し規律のある業務の運営態勢を確保しうるように当該物的施設を管理利用する使用者の権限を侵し、企業秩序を乱すものであって、正当な組合活動として許容されるところであるということはできない」。

●**解説●** 企業施設を利用した組合活動については、学説上、日本で中心的な組織形態である企業別組合にとって、その必要性が高いため、憲法28条における団結権や団体行動権の保障の趣旨にかんがみて、使用者にはこうした企業施設を利用した組合活動を受忍する義務があるとする見解（受忍義務説）が主張されてきた。他方、受忍義務説には、十分な実定法上の根拠がないとして否定したうえで、組合活動の必要性や企業に与えた損害の程度等を考慮して、一定の場合には、無許可の企業施設の利用の違法性の阻却が認められるとする見解（違法性阻却説）も主張されてきた。

学説のこのような対立状況のなか、本判決は、判旨Ⅰおよび判旨Ⅱにおいて、受忍義務説を明確に否定した。そのうえで、許諾のない企業施設の利用は原則として許されないとし、許諾をしないことが、使用者の権利濫用と認められるような「特段の事情」がある場合以外は、組合活動の正当性は認められないという判断枠組みを示した（判旨Ⅲ）。許諾があれば組合活動が認められるのは当然のことなので、「特段の事情」が実際にどの程度広く認められるかが重要となる。その後の判例は、「特段の事情」を限定的に解したため、企業施設を利用した組合活動が正当と認められる余地は著しく小さくなった。「特段の事情」の認められる典型例は、企業施設の利用の拒否が反組合的意図による場合や、組合併存状況において、合理的な理由なく一方の組合にのみ利用を認め、他方の組合に利用を認めないという組合間差別の場合である。

* 〔人事労働法122頁、255頁、262〜263頁〕

173 企業施設を利用した組合活動の正当性(2)──済生会中央病院事件

最2小判平成元年12月11日〔昭和63年(行ツ)157号〕(民集43巻12号1786頁)

> 無許可で開催された職場集会に対する警告書の交付
> 等は、支配介入の不当労働行為に該当するか。

●**事実**● Aは、Xが設置経営する病院である。B労
働組合は、Xの従業員が組織する労働組合の連合団体
の支部で、A病院の従業員らで組織されている。A病
院には、このほかにC労働組合がある。

B組合は、A病院が看護婦不足に対応するために行
おうとしている勤務体制の変更について協議するため、
勤務時間中に病院内の一室で職場集会を開いた。A病
院はこうした集会は労働協約等に違反するとして、
「警告並びに通告書」を交付した。B組合は、無届け、
無許可でこの職場集会を行ったが、これまでは、こう
した場合でも警告や注意等を受けたことがなかった。

また、A病院はB組合のために過去15年間チェッ
ク・オフをしてきたが、新たにC組合が結成され、B
組合から大量の組合員の脱退があったので、A病院は
チェック・オフの中止を決めた。その後、A病院は、
B組合に対しC組合に提示したものと同一内容のチェ
ック・オフ協定案を提示したが、意見が合わず、B組
合は協定案に調印しなかった。そのため、チェック・
オフは行われないままとなった。

B組合およびその上部団体は、D労働委員会に対し、
XおよびA病院の行為は支配介入の不当労働行為(労
組法7条3号)に該当するとして救済を申し立てたと
ころ、Dは救済命令を発した。Xらは、Y(中央労働委
員会)に再審査申立てをしたが、棄却された。そこで、
Xらは、Yの命令の取消しを求めて、訴えを提起した。
1審は請求を棄却し、原審はXらの控訴を棄却した。
そこで、Xらは上告した。

●**判旨**● 原判決破棄、自判(Xらの請求認容)。1
人の反対意見あり。

Ⅰ 「一般に、労働者は、労働契約の本旨に従っ
て、その労務を提供するためにその労働時間を用い、
その労務にのみ従事しなければならない。したがっ
て、労働組合又はその組合員が労働時間中にした組
合活動は、原則として、正当なものということはで
きない」。

Ⅱ 「労働組合又はその組合員が使用者の許諾を
得ないで使用者の所有し管理する物的施設を利用し
て組合活動を行うことは、これらの者に対しその利
用を許さないことが当該物的施設につき使用者が有
する権利の濫用であると認められるような特段の事
情がある場合を除いては、当該物的施設を管理利用
する使用者の権限を侵し、企業秩序を乱すものであ
り、正当な組合活動に当たらない。そして、もとよ

り、労働組合にとって利用の必要性が大きいことの
ゆえに、労働組合又はその組合員において企業の物
的施設を組合活動のために利用し得る権限を取得し、
また、使用者において労働組合又はその組合員の組
合活動のためにする企業の物的施設の利用を受忍し
なければならない義務を負うと解すべき理由はな
い」。

Ⅲ いわゆるチェック・オフは、労基法24条1
項ただし書の要件を具備しないかぎり、これをする
ことができないことは当然である。B組合がA病院
の従業員の過半数で組織されていたといえるかどう
かは疑わしく、書面による協定もなかったことから
すると、本件チェック・オフの中止が労基法24条
1項違反を解消するものであることは明らかである。
これに加えて、A病院がチェック・オフをすべき組
合員を特定することが困難であるとしてチェック・
オフを中止したこと、およびA病院がチェック・オ
フ協定案を提示したことなどを併せ考えると、本件
チェック・オフの中止は、A病院(X)の不当労働
行為意思に基づくものともいえず、結局、不当労働
行為に該当しないというべきである。

●**解説**● 判旨Ⅱは、企業施設を利用して行われた組
合活動の正当性について、民事事件で構築された判例
(→【172】国鉄札幌運転区事件)を、最高裁が不当労働行
為事件(行政訴訟)においてはじめて適用した部分で
ある。本判決は、結論として、職場集会の開催につき
A病院の許諾がなく、その開催を許さないことがA病
院の権利の濫用であるとする特段の事情もないので、
不当労働行為に該当する余地はないと判断している。
しかし、不当労働行為事件では、使用者の権利濫用が
あるかという観点ではなく、当該労使関係において、
組合活動の必要性や使用者の業務への影響、使用者の
反組合的意図等を総合的に考慮して救済の要否(不当
労働行為該当性等)を判断すべきであり、本判決の判
断枠組み、結論のいずれにも疑問が残る。

チェック・オフに関する判旨Ⅲについても、私法上
適法な行為をしたという点を重視して、不当労働行為
意思を否定しており、チェック・オフの中止が労使関
係に及ぼす影響が十分に考慮されていないのではない
かという疑問が残る。

なお、判旨Ⅰは、職務専念義務の観点から勤務時間
中の組合活動の正当性を原則として否定する立場を示
したものである(→【171】大成観光事件)。しかし、勤
務時間中の組合活動に対するものであっても、使用者
のとった措置の内容や当該組合活動の必要性や業務へ
の支障の程度いかんでは、なお組合活動の正当性は否
定されず、不当労働行為が成立することはあろう。

* [人事労働法123頁補注(3)、254〜256頁、262頁]

174 職場でのビラ配布の正当性─倉田学園事件

最3小判平成6年12月20日〔平成3年(行ツ)155号〕(民集48巻8号1496頁)

> 学校の職員室内で組合活動として行われたビラ配布行為に正当性は認められるか。

●事実● Aは学校法人XのB校の教職員をもって結成された労働組合である。A組合は、昭和53年5月8日、始業時刻(午前8時25分)前の午前7時55分から8時5分までの間に、職員室内の各教員の机上に職場ニュース(ビラ)を、印刷面を内側に二つ折りにして置く方法で配布した。この職場ニュースの記事は、県下の私立学校教員の労使間の賃金交渉の妥結額や交渉状況等を内容とするものであった。同日、X法人のB校のC校長は、A組合の執行委員長Dに対し、このような配布行為をしないよう注意した。

A組合は、翌9日の午前8時から8時5分までの間に、職員室内の各教員の机上に表面を内側に二つ折りにして置く方法で職場ニュースを配布した。この職場ニュースは両面印刷で、表面の記事は同日予定されていた団体交渉の議題等が中心であり、裏面の記事は不当労働行為について労組法7条を引用して説明したものであった。さらに、A組合は、同月16日の午前8時から8時10分までの間に、職員室内の各教員の机上に印刷面を内側に二つ折りにして置く方法で職場ニュースを配布した。その記事は、9日に行われたX法人との団体交渉の結果を報告するものであった。

この3回のビラ配布(本件ビラ配布)の途中に配布をめぐってトラブルが生じたことはなく、また、始業時刻から職員室で開かれた職員朝礼に支障が生じたこともなかった。

C校長は、Dに対し、同月8日と9日にされた職場ニュースの配布は、無許可の印刷物等の頒布等を禁止する就業規則に違反するとして、9日付けで訓告処分をし、同月16日の配布後には、戒告処分をした。A組合は、その後の団体交渉で、本件各懲戒処分の撤回を要求したが、X法人側はこれを拒否した。A組合は、X法人の一連の行為は不当労働行為(労組法7条1号ないし3号)であるとして、Y労働委員会に救済を申し立てた。Yが救済命令を発したので、X法人は、その取消しを求めて訴えを提起した。1審はX法人の請求を棄却したが、原審は不当労働行為の成立を否定し、救済命令を取り消した。そこで、Yは上告した。

●判旨● 原判決破棄、一部自判、一部差戻し(ビラ配布の部分については、X法人の請求棄却)。

Ⅰ 本件ビラ配布は、許可を得ないで行われたものであるから、形式的には就業規則の禁止事項に該当する。しかしながら、この規定はX法人の学校内の職場規律の維持および生徒に対する教育的配慮を目的としたものと解されるから、ビラの配布が形式的にはこれに違反するようにみえる場合でも、ビラの内容、ビラ配布の態様等に照らして、その配布が学校内の職場規律を乱すおそれがなく、また、生徒に対する教育的配慮に欠けることとなるおそれのない特別の事情が認められるときは、実質的には右規定の違反になるとはいえず、したがって、これを理由として就業規則所定の懲戒処分をすることは許されないというべきである。

Ⅱ 本件ビラ配布については、学校内の職場規律を乱すおそれがなく、また、生徒に対する教育的配慮に欠けることとなるおそれのない特別の事情が認められるものということができ、本件各懲戒処分は、懲戒事由を定める就業規則上の根拠を欠く違法な処分というべきである。そして、校内での組合活動をいっさい否定する等のX法人側の組合嫌悪の姿勢、本件各懲戒処分の経緯等に徴すれば、本件各懲戒処分はXの不当労働行為意思に基づくものというほかなく、労組法7条1号、3号の不当労働行為を構成する。

●解説● 本判決が参照する電電公社目黒電報電話局事件(【24】)は、組合活動とは無関係の事案であったが、無許可のビラ配布について、形式的には就業規則に違反する場合でも、秩序風紀を乱すおそれのない「特別の事情」が認められるときは、規定違反とはならないという判断基準を示していた。同判決は、結論としては「特別の事情」の存在を否定したが、その後の判例(組合活動の事例)には、「特別の事情」を認めて、懲戒処分を無効としたものがあった(明治乳業事件─最3小判昭和58年11月1日、住友化学工業事件─最2小判昭和54年12月14日等)。他方、同じように企業施設を利用した組合活動であっても、ビラ貼付や職場集会等については、判例は厳格な枠組み(→【172】国鉄札幌運転区事件)に基づき正当性を判断してきた。最高裁は、ビラ配布は、施設管理権の侵害の程度が小さいことから、ビラ貼付の場合とは異なる正当性の判断基準を適用しているのかもしれない。

本件は上記の事件とは異なり不当労働行為事件であったが、本判決は、上記の「特別の事情」論に立ち、懲戒事由該当性を否定しており(判旨Ⅰ)、ビラ配布以外の組合活動の事案よりも、柔軟な判断がなされている(【173】済生会中央病院事件と比較せよ)。なお、本件は、学校内での組合活動であることから、「生徒に対する教育的配慮」も考慮に入れられているが、ビラ配布が始業時刻前に平和的態様で行われ、トラブルも生じていなかったため、教育的配慮という一般的な見地をあまりに強調するのは適切でないとされた(判旨外)。

＊〔人事労働法262〜263頁〕

175 街頭宣伝活動の正当性―教育社事件

東京地判平成25年2月6日〔平成23年(ワ)25999号〕

労働組合の街頭宣伝活動等に対する差止め請求は認められるか。

●**事実**● X₁は、雑誌等の販売等を行うX₂会社およびコンピュータ機器等の販売等を行うX₃会社の代表取締役である（X₄はその妻で、X₂会社の取締役。以下、X₁とあわせて「X₁ら個人」という）。Y₁は、A会社の従業員で組織された労働組合であり、Y₂とY₃はA会社から懲戒解雇された者であった。Y₄～Y₈は定年退職しているが、A会社に対して別訴で確定した未払賃金等があった。Yらは、A会社（本件当時、休眠状態になっていた）、X₂会社とX₃会社（以下、両社を「X₂会社ら」という）の株式はX₁ら個人が所有し、X₂会社らは、A会社から事業譲渡を受け、A会社の銀行債務も引き受けていると考えたことから、X₁ら個人の身辺や自宅前およびX₂会社らの本店所在地のビル前で、X₁を非難したり、「未払賃金を支払え」などという趣旨の記載された立て看板を設置したり、同様の記載のあるビラを不特定多数の者に配布したり、拡声器等を使用して同内容の演説をしたりするなどの街頭宣伝活動等を繰り返した。Xらは、Yらに対して、人格権または営業権に基づき、こうした活動の差止めを請求した。

●**判旨**● 請求認容。

I 「団体的労使関係といえども、労働者の労働契約関係上の諸利益についての交渉を中心として展開するものであるから、労働契約関係をその基盤として成立するのが通常であり、そうでないとしても、労働契約関係に近似ないし隣接した関係をその基盤として必要とするものというべきである」。

II 「本来、雇用主でなくとも、……当該労働契約関係に近似ないし隣接した関係を有する者は、当該労働者の団体交渉の相手方である『使用者』となる余地がある……としても、雇用主である企業や上記の当該労働契約関係に近似ないし隣接した関係を有する企業の役員等までもが上記の『使用者』に含まれるということはできない」。

III 「X₂会社らは、いずれもYらとの関係で、労組法上の使用者とは認められないから、……Yらによる X₂会社らに対する組合活動としての街宣活動等は、憲法28条ないし労組法の保護を受ける余地のないものといわざるを得ない」。加えて、Yらによる街宣活動等は、その目的、内容、態様、頻度等から、現にX₂会社らの平穏に営業を営む権利を侵害しているのであるから、その差止めを認めることは、憲法21条1項に違反しない。

IV 「一般的に、労使関係の場で生じた問題は、労使関係の領域である職場領域内で解決すべきものであって、企業経営者といえども、個人として、住居の平穏や地域社会ないし私生活の領域における名誉・信用が保護、尊重されるべきである……。したがって、労働組合の活動が企業経営者の私生活の領域において行われた場合には、当該活動は労働組合の活動であることの故をもって正当化されるものではなく、それが、企業経営者の住居の平穏や地域社会（ないし私生活）における名誉・信用という具体的な法益を侵害しないものである限りにおいて、表現の自由の行使として相当性を有し、容認されることがあるにとどまる」。

●**解説**● 労働組合が、労働紛争の相手方の会社や関係会社の社屋、それらの会社の役員の自宅などにおいて面会を求めたり、付近でビラをまいたり、拡声器で組合の要求や主張を訴えたりする街頭宣伝（街宣）活動は、組合活動としての正当性が認められるだろうか。

本件は、組合員の街宣活動の相手方が、労働契約関係のない別会社とその経営者であったことから、まず団体的労使関係の存否が問われた。この判断は不当労働行為法上の使用者性（労組法7条）の判断と理論的には同一ではないが、本判決は実質的に同様の基準で判断をしている（判旨 I。【181】クボタ事件［解説］を参照）。本件では、X₂会社らとX₁ら個人は、A会社との密接な関係はうかがわれるが、どちらも使用者性を肯定するには至らないと判断された（役員等は、そもそも団体的労使関係上の使用者性は肯定できない［判旨 II]。なお、直接には労使関係のない者への団体行動も憲法28条の保障対象となりうるが、正当性の判断は厳格になるとした裁判例として、富士美術印刷事件―東京高判平成28年7月4日）。

本判決は、以上の使用者性の判断から、組合活動の正当性を否定し、さらに平穏に営業を営む権利が侵害されていることを理由に、X₂会社らの求めた差止めを認めた（判旨 III）。また、X₁ら個人については、労使関係上の問題は、労使関係の領域（職場領域）内で解決すべきであるとし、個人の私的領域での組合活動には正当性を認めず、また表現の自由としても、住居の平穏や地域社会（ないし私生活）における名誉・信用という具体的な法益を侵害しないかぎりで容認されるにすぎず（判旨 IV）、本件はそのような場合に該当しないので、差止めが認められるとした（判例には、出向先での出向反対の街宣活動の正当性を否定したものもある［国労高崎地本事件―最2小判平成11年6月11日])。

最近では、組合ホームページ上での批判活動の正当性が問題となる裁判例も登場している（連合ユニオン東京シャルレユニオンほか事件―東京高判平成30年10月4日）。

* ［人事労働法263頁］

176 争議行為時における使用者の操業継続の自由—山陽電気軌道事件

最2小決昭和53年11月15日〔昭和52年(あ)583号〕（刑集32巻8号1855頁）

> バス会社における争議対抗措置に対抗するための労働組合の車両確保戦術に、正当性は認められるか。

●**事実**● バスおよび電気軌道による旅客運送業を営むA会社では、昭和36年5月当時における従業員約1300名のうち約500名はB労働組合に、その余の約800名は、B組合から分裂して誕生したC労働組合に所属していた。昭和36年の春季闘争に際し、A会社とB組合の団体交渉が難航し、B組合のストライキが必至の情勢となったので、A会社は、この争議に参加しないC組合の就労を前提に争議中もできるだけバスの運行を図るために、車両の確保をしようとした。前年の春季闘争の際に、B組合に会社の車両の約9割を確保されてほとんど運行できなかった経験から、再び同様の事態が発生することを強く危惧したためである。具体的には、A会社は、同年5月25日ころから車両の分散を始め、翌26日およびB組合がストライキに入った27日以降は、第三者の管理する建物等を選び、その日の営業を終えた貸切車等から順次回送する方法で数カ所に車両を分散し、これを保全看守した。

B組合は、これに対抗するため、A会社が回送中または路上に駐車中のバスを奪ってB組合側の支配下に置いたり、A会社が取引先の整備工場または系列下の自動車学校に預託中のバスを搬出しようとして看守者の意思に反して建造物に侵入したりして、バス約260台のうちの半数近くを確保した。B組合がこれらの車両確保戦術を実行するうえでは、暴力をともなうこともあった。

B組合の組合員や支援組合の組合員であるXらは、威力業務妨害罪、暴行罪、傷害罪、建造物侵入罪（刑法234条、208条、204条、130条）等で起訴された。1審および原審ともに、Xらを有罪とした。そこで、Xらは上告した。

●**決定要旨**● 上告棄却（Xらは有罪）。

Ⅰ 「使用者は、労働者側がストライキを行っている期間中であっても、操業を継続することができる……。使用者は、労働者側の正当な争議行為によって業務の正常な運営が阻害されることは受忍しなければならないが、ストライキ中であっても業務の遂行自体を停止しなければならないものではなく、操業阻止を目的とする労働者側の争議手段に対しては操業を継続するために必要とする対抗措置をとることができると解すべきであ」る。「従って、使用者が操業を継続するために必要とする業務は、それ

が労働者側の争議手段に対する対抗措置として行われたものであるからといって、威力業務妨害罪によって保護されるべき業務としての性格を失うものではない」。

Ⅱ 「A会社のした右車両分散等の行為は、ストライキの期間中もこれに参加しないC組合所属の従業員によって操業を継続しようとしたA会社が、操業を阻止する手段としてB組合の計画していた車両の確保を未然に防いで本来の運送事業を継続するために必要とした業務であって、これを威力業務妨害罪によって保護されるべき業務とみることに何の支障もないというべきである」。

Ⅲ 「ストライキに際し、使用者の継続しようとする操業を阻止するために行われた行為が犯罪構成要件に該当する場合において、その刑法上の違法性阻却事由の有無を判断するにあたっては、当該行為の動機目的、態様、周囲の客観的状況その他諸般の事情を考慮に入れ、それが法秩序全体の見地から許容されるべきものであるか否かを判定しなければならない」。

●**解説**● 使用者は、ストライキの期間中であっても、操業を継続するために必要とする対抗措置をとることができる（決定要旨Ⅰ）。こうした争議対抗措置は、ストライキに参加していない従業員や管理職を用いたり、代わりの労働者を雇い入れたりして行われることになる。操業継続は、ストライキの効果を減殺することになるが、争議権は、使用者の操業継続を阻止する権利までは含まないと解されている。

使用者の争議対抗措置として継続される業務を、労働組合が阻止しようとする場合には、威力業務妨害罪が成立する可能性がある（決定要旨Ⅰ、Ⅱ）。本件のような車両確保戦術も、それが当初のストライキの実効性を維持するためのものであったとしても、正当性を欠くものであれば刑事免責は認められない。

本決定は、「法秩序全体の見地」から正当性を判断するという判例のアプローチ（国労久留米駅事件—最大判昭和48年4月25日）を踏襲している（決定要旨Ⅲ）。具体的な判断においては、B組合が、A会社の最も重要な生産手段であるバス車両を対象として、A会社の支配管理権を侵害しようとしたものであること、それらの行為が、多数の威力を示して行われたものであることを指摘して、結論として、本件における車両確保戦術の正当性を否定している（判旨外）（→【163】御國ハイヤー事件）。

* ［人事労働法261〜262頁］

177 ロックアウトの正当性—丸島水門製作所事件

最3小判昭和50年4月25日〔昭和44年(オ)1256号〕(民集29巻4号481頁)

使用者はロックアウトにより賃金支払債務を免れることができるか。

●事実● Aは、水門の製作、請負工事等を業とするY会社の従業員で組織された労働組合である。A組合は、昭和34年5月、賃上げをめぐって、Y会社と数回にわたる団体交渉を重ねたが、双方その主張に固執して譲らず、妥結に至らなかったので、同月19日、争議行為の通告をした。A組合は、その後、ビラ貼付、事務所内のデモ行進、拡声器を用いたY会社役員の非難、怠業、出張拒否、一斉休暇、会社職制の巡視に対する妨害等をした。それにより、Y会社の作業能率が著しく低下し、正常な業務の遂行が困難となり、Y会社は、このままの状態では会社の経営も危なくなるおそれがあると考え、同年6月2日にロックアウト(事業場への立入り禁止とその間の賃金不支給)を通告した。A組合の組合員であるXらは、Y会社に対して、ロックアウト期間中に支払われなかった賃金の支払いを求めて訴えを提起した。1審は請求を認容したが、原審は請求を棄却したため、Xらが上告した。

●判旨● 上告棄却(Xらの請求棄却)。
I 「争議権を認めた法の趣旨が争議行為の一般市民法による制約からの解放にあり、労働者の争議権について特に明文化した理由が専らこれによる労使対等の促進と確保の必要に出たもので、窮極的には公平の原則に立脚するものであるとすれば、力関係において優位に立つ使用者に対して、一般的に労働者に対するのと同様な意味において争議権を認めるべき理由はなく、また、その必要もないけれども、そうであるからといって、使用者に対し一切争議権を否定し、使用者は労働争議に際し一般市民法による制約の下においてすることのできる対抗措置をとりうるにすぎないとすることは相当でなく、個々の具体的な労働争議の場において、労働者側の争議行為によりかえって労使間の勢力の均衡が破れ、使用者側が著しく不利な圧力を受けることになるような場合には、衡平の原則に照らし、使用者側においてこのような圧力を阻止し、労使間の勢力の均衡を回復するための対抗防衛手段として相当性を認められるかぎりにおいては、使用者の争議行為も正当なものとして是認されると解すべきである」。
II 使用者のロックアウト(作業所閉鎖)が正当な争議行為として是認されるかどうかは、「個々の具体的な労働争議における労使間の交渉態度、経過、組合側の争議行為の態様、それによって使用者側の受ける打撃の程度等に関する具体的諸事情に照らし、衡平の見地から見て労働者側の争議行為に対する対抗防衛手段として相当と認められるかどうかによっ

てこれを決すべく、このような相当性を認めうる場合には、使用者は、正当な争議行為をしたものとして、右ロックアウト期間中における対象労働者に対する個別的労働契約上の賃金支払義務をまぬかれるものといわなければならない」。

●解説● 使用者の争議行為については、現行法上、特段の定めは置かれていない(ただし、労調法上は、「作業所閉鎖」という概念がある[7条])。しかし、本判決は、憲法28条や労組法が、労働組合の争議権のみ保障しているのは、「労使対等の促進と確保の必要に出たもので、窮極的には公平の原則に立脚するものである」とし、衡平の原則に基づき、使用者の争議行為も正当なものと是認される余地を認めている(判旨I)。その要件は、労働者側の争議行為により労使間の勢力の均衡が破れ、使用者側が著しく不利な圧力を受ける状況になることである。このため、使用者の争議行為の正当性は、使用者側がこのような圧力を阻止し、労使間の勢力の均衡を回復するための対抗防衛手段として相当性が認められるかどうかにより判断されることになる。

つまり、使用者にとって許される争議行為は、労働組合の争議行為に対する防御的なものにかぎられ、使用者から労働条件の変更(賃金の引下げ等)その他の要件を掲げて行う攻撃的ロックアウトや、労働者側の争議行為を予測して、その影響を未然に防止するために行う予防的ロックアウト等の先制的ロックアウトには、正当性は認められないことになる。

正当な争議行為として行われるロックアウトによる労務の受領拒否の場合は、使用者は賃金支払義務を免れる(判旨II)。

本判決は、ロックアウトの正当性の判断要素として、「労使間の交渉態度、経過、組合側の争議行為の態様、それによって使用者側の受ける打撃の程度等に関する具体的諸事情」をあげている(判旨II)。本件では、A組合の争議行為は暴力行為をともなう相当熾烈なものであった、怠業状態が深刻化していた、一連の争議行為によってY会社の正常な運営が著しく阻害され、作業能率も低下していた、このため中小企業であるY会社の経営に支障をきたすおそれが生じたという事情があり、それに対して、Y会社は、一時的に作業所を閉鎖して、賃金の支払いを免れて、当面の著しい損害の発生を阻止しようとしたものであり、正当性が認められると判断された(判旨外。その後、同様にロックアウトの正当性を肯定した判例として、安威川生コンクリート工業事件—最3小判平成18年4月18日)。

なお、ロックアウトの正当性は、その開始の際だけでなく、継続の際にも必要である(第一小型ハイヤー事件—最2小判昭和52年2月28日。正当性がなくなれば、その時点から、賃金支払債務は発生する)。

* [人事労働法262頁]

178 不当労働行為救済制度の趣旨・目的―第二鳩タクシー事件

最大判昭和52年2月23日〔昭和45年(行ツ)60号・61号〕(民集31巻1号93頁)

解雇が不利益取扱いに該当する場合の救済命令において、バックペイから中間収入を控除しないことは適法か。

●**事実**● タクシー業等を営むX会社の運転手であるAらは、B労働組合の組合員であった。X会社は、人員過剰等を理由にAらを解雇したので、AらとB組合は、Y労働委員会に不当労働行為の救済を申し立てた。Yは不当労働行為の成立を認めて原職復帰命令を発し、同時に中間収入を控除しない全額バックペイの支払いも命じた。X会社は、バックペイの全額支払いを命じた部分の取消しを求めて訴えを提起した。1審および原審ともに、Yの救済命令は、原状回復という救済命令の範囲を超えているとして、これを取り消した。そこで、Yは上告した。

●**判旨**● 上告棄却(X会社の請求容認)。5人の反対意見あり。

Ⅰ 「[労働組合]法27条に定める労働委員会の救済命令制度は、労働者の団結権及び団体行動権の保護を目的とし、これらの権利を侵害する使用者の一定の行為を不当労働行為として禁止した法7条の規定の実効性を担保するために設けられたものであるところ、法が、右禁止規定の実効性を担保するために、使用者の右規定違反行為に対して労働委員会という行政機関による救済命令の方法を採用したのは、使用者による組合活動侵害行為によって生じた状態を右命令によって直接是正することにより、正常な集団的労使関係秩序の迅速な回復、確保を図るとともに、使用者の多様な不当労働行為に対してあらかじめその是正措置の内容を具体的に特定しておくことが困難かつ不適当であるため、労使関係について専門的知識経験を有する労働委員会に対し、その裁量により、個々の事案に応じた適切な是正措置を決定し、これを命ずる権限をゆだねる趣旨に出たものと解される。このような労働委員会の裁量権はおのずから広きにわたることとなるが、もとより無制限であるわけではなく、右の趣旨、目的に由来する一定の限界が存するのであって、この救済命令は、不当労働行為による被害の救済としての性質をもつものでなければならず、このことから導かれる一定の限界を超えることはできないものといわなければならない。しかし、法が、右のように、労働委員会に広い裁量権を与えた趣旨に徴すると、訴訟において労働委員会の救済命令の内容の適法性が争われる場合においても、裁判所は、労働委員会の右裁量権を尊重し、その行使が右の趣旨、目的に照らして是認される範囲を超え、又は著しく不合理であって濫用にわたると認められるものでない限り、当該命令を

違法とすべきではないのである」。

Ⅱ 「法7条1号に違反する労働者の解雇に対する救済命令の内容について考えてみると、法が正当な組合活動をした故をもってする解雇を特に不当労働行為として禁止しているのは、右解雇が、一面において、当該労働者個人の雇用関係上の権利ないしは利益を侵害するものであり、他面において、使用者が右の労働者を事業所から排除することにより、労働者らによる組合活動一般を抑圧ないしは制約する故なのであるから、その救済命令の内容は、被解雇者に対する侵害に基づく個人的被害を救済するという観点からだけではなく、あわせて、組合活動一般に対する侵害の面をも考慮し、このような侵害状態を除去、是正して法の所期する正常な集団的労使関係秩序を回復、確保するという観点からも、具体的に、決定されなければならないのである」。

●**解説**● 不当労働行為の救済制度は、「正常な集団的労使関係秩序の迅速な回復、確保を図る」ことを目的とするもので、その実現のために、労使関係について専門的知識経験を有する労働委員会に、命令により組合活動侵害によって生じた状況を是正する権限が与えられている。特に、救済命令の内容については、裁判所は、労働委員会の裁量権を尊重すべきであり、その行使が不当労働行為制度の趣旨、目的に照らして是認される範囲を超えたり、著しく不合理であって濫用にわたると認められないかぎり、命令を違法とすべきでないとされる(判旨Ⅰ)。

解雇が不利益取扱いとなる場合の救済命令の内容について、本判決は、解雇には、個人の権利や利益の侵害という面と、組合活動一般の侵害という面とがあり、その両者の点を考慮して決定すべきとする(判旨Ⅱ。反対意見は後者の面のみに着目すべきとする)。通例では、原職復帰とバックペイが命じられる。民事訴訟では、バックペイは、中間収入が控除される(民法536条2項2文)が、不当労働行為の救済命令では、必ずしも私法規範に従う必要はない(ただし、【194】ネスレ日本事件等参照)。当初の判例は、中間収入を控除しないバックペイ命令は、原状回復という救済命令の本来の目的の範囲を逸脱し、使用者に懲罰を科すもので違法としていた(在日米軍調達部事件―最3小判昭和37年9月18日)が、労働委員会は本件のように必ずしもこれに従っていなかった。このようななか、本判決は、判例を変更し、中間収入控除は必要的ではないとしたが、本件ではAらは、容易に再就職先を見つけ、そこでの収入が高かったなど、解雇による打撃が比較的軽少で、そのため組合活動意思に対する制約の効果も、通常の場合とかなり異なっていたことを考慮して、全額バックペイ命令を違法と判断した(判旨外。あけぼのタクシー事件―最1小判昭和62年4月2日も同種事件で同じ結論)。

＊ [人事労働法238頁補注(2)]

179　不当労働行為の主体(1)──朝日放送事件

最3小判平成7年2月28日〔平成5年(行ツ)17号〕(民集49巻2号559頁)

> 社外労働者を受け入れて自社の業務に従事させている会社は、その労働者で組織される労働組合からの団体交渉の申込みに応じなければならないか。

●**事実**●　Xは、テレビの放送事業等を営む会社であり、Aは民間放送会社等の下請事業を営む企業の従業員で組織された労働組合である。X会社は、B会社およびC会社との間で、テレビの番組制作の業務につき請負契約を締結して、継続的に業務の提供を受け、D会社はB会社と請負契約を締結し、B会社がX会社から請け負った業務のうち照明業務の下請をしていた。B、C、D各社（請負3社）は、各請負契約に基づきその従業員をX会社に派遣して（労働者派遣法施行前なので、同法の労働者派遣ではない）、番組制作の業務に従事させており、各請負契約においては、作業内容および派遣人員により一定額の割合をもって算出される請負料をX会社が支払う旨の定めがされていた。

　番組制作にあたって、X会社は、毎月、日別に制作番組名、作業時間、作業場所等が記載された編成日程表を作成して請負3社に交付した。請負3社は、その編成日程表に基づき、番組制作連絡書を作成して、誰をどの番組制作業務に従事させるかを決定することとしていたが、実際には、派遣される従業員はほぼ固定されていた。請負3社の従業員は、その担当する番組制作業務につき、編成日程表に従うほか、X会社が作成交付する台本および制作進行表による作業内容、作業手順等の指示に従い、X会社の器材等を使用し、同社の作業秩序に組み込まれて、同社の従業員とともに番組制作業務に従事していた。請負3社の従業員の業務の遂行にあたっては、実際の作業の進行はすべてX会社のディレクターの指揮監督のもとに行われ、ディレクターは、請負3社の従業員に対しても、作業時間帯の変更や作業時間の延長、休憩について、その都度指示していた。請負3社は、それぞれ独自の就業規則をもち、労働組合との間で賃上げ、一時金等について団体交渉を行い、労働協約を締結していた。

　A組合は、X会社に対して、賃上げ、一時金の支給、下請会社の従業員の社員化、休憩室の設置を含む労働条件の改善等を議題として団体交渉を申し入れたが、X会社は、使用者でないことを理由として、交渉事項のいかんにかかわらず、いずれも拒否した。

　そこで、A組合は、E労働委員会に対して、X会社の団交拒否は不当労働行為にあたるとして救済申立てをしたところ、Eは、X会社の関与する事項についての団交応諾命令を発した（このほか脱退勧奨などについて支配介入の成立を認め文書手交命令を発している）ので、X会社は、Y（中央労働委員会）に再審査申立てをした。Yは、命じる団交の範囲を組合員の就労に関するものに変更したうえで、その余の再審査申立てを棄却した。そこで、X会社は、Yの命令の取消しを求めて訴えを提起した。1審はX会社の請求を棄却したが、原審は、X会社の使用者性を否定し、Yの命令を取り消した。そこで、Yは上告した。なお、差戻審では、X会社の控訴棄却となっている。

●**判旨**●　原判決破棄、差戻し。
　「労働組合法7条にいう『使用者』の意義について検討するに、一般に使用者とは労働契約上の雇用主をいうものであるが、同条が団結権の侵害に当たる一定の行為を不当労働行為として排除、是正して正常な労使関係を回復することを目的としていることにかんがみると、雇用主以外の事業主であっても、雇用主から労働者の派遣を受けて自己の業務に従事させ、その労働者の基本的な労働条件等について、雇用主と部分的とはいえ同視できる程度に現実的かつ具体的に支配、決定することができる地位にある場合には、その限りにおいて、右事業主は同条の『使用者』に当たるものと解するのが相当である」。

●**解説**●　労働契約関係にない労働者を受け入れて業務に従事させている事業主は、その労働者を組織している労働組合との関係で、不当労働行為責任が問われる使用者となることがあるか。本判決は、原則として、使用者とは、労働契約上の雇用主を指すが、団結権侵害にあたる一定の行為を排除・是正して、正常な労使関係を回復するという不当労働行為制度の目的にかんがみ、雇用主以外の事業主であっても、①雇用主から労働者の派遣を受けて自己の業務に従事させており、②その労働者の基本的な労働条件について、③雇用主と部分的とはいえ同視できる程度に現実的かつ具体的に支配、決定することができる地位にある場合には、④そのかぎりにおいて、使用者性が認められるとする。

　そして、本判決は、X会社は、実質的にみて、請負3社からの従業員の勤務時間の割振り、労務提供の態様、作業環境等を決定していたので、これらの従業員の基本的な労働条件等について、雇用主である請負3社と部分的とはいえ同視できる程度に現実的かつ具体的に支配、決定することができる地位にあったものとして、そのかぎりにおいて、労組法7条の使用者にあたると判断している（判旨外）。

　本件のような事案には、法人格否認の法理などの私法上の使用者概念の拡張のアプローチもありうるが、不当労働行為事件では、原則として、本判決の法理を適用していくことになろう。

　なお、本件は、「雇用主から労働者の派遣を受けて自己の業務に従事させ」た事案である（①）が、その他の事案にも、本判決の判旨の②〜④の基準が適用されることがある（親子会社の事案で、高見澤電機製作所ほか2社事件─東京高判平成24年10月30日、昭和ホールディングスほか2社事件─東京高判令和4年1月27日〔いずれも使用者性を否定〕）。

　本件は、労働者派遣法の制定前の事件であったが、同法の制定後は、派遣先は原則として労組法7条の使用者ではないが、当該派遣が、労働者派遣法の原則的な枠組みによらない場合、または同法で使用者とみなされ労基法上の責任を負う場合には、本判決の枠組みを用いて使用者性の判断がなされるとした裁判例がある（阪急交通社事件─東京地判平成25年12月5日）。

＊〔人事労働法247〜248頁〕

180 不当労働行為の主体(2)─JR北海道・日本貨物鉄道事件

最1小判平成15年12月22日〔平成13年(行ヒ)96号〕（民集57巻11号2335頁）

> 国鉄からJRへの民営化の際の採用差別についてJRは不当労働行為責任を負うか。

●**事実**● X₁およびX₂は、それぞれ、国鉄の分割・民営化にともない設立されたJR会社の1つである。JR会社の職員の採用方法は、日本国有鉄道改革法（以下、改革法）に定められており、それは、JR各社の設立委員が、職員の労働条件と採用基準を提示し、国鉄が、それを提示して職員の募集を行い、職員となる意思を表示した者の中から、設立委員の示した基準に従って採用候補者名簿を作成し、設立委員は、その中から採用する者を決定するということになっていた。A労働組合の組合員Bらは、採用候補者名簿に記載されず、X₁会社およびX₂会社に採用されなかったため、採用候補者の選定や名簿の作成過程において不当労働行為（労組法7条1号・3号）があったとして、C労働委員会に救済を申し立てた（追加募集（6月採用）においてもBらは採用されなかったので、その点も不当労働行為として救済を求めた）。なお、JRに採用されなかった労働者は、国鉄の清算事業団（以下、事業団という）の職員となった。

Cは、不当労働行為の成立を認めて、Bらについて X₁・X₂両社の設立時からの採用取扱い等を命じる救済命令を発した。X₁・X₂両社は、Y（中央労働委員会）に再審査を申し立てたが、YはBらのうち一定の要件を満たす者について、選考をやり直し、採用すべきものと判定した者を採用することを命じる救済命令を発した。そこで、X₁・X₂両社は、Yの命令のうち救済を認めた部分の取消しを求めて訴えを提起した。1審は、Yの救済命令を取り消し、原審は、Yの控訴を棄却した。そこで、Yは上告した。

●**判旨**● 上告棄却（Xらの請求認容）。2人の反対意見あり。

Ⅰ 「改革法は、……その採用手続の各段階における国鉄と設立委員の権限については、これを明確に分離して規定しており、このことに改革法及び関係法令の規定内容を併せて考えれば、改革法は、設立委員自身が不当労働行為を行った場合は別として、専ら国鉄が採用候補者の選定及び採用候補者名簿の作成に当たり組合差別をしたという場合には、労働組合法7条の適用上、専ら国鉄、次いで事業団にその責任を負わせることとしたものと解さざるを得ず、このような改革法の規定する法律関係の下においては、設立委員ひいては承継法人が同条にいう『使用者』として不当労働行為の責任を負うものではないと解するのが相当である」。

Ⅱ 企業者は、いかなる者を雇い入れるか、いかなる条件でこれを雇うかについて、原則として自由に決定することができるものであり、他方、企業者は、いったん労働者を雇い入れ、雇用関係上の一定の地位を与えた後においては、その地位を一方的に奪うことにつき、雇入れの場合のような広い範囲の自由を有するものではない。そして、労組法7条1号本文は、雇入れにおける差別的取扱いが前段の類型に含まれる旨を明示的に規定しておらず、雇入れの段階と雇入れ後の段階とに区別を設けたものと解される。そうすると、雇入れの拒否は、それが従前の雇用契約関係における不利益な取扱いにほかならないとして不当労働行為の成立を肯定することができる場合にあたるなどの特段の事情がないかぎり、労組法7条1号本文にいう不利益な取扱いにあたらないと解するのが相当である。

●**解説**● 戦後における最大の労働事件の1つといえるJR採用差別事件は、JRの使用者性を否定する最高裁の判断により、法的な面での決着はほぼついた。国鉄の行った不当労働行為の責任は承継法人であるJRが引き継ぐのが当然のように思えるが、本判決は、改革法が、国鉄と設立委員の権限を明確に分離していることを重視して、不当労働行為の責任は専ら国鉄のみが負うと判断した（判旨Ⅰ）。なお、1審と原審は、朝日放送事件最高裁判決（→【179】）の判断枠組みを用いたうえで、結論として、使用者性を否定していたが、本判決は、改革法があるという点で、朝日放送事件とは事案を異にすると判断したのであろう。ただ、判旨Ⅰに対しては、改革法の規定にとらわれすぎているという批判は強く、Yも、国鉄が設立委員の補助機関の地位にあり、国鉄において不当労働行為があった場合には、設立委員にその責任が帰属するという法解釈を展開していたが、本判決の多数意見のとるところとならなかった（反対意見では採用されている）。

JRへの移行後の追加募集における採用拒否については、新規採用の拒否が不利益取扱いになるのかという点が争われた。本判決は、労組法7条1号の前段と後段（黄犬契約の禁止）とを分けて、原則として、新規採用の拒否は後段に該当する場合にしか不当労働行為は成立しないという限定的な解釈を示している（判旨Ⅱ）。ここには、本判決が引用する、採用の自由を広く認める判例の立場が影響している（→【16】三菱樹脂事件）。ただし、本判決も、雇入れ拒否が、従前の雇用契約関係における不利益な取扱いにあたるなどの特段の事情が認められる場合には、不利益取扱いに該当する余地を認めている。有期労働契約の反復更新後の雇止めや定年後の再雇用拒否のような場合が、これに該当するであろう（後者の例として、ナンセイ事件─大阪高判平成30年4月12日も参照）。

* ［人事労働法235頁］

181 不当労働行為の主体(3)—クボタ事件

東京地判平成23年3月17日〔平成21年(行ウ)550号〕

派遣先会社は、直用化が決まっただけで、まだ労働契約が成立していない派遣労働者との関係で、労組法7条の使用者と認められるか。

●**事実**● 内燃関連機器の製造・販売等を営むX会社は、A会社との間で請負契約を締結し、それに基づきX会社の構内でA会社の従業員が作業に従事していたが、平成18年9月に請負契約を労働者派遣契約に切り替えた。その後、X会社は、同社の関連会社が、労働者派遣法で定める制限期間を超えた派遣の役務の提供を受けていたことを理由として労働局の是正指導を受けたことを契機に、製造派遣に従事する派遣労働者を平成19年4月1日を目途に直用することにした。Bらは、X会社のC工場で勤務する者で、産業別組合Dの地方組織Eの下部組織として、C工場で勤務する者により組織された分会Fの組合員である。

D組合は、平成19年2月1日にX会社に対して、直用化や組合員の労働条件等を交渉事項とする団体交渉を申し入れたところ、X会社は同月26日に1度は直用化に関して団体交渉に応じたが、同月28日、同年3月14日および同月23日の団体交渉には応じなかった。そこで、D組合は、X会社の行為は、労組法7条2号および3号の不当労働行為に該当することを理由に、G労働委員会に救済を申し立てたところ、GはX会社が2回目以降の団体交渉に応じなかったことは2号の不当労働行為に該当するとして文書手交を命じた。X会社は、これを不服としてY（中央労働委員会）に再審査を申し立てたところ、Yはこれを棄却する命令を発した。そこで、X会社はその取消しを求めて訴えを提起した。なお、本判決に対する控訴は棄却されている（東京高判平成23年12月21日）。

●**判旨**● 請求棄却。

「不当労働行為禁止規定（労組法7条）における『使用者』について、不当労働行為救済制度の目的が、労働者が団体交渉その他の団体行動のために労働組合を組織し運営することを擁護すること及び労働協約の締結を主目的とした団体交渉を助成することにあること（同法1条1項参照）や、団体労使関係が、労働契約関係又はそれに隣接ないし近似した関係をその基盤として労働者の労働関係上の諸利益についての交渉を中心として展開されることからすれば、ここでいう『使用者』は、労働契約関係ないしはそれに隣接ないし近似する関係を基盤として成立する団体労使関係上の一方当事者を意味し、労働契約上の雇用主が基本的に該当するものの、雇用主以外の者であっても、当該労働者との間に、近い将来において労働契約関係が成立する現実的かつ具体的な可能性が存する者もまた、これに該当するものと解すべきである」。

●**解説**● 1 労働契約が成立する前の段階の労働者を組織する労働組合からの団体交渉申込みの拒否が労組法7条2号の不当労働行為に該当するかは、同号の「使用者が雇用する労働者」に該当するかという観点から論じることもできるが、本判決は労組法7条（柱書）の使用者性の問題として論じている。

労組法7条の使用者については、朝日放送事件最高裁判決（→【179】）で示された判断枠組みがあるが、本判決は、これに「近い将来において労働契約関係が成立する現実的かつ具体的な可能性が存する者」も加える判断をしている。その後の裁判例や労働委員会命令も、労働契約関係に「隣接ないし近似」する関係があれば、労組法7条の使用者と認めるという判断枠組みのもとに、朝日放送事件の類型を近似型、本件のような類型を隣接型として整理して、事案を2つの類型に分類して、それぞれの判決で示された判断基準をあてはめる傾向にある（中国・九州地方整備局事件—東京高判平成28年2月25日等も参照）。

本件では、派遣先会社は、派遣労働者の直用化を決定していたことから、「近い将来において労働契約関係が成立する現実的かつ具体的な可能性」が認められ、使用者と判断された。なお、偽装請負のようなケースであれば、労働者派遣法40条の6第1項5号により、当該労働者が希望すれば発注企業との間で労働契約が成立する可能性があるので（→【70】東リ事件）、その場合には、発注企業は労組法上も使用者となる。

2 労働契約関係の終了した労働者との間では、原則として使用者性は否定されるが、例外もある。たとえば労働者が解雇や雇止めをされたが、その撤回等を求めて団体交渉を申し入れている場合である（日本鋼管鶴見造船所事件—最3小判昭和61年7月15日）。ただし、解雇や雇止め後、合理的期間内である必要はあろう（オンセンド事件—東京高判平成21年6月18日を参照）。定年後の再雇用の拒否のような場合も、解雇に準じて扱われるであろう。また、労働契約関係終了時に、係争対象となっていた労働条件をめぐる団体交渉は、労働契約関係終了後に申し込まれても使用者性は肯定されよう。なお、退職から6～9年経過後に地域合同労組に加入し、石綿曝露による健康被害の補償等を求める団体交渉を申し入れたケースについて、石綿被害の特殊性をふまえ合理的期間内のものとして使用者性を肯定した裁判例がある（住友ゴム工業事件—大阪高判平成21年12月22日）。

＊［人事労働法247～248頁］

182 不利益取扱い⑴—北辰電機製作所事件

東京地判昭和56年10月22日〔昭和52年(行ウ) 6 号〕

> 労働組合内部に上部団体支持派と反対派がある場合、
> 上部団体支持派に所属していることを理由とする賞
> 与差別や昇格差別は不利益取扱いに該当するか。

●事実● 工業計測器等の製造販売を主たる業務とするX会社の従業員で結成されたA労働組合は、その上部団体であるB労働組合のX会社における支部であった。A組合の内部には、生産性向上に協力するかどうかをめぐり、これに反対するB組合の指導を尊重する「B組合派」と、生産性向上に協力することに積極的な「批判派」が対立しており、それを反映して、A組合の執行委員選挙では激しい選挙戦が行われてきた。

その後、昭和46年度のA組合の総会でB組合からの脱退が決議され、名称もC労働組合に変更された。しかし、A組合の組合員のうち「B組合派」は、脱退決議は組合規約に違反して無効であり、従前のA組合は依然としてB組合に加盟して存続しているとして、組合活動を継続してきた。

A組合の組合員であるD書記長ほか19名およびB組合、A組合らは、X会社が、Dらを「B組合派」であることを理由として、昭和46年度昇給および夏季賞与の査定額の決定、ならびに主事補への昇格において差別したとして、不当労働行為（労組法 7 条 1 号・ 3号）の救済を申し立てたところ、Y労働委員会は、Yが是正した考課点を基礎として査定額を算定し、差額を支払うこと、Dほか11名につき昭和46年 6 月に遡って主事補に昇格させることなどを内容とする救済命令を発した。そこで、X会社は、この命令の取消しを求めて、訴えを提起した。

●判旨● 一部認容（昭和46年度昇給・夏季賞与における差別に関して不当労働行為に該当するとした判断、およびD以外の主事補昇格差別が不当労働行為に該当するとした判断は、取り消された）。

Ⅰ 「企業内の唯一の組合に特定の傾向を有する組合活動を行う集団が存在する場合において、組合員が右集団に属して右特定の傾向を有する組合活動を行う故をもって、使用者である企業が右組合員個人の賃金・昇給を差別的に取り扱うことは、当然、労働組合法 7 条 1 号の不当労働行為に該当し、また、右のような差別的取扱いをすることによって右集団の活動に打撃を与え組合の運営に支配介入をすることは、同法 7 条 3 号の不当労働行為に該当すると解される」。

Ⅱ Dの昭和44年度、昭和45年度、昭和46年度昇給査定額および昭和46年度夏季賞与査定額をみれば、中位より低い位置にはあるが、著しく低いとは認められず、また、すでに主事補に昇格している他の申立人の昇給査定額あるいは考課点に比べて劣

っているものとは認められず、入社年月日も昭和31年 4 月 1 日であるから、同人を昭和46年 6 月に主事補に昇格させなかった合理的理由を見いだすことはできず、一方、Dは昭和43年 8 月からA組合書記長の要職にあってB組合を支持する組合員の中核として活動していたと認められるから、Dを昭和46年 6 月に主事補に昇格させなかったことは、Dが「B組合派」のなかでも特に活発に組合活動を行っていたことを理由に不利益に取り扱ったもので、B組合の方針を支持する組合員らの活動に打撃を与えることを意図していたものと認めるのが相当であり、X会社のDに対する前記の行為は、労組法 7 条 1 号、3 号所定の不当労働行為に該当すると解される。

●解説● 労組法 7 条 1 号で定める不利益取扱いが成立するためには、①「労働組合の組合員であること」、②「労働組合に加入し、若しくはこれを結成しようとしたこと」、または③「労働組合の正当な行為をしたこと」の、④「故をもって」、解雇その他の不利益な取扱いが行われたものでなければならない。④の要件は不当労働行為意思と呼ばれている。反組合的理由もあるが、正当な理由もあるという理由（動機）の競合のケースでは、どちらが決定的理由かをみるが、その判断は容易ではない（なお判例には、取引先の甲社からの強要により、乙社が組合委員長を解雇した事案で、甲社の反組合的意図が乙社の意思に直結し、乙社の意思内容を形成したとし、乙社には取引続行のためやむをえないという事情はあったものの、それは正当な組合活動に対する嫌忌と表裏一体であるとして、理由の競合を否定し、不当労働行為の成立を認めたものがある〔山恵木材事件—最 3 小判昭和46年 6 月15日〕）。

本件は、①の要件について、労働組合の内部において、複数の組合員集団（執行部支持派と批判派など）があり、その一方に所属することを理由として不利益な措置がとられた場合にも、この要件を満たすかが争われたものである。本判決は、このような場合にも、不利益取扱いとなるとした（判旨Ⅰ）。

同種の問題は、③の要件との関係で、労働組合内の少数派が独自の活動を行ったことを理由とする不利益取扱いの場合にも問題となる。労働組合が明示的に指示してはいなくても、組合の方針に反せず、組合が黙示的に承認をしていたと評価できる行動は、「労働組合の行為」と解すべきであろう。また、労働組合の役員などの選挙において少数派が行う選挙活動や、組合内部での意思形成過程において少数派が執行部を批判する言論活動等も、民主的な団体である労働組合において当然に想定されている行動であると考えられるので、「労働組合の行為」と解すべきである（JR東日本事件—東京高判平成25年 3 月27日も参照）。

* 〔人事労働法234〜235頁〕

183　不利益取扱い(2)──青山会事件

東京高判平成14年2月27日〔平成13年(行コ)137号〕

> 事業譲渡の際に、譲渡先が組合員の採用を拒否した
> ことは、不利益取扱いとなるか。

●事実●　医療法人財団Xは、医療法人社団Aから、
Aの経営するB病院の施設、業務等を引き継ぎ、平成
7年1月1日から新たにC病院として開設した。この
事業引継ぎに際して、XとAとの間で合意文書が交わ
されており、そこにはAの職員をXが雇用するか否か
はXの専権事項であるという文言が含まれていた。X
は、B病院の職員(55名)のうち、C病院での採用を
希望する者の中から採用面接を行い、平成7年1月1
日付けで32名を採用した。Aは平成6年12月31日、B
病院の全職員に解雇を通告した。

　Xは、DとEが属していた看護科の職員33名につい
ては、DとEおよび採用を希望しなかった3名の合計
5名について採用面接を行わず、採用面接をした28
名のうち採用を希望しなかった者と労働条件が折り合
わなかった者を除く21名を採用した。さらにXは、採
用面接の際に採用を希望しなかった看護科の職員の一
部の者に対し、その後C病院開設までの間に、Xに就
職するよう改めて説得している反面、看護科に属して
いたDとEの両名については、両名が採用を希望して
いたにもかかわらず、採用面接もせず、採用しなかった
(本件不採用)。DとEは、B病院に唯一存在するF労
働組合の組合員であり、組合員は両名以外にはいなか
った。

　そこで、F組合は、本件不採用は不当労働行為(労
組法7条1号・3号)であるとして、G労働委員会に救
済申立てをしたところ、Gは不当労働行為と認定した。
Xはこれを不服としてY(中央労働委員会)に再審査を
申し立てたところ、Yはこれを棄却したので、Xはそ
の命令の取消しを求めて訴えを提起した。1審は、X
の請求を棄却した。そこで、Xは控訴した。

●判旨●　控訴棄却(Xの請求棄却)。

　Ⅰ　AとXとの間ではAの職員をXが雇用するか
否かはXの専権事項であるとされており、XはAの
職員の雇用契約上の地位を承継しないとの合意があ
った。しかしながら、XによるC病院の職員の採用
の実態をみると、Xは、実質的にはAの職員の雇用
関係も承継したに等しいものとなっている。そして、
XがDおよびEの両名をことさらに採用の対象から
除外したのは、この両名がF組合に所属し、組合活
動を行っていたことをXが嫌悪したことによるもの
である。

　Ⅱ　XによるB病院の職員のC病院の職員への採
用の実態は、新規採用というよりも、雇用関係の承

継に等しいものであり、労組法7条1号本文前段が
雇入れについて適用があるか否かについて論ずるま
でもなく、本件不採用については同規定の適用があ
るものと解すべきである。B病院の職員の雇用をX
の専権事項とする旨の合意は、AとXとがF組合と
その構成員であるDとEを排除することを主たる目
的としていたと推認されるのであり、このような目
的をもってされた合意は、前記規定の適用を免れる
ための脱法の手段としてされたものとみるのが相当
である。したがって、Xは、このような合意がある
ことをもって同法7条1号本文前段の適用を免れる
ことはできず、DとEの不採用は、C病院の職員の
採用の実態に照らすと、同人らをその従来からの組
合活動を嫌悪して解雇したに等しいものというべき
であり、本件不採用は、労組法7条1号本文前段の
不利益取扱いに該当するものといわざるをえない。

●解説●　本件の争点は、事業譲渡にともない、多く
の従業員の労働契約が承継される一方、労働組合の組
合員2名が、承継を希望したにもかかわらず、承継が
認められなかったことが不当労働行為となるかである。
本件では、譲渡先Xの不当労働行為意思は認められて
いるが、問題は、XによるDらの不採用が、不当労働
行為の客観的要件に該当するかである。その後の判例
に照らすと(→【180】JR北海道・日本貨物鉄道事件)、黄
犬契約に該当する場合(労組法7条1号後段)を除き、
原則として、新規採用の拒否は不利益取扱いには該当
しないことになる。

　しかしながら、本判決は、本件の採用の実態は、新
規採用というよりも、雇用関係の承継に等しいと判断
している(判旨Ⅰ)。そのため、Xが、C病院の職員と
して、B病院の職員から誰を採用するかをXの専権事
項とするAとX間の合意は、新規採用の場合のように
譲渡先Xの広い裁量を前提としたものと解すべきでは
なく、むしろ、Xは反組合的目的で組合員を排除した
もので、実質的には解雇が行われたのに等しいと判断
している(判旨Ⅱ)。

　仮に本件を新規採用の事案とみたとしても、判例の
いう「従前の雇用契約関係における不利益な取扱いに
あたるなどの特段の事情が認められる場合」(→
【180】)にあたるとして、労組法7条1号前段の不利
益取扱いに該当すると判断できる可能性はあるだろう。
なお、民事事件でも、事業譲渡の際に、譲渡元の従業
員の労働契約を包括的に承継する合意(黙示のものも
含む)があるにもかかわらず、反組合的な理由で、一
部の組合員を承継から排除する合意は、公序良俗違反
として無効(民法90条)と判断されることになる(→
【74】東京日新学園事件)。

＊〔人事労働法235頁〕

184 不利益取扱い(3)—西神テトラパック事件

東京高判平成11年12月22日〔平成11年(行コ)141号〕

> 配転は、どのような場合に不利益取扱いとなるか。

●事実● 紙パックの製造等を業とするX会社には、その従業員で組織されるA労働組合があり、Bはその執行委員長である（平成4年9月以降）。X会社は、平成4年10月以降、コスト低減計画の一環として、直接部門における人員削減の方針を示し、余剰人員には配転もありうるとの見方を示したところ、A組合はこれに反発し、労使が真っ向から対立した。なお、A組合は、同年6月にも、経営合理化改革の一環として行われたパートタイム労働者の雇止めをめぐって無期限全面ストライキを行っており、BはA組合の執行副委員長としてストライキを指導していた。

X会社では、紙パックの製造に直接携わる製造部門と、機械の保全、据付、改善を行う工務部門とがあり、それぞれ別枠で募集が行われ、工務部門のほうが高い学歴を条件とするなどの違いがあった。Bは、これまで所属していた工務部門における部署が解散したため、製造部門における機械のオペレーター（専門技術を要しない単純作業）への配転を命じられた。工務部門から製造部門の機械のオペレーターへの配転は、これまで例がなかった。この配転（本件配転）により、Bは、給与等級上Bよりも下にいるチームリーダーの指揮監督を受ける立場に置かれた。

A組合は、本件配転は不利益取扱いおよび支配介入（労組法7条1号・3号）にあたるとして不当労働行為の救済を申し立てた（そのほか、脱退勧奨などが支配介入にあたるとして、救済を申し立てている）。C労働委員会が、救済命令を発したところ、X会社はY（中央労働委員会）に再審査を申し立てた。Yは、配転命令については、不当労働行為の成立を認めなかった。そのため、A組合は、その取消しを求めて訴えを提起した（なお、Yは支配介入の成立は認めたので、X会社は、その部分の取消しを求めて訴えを提起している）。1審は、Yの命令のうち、配転命令についての救済申立てを棄却した部分を取り消した。そこで、X会社は控訴した。

●判旨● 控訴棄却（A組合の請求認容）。

Ⅰ 「本件配転が不利益なものといえるか否かは、……当該職場における職員制度上の建前や経済的側面のみからこれを判断すべきものではなく、当該職場における従業員の一般的認識に照らしてそれが通常不利益なものと受け止められ、それによって当該職場における組合員らの組合活動意思が萎縮し、組合活動一般に対して制約的効果が及ぶようなもので

あるか否かという観点から判断されるべきものというべきである」。

Ⅱ 「本件配転が会社側の配転権の濫用により私法上違法、無効とされるものであるか否かの判断がそのまま不当労働行為の成否の判断につながるものでないことはいうまでもないところである。むしろ、仮に会社側に不当労働行為意思がなかったとすれば配転先として別の部門が選ばれたであろうことが認められ、しかも、従業員の一般的認識に照らして、その部門への配転に比して現に選ばれた配転先への配転が不利益なものと受け止められるものである場合には、そのこと自体からして、当該配転行為について不当労働行為の成立が認められるものというべきである」。

●解説● 労組法7条1号の不利益取扱いに該当する行為として、条文上は、解雇が例示されているだけで、その他の「不利益な取扱い」に何があたるかは解釈にゆだねられている。解雇以外の雇用の喪失、懲戒処分、降格、賃金等の労働条件を低下させる措置が不利益取扱いに該当することは、ほぼ異論がない（一方、採用拒否が原則として該当しないことについては争いがある。→【180】JR北海道・日本貨物鉄道事件）。昇進や昇格における差別的な取扱いも、不利益取扱いの典型例である。配転、出向、転籍等の人事異動は、場合によって不利益取扱いとなりうる。本判決は、配転のケースにおいて、「当該職場における組合員らの組合活動意思が萎縮し、組合活動一般に対して制約的効果が及ぶようなものであるか否かという観点から判断されるべき」という判断基準を示している（判旨Ⅰ）。X会社は、本件では、Bが以前に所属していた部署の解散にともなう業務上の必要性がある配転であり、賃金の低下もないことから、不利益取扱いに該当しないと主張したが、本判決は、これを認めなかった。むしろ、本件では、工務部門から製造部門への異動は、これまで例のなかったもので、しかもグレードの低い職種への配転であったこと、またX会社には、反組合的意図があったことから、不利益取扱いの不当労働行為が成立すると判断された。

判旨Ⅱは、不当労働行為の成否は、使用者の処分や措置の私法上の有効性とは別に判断されるべきものであることを示したもので、妥当なものであろう。

なお、有利な取扱いであるはずの栄転であっても、組合活動に支障が出るような場合であれば、組合活動に対する不利益取扱いとして、不当労働行為の成立が認められうる。

＊ 〔人事労働法235頁〕

185 支配介入─大阪市事件

東京高判平成30年8月30日（平成30年(行コ)111号）

地方自治体が条例改正に基づき行った、チェック・オフの廃止が、支配介入とされた例。

●事実● X市は、同市の現業職員（地公労法が適用ないし準用される職員）で組織されたA～Dの労働組合（以下、A組合ら）との間で、最も早いもので昭和32年からチェック・オフ協定（期間1年）を締結し自動更新してきた。X市議会は給与条例の一部を改正して、平成21年4月から非現業職員の職員組合についてチェック・オフを廃止し、A組合らに対しては、平成24年2月以降、チェック・オフを平成25年3月末で廃止することを前提に、新たな賃金控除協定を締結する本件通告を行った。これに対して、A組合らは、本件通告は支配介入の不当労働行為（労組法7条3号）に該当するとして、E労働委員会に救済を申し立てた。Eは支配介入の成立を認め、本件通告がなかったものとして扱うことと謝罪文の手交を命じた。X市はY（中央労働委員会）に再審査を申し立てたところ、Yは、文書手交に関する命令部分は維持したが、本件通告がなかったものとして扱うことを命じた部分は取り消した。そこでX市は、この命令の取消しを求めて訴えを提起した。1審は、X市の請求を棄却した（東京地判平成30年2月21日）ので、X市は控訴した。

●判旨● 控訴棄却。

I 「労働組合法7条3号が禁止する支配介入とは、使用者の組合結成ないし運営に対する干渉行為や諸々の労働組合を弱体化させる行為など労働組合が使用者との対等な交渉主体であるために必要な自主性、独立性、団結力、組織力を損なうおそれのある使用者の行為を広く含むと解されるところ、ある行為が支配介入に当たるか否かについては、当該行為の内容や態様、その目的、動機のみならず、行為者の地位や身分、当該行為がされた時期や状況、当該行為が労働組合の運営や活動に及ぼし得る不利益、影響等の諸要素を総合考慮し、労働組合の結成を阻止ないし妨害したり、労働組合を懐柔、弱体化したり、労働組合の運営・活動を妨害したり、労働組合の自主的決定に干渉したりする効果を持つものといえるかにより判断すべきである。」

II 「チェック・オフは労働組合に対する便宜供与であって、これを行うか否かは原則として使用者の裁量に委ねられると解されることや、チェック・オフが一定期間継続されているとしても、……その廃止に当たり、……実体法上の合理的理由までを必要とすると解するのは相当でない。もっとも、チェック・オフが労働組合にとって簡便かつ確実に組合費を取り立てることによりその財政を確固たるものとし、かつ、組合費の滞納による組合員の除名、脱退を防ぐものであって組織の維持強化に資するものであることからすると、チェック・オフが廃止されることにより、……少なからぬ不利益を与える可能性があるというべきであり、その不利益の程度は、当該労使間においてチェック・オフが長期間継続しているほど大きくなる面があることは否定できない」。

このような事情をふまえると、チェック・オフの廃止は、「労働組合に対しチェック・オフ廃止による不利益を与えてもなお廃止せざるを得ないという相当な理由があることが必要であり、また、廃止に当たっては、労働組合に対し、その理由を説明し、善後措置等について協議し、十分な猶予期間を設けるなどの手続的配慮をすることが必要であると解すべきであ」る。

●解説● 1 労働組合の結成や運営を、支配または介入する行為は不当労働行為となる（労組法7条3号）。具体的に、どのような行為がこれに該当するかは明確ではないが、判旨Iは、この概念が広く使用者の反組合的行為が射程となりうることを前提に、行為の内容や態様、その目的、動機、行為者の地位や身分、行為がされた時期や状況、行為が労働組合の運営や活動に及ぼしうる不利益や影響等の諸要素を総合考慮して判断するという基準を示している。

2 支配介入については、不利益取扱い（同条1号）の場合と同様に、不当労働行為意思が必要となるかについては見解が分かれており、判例上も、否定説とみられるもの（山岡内燃機事件─最2小判昭和29年5月28日）から、肯定説とみられるものまである（→【191】日産自動車〔残業差別〕事件、【192】日産自動車〔組合事務所〕事件）。一方、本判決は、1審を引用する部分から、「労働組合を弱体化させることを意図してチェック・オフを廃止する場合や、そのような効果を与えることを認識しながら十分な手続的配慮を尽くすことなく廃止する場合には、支配介入に当たる場合がある」としていた部分を削除し、目的や動機を考慮要素の1つにとどめていることからすると、不当労働行為意思不要説にたつとみることができる。もっとも、行為それ自体は反組合性が低い場合でも、実際に組合が弱体化し、使用者の組合弱体化意図があれば支配介入が認められるべきであり、そう考えると不当労働行為意思を不要とするのは適当でなかろう。一方、本件では、便宜供与を打ち切る行為自体が客観的に組合弱体化をもたらす蓋然性が高いものであるが、その場合でもそうした結果の認識・認容は必要であり、これもまた不当労働行為意思と呼ぶことができよう（日本アイ・ビー・エム事件─東京高判平成17年2月24日も参照）。

3 本判決は、チェック・オフが使用者による便宜供与であるとはいえ、それが長期間継続した場合に廃止することは、労働組合に及ぼす影響が大きいことをふまえ、相当な理由と手続的配慮が必要であるとし（判旨II）、本件ではどちらの面も不十分として支配介入の成立を認めた（判旨外）。同種事案の最高裁判決（→【173】済生会中央病院事件）よりも説得力が高いといえよう。

* ［人事労働法235～236頁］

186 職制の発言と支配介入─JR東海〔新幹線・科長脱退勧奨〕事件

最２小判平成18年12月８日〔平成16年(行ヒ)50号〕

下級職制の脱退勧奨は、どのような場合に使用者に帰責される支配介入と認められるか。

●**事実**● X会社のT運転所には、現場長である所長の下に、所長を補佐する現場責任者として助役が配置されていた。各科に所属する助役の中から指定された科長が、各科に所属する助役の責任者として、助役の業務をとりまとめ、必要に応じて他の助役に指示を与えていた。所長以外は、組合員資格を有していた。

X会社には、X会社と協調的なA労働組合があったが、上部団体への加盟などをめぐり内部対立が生じ、A組合の委員長であったBは、脱退して新たにC労働組合を結成した。A組合の組合員数は約１万4600名、C組合の組合員数は約1200名であった。しかし、B委員長の出身であるT運転所区域では、A組合の組合員は約100名、C組合の組合員は283名であった。

そのような状況のなか、D科長は、C組合の書記長であるEらと居酒屋で飲食した際、Eに対し、A組合とC組合との組合員数の割合が、「何とかフィフティーフィフティーにならないものか」と述べたり、「会社による誘導をのんでくれ」という発言を拒否したEに対して、「もし、そういうことだったら、あなたは本当に職場にいられなくなるよ」等の発言（本件発言）を行った。また、別の日には、D科長がC組合の組合員であるFの自宅に電話をし、脱退勧奨をする発言をした。

C組合は、G労働委員会に対し、D科長の発言は支配介入の不当労働行為（労組法７条３号）であるとして救済申立てを行ったが、Gは救済申立てを棄却した。C組合は、Y（中央労働委員会）に対して再審査の申立てをしたところ、Yは不当労働行為の成立を認め、救済命令（ポスト・ノーティス）を発した。そこで、X会社は、Yの命令の取消しを求めて訴えを提起した。１審はYの救済命令を適法としたが、原審はYの救済命令を取り消した。そこで、Yは上告した。なお、差戻審では、X会社の控訴は棄却されている。

●**判旨**● 原判決破棄、差戻し。

Ⅰ 「労働組合法２条１号所定の使用者の利益代表者に近接する職制上の地位にある者が使用者の意を体して労働組合に対する支配介入を行った場合には、使用者との間で具体的な意思の連絡がなくとも、当該支配介入をもって使用者の不当労働行為と評価することができるものである」。

Ⅱ T運転所の助役は、組合員資格を有し、使用者の利益代表者とはされていないが、現場長である所長を補佐する立場にある者であり、特に科長は、各科に所属する助役の中の責任者として他の助役の業務をとりまとめ、必要に応じて他の助役に指示を与える業務を行っていたというのであるから、D科長は、使用者の利益代表者に近接する職制上の地位にあった。A組合から脱退した者らがC組合を結成し、両者が対立する状況において、X会社は労使協

調路線を維持しようとするA組合に対して好意的であったところ、D科長によるEおよびFに対する働き掛けがされた時期は組合分裂が起きた直後であり、D科長の働き掛けがA組合の組合活動として行われた側面を否定できないとしても、本件発言には、X会社の意向に沿って上司としての立場からされた発言と見ざるをえないものが含まれている。

Ⅲ 以上のような事情のもとでは、D科長の本件発言は、A組合の組合員としての発言であるとか、相手方との個人的な関係からの発言であることが明らかであるなどの特段の事情がないかぎり、X会社の意を体してされたものと認めるのが相当である。そして、そのように認められるのであれば、D科長の本件発言は、X会社の不当労働行為と評価できる。

●**解説**● １ 下級職制による言動（特に、脱退勧奨）が不当労働行為に該当するためには、その行為が使用者に帰責できるものでなければならない。使用者との間での具体的な意思の連絡が認定できれば、使用者に帰責することができるが、そのような事実が認定できない場合に問題となる。この点について、本判決は、「使用者の利益代表者に近接する職制上の地位にある者が使用者の意を体して労働組合に対する支配介入を行った場合」には使用者に帰責されるとする（判旨Ⅰ）。利益代表者（労組法２条ただし書１号）への該当性は、不当労働行為における使用者の帰責性と直接的には関係しないが、利益代表者の行為は、それだけで原則として使用者の意を体したものと推認してよいであろう。他方、本判決によると、利益代表者に該当しないが、これに近接する者の行為は、使用者の意を体したものと認定されれば、具体的な意思の連絡がなくとも、使用者に帰責されることになる。

本件では、D科長は、使用者の利益代表者に近接する職制上の地位にあり、使用者の意向に沿った発言をしていた（判旨Ⅱ）。一方でD科長は、対立する組合（使用者とは協調関係にある）の組合員でもあるが、組合員としての発言や個人的な発言であるといった特段の事情がなければ、X会社の意を体したものと判断され、その発言はX会社に帰責されることになる（判旨Ⅲ。差戻審では、特段の事情はないと判断された）。会社と協調的な関係にある組合の組合員でもある下級職制が、ライバル組合の組合員を引き抜こうとする行為は、組合の組織拡大行為ではなく、使用者の意を体した脱退勧奨行為であると判断されやすいということであろう。

２ 利益代表者該当性の判断は、当該労働者の権限や職務内容等からみて客観的になされる。管理職であるからといって、直ちに利益代表者に該当するわけではない（セメダイン事件─東京高判平成12年２月29日等を参照）。利益代表者が加入する団体は労働組合の定義から外れる（「法適合組合」ではない）ので、労働組合の資格審査はパスせず、不当労働行為の救済手続の利用などはできない（労組法２条、５条１項を参照）。

＊〔人事労働法236頁〕

187 ビラの撤去と支配介入─JR東海事件

東京高判平成19年8月28日〔平成18年(行コ)155号〕

組合掲示板の掲示物の撤去は支配介入に該当するか。

●**事実●** X会社とその従業員で組織されるA労働組合との間で締結されている労働協約には、「掲示類は、組合活動の運営に必要なものとする。また、掲示類は、会社の信用を傷つけ、政治活動を目的とし、個人を誹謗し、事実に反し、または職場規律を乱すものであってはならない」とされ、これに違反した場合には、会社は、「掲示類を撤去し、掲示場所の使用の許可を取り消すことができる」と定められていた。

X会社は、平成7年7月から同8年5月にかけて、A組合のB分会の組合掲示板から会社批判のために作成された一連の掲示物14点を撤去した。そこで、A組合およびB分会は、この撤去行為は支配介入の不当労働行為(労組法7条3号)に該当するとして、C労働委員会に救済を申し立てたところ、Cは14点すべてについて不当労働行為の成立を認め、X会社に謝罪文の交付を命じた。そこで、X会社はY(中央労働委員会)に再審査を申し立てたところ、Yは11点の掲示物について、不当労働行為が成立すると判断した。そこで、X会社は、この命令の取消しを求めて訴えを提起した。1審は、2点の掲示物の撤去についてのみ不当労働行為の成立を認めた。そこで、X会社およびYがともに控訴した。なお、本判決に対してX会社は上告したが、最高裁は上告棄却・不受理の決定をしている。

●**判旨●** X会社の請求の一部認容(9点の掲示物の撤去について、不当労働行為の成立が認められた)。

Ⅰ 掲示物の撤去が不当労働行為に該当するか否かの判断に際しては、労働協約の定める撤去要件に該当するか否かをまず検討すべきであり、「X会社が撤去要件に該当しない掲示物を撤去した場合には、組合活動に対する支配介入として不当労働行為に当たるというべきであるが、X会社が撤去要件に該当する掲示物を撤去した場合には、不当労働行為には該当しないというべきである」。

Ⅱ 「掲示物の記載内容の一部が形式的に上記各要件に該当すると見られる場合であっても、そのことの一事をもって当該掲示物全体として上記撤去要件を充足するものというべきではなく、A組合らの正当な組合活動として許容される範囲を逸脱し、会社の運営等に支障を与え、あるいは個人の名誉を著しく傷つけたか否か等々について、その内容、程度、記載内容の真実性等の事情が実質的かつ総合的に検討されるべきであり、その結果、当該掲示物が不可分一体のものである限り、全体としても、A組合らの正当な組合活動として許容される範囲を逸脱して

いないと認められる場合には、X会社の掲示物の撤去が実質的に組合活動に対する妨害行為として不当労働行為(支配介入)に該当するというべきである」。

Ⅲ 「当該掲示物の掲示がA組合らの正当な組合活動として許容される範囲を逸脱したか否かを検討するに当たっては、まず、当該掲示物が掲示された当時の会社と組合との全社もしくは職場での労使関係の状況、掲示物が掲示された経緯に加え、掲示物の記載内容が会社の安全性、顧客へのサービスその他の会社の中心的業務自体の信用に関わる性質のものか、対組合との関係において問題となる性質のものか、社外の第三者又は社会全般との関係において問題となる性質のものか、会社内の職員の信用、名誉に関わるものか、当該記載内容が上記の信用又は名誉をどの程度侵害するものか等々の具体的な事情が考慮されるべきである。

次に、上記の判断に当たっては、掲示物は掲示板を日常的に使用する組合組織により掲示されるものであるところ、その文書作成主体と性質如何により、掲示板の設置される場所がどのような場所であり、掲示物の対象たる読者が主としてどのような者か等の具体的な事情も、軽視しがたい要素として、勘案考慮されるべきである」。

●**解説●** 労働組合が、使用者の許諾なしに、企業施設に組合ビラ等の掲示物を貼付した場合、使用者がその撤去を求めることができるかは、組合の企業施設の利用権限の有無にかかわっており、受忍義務説と違法性阻却説とでは結論を異にする(前者では肯定され、後者では否定される)。また、判例も、利用権限を否定している(→【172】国鉄札幌運転区事件)。もっとも、支配介入の成否は、私法上の利用権限の問題とは別に、当該労使関係における妥当性も考慮に入れるべきであり、組合側に利用権限がなくても、使用者の撤去行為が支配介入の不当労働行為に該当する可能性はある。

本件は、労働協約上、労働組合に掲示物を掲示する権限が与えられていたものの、使用者に撤去権が留保され、それが実際に行使された事案である。本判決は、撤去要件を具備している場合には、撤去は不当労働行為に該当しないとしている(判旨Ⅰ)。この点については、より実質的に労使関係における妥当性を考慮しうる判断枠組みのほうが適切であるともいえるが、判旨Ⅱおよび判旨Ⅲでは、撤去要件の該当性の判断のところで、労使関係面の考慮を組み入れることのできる柔軟な判断基準を設けており、その結論も含め妥当なものと評価することができる(同旨の裁判例として、JR東海事件─東京高判平成29年3月9日等)。

＊〔人事労働法255～256頁〕

188 使用者の言論と支配介入──プリマハム事件

東京高判昭和56年9月28日〔昭和51年(行コ)42号〕

> 団体交渉決裂直後に発表された、労働組合の態度を批判する内容の社長声明文の発表は支配介入に該当するか。

●**事実**● X会社は食肉の加工製造・販売を目的とする会社であり、A労働組合はその従業員で組織されている。昭和47年3月13日、A組合はX会社に対し、昭和47年度の賃金引上げや一時金等に関する要求を提出し、団体交渉を重ねたところ、同年4月15日の中央団交において、X会社は組合員1人当たり平均1万1145円の賃金増額を回答した。X会社は、これをもって最終回答であるとの態度を明らかにしたので、A組合は団体交渉の決裂を宣言したが、決裂後も団体交渉を継続する意思があることを会社に表明し、現実にその後も5回にわたり団体交渉が行われた。

同年4月17日、X会社は社長名において、声明文を会社の全事業所に一斉に掲示した。

「従業員の皆さん 本年の賃上げ交渉も大変不幸な結果になってしまいました。……本年度の皆さんの要求に対しては、支払能力を度外視して労働問題として解決すべく会社は、素っ裸になって金額においては、妥結した同業他社と同額を、その他の条件については相当上廻る条件を、4月15日提示しました。これは速やかに妥結して、今後は会社と従業員の皆さんが一体となって生産に、販売に協力して支払源資を生み出す以外に、X会社の存続はあり得ないと判断したからであります。ところが組合幹部の皆さんは会社の誠意をどう評価されたのか判りませんが、団交決裂を宣言してきました。これはとりもなおさず、ストライキを決行することだと思います。私にはどうもストのためのストを行なわんとする姿にしか写って来ないのは、甚だ遺憾であります。会社も現在以上の回答を出すことは絶対不可能でありますので、重大な決意をせざるを得ません。……」

この声明文が出た後、A組合の内部でストライキに反対する声が高まり、同月27日に行われたストライキでは、組合本部より指令を受けた約2000名の組合員のうち、193名はストライキに参加しなかった（前年度の賃上げ闘争のときのストライキでは脱落者は出なかった）。A組合は脱落者が相当数出たため、翌28日、ストライキを中止することを決定した。

A組合は、B労働委員会に対して、本件社長声明文の掲示（および臨時組合費のチェック・オフ拒否）は支配介入（労組法7条3号）に該当するとして、不当労働行為の救済を申し立てたところ、Bはこれを認め、陳謝文の手交（およびチェック・オフの実施）を命じた。X会社はY（中央労働委員会）に再審査を申し立てたが、Yは支配介入の成立を認めたうえで、陳謝文の手交を「X会社は、今後、このような行為をくり返してはならない」という不作為命令に変更した。X会社は、この命令の取消しを求めて訴えを提起した。1審はX会

社の請求を棄却したので、X会社は控訴した。なお、本判決に対してX会社は上告したが、上告審も本判決を正当として維持している（最2小判昭和57年9月10日）。

●**判旨**● 控訴棄却（X会社の請求棄却。以下は、控訴審の引用する1審判決の内容である）。

「およそ使用者だからといって憲法21条に掲げる言論の自由が否定されるいわれがないことはもちろんであるが、憲法28条の団結権を侵害してはならないという制約をうけることを免れず、使用者の言論が組合の結成、運営に対する支配介入にわたる場合は不当労働行為として禁止の対象となると解すべきである。これを具体的にいえば、組合に対する使用者の言論が不当労働行為に該当するかどうかは、言論の内容、発表の手段、方法、発表の時期、発表者の地位、身分、言論発表の与える影響などを総合して判断し、当該言論が組合員に対し威嚇的効果を与え、組合の組織、運営に影響を及ぼすような場合は支配介入となるというべきである」。

●**解説**● 使用者には言論の自由があるとはいえ、それが組合の結成・運営に影響を与える可能性があれば、支配介入の不当労働行為となりうる。

判例も、社長が、ある工場の労働組合が企業連に加入したことを非難し、脱退しなければ人員整理もありうると発言したことを支配介入と認めている（山岡内燃機事件──最2小判昭和29年5月28日）。制裁を示唆するような威嚇的発言は支配介入と認められやすいであろう。

本件も、「重大な決意」というような威嚇的効果をもつ表現を使って、ストライキを牽制する内容であることに加え、全事業所に一斉に掲示されていること、団体交渉決裂の直後に発表されたものであること、会社の最高責任者である社長名義のものであること、A組合内部の執行部の方針に批判的な勢力を勇気づけて、初めてスト脱落者をもたらしたこと、という事情を総合的に考慮して、本件声明文は、「ストライキをいつどのような方法で行うか等という、組合が自主的に判断して行動すべきいわゆる組合の内部運営に対する支配介入行為にあたる」と判断した（判旨外）。

裁判例には、会社更生手続の進行中に、整理解雇に反対する争議権の確立のための投票がなされるなか、管財人が、正式決定ではないにもかかわらず、争議行為をすれば公的支援を受けられなくなる旨の発言をしたことが、支配介入に該当するとしたもの（日本航空事件──東京高判平成27年6月18日）がある一方、非争議時に、労働組合が組合員に対する懲戒解雇の撤回の署名活動をするなかで、常務取締役が、会社の立場を正当化する発言をしたことが支配介入に該当しないとしたものがある（JR東日本事件──東京高判平成26年9月25日）。

＊［人事労働法235～236頁］

189　大量観察方式──紅屋商事事件

最2小判昭和61年1月24日〔昭和55年(行ツ)40号〕

> 組合員に対する査定差別は、どのように認定すべきか。

●**事実**●　X会社には、ともにその従業員で組織されたA労働組合とB労働組合とがあった。X会社の昭和50年度夏季賞与は、両組合と妥結し、支給されているが、その算出方法は、いずれも「基本給×成果比例配分率×人事考課率×出勤率」というものであった。

昭和50年度夏季賞与における人事考課率（百分率）は、50から130の範囲内で定められたが、A組合員は、最低の50が最も多く、最高でも80であり、その平均は58であるのに対し、B組合員については、最低の者でもA組合員の最高の者より高い90であり、その平均は101であった。また、同年度冬季賞与における人事考課率は、A組合員の平均は79であるのに対し、B組合員と非組合員については、その大半がA組合員の最高である100以上の評価を得ており、その平均は101であった。

X会社は、A組合がその結成を同社に通知して公然化した直後から、A組合を嫌悪し、A組合員とB組合員とを差別する行動を繰り返した。

A組合結成前の昭和49年度夏季と冬季の各賞与における人事考課率を、昭和50年度夏季賞与支給当時のA組合員とB組合員とに分けて、その平均を比較すると、昭和49年度夏季賞与については101と102であり、同年度冬季賞与については91と92であった。

昭和50年度夏季賞与の考課期間の後にA組合を脱退して非組合員またはB組合員となった労働者の、同賞与における平均人事考課率は59で、その当時のA組合員全員の平均人事考課率58とほとんど差がなかったのに対して、同年度冬季賞与におけるそれは96となり、その当時のA組合員の平均人事考課率79と比べて17もの差が生じている反面、従前からB組合員または非組合員であった者の平均人事考課率101との差はわずかに5となった。なお、昭和50年度夏季賞与の考課期間におけるA組合員の平均出勤率は93.4%であって、B組合員の平均出勤率89.1%を上回っていた。

A組合は、上記のような人事考課率の格差は不当労働行為（労組法7条1号・3号）にあたるとして、C労働委員会に救済の申立てをしたところ、Cはこれを認めて救済命令を発した。X会社は、Y（中央労働委員会）に再審査を申し立てたが、Yはこれを棄却した。そこで、X会社は、その取消しを求めて訴えを提起した。1審はX会社の請求を棄却し、原審はX会社の控訴を棄却した。そこで、X会社は上告した（救済命令の内容に関する争点については【195】を参照）。

●**判旨**●　上告棄却（X会社の請求棄却）。

A組合員らとそれ以外の者らとの勤務成績等には全体として差異がなかった一方、本件各賞与における人事考課率をA組合員らとそれ以外の者らとの間で比較してみると、その間に全体として顕著な差異の生じていることが明らかである。そして、これらの事実にA組合が結成されこれが公然化した後、X会社においてA組合を嫌悪しA組合員をB組合員と差別する行動を繰り返していること、A組合を脱退して非組合員やB組合員となった者らの平均人事考課率がにわかに上昇していることなどの事実を併せ考えると、A組合員らとそれ以外の者らとの間に生じている差異は、X会社においてA組合員らの人事考課率をその組合所属を理由として低く査定した結果生じたものとみるほかない。

●**解説**●　賃上げ、一時金の支給、昇格等において、重要な役割をはたす査定（人事考課）において組合員差別があったときには、不当労働行為となる（労組法7条1号・3号）。しかし、このような査定差別の立証は、個々の組合員ごとに、労働組合側が行わなければならず、査定に関する資料は、通常、使用者側がもっていることから、それは難しいものとなることが多い。

そこで労働委員会の実務では、「大量観察方式」という審理方式を採用し、実質的に、労働者側の立証の負担を軽減させる試みが行われてきた。この方式によると、労働者側が差別の外形的な立証（すなわち、同期・同学歴・同職種のグループの他の者と比較して、査定が全体的に低位であること、および、使用者の当該組合に対する嫌悪についての立証）がなされれば、不当労働行為の一応の推定が認められ、逆に、使用者のほうが、当該格差に個々の組合員らの勤務成績等に基づく合理的な理由が存在することを個別的に立証しなければならない。本判決は、こうした大量観察方式を肯定したものとみることができよう。

ただ、この手法は、本件のように、差別されたと主張する組合員と比較される集団との間に全体として同質性がある場合にのみ利用できるものであり、そうでない場合には、組合員個人が他の集団の構成員と能力や勤務実績が同等であることも、労働者側において入手可能な資料の範囲で立証をすることが必要となる（オリエンタルモーター事件──東京高判平成15年12月17日。さらに、JR東日本事件──最1小判平成24年2月23日も参照）。なお、差別されたと主張する側の人数が僅少でも、勤務成績等が特に劣っていなければ、この手法を用いることができる（昭和シェル石油事件──東京高判平成22年5月13日）。また、勤務成績の差が従前の労使関係に起因するものであれば、その差を考慮して集団間の同質性を否定してはならない（シオン学園事件──東京高判平成26年4月23日）。

＊〔人事労働法159頁、238頁補注(2)〕

190 会社解散—東京書院事件

東京高判昭和49年10月28日〔昭和48年(行コ)41号〕

> 解散した会社に対して、救済命令を発することができるか。

●**事実**● X会社は、従業員9名を雇用している出版会社である。昭和43年6月19日、従業員Aら6名が、会社運営の刷新と従業員の待遇改善等を含む13項目の建議書をX会社の会長Bに手交し、労働組合結成の意思を明示したところ、B会長は、これに反発して、労働組合の結成を阻止するために全従業員に対して解雇の通告をした。X会社は、同年5月、6月ころは経営不振ではあったが、急に事業を中止するほどの状況ではなかった。その後、同年6月24日、Aらは労働組合を結成し、団体交渉を申し込んだが、B会長はこれに応じなかった。X会社は、同年7月15日に解散を決議し、同月30日に解散登記を行い、B会長が清算人となって清算手続に入った。

Aらは、C労働委員会に、不当労働行為の救済を申し立てたところ、Cは不当労働行為の成立を認めて、X会社に対して、原職復帰およびバックペイならびに誠実団交を命じた。X会社は、Y（中央労働委員会）に再審査を申し立てたが、Yは申立てを棄却した。そこで、X会社は、その取消しを求めて訴えを提起した。1審はX会社の請求を棄却した。そこで、X会社は控訴した。なお、本判決に対してX会社は上告したが、上告審も本判決を正当として維持している（最1小判昭和50年9月11日）。

●**判旨**● 控訴棄却（X会社の請求棄却。以下は、控訴審の引用する1審判決の内容である）。

Ⅰ X会社の解雇通告は、労働組合結成の意思を明示したことに反発し、労働組合の結成を阻止するために、経営不振に藉口してなされたものと推認するほかないので、労組法7条1号、3号違反の不当労働行為に該当するものである。また、X会社の団体交渉拒否には、正当な理由がないと認めざるをえない。

Ⅱ 「不当労働行為たる解雇に対して与えられる労働委員会の救済命令は、その不当労働行為によって生じた結果を排除し、当該解雇がなかったのと同一の状態を回復させること（事実状態の原状回復）を本来の使命とするものであるとともに、その限度にとどまるべきものであるから、不当解雇がなされた後に被解雇者の従業員たる地位（その解雇がなかったとしての）に何等か変動を及ぼすような事実、たとえば適法な解雇或は雇用契約の合意解約等の事実が生じているときは、その救済命令の内容は、被解雇者が後の解雇又は雇用契約の合意解約の日まで従業員たる地位にあったものとして取扱うべきこと

を使用者に命ずるをもって足り、且つその限度にとどまるべきものと解するのが相当である。

しかるにX会社は、Yが本件命令を発した時点において前示のごとくX会社が清算手続中であり、積極財産は皆無であるということのみを主張するにとどまり、被解雇者たるAらに対し、その地位の変動を生ぜしめる何等かの措置をとったということにつき、何等主張立証しないのであるから、本件命令（原職復帰等）の履行は、法律上は勿論事実上も未だ不能であるとは称し得ず、本件命令につき被救済利益が喪失したものとは認められない」。

●**解説**● 使用者が労働組合の結成等を嫌悪して、それを阻止したり、潰滅させたりするために、会社を解散し、従業員を全員解雇したような場合に、不当労働行為（労組法7条1号・3号）が成立するのか、また不当労働行為が成立したとすると、どのような救済方法があるのか、という点は、使用者の経済活動の自由（憲法22条1項、29条）との関係で問題となる。

会社解散が不当労働行為に該当することがあるかについては、企業の廃止は憲法の保障する経済活動の自由の一環であるので、これを制限することはできず、会社解散にともなう解雇は不当労働行為となり得ないという考え方もありうる。しかし、通説は、会社解散の場合でも、それが組合の壊滅という反組合的な目的で行われたものであれば、不当労働行為となりうると解しており、本判決も同じ立場である。もっとも、不当労働行為が成立するとしても、救済命令として、操業継続命令や事業再開命令等を出すことまではできないと解されている。企業の経済活動の自由を、そこまで制限することは適切でないからである。したがって、救済命令の内容としては、本件のように、原職復帰とバックペイとなり、しかもそれは清算手続の終了により合法的な解雇がなされるまでのものになる。逆にいうと、清算手続の継続中は、雇用存続の可能性があるので、その範囲であれば、労働委員会は原職復帰等の命令を出すことができるということである。

なお、会社解散には、形式的に解散をするが、実質的に同一の事業を別の会社で継続するという偽装解散もある。偽装解散の場合には、それが組合の壊滅を目的とした不当労働行為であると判断される場合には、実際上の同一企業に対して、従業員としての取扱いとバックペイを命じることができると解されている。なお、民事事件であれば、法人格否認の法理を適用できるような場合でないかぎり（→【15】第一交通産業ほか〔佐野第一交通〕事件）、別会社との間で労働契約関係の存続を認めることは難しいが、行政救済では、私法上の法理には必ずしも縛られずに、実態に即した柔軟な救済が可能となる。

* 〔人事労働法102〜103頁補注(3)〕

191 併存組合間の残業差別—日産自動車(残業差別)事件

最3小判昭和60年4月23日〔昭和53年(行ツ)40号〕(民集39巻3号730頁)

> 併存組合のうちの一方の労働組合に対してのみ残業を命じないことは支配介入に該当するか。

●**事実**● 昭和41年8月にA会社を吸収合併したX会社には、B労働組合とC労働組合(A会社の元従業員で構成)があった。C組合はかねてから深夜勤務に反対をしていたところ、同42年2月から、X会社は、C組合に対して何らの申入れ等を行うことなく、B組合とのみ協議しただけで、昼夜二交替の勤務体制と計画残業方式を導入した。それ以来、B組合の組合員のみを交替制勤務に組み入れ、かつ、残業(時間外勤務と休日勤務)をさせ、一方、C組合の組合員は、一方的に早番のみの勤務に組み入れ、残業をいっさい命じなかった。C組合は、同年6月、C組合の組合員にも残業をさせるようX会社に申し入れ、団体交渉を行ったが、X会社は、交替制勤務と計画残業という勤務体制に服するべきと主張し、他方、C組合は交替制にともなう夜間勤務に反対すると主張し、妥結をみなかった。

C組合とその上部団体は、X会社がC組合の組合員に対し残業を命じないことは不当労働行為であるとして、D労働委員会に救済申立てをしたところ、Dは支配介入(労組法7条3号)の成立を認め、残業についてC組合の組合員であることを理由する差別取扱いを禁じる命令を発した。X会社は、Y(中央労働委員会)に再審査の申立てをするとともに、C組合との間で残業問題に関する団体交渉を行ったが、合意には至らなかった。その後、Yは再審査申立てを棄却する命令を発した。X会社はその取消しを求めて訴えを提起したところ、1審はX会社の請求を認めたが、原審は1審判決を取り消した。そこで、X会社は上告した。

●**判旨**● 上告棄却(X会社の請求棄却)。1人の反対意見あり。

Ⅰ 「複数組合併存下にあっては、各組合はそれぞれ独自の存在意義を認められ、固有の団体交渉権及び労働協約締結権を保障されているものであるから、その当然の帰結として、使用者は、いずれの組合との関係においても誠実に団体交渉を行うべきことが義務づけられているといわなければならず、また、単に団体交渉の場面に限らず、すべての場面で、使用者は各組合に対し、中立的態度を保持し、その団結権を平等に承認、尊重すべきものであり、各組合の性格、傾向や従来の運動路線のいかんによって差別的な取扱いをすることは許されない」。

Ⅱ 「使用者において複数の併存組合に対し、ほぼ同一時期に同一内容の労働条件についての提示を

行い、それぞれに団体交渉を行った結果、従業員の圧倒的多数を擁する組合との間に一定の条件で合意が成立するに至ったが、少数派組合との間では意見の対立点がなお大きいという場合に、使用者が、右多数派組合との間で合意に達した労働条件で少数派組合とも妥結しようとするのは自然の成り行きというべきであって、少数派組合に対し右条件を受諾するよう求め、これをもって譲歩の限度とする強い態度を示したとしても、そのことから直ちに使用者の交渉態度に非難すべきものがあるとすることはできない」。

Ⅲ 「団体交渉の場面においてみるならば、合理的、合目的的な取引活動とみられるべき使用者の態度であっても、当該交渉事項については既に当該組合に対する団結権の否認ないし同組合に対する嫌悪の意図が決定的動機となって行われた行為があり、当該団体交渉がそのような既成事実を維持するために形式的に行われているものと認められる特段の事情がある場合には、右団体交渉の結果としてとられている使用者の行為についても労組法7条3号の不当労働行為が成立するものと解するのが相当である」。

●**解説**● 本件では、併存組合下において、多数組合の同意した条件での残業に少数組合が同意しなかったために、使用者が少数組合の組合員に残業を命じなかったことが支配介入に該当するかが争点となった。

最高裁は、併存組合下での一時金格差の事案で、両組合に同一の前提条件を付しても、その条件を少数組合が受諾しないことを予測して固執した場合には、組合弱体化の意図が認められると判断していた(日本メールオーダー事件—最3小判昭和59年5月29日〔少数組合に対する支配介入を肯定〕)。一方、本判決は、いずれの組合にも中立的態度を保持する義務(中立保持義務)があるという原則を確認したうえで(判旨Ⅰ)、団体交渉の場面において、企業が圧倒的多数派の組合と合意した労働条件で少数派組合に受諾を強く迫るという交渉態度自体は、非難に値しないとした(判旨Ⅱ)。ただし、判旨Ⅲが挙げるような特段の事情がある場合には、支配介入の不当労働行為が成立するとして、本件では、このような特段の事情があるとした(判旨外。同種事案で、このような事情がなく、支配介入の成立を否定した裁判例として、高知県観光事件—最2小判平成7年4月14日、札幌交通事件—札幌高判令和元年8月2日。このほか、広島・ときわタクシー事件—最3小判平成6年10月25日も参照)。

* 〔人事労働法245～246頁〕

192　併存組合間の便宜供与差別—日産自動車〔組合事務所〕事件

最2小判昭和62年5月8日〔昭和57年(行ツ)50号〕

> 併存組合のうちの一方の労働組合にのみ組合事務所を貸与しないことは、不当労働行為となるか。

●**事実**●　昭和40年当時、A会社には、B労働組合C支部が存在し、C支部はA会社から、組合事務所と掲示板の貸与を受けていた。同41年2月、3月に臨時大会が開催され、C支部はB組合から脱退することになり、D組合に名称変更し、さらに同年8月のX会社とA会社の合併後、E労働組合に組織統合された。これに対し、C支部の委員長Fらは、この決議を含む一連の手続はC支部の規約に基づかないと主張し、C支部の名称を使用した組合活動を続けた。

　昭和41年3月2日、D組合とA会社との間で、従前C支部がA会社から貸与されていた組合事務所等はD組合によって使用が継続されることになり、同組合の組合員らが、Fらの占有を排除して、事務所の使用を開始した。C支部は、同年4月11日、A会社に対し、組合事務所不法占有の排除等について団体交渉を申し入れたが、A会社は、C支部はすでに脱退により消滅したとして、これを拒否し続け、合併後のX会社もC支部との団体交渉を拒んだ。

　その後、X会社はC支部の団体交渉申入れに応ずることとなったが、X会社は、C支部の求める組合事務所等の貸与問題は、Fら6名の専従者を職場復帰させるという専従問題の解決を抜きに交渉することはできないという態度をとり続け、交渉は進展しなかった。

　前記の組織統合後は、E組合が組合事務所等の使用を継続しているが、その貸与の交渉に際しては、ことさら条件が付されたり、また何らかの前提となる取引が行われたりしたことはなかった。当時、G、Hの各工場では、会社敷地の一画を塀で仕切った部分に建てられた建物が、E組合の組合事務所として什器備品も併せて貸与されており、I工場では、組合専従者の常駐がないため、倉庫の1個が連絡用事務所として貸与されていた。また、掲示板は、3工場を通じて各職場ごとにその実情に応じた大きさのものが貸与されており、その合計は大小を合わせ182個だった。

　一方、C支部は、組合事務所等が貸与されないため、会議や連絡のための場所を欠き、教宣活動も十分できないなど、その組合活動に大きな支障をきたしていた。なお、3工場における組合員数は、E組合は8595名、C支部は89名であった。

　C支部はY労働委員会に、不当労働行為の救済を申し立てた。Yは、支配介入（労組法7条3号）の成立を認めて、「X会社は、C支部に対して組合事務所および掲示板を貸与しなければならない。……この貸与の具体的条件についてC支部との間で合理的な取り決めをしなければならない」という内容の救済命令を発し

たところ、X会社は、この命令の取消しを求めて訴えを提起した。1審および原審ともに、X会社の請求を棄却した。そこで、X会社は上告した。

●**判旨**●　上告棄却（X会社の請求棄却）。

　「使用者の中立保持義務は、組合事務所等の貸与といういわゆる便宜供与の場面においても異なるものではなく、組合事務所等が組合にとってその活動上重要な意味を持つことからすると、使用者が、一方の組合に組合事務所等を貸与しておきながら、他方の組合に対して一切貸与を拒否することは、そのように両組合に対する取扱いを異にする合理的な理由が存在しない限り、他方の組合の活動力を低下させその弱体化を図ろうとする意図を推認させるものとして、労働組合法7条3号の不当労働行為に該当すると解するのが相当である（右合理的な理由の存否については、単に使用者が表明した貸与拒否の理由について表面的、抽象的に検討するだけでなく、一方の組合に貸与されるに至った経緯及び貸与についての条件設定の有無・内容、他方の組合に対する貸与をめぐる団体交渉の経緯及び内容、企業施設の状況、貸与拒否が組合に及ぼす影響等諸般の事情を総合勘案してこれを判断しなければならない。）」。

●**解説**●　判例の認める使用者の中立保持義務（→【191】日産自動車〔残業差別〕事件）は、本判決において、組合事務所や掲示板の貸与という便宜供与の場面でもあてはまることが明らかにされた。本判決は、一方の組合に事務所等を貸与しながら、他方の組合に貸与しないのは、合理的な理由がないかぎり、組合弱体化の意図を推認させ、不当労働行為に該当すると述べている。組合事務所等の便宜供与は、団体交渉において決定されるべきものであるが、本件では、使用者が、団交において、組合専従問題の解決を先決事項とし、その解決ができないことを理由に貸与に応じないことには、合理的な理由がないと判断された（判旨外。判旨では、合理的な理由の一般的な判断基準が示されている）。

　なお、本件でのYの救済命令中の「合理的な取り決め」の内容は明らかにされていなかった。しかし、本判決は、組合事務所等の貸与の具体的な内容・方法は、一義的に決めることはできず、当事者間の協議にゆだねざるを得ないので、こうした救済命令の内容は違法でないと判断している。また、本判決は、「合理的な取り決め」は、X会社がE組合と同一の取り決めをC支部とすることを意味するものではないと明言している（判旨外）。組合員数や会社施設の状況等を考慮したうえでの違いは許容するという趣旨であろう。

＊　［人事労働法245〜246頁］

193 併存組合下における誠実交渉義務と中立保持義務—NTT西日本事件

東京高判平成22年9月28日〔平成22年(行コ)110号〕

> 使用者は、多数組合に対して経営協議会で行った資料の提示や説明を、少数組合との団体交渉においても行わなければならないか。

●事実●　X会社は、グループの構造改革の一環として、平成14年度より、新たな退職・再雇用制度（以下、新制度）を実施することとした。この構造改革について、平成13年4月以降、X会社は、多数組合であるA（従業員の98.9%を組織）と、少数組合であるB（従業員の0.74%を組織）との間で交渉・協議を進め、平成14年5月に新制度を実施した。

X会社は、新制度について、平成13年4月6日にA組合との間で中央経営協議会を開催して説明を行い、同月26日にもA組合との間で経営協議会と団体交渉を実施して、具体的な提案を行った。一方、B組合に対しては、同月27日および5月8日に簡単な資料をファックスで送付しただけで、同月11日にB組合の要求により最初の団体交渉が行われた。その後、A組合はX会社の提案を受け入れることとし、6月15日の団体交渉において、X会社は新制度における労働条件についての具体的な説明を行った。

X会社はB組合との間でも団体交渉を行っていたが、新制度の導入に密接に関係する経営上の諸問題について、抽象的な説明に終始したり、経営事項であるとして交渉を拒否したりし、また新制度の導入に関連する労働条件面について、A組合と同程度の説明が可能であるにもかかわらず、それをしていなかった。そのほか、B組合との初回の団体交渉後、2カ月間団交を実施していなかったり、団体交渉期日の設定に機敏に回答していなかったりするなどの態度もとっていた。

B組合は、こうしたX会社の姿勢は労組法7条2号・3号の不当労働行為にあたるとして、C労働委員会に救済命令を申し立てたところ、Cは、当初の提案におけるX会社の対応は、企業の中立義務に反するとして支配介入（3号）の成立を認め、文書手交を命じたが、誠実交渉義務違反（2号）は認めなかった。そこで、X会社とB組合双方がY（中央労働委員会）に再審査を申し立てたところ、Yは、支配介入の成立は認めなかったが、誠実交渉義務違反を認めた。ただ、すでに新制度は導入されているとして、救済の利益がないとし、文書手交のみを命じた。

そこでX会社は、Yの発した命令の取消しを求めて訴えを提起した。1審はYの判断を大筋においてほぼ認め、請求を棄却した（東京地判平成22年2月25日）。そこで、X会社が控訴した。なお本判決に対して、X会社は上告したが、最高裁は上告不受理・棄却とした。

●判旨●　控訴棄却（X会社の請求棄却。以下は、控訴審の引用する1審判決の内容である）。

Ⅰ　複数労働組合併存下においては、使用者に各労働組合との対応に関して、平等取扱い、中立義務が課せられているとしても、各労働組合の組織力、交渉力に応じた合理的、合目的的な対応をすることが、同義務に反するものとみなされるべきではない。

Ⅱ　(1)　使用者が一方の労働組合のみとの間で経営協議会を設置している場合に、使用者が一方の労働組合のみとの間での経営協議会で行った説明・協議それ自体は、使用者と当該労働組合との間の経営協議会設置に関する取決めに基づくものであって、使用者はそのような取決めを行っていない他の労働組合に対して、これと同様の対応を行うべき義務を負うものではないと解される。

(2)　使用者が一方の労働組合との経営協議会において提示した資料や説明内容が、当該労働組合とのその後の団体交渉における使用者の説明や協議の基礎となる場合には、使用者は、経営協議会を行っていない他の労働組合との間の同一の交渉事項に関する団体交渉において、当該他の労働組合から、団体交渉を行うに当たって必要なものとして経営協議会におけるものと同様の資料の提示や説明を求められたときには、団体交渉における使用者の実質的な平等取扱いを確保する観点から、必要な限りで、同様の資料の提示や説明を行う必要があるというべきである。

●解説●　使用者は、労働組合が併存する場合に、いずれの労働組合との間でも中立保持義務を負うが、各労働組合の組織力と交渉力に応じた差異を設けることは否定されていない（→【191】日産自動車〔残業差別〕事件〔判旨Ⅰ〕）。そのため、使用者は、多数組合との間で経営協議会を設けて、その経営協議会において、同様の経営協議会を設けていない少数組合とは違う説明や協議を行うことも、中立保持義務違反となるものではない（判旨Ⅱ(1)）。しかしながら本判決は、これに重要な留保を付けて、使用者は、一定の場合には少数組合にも、多数組合と同様の説明や協議をしなければならないと述べている（判旨Ⅱ(2)）。具体的には、使用者が多数組合との経営協議会で提示した資料や説明内容は、その後の団体交渉における使用者の説明・協議の基礎となる場合において、同一の団体交渉事項に関して、少数組合から同様の資料の提示や説明を求められたときは、必要な限りで、それに応じなければならない。

本判決は、こうした判断の根拠として、「団体交渉における使用者の実質的な平等取扱いを確保する観点」に言及している。これは、使用者の誠実交渉義務の内容は、併存組合下においては、他組合との間でなされた交渉の内容により影響を受けるという考え方を示したものといえよう。どう影響するかはケース・バイ・ケースの判断となるが、本件では、使用者が経営協議会を設けることは、各組合との交渉等に応じて自由に決めてよいものの、そうであるからといって、団体交渉の基礎となる情報の提供について格差を付けてよいことにはならず、そこで不当な格差を付ければ誠実交渉義務違反となるということであろう。

194 救済命令の裁量(1)─ネスレ日本〔東京・島田〕事件

最1小判平成7年2月23日〔平成3年(行ツ)91号〕(民集49巻2号281頁)

申立組合の組合員のチェック・オフされた組合費を別組合に支払う行為が支配介入にあたる場合に、チェック・オフ相当額を申立組合に支払うよう命じる救済命令は適法か。

●**事実**● X会社には単一のA労働組合が存在したが、組合の内部抗争の結果、2つの労働組合が併存するに至った(B労働組合とC労働組合)。B組合所属の組合員らは、従来、A組合とX会社とのチェック・オフ協定に基づき組合費のチェック・オフを受けていたが、B組合とそのD支部とE支部は、独立した労働組合としての存在が認められるに至る直前から、組合員名を明示してチェック・オフの中止および控除された組合費相当額の返還などを要求した。なお、X会社は、昭和58年4月には、B組合およびD・E両支部の存在を認識し、所属組合員の氏名を把握していた。

B組合とD・E両支部は、チェック・オフを継続してC組合の支部に組合費を支払うことは不当労働行為(労組法7条1号・3号)に該当するとして、F労働委員会に救済を申し立てた(団交拒否の救済も申し立てているが、省略)。初審は救済命令を発したので、X会社は、Y(中央労働委員会)に再審査の申立てをした。Yも、不当労働行為の成立を認めたが、初審の救済命令を一部改め、組合員の給与から、昭和58年4月分以降、チェック・オフした組合費相当額およびこれに対する年5分の割合による金員を付加してD・E両支部に支払わなければならない(本件命令部分)、という救済命令を発した。そこで、X会社は、この命令の取消しを求めて訴えを提起した。1審および原審ともに、救済命令は適法と判断したので、X会社は上告した。

●**判旨**● 原判決一部破棄(X会社の請求認容)。

Ⅰ 本件命令部分は、チェック・オフの継続と控除額のC組合の支部への交付という不当労働行為に対する救済措置として、X会社に対し、控除した組合費相当額等を組合員個人に対してではなく、D支部に支払うことを命じたものである。しかし、チェック・オフにより控除された組合費相当額は本来組合員自身がX会社から受け取るべき賃金の一部であり、また、不当労働行為による組合活動に対する制約的効果や支配介入の効果も、組合員が賃金のうち組合費に相当する金員の支払いを受けられなかったことにともなうものであるから、X会社をして、今後のチェック・オフを中止させたうえ、控除した組合費相当額をD支部所属の組合員に支払わせるならば、これによって、不当労働行為によって生じた侵害状態は除去され、不当労働行為がなかったと同様の事実上の状態が回復されるものというべきである。

Ⅱ 本件命令部分は、B組合とX会社との間にチェック・オフ協定が締結され、B組合所属の組合員がX会社に対しその賃金から控除された組合費相当額をD・E両支部に支払うことを委任しているのと同様の事実上の状態を作り出してしまうこととなるが、

本件では、このような協定の締結や委任の事実は認められないので、本件命令部分により作出される状態は、不当労働行為がなかったのと同様の状態から著しくかけ離れるものであることが明らかである。

Ⅲ 救済命令によって作出される事実上の状態は必ずしも私法上の法律関係と一致する必要はなく、また、支払いを命じられた金員の性質は控除された賃金そのものではないことはいうまでもないが、本件命令部分によって作出される事実上の状態は、私法的法律関係から著しくかけ離れるもののみならず、その実質において労基法24条1項の趣旨にも抵触すると評価されうる状態であるといわなければならない。

●**解説**● 労働委員会の救済命令は、「正常な集団的労使関係秩序の迅速な回復、確保を図る」ために、「個々の事案に応じた適切な是正措置を決定」することが求められるが、その具体的な内容については、労働委員会に広い裁量権が認められる(→【178】第二鳩タクシー事件。ただし、この事件では、中間収入を控除しない全額バックペイ命令を違法と判断した)。

本件のように組合が分裂したケースにおいて、判例は、労働者からチェック・オフの中止の申出があれば使用者は中止しなければならないとしており(→【148】エッソ石油事件)、その際に、使用者が、チェック・オフを中止せず、しかも控除した組合費を労働者が所属していない組合に引き渡すことが支配介入の不当労働行為に該当することには異論がないであろう。

問題は救済命令の内容であるが、本判決は、組合員個人に引き渡すよう命じるべきとする(判旨Ⅰ)。組合費のチェック・オフが認められるためには、チェック・オフ協定の締結と組合員からの支払委任が必要であるが、それがないにもかかわらず、組合費の支払いを命じることは、不当労働行為がなかったのと同様の状態からも、また私法的法律関係からも著しくかけ離れるものであり、違法となると判断している(判旨Ⅱ)。本判決は、「救済命令によって作出される事実上の状態は必ずしも私法上の法律関係と一致する必要はな」いとするが、本件の救済命令は、私法上の法律関係から「著しくかけ離れ」、かつ強行規定にも抵触する点で、違法と判断した(判旨Ⅲ)。

このように、本判決も含め、裁判所において、労働委員会の裁量が必ずしも広く認められているわけではない(チェック・オフの中止を支配介入と認め、中止期間中に組合が負担した組合費の振込費用の支払いを内容とする救済命令は、損害賠償を命じるものであり違法としたもの〔泉佐野市事件─大阪高判平成28年12月22日〕も参照。一方、民事確定判決で命じられた遡及賃金額を超えるバックペイ命令を適法としたもの〔平成タクシー事件─広島高判平成26年9月10日〕、合意成立の見込みのない場合でも、労働委員会の発した誠実交渉命令は、正常な集団的労使関係秩序の迅速な回復、確保を図ることに資するとして、裁量を逸脱するものではないとしたもの〔【151】山形大学事件〕もある)。

* 〔人事労働法238頁補注(2)〕

195 救済命令の裁量(2)─紅屋商事事件

最2小判昭和61年1月24日〔昭和55年(行ツ)40号〕

査定差別の場合の救済命令の内容はどうあるべきか。

●**事実**● 紅屋商事事件(【189】)と同じ事案である。A労働組合は、同組合の組合員とB労働組合の組合員との人事考課率の格差は不当労働行為(労組法7条1号・3号)にあたるとして、C労働委員会に救済の申立てをしたところ、Cは、X会社に対し、本件各賞与におけるA組合の組合員の人事考課率に、昭和50年度夏季賞与については40を、同年度冬季賞与については22を加算した人事考課率により、各賞与を再計算した金額とすでに支給した金額の差額等をA組合の組合員に支払うべきことを命ずる旨の救済命令を発した。X会社は、Y(中央労働委員会)に再審査を申し立てたが、Yはこれを棄却した。そこで、X会社は、その取消しを求めて訴えを提起した。1審はX会社の請求を棄却し、原審はX会社の控訴を棄却した。X会社は上告した。

●**判旨**● 上告棄却(X会社の請求棄却)。

I 「本件の事実関係の下においては、X会社は、本件各賞与におけるA組合員の人事考課率を査定するに当たり、各組合員について、A組合に所属していることを理由として、昭和50年度夏季賞与についてはA組合員全体の平均人事考課率とB組合員全体の平均人事考課率の差に相応する率だけ、同年度冬季賞与についてはA組合員全体の平均人事考課率とB組合員及び非組合員全体の平均人事考課率の差に相応する率だけ、それぞれ低く査定したものとみられてもやむを得ないところである。以上によれば、本件においては、X会社により、個々のA組合員に対し賞与の人事考課率の査定において組合所属を理由とする不利益取扱いがされるとともに、組合間における右の差別的取扱いによりA組合の弱体化を図る行為がされたものとして、労働組合法7条1号及び3号の不当労働行為の成立を肯認することができる」。

II 「使用者において賞与の人事考課率を査定するに当たり個々の組合員の人事考課率をその組合所属を理由として低く査定した事実が具体的に認められ、これが労働組合法7条1号及び3号の不当労働行為に該当するとされる以上、労働委員会において、これに対する救済措置として、使用者に対し、個々の組合員につき不当労働行為がなければ得られたであろう人事考課率に相応する数値を示し、その数値により賞与を再計算した金額と既に支給した金額との差額の支払を命ずることも、労働委員会にゆだねられた裁量権の行使として許されるものと解することができる」。

●**解説**● 査定差別が不当労働行為と判断された場合の救済方法については、直接是正命令と再査定命令とがありうる。直接是正命令とは、本件のC労働委員会が行ったものであり、すなわち、不当労働行為がなければ得られたであろう人事考課率に相応する数値を示し、その数値に基づき再計算した額と実際に支給された額との差額の支給を命じるというものである。本判決は、こうした命令は、労働委員会にゆだねられた裁量権の行使として許されると述べている。本件のように、A組合から脱退した組合員の査定が、B組合員や非組合員と近似しており、A組合に対する差別から生じる格差が基準として明確である場合には、直接是正命令も適法といえるであろう。

他方、再査定命令とは、賃金や賞与等についての差別が認められた場合に、使用者に再査定を命じたうえで、それと旧査定による場合との差額分の支払いを命じるというものである。再査定命令は、使用者の人事権への介入は、直接是正命令より弱いといえるので、原則として適法と解されるが、ただ、再査定の際に、労働委員会が、具体的な査定基準を示して命じることが可能かは議論がありうる。この点について、ある裁判例は、再査定命令に関しては、「使用者の査定権(裁量権)や人事権との関係が問題となるが、使用者が人事考課において当該労働者を殊更に低く評価している事実が疎明……され、他の具体的事実とを併せて考えると、そのことが使用者の当該労働者に対する不当労働行為意思に基づくものと推認できるときには、当該労働者についての評定に関し、使用者が具体的事実に基づく根拠を示さず、当該労働者にその是正に必要な機会も与えられていない場合には、労働委員会が裁量により再査定を人事考課査定の中間評価とするよう命ずることも適法であると解する」と述べている(朝日火災海上保険事件─東京高判平成15年9月30日)。

一方、一定の職位への昇格についても、直接是正命令と再査定命令がありうるが、同判決は、同年同期入社者に遅れないように取り扱うことを命じた命令(直接是正命令)について、課長職までの昇格は年功序列的色彩をもっていたので使用者の人事権を著しく不当に制約するとまではいえないが、副部長職以上への昇格(職能資格の上昇およびそれに応当する職位の付与)は、「会社の基幹的職員であるべき管理職に相応しい適者を、会社経営の観点から人事権による裁量により選抜する要素が強くなる」としているので、その限りでは、労働委員会の裁量は制限されることになる。

* 〔人事労働法238頁補注(2)〕

196 申立人適格—京都市交通局事件

最2小判平成16年7月12日〔平成15年(行ヒ)109号〕

> 支配介入の不当労働行為の救済について、個人申立ては認められるか。

●事実● Xは、Y（市）のA局に勤める地方公営企業法上の企業職員であり、平成11年3月時点で、A局の施設部車両工場勤務の主事であった。Xは、B労働組合に加入しており、支部長をしていた。B組合の内部には、主流派と反主流派があり、Xは反主流派の中心的な活動家であった。

Xは、同年4月1日、A局の職員の任免権限をもつC局長から、A局D営業所の庶務係長に昇任させる旨の人事異動通知を受けた（本件異動）。B組合とA局との間で締結された労働協約によると、係長以上の職にある指定職員は、非組合員とされていたため、この人事異動により、Xは組合員資格を失い、支部長としての資格も失った。A局では、これまで、現職の支部長が係長級に昇任し、支部長を退任した例はなかった。また、Xのように主任を経ずして係長に昇任することも異例の取扱いであった。

B組合は、本件異動に関して、A局に白紙撤回の検討を求めたが、最終的には、不当労働行為に該当しないという趣旨の判断をしていた。

Xは、本件の昇任措置は、不利益取扱いと支配介入（労組法7条1号・3号）にあたるとして、Y労働委員会に救済を申し立てたところ、Yは、不利益取扱い該当性を否定し、支配介入については個人申立てができないとして却下した。そこで、Xは、この命令の取消しを求めて訴えを提起した。1審は、Xの請求を棄却し、原審もXの控訴を棄却した。そこで、Xは上告した。

●判旨● 原判決一部破棄、一部棄却。

「労働委員会による不当労働行為救済制度は、労働者の団結権及び団体行動権の保護を目的とし、これらの権利を侵害する使用者の一定の行為を不当労働行為として禁止した労働組合法7条の規定の実効性を担保するために設けられたものである。この趣旨に照らせば、使用者が同条3号の不当労働行為を行ったことを理由として救済申立てをするについては、当該労働組合のほか、その組合員も申立て適格を有すると解するのが相当である。

前記事実関係によれば、Xは、本件異動が同条3号の不当労働行為に当たることを理由として救済申立てをする適格を有するものというべきである」。

●解説● 不当労働行為の救済を申し立てる資格をも

つのは、まず、不利益取扱い事件（1号事件）では、その不利益取扱いを受けた労働者と、その所属する労働組合である。団交拒否事件（2号事件）では、団体交渉を拒否された労働組合であり、支配介入事件（3号事件）では、支配介入を受けた労働組合というのが原則である。労働組合が申立てをする場合には、資格審査をパスしなければならない（労組法5条1項。なお、不利益取扱い事件における個人申立ての場合は、資格審査は行われない［同項ただし書]）。

問題となるのは、2号事件や3号事件において、組合員個人が申立人適格をもつかである。2号事件については、学説は対立しているが、実際には、個人申立てはあまり想定できない。これに対して、3号事件については、労働組合が御用組合化していて、不当労働行為事件として争う意思をもたない場合や、本件のように、組合内部に主流派と反主流派の対立がある場合で、主流派が不当労働行為事件として争う意思をもたない場合には、個人や反主流派からの申立てを認めるべき場合があるといえる。

この点について、本件の1審は、「使用者が労働組合を運営することを支配し、又はこれに介入するなどの行為が法7条3号により不当労働行為として禁止されている趣旨は、労働組合の自主性及び組織力が使用者の干渉行為により弱体化させられることを防止するところにあると解される。したがって、支配介入は労働組合に対する不当労働行為であって、その救済の申立ては労働組合がするのが原則であり、労働者個人は救済申立ての適格を有しないと解するのが相当である。もっとも、労働組合自体が御用組合化しているような場合で、組合員個人の申立てが認められることで労働組合の自主性や組織力が回復、維持されるような特段の事情がある場合には組合員個人による申立てを認めるべきである」と述べ、原則否定であるが、特段の事情がある場合にのみ例外的に肯定という判断枠組みを示していた（京都地判平成14年3月22日）。原審もこれを支持した（大阪高判平成15年1月29日）が、本判決は、このような特段の事情に言及せず、3号事件でも、特に条件を付けずに個人申立てが認められると判断している。

なお、本件においては、昇進が組合員資格の喪失に結びつく場合に、不当労働行為に該当するかという争点もあった。1審および原審は、本件異動（昇任）は、組合活動への不利益とはなりうるものの、使用者には不当労働行為意思がなかったと判断している。なお、逆に組合員資格のない管理職へと昇進させないことは、不利益取扱いに該当しうる（ただし、放送映画製作所事件—東京地判平成6年10月27日は反対）。

＊［人事労働法238頁補注(3)]

197 継続する行為──紅屋商事事件

最3小判平成3年6月4日〔平成元年(行ツ)36号〕（民集45巻5号984頁）

> 昇給差別に対する救済申立ての除斥期間の起算点は
> いつか。

●**事実**● X会社では、従業員の基本給額の一部を考課査定に基づき決定していた。A労働組合は、組合員の賃金が、非組合員と比べて低い昇給昇格査定を受けているとし、昭和54年7月17日にB労働委員会に、救済申立てを行った。Bは、A組合の主張を認め、救済命令を発した。そこで、X会社は、その取消しを求めて、訴えを提起した。

本件救済命令の対象となっている賃金は、昭和53年4月の支払い分からであるが、給与は、昭和53年4月に昇給昇格査定が行われ、同月28日に4月分給与が支給され、その後、同年7月8日に賃上げ協定が締結され、同年7月15日に4月から6月までの昇給差額分が支払われた。そこで、X会社は、労組法27条2項にいう「行為の日」は、昭和53年4月28日または昭和53年7月15日（差額分の支払日）であり、いずれの日であるにしても、本件申立ては、1年間の除斥期間が経過しているので、不適法であると主張した。

1審は、査定または賃上額決定とこれに基づく賃金支払いとを全体として1個の不当労働行為とみるべきであり、この査定または決定に基づく賃金が毎月支払われているかぎり不当労働行為は継続することになるので、その賃金支払いの最後のもの、すなわち次期昇給査定または賃上額決定に基づく賃金支払いの前月の賃金支払いから1年以内であれば救済申立ては適法ということができると述べて、本件では昭和54年3月31日から1年以内であれば、申立ては適法と判断し（青森地判昭和61年2月25日）、原審も同旨であった（仙台高判昭和63年8月29日）。そこで、X会社は上告した。

●**判旨**● 上告一部棄却、一部却下。

「X会社が毎年行っている昇給に関する考課査定は、その従業員の向後1年間における毎月の賃金額の基準となる評定値を定めるものであるところ、右のような考課査定において使用者が労働組合の組合員について組合員であることを理由として他の従業員より低く査定した場合、その賃金上の差別的取扱いの意図は、賃金の支払によって具体的に実現されるのであって、右査定とこれに基づく毎月の賃金の支払とは一体として1個の不当労働行為をなすものとみるべきである。そうすると、右査定に基づく賃金が支払われている限り不当労働行為は継続するこ

とになるから、右査定に基づく賃金上の差別的取扱いの是正を求める救済の申立てが右査定に基づく賃金の最後の支払の時から1年以内にされたときは、右救済の申立ては、労働組合法27条2項の定める期間内にされたものとして適法というべきである」。

●**解説**● 不当労働行為の救済申立ての期間は、行為の日から1年以内となっている（この期間は除斥期間と解されている）。不当労働行為が継続する行為である場合には、起算点は、その行為の終了した日である（労組法27条2項）。期間を経過した後の申立ては却下される（労働委員会規則33条1項3号）。

ところで、昇給差別の事案において、除斥期間の起算点がどこになるのかについては、見解の対立がある。昇給差別では、査定の際に差別が行われ、その低査定に基づき昇給額が決定され、そして、実際に賃金が支払われることになる。その賃金の支払いも、通常は、同一査定に基づくものが1年間繰り返されることになる。差別が行われたのは査定の段階なので、この時点が起算点であるという考え方もあるが、他方で、査定→昇給額の決定→賃金の支払いという一連の行為が、1つの「行為」となるか、あるいは「継続する行為」となり、その終了時点である現査定に基づく最後の賃金支払日から起算されるという考え方もありうる。本判決は、後者の考え方を採用したものである（昇格差別において同様の判断をするものとして、芝信用金庫事件──東京高判平成12年4月19日等）。なお、学説の中には、いったん差別的な査定がなされると、その効果は、実際にそれが是正されるまでは残存することを考慮に入れると、その是正がなされるまでは「継続する行為」として判断すべきであるという見解もある。

昇給、昇格について毎年差別が繰り返され、差別が蓄積されてきたという場合については、労働委員会の実務では、これが一貫した不当労働行為意思に基づくものである場合には、「継続する行為」であると認める傾向にある。

また、本判決と同様に、同一査定に基づく賃金支払いの範囲での「継続する行為」しか認めないものの、救済命令においては、蓄積された現存格差を将来に向けてまとめて解消する内容のものを適法とした裁判例もある（千代田化工建設事件──東京地判平成9年7月23日）。この立場によれば、救済内容については、「継続する行為」を広く認める立場と実質的に同じ結果をもたらしうる。

＊［人事労働法239頁補注(6)］

198 組合員資格の喪失と救済利益──旭ダイヤモンド工業事件

最3小判昭和61年6月10日〔昭和58年(行ツ)79号〕(民集40巻4号793頁)

> 労働組合は組合員資格を喪失した元組合員に対する不利益取扱いについての救済利益を有するか。

●事実● X会社の従業員で組織するA労働組合(支部)は、昭和49年春闘の際にストライキを行ったところ、X会社は、A組合の組合員25名について、時限ストであったにもかかわらず、1日分の賃金カット(本件賃金カット)をした。そこで、A組合は、この本件賃金カットは不利益取扱いおよび支配介入の不当労働行為(労組法7条1号・3号)に該当するとして、Y労働委員会に救済を申し立てた。

ところが、救済命令が出される前に、組合員25名のうち9名は退職し、2名は配転により、A組合の組合員資格を失っていた。これらの11名(以下、Bら)は、組合員資格の喪失に際し、X会社に対し、賃金カットに係る賃金に関し何らの意思表示もしなかった。A組合は、Bらが組合員資格を喪失した後、Bらに対し、X会社に代わり本件賃金カットに係る賃金相当額を支払い、その賃金がX会社から支払われることとなった場合の受領権限をBらから与えられた。

Yは、本件賃金カットはストライキに対する報復として行われたもので不当労働行為に該当するとし、X会社が、A組合員25名に対し、賃金カットされた賃金分とこれに対する年5分の割合による加算金を支払うべきことを命じ、さらに、ポスト・ノーティスを命じた。X会社は、この命令の取消しを求めて訴えを提起した。1審は、組合員資格を喪失したBらに対する救済命令は認められないとして、Yの命令を一部取り消した。X会社とYの双方が控訴したが、原審は、Bらに関するポスト・ノーティス命令も取り消した以外は、1審の判断を維持した。そこで、Yは上告した。

●判旨● 原判決破棄、自判(全員分のカットされた賃金の支払命令は適法)。

Ⅰ 「思うに、労働組合法27条に定める労働委員会の救済命令制度は、労働者の団結権及び団体行動権の保護を目的とし、これらの権利を侵害する使用者の一定の行為を不当労働行為として禁止した同法7条の規定の実効性を担保するために設けられたものである。本件賃金カットは、A組合のストライキに対する報復としてなされたものであって、前記25名の個人的な雇用関係上の権利利益を侵害するにとどまらず、右25名に生ずる被害を通じ、A組合の組合員の組合活動意思を萎縮させその組合活動一般を抑圧ないし制約し、かつ、A組合の運営について支配介入するという効果を必然的に伴うものであり、労働組合法7条1号及び3号の不当労働行為に当たるとされる所以である。したがって、A組合らは、本件賃金カットの組合活動一般に対する抑圧的、制約的ないしは支配介入的効果を除去し、正常な集団的労使関係秩序を回復・確保するため、本件救済命令の……命ずる内容の救済を受けるべき固有の利益を有するものというべきである」。

Ⅱ 前記25名に対する本件賃金カットに係る賃金の支払命令も、本件賃金カットの組合活動一般に対する侵害的効果を除去するため、本件賃金カットがなかったと同じ事実上の状態を回復させるという趣旨を有しており、A組合らは、この救済を受けることにつき、組合員の個人的利益を離れた固有の利益を有しているのであり、組合員が本件賃金カットの後にA組合の組合員資格を喪失したとしても、A組合らの固有の救済利益に消長をきたすものではない。

Ⅲ 「もっとも、本件のように、労働組合の求める救済内容が組合員個人の雇用関係上の権利利益の回復という形をとっている場合には、たとえ労働組合が固有の救済利益を有するとしても、当該組合員の意思を無視して実現させることはできないと解するのが相当である。したがって、当該組合員が、積極的に、右の権利利益を放棄する旨の意思表示をなし、又は労働組合の救済命令申立てを通じて右の権利利益の回復を図る意思のないことを表明したときは、労働組合は右のような内容の救済を求めることはできないが、かかる積極的な意思表示のない限りは、労働組合は当該組合員が組合員資格を喪失したかどうかにかかわらず救済を求めることができるものというべきである」。

●解説● 本判決は、組合員に対する本件賃金カットについて、雇用関係上の権利利益を侵害するにとどまらず、組合員の組合活動意思を萎縮させ、組合活動一般を抑圧したり制約したりする効果をもつとし(→【178】第二鳩タクシー事件)、後者の観点から、組合には救済を求める固有の利益があるとする(判旨Ⅰ)。そして、賃金カットされた組合員が組合員資格を喪失したとしても、組合に対する侵害的効果がなくなったわけではないので、組合の救済の利益は失われないとした(判旨Ⅱ)。もっとも、カットされた賃金分の支払いを命じるという救済内容は、組合員の意思を無視して実現させることはできないので、組合員資格の喪失は、救済命令の適法性に影響が及びうる。そのときでも、本判決は、組合員が、その権利利益を放棄するか、救済申立てを通じてその権利利益の回復を図る意思がないことを積極的に表明しないかぎり、組合はこうした救済を求めることができるとし(判旨Ⅲ)、本件ではそのような意思表示はなかったと判断された(判旨外。亮正会高津中央病院事件─最3小判平成2年3月6日も参照)。

＊〔人事労働法239頁補注(4)〕

199 緊急命令—吉野石膏事件

東京高決昭和54年8月9日〔昭和54年(行ス)8号〕

緊急命令はいかなる場合に発することができるか。

●**事実**● AおよびBはX会社の従業員で組織するC労働組合の職場委員であった。X会社はAとBに対して、地方への配転を命じたところ、両名がこれを拒否したために解雇した。そこで、C組合とAおよびBは、D労働委員会に不当労働行為（労組法7条1号・3号）の救済を申し立てたところ、Dはこれを認め、配転前の原職への復帰を命じた。X会社は、Y（中央労働委員会）に再審査を申し立てたが、Yは申立てを棄却した。X会社は、救済命令の取消しを求めて、訴えを提起した。そこで、Yは、東京地裁に対して、緊急命令の申立てを行ったが、東京地裁は、これを却下した。そこで、Yは、その取消しを求めて抗告した。

●**決定要旨**● 抗告棄却（Yの申立て却下）。

Ⅰ 「いわゆる『緊急命令』の制度は、労働委員会の救済命令の取消を求める訴が提起された場合において、受訴裁判所が、当該労働委員会の申立により、使用者に対し、当該事件の判決の確定に至るまで、暫定的に、当該救済命令の全部又は一部に従うべき旨を命ずることができることとし、もって団結権の侵害を防止することを目的とするものと解される。

そして、緊急命令の制度の目的がこのようなものであるとすれば、緊急命令の申立の許否を決するに当っては、受訴裁判所は、当該救済命令の適否及びいわゆる『即時救済の必要性』の有無について審査することができるものと解するのが相当である。けだし、右に述べた同制度の目的に照らし、労働委員会の救済命令の適法性に重大な疑義があるときは、当該労働委員会の申立があったとしても、受訴裁判所が緊急命令を発することは相当でないというべきであり、その重大な疑義の有無は当該救済命令の審査を経ることなくして判断しえないからである。

もっとも、緊急命令の手続においては、確定的に当該救済命令の適否を判断することは要請されていないから、右審査は、緊急命令の手続の過程に現われた疎明資料をもって、当該救済命令の認定判断に重大な疑義があるかどうかを検討すれば足りるものというべきである」。

Ⅱ 「本件救済命令には、その重要な論拠の部分に事実の誤認があり、その適法性について疑義があるから、現段階において緊急命令を発するのは相当でないというべきである」。

●**解説**● 使用者が救済命令の取消訴訟を提起したときは、訴訟を受けた裁判所（受訴裁判所）は、労働委員会の申立てに基づき、取消訴訟の確定に至るまで当該救済命令の全部または一部に従うことを決定によって命じることができる（労組法27条の20）。このような命令を緊急命令という。使用者が緊急命令に違反した場合には、50万円（団交応諾等の作為を命じるものであるときは、その命令の不履行の日数が5日を超える場合に、その超える日数1日につき10万円の割合で計算した金額を加えた金額）以下の過料が科される（同32条。確定した命令に違反した場合と同じ制裁である）。救済命令は命令書交付の日から効力が生じており、取消訴訟が提起されてもその効力が停止するものではない（行政事件訴訟法25条1項、29条）が、命令違反に対する罰則が適用されるのは命令を支持する判決が確定した時点からなので（労組法28条を参照）、取消訴訟の進行中に暫定的に強制履行させることをできるようにしたのが、この緊急命令制度である。

緊急命令の要件として、まずあげられるのは、暫定的な履行強制をする「必要性」、すなわち、救済命令をただちに履行させなければ、救済の実現が困難となるような緊急の必要性である。それに加えて、救済命令の適法性も緊急命令の要件となるかについては議論がある。たしかに、受訴裁判所に、同一救済命令について本案で取り消す可能性が大きい場合にまで緊急命令を発して救済命令を暫定的に履行させるべきとするのは妥当ではない。そのため、本決定も、「労働委員会の救済命令の適法性に重大な疑義があるときは、当該労働委員会の申立があったとしても、受訴裁判所が緊急命令を発することは相当でないというべき」と述べている（決定要旨Ⅰ）。とはいえ、適法性の審査は、「緊急命令の手続の過程に現われた疎明資料をもって、当該救済命令の認定判断に重大な疑義があるかどうかを検討すれば足りる」とも述べている（決定要旨Ⅰ）。それ以上に適法性を精査することは、緊急命令の暫定的性格をふまえると適切でないということである。

本件では、「重要な論拠の部分に事実の誤認があり、その適法性について疑義がある」ということで、緊急命令を出さない決定が適法とされた（決定要旨Ⅱ）。

＊〔人事労働法236頁〕

200 労働組合の消滅と救済命令の拘束力──ネスレ日本・日高乳業事件

最1小判平成7年2月23日〔平成4年(行ツ)120号〕〔民集49巻2号393頁〕

不当労働行為の救済命令が出された後、労働組合が消滅した場合に、使用者が取消訴訟を提起することはできるか。

●**事実**● X₂会社は、X₁会社とは別法人であるが、X₁会社と業務提携をし、X₁会社の製品を製造し、かつX₂会社の従業員のなかにはX₁会社からの出向社員もいた。X₁会社には、その従業員で組織するA労働組合があり、X₂会社のB工場には、A組合B支部があった。団体交渉に関するルールについては、X₁会社とA組合との間で締結された労働協約が、B工場にも適用されることがX₂会社とA組合との間で合意され、それに基づき、B工場だけに関する事項についての団体交渉は、従前からB工場の工場長とA組合B支部との間で行われていた。その後、A組合は分裂して、新たにC組合とD組合が併存することになり、X₂会社B工場においても、それぞれC組合B支部とD組合B支部が併存するようになった。C組合B支部は、X₂会社が、D組合B支部しか労働組合と認めず、団体交渉を拒否したこと、C組合B支部の組合員の組合費を控除したこと、脱退勧奨があったことが不当労働行為(労組法7条1号・2号・3号)であるとして、Y労働委員会に救済申立てをしたところ、Yは控除組合費のC組合B支部への支払いなどを内容とする救済命令を発した(以下では、団体交渉、支配介入についての救済命令の部分は割愛する)。その後、C組合B支部は、残っていた最後の組合員3名が脱退をした結果、組合員がいなくなり、さらにX₂会社が、B工場の営業施設を第三者に譲渡したことにより、B工場においてC組合の組合員が労務に従事する可能性が当面失われたため、自然消滅した。

X₁会社とX₂会社は、救済命令の取消しを求めて訴えを提起した。1審は請求を棄却したため、Xらが控訴したが、原審も控訴を棄却した。そこで、Xらは上告した。

●**判旨**● 原判決破棄、自判(Xらの請求を却下)。

「救済命令で使用者に対し労働組合への金員の支払が命ぜられた場合において、その支払を受けるべき労働組合が自然消滅するなどして労働組合としての活動をする団体としては存続しないこととなったときは、使用者に対する右救済命令の拘束力は失われたものというべきであり、このことは、右労働組合の法人格が清算法人として存続していても同様である。けだし、使用者に対し労働組合への金員の支払を命ずる救済命令は、その支払をさせることにより、不当労働行為によって生じた侵害状態を是正し、不当労働行為がなかったと同様の状態を回復しようとするものであるところ、その労働組合が組合活動をする団体としては存続しなくなっている以上、清算法人として存続している労働組合に対し、使用者にその支払を履行させても、もはや侵害状態が是正される余地はなく、その履行は救済の手段方法としての意味を失ったというべきであるし、また、これを救済命令の履行の相手方の存否という観点からみても、右のような救済命令は、使用者に国に対する公法上の義務を負担させるものであって、これに対応した使用者に対する請求権を労働組合に取得させるものではないのであるから、右支払を受けることが清算の目的の範囲に属するということはできず、組合活動をする団体ではなくなった清算法人である労働組合は、もはやこれを受ける適格を失っているといわなければならないからである」。

●**解説**● 労働委員会の発した不当労働行為の救済命令に対する取消訴訟において、救済命令の適法性を判断する基準時は、裁判所における口頭弁論終結時点か、救済命令が出された時点かについては争いがある。救済命令が出された後に、労働組合の消滅のような事情の変化があり、救済命令を維持するのが妥当でないという場合に問題となるが、通説は、後者の立場である。

もっとも、本判決は、労働組合の消滅の事案においては、救済命令が拘束力を失うとしている(そのため、使用者の取消しを求める法律上の利益が失われるので、訴えは却下されることになる)。原判決は、控除された組合費の組合への支払命令について、組合が清算の目的で存在している以上、救済命令の有効性は失われないと判断していたが、本判決は、救済命令の目的は、不当労働行為によって生じた侵害状態を是正し、不当労働行為がなかったと同様の状態を回復しようとするものであるところ、労働組合が消滅している以上、清算法人として存続している労働組合に対し、使用者にその支払いを履行させても、もはや侵害状態が是正される余地はなく、その履行は救済の手段方法としての意味を失った、と述べている。

なお、その後の裁判例では、労働委員会の発した誠実交渉命令について、在籍組合員である労働者が退職し、現に雇用される労働者である組合員が1人もいなくなったというだけの理由で、使用者の団体交渉応諾義務が当然に消滅するものではないとして、労働組合が存続しているケースでは、救済命令の拘束力の消滅を認めない傾向にある(ネスレ日本〔島田工場〕事件──東京高判平成20年11月12日、ネスレ日本〔霞ヶ浦工場〕事件──東京高判平成21年5月21日、熊谷海事工業事件──最2小判平成24年4月27日等)。

* 〔人事労働法239頁補注⑸〕

判 例 等 索 引

（太字は、本書に重要判例として掲載さ
れたもの、行末の数字は頁数を示す。）

●地方裁判所

●労働委員会命令

〔第8版〕と〔第7版〕の事件番号対照表

第8版No.	第7版No.	事件名（判例年月日）
1	1	国鉄鹿児島自動車営業所事件（最2小判平成5・6・11）
2	2	バンク・オブ・アメリカ・イリノイ事件（東京地判平成7・12・4）
3	3	イースタン・エアポートモータース事件（東京地判昭和55・12・15）
4	4	関西電力事件（最3小判平成7・9・5）
5	5	F社Z事業部事件（東京地判平成13・12・3）
6	6	B金融公庫事件（東京地判平成15・6・20）
7	7	読売新聞社事件（東京高決昭和33・8・2）
8	8	フォセコ・ジャパン・リミテッド事件（奈良地判昭和45・10・23）
削除	9	三晃社事件（最2小判昭和52・8・9）
9	10	メリルリンチ・インベストメント・マネージャーズ事件（東京地判平成15・9・17）
10	11	ラクソン事件（東京地判平成3・2・25）
11	12	福山通運事件（最2小判令和2・2・28）
12	13	商大八戸ノ里ドライビングスクール事件（大阪高判平成5・6・25）
13	14	パナソニックプラズマディスプレイ〔パスコ〕事件（最2小判平成21・12・18）
14	15	黒川建設事件（東京地判平成13・7・25）
15	16	第一交通産業ほか〔佐野第一交通〕事件（大阪高判平成19・10・26）
16	17	三菱樹脂事件（最大判昭和48・12・12）
17	18	日新火災海上保険事件（東京高判平成12・4・19）
18	19	大日本印刷事件（最2小判昭和54・7・20）
19	20	神戸弘陵学園事件（最3小判平成2・6・5）
20	21	福原学園〔九州女子短期大学〕事件（最1小判平成28・12・1）
21	22	関西電力事件（最1小判昭和58・9・8）
22	23	ネスレ日本事件（最2小判平成18・10・6）
23	24	山口観光事件（最1小判平成8・9・26）
24	25	電電公社目黒電報電話局事件（最3小判昭和52・12・13）
25	26	西日本鉄道事件（最2小判昭和43・8・2）
26	27	横浜ゴム事件（最3小判昭和45・7・28）
27	28	炭研精工事件（東京高判平成3・2・20）
28	29	富士重工業事件（最3小判昭和52・12・13）
29	30	小川建設事件（東京地決昭和57・11・19）
削除	31	大阪いずみ市民生活協同組合事件（大阪地堺支判平成15・6・18）
（新）30		神社本庁事件（東京高判令和3・9・16）
31	32	日本ヒューレット・パッカード事件（最2小判平成24・4・27）
32	33	海遊館事件（最1小判平成27・2・26）
33	34	東亜ペイント事件（最2小判昭和61・7・14）
34	35	ケンウッド事件（最3小判平成12・1・28）
35	36	日産自動車事件（最1小判平成元・12・7）
36	37	日本ガイダント事件（仙台地決平成14・11・14）
37	38	新日本製鐵事件（最2小判平成15・4・18）
38	39	国立循環器病研究センター事件（大阪地判平成30・3・7）
39	40	JR東海事件（大阪地判平成11・10・4）
40	41	全日本空輸事件（東京地判平成11・2・15）
41	42	芝信用金庫事件（東京高判平成12・12・22）
42	43	アーク証券事件（東京地決平成8・12・11）
43	44	東京都自動車整備振興会事件（東京高判平成21・11・4）
44	45	エーシーニールセン・コーポレーション事件（東京高判平成16・11・16）
45	46	日本食塩製造事件（最2小判昭和50・4・25）
46	47	高知放送事件（最2小判昭和52・1・31）
47	48	セガ・エンタープライゼス事件（東京地決平成11・10・15）
48	49	敬愛学園事件（最1小判平成6・9・8）
49	50	ナショナル・ウエストミンスター銀行事件（東京地決平成12・1・21）
50	51	東洋酸素事件（東京高判昭和54・10・29）
51	52	千代田化工建設事件（東京高判平成5・3・31）
52	53	日本航空事件（東京高判平成26・6・3）
53	54	いずみ福祉会事件（最3小判平成18・3・28）
54	55	吉村・吉村商会事件（東京地判平成4・9・28）
55	56	専修大学事件（最2小判平成27・6・8）

第 8 版No.	第 7 版No.	事件名（判例年月日）
56	57	細谷服装事件（最 2 小判昭和35・3・11）
57	58	スカンジナビア航空事件（東京地決平成 7・4・13）
58	59	大隈鐵工所事件（最 3 小判昭和62・9・18）
59	60	日本アイ・ビー・エム事件（東京高判平成24・10・31）
60	61	神奈川信用農業協同組合事件（最 1 小判平成19・1・18）
61	62	津田電気計器事件（最 1 小判平成24・11・29）
62	63	長澤運輸事件（最 2 小判平成30・6・1）
63	64	九州惣菜事件（福岡高判平成29・9・7）
64	65	東芝柳町工場事件（最 1 小判昭和49・7・22）
65	66	日本郵便事件（最 2 小判平成30・9・14）
66	67	伊予銀行・いよぎんスタッフサービス事件（高松高判平成18・5・18）
67	68	中野区〔非常勤保育士〕事件（東京高判平成19・11・28）
削除	69	本田技研工業事件（東京高判平成24・9・20）
（新）68		ドコモ・サポート事件（東京地判令和 3・6・16）
69	70	プレミアライン事件（宇都宮地栃木支決平成21・4・28）
（新）70		東リ事件（大阪高判令和 3・11・4）
71	71	ハマキョウレックス事件（最 2 小判平成30・6・1）
72	72	メトロコマース事件（最 2 小判令和 2・10・13）
73	73	日本郵便〔東京〕事件（最 1 小判令和 2・10・15）
74	74	東京日新学園事件（東京高判平成17・7・13）
75	75	勝英自動車学校〔大船自動車興業〕事件（東京高判平成17・5・31）
76	76	日本アイ・ビー・エム事件（最 2 小判平成22・7・12）
77	77	秋北バス事件（最大判昭和43・12・25）
78	78	電電公社帯広電報電話局事件（最 1 小判昭和61・3・13）
79	79	フジ興産事件（最 2 小判平成15・10・10）
80	80	第四銀行事件（最 2 小判平成 9・2・28）
81	81	みちのく銀行事件（最 1 小判平成12・9・7）
82	82	山梨県民信用組合事件（最 2 小判平成28・2・19）
83	83	シーエーアイ事件（東京地判平成12・2・8）
84	84	東京電力〔千葉〕事件（千葉地判平成 6・5・23）
85	85	兼松事件（東京高判平成20・1・31）
86	86	十和田観光電鉄事件（最 2 小判昭和38・6・21）
87	87	野村證券事件（東京地判平成14・4・16）
88	88	横浜南労基署長〔旭紙業〕事件（最 1 小判平成 8・11・28）
89	89	片山組事件（最 1 小判平成10・4・9）
90	90	日本システム開発研究所事件（東京高判平成20・4・9）
91	91	電電公社小倉電話局事件（最 3 小判昭和43・3・12）
92	92	シンガー・ソーイング・メシーン事件（最 2 小判昭和48・1・19）
93	93	日新製鋼事件（最 2 小判平成 2・11・26）
94	94	福島県教組事件（最 1 小判昭和44・12・18）
95	95	クレディ・スイス証券事件（最 1 小判平成27・3・5）
96	96	小田急電鉄事件（東京高判平成15・12・11）
97	97	松下電器産業グループ事件（大阪高判平成18・11・28）
98	98	三菱重工長崎造船所事件（最 1 小判平成12・3・9）
99	99	大星ビル管理事件（最 1 小判平成14・2・28）
100	100	JR西日本〔広島支社〕事件（広島高判平成14・6・25）
101	101	阪急トラベルサポート〔第 2〕事件（最 2 小判平成26・1・24）
102	102	日立製作所武蔵工場事件（最 1 小判平成 3・11・28）
103	103	トーコロ事件（東京高判平成 9・11・17）
104	104	康心会事件（最 2 小判平成29・7・7）
削除	105	日本ケミカル事件（最 1 小判平成30・7・19）
（新）105		熊本総合運輸事件（最 2 小判令和 5・3・10）
106	106	三菱重工横浜造船所事件（横浜地判昭和55・3・28）
107	107	日本マクドナルド事件（東京地判平成20・1・28）
108	108	林野庁白石営林署事件（最 2 小判昭和48・3・2）
109	109	八千代交通事件（最 1 小判平成25・6・6）
110	110	電電公社弘前電報電話局事件（最 2 小判昭和62・7・10）
111	111	電電公社此花電報電話局事件（最 1 小判昭和57・3・18）
112	112	時事通信社事件（最 3 小判平成 4・6・23）

第8版No.	第7版No.	事件名（判例年月日）
113	113	三菱重工長崎造船所事件（福岡高判平成6・3・24）
114	114	沼津交通事件（最2小判平成5・6・25）
115	115	行橋労基署長〔テイクロ九州〕事件（最2小判平成28・7・8）
116	116	横浜南労基署長〔東京海上横浜支店〕事件（最1小判平成12・7・17）
117	117	地公災基金愛知県支部長〔瑞鳳小学校〕事件（最3小判平成8・3・5）
118	118	豊田労基署長〔トヨタ自動車〕事件（名古屋高判平成15・7・8）
119	119	静岡労基署長〔日研化学〕事件（東京地判平成19・10・15）
120	120	陸上自衛隊八戸車両整備工場事件（最3小判昭和50・2・25）
121	121	川義事件（最3小判昭和59・4・10）
122	122	電通事件（最2小判平成12・3・24）
123	123	さいたま市環境センター事件（東京高判平成29・10・26）
124	124	大庄ほか事件（大阪高判平成23・5・25）
125	125	三菱重工神戸造船所事件（最1小判平成3・4・11）
126	126	神奈川都市交通事件（最1小判平成20・1・24）
127	127	三共自動車事件（最3小判昭和52・10・25）
128	128	コック食品事件（最2小判平成8・2・23）
129	129	高田建設事件（最3小判平成元・4・11）
130	130	小野運送事件（最3小判昭和38・6・4）
131	131	羽曳野労基署長事件（大阪高判平成19・4・18）
132	132	三陽物産事件（東京地判平成6・6・16）
133	133	福岡セクシュアル・ハラスメント事件（福岡地判平成4・4・16）
134	134	イビデンほか事件（最1小判平成30・2・15）
135	135	東朋学園事件（最1小判平成15・12・4）
136	136	広島中央保健生活協同組合事件（最1小判平成26・10・23）
137	137	稲門会〔いわくら病院〕事件（大阪高判平成26・7・18）
138	138	ルフトハンザ事件（東京地判平成9・10・1）
139	139	改進社事件（最3小判平成9・1・28）
140	140	INAXメンテナンス事件（最3小判平成23・4・12）
削除	141	セメダイン事件（東京高判平成12・2・29）
（新）141		セブン-イレブン・ジャパン事件（東京高判令和4・12・21）
142	142	大阪教育合同労組事件（東京高判平成26・3・18）
143	143	全ダイエー労組事件（横浜地判平成元・9・26）
144	144	東芝労働組合小向支部・東芝事件（最2小判平成19・2・2）
145	145	三井倉庫港運事件（最1小判平成元・12・14）
146	146	三井美唄労組事件（最大判昭和43・12・4）
147	147	国労広島地本事件（最3小判昭和50・11・28）
148	148	エッソ石油事件（最1小判平成5・3・25）
149	149	名古屋ダイハツ労組事件（最1小判昭和49・9・30）
150	150	旭ダイヤモンド工業事件（東京高判昭和57・10・13）
削除	151	カール・ツァイス事件（東京地判平成9・9・22）
（新）151		山形大学事件（最2小判令和4・3・18）
152	152	根岸病院事件（東京高判平成19・7・31）
153	153	国鉄事件（東京高判昭和62・1・27）
154	154	都南自動車教習所事件（最3小判平成13・3・13）
155	155	朝日火災海上保険〔石堂〕事件（最1小判平成9・3・27）
156	156	近畿大学事件（大阪高判令和2・5・27）
157	157	朝日火災海上保険〔高田〕事件（最3小判平成8・3・26）
158	158	ソニー事件（東京高決平成6・10・24）
159	159	香港上海銀行事件（最1小判平成元・9・7）
160	160	弘南バス事件（最3小判昭和43・12・24）
161	161	洋書センター事件（東京高判昭和61・5・29）
162	162	全農林警職法事件（最大判昭和48・4・25）
163	163	御國ハイヤー事件（最2小判平成4・10・2）
164	164	三菱重工長崎造船所事件（最2小判平成4・9・25）
165	165	JR東日本〔国鉄千葉動労〕事件（東京高判平成13・9・11）
166	166	新興サービス事件（東京地判昭和62・5・26）
167	167	水道機工事件（最1小判昭和60・3・7）
168	168	三菱重工長崎造船所事件（最2小判昭和56・9・18）
169	169	ノース・ウエスト航空事件（最2小判昭和62・7・17）

第 8 版No.	第 7 版No.	事件名（判例年月日）
170	170	書泉事件（東京地判平成 4 ・ 5 ・ 6 ）
171	171	大成観光事件（最 3 小判昭和57・ 4 ・13）
172	172	国鉄札幌運転区事件（最 3 小判昭和54・10・30）
173	173	済生会中央病院事件（最 2 小判平成元・12・11）
174	174	倉田学園事件（最 3 小判平成 6 ・12・20）
175	175	教育社事件（東京地判平成25・ 2 ・ 6 ）
176	176	山陽電気軌道事件（最 2 小決昭和53・11・15）
177	177	丸島水門製作所事件（最 3 小判昭和50・ 4 ・25）
178	178	第二鳩タクシー事件（最大判昭和52・ 2 ・23）
179	179	朝日放送事件（最 3 小判平成 7 ・ 2 ・28）
180	180	JR北海道・日本貨物鉄道事件（最 1 小判平成15・12・22）
181	181	クボタ事件（東京地判平成23・ 3 ・17）
182	182	北辰電機製作所事件（東京地判昭和56・10・22）
183	183	青山会事件（東京高判平成14・ 2 ・27）
184	184	西神テトラパック事件（東京高判平成11・12・22）
185	185	大阪市事件（東京高判平成30・ 8 ・30）
186	186	JR東海〔新幹線・科長脱退勧奨〕事件（最 2 小判平成18・12・ 8 ）
187	187	JR東海事件（東京高判平成19・ 8 ・28）
188	188	プリマハム事件（東京地判昭和51・ 5 ・21〔第 7 版〕）（東京高判昭和56・ 9 ・28〔第 8 版〕）
189	189	紅屋商事事件（最 2 小判昭和61・ 1 ・24）
190	190	東京書院事件（東京地判昭和48・ 6 ・28〔第 7 版〕）（東京高判昭和49・10・28〔第 8 版〕）
191	191	日産自動車〔残業差別〕事件（最 3 小判昭和60・ 4 ・23）
192	192	日産自動車〔組合事務所〕事件（最 2 小判昭和62・ 5 ・ 8 ）
193	193	NTT西日本事件（東京高判平成22・ 9 ・28）
194	194	ネスレ日本〔東京・島田〕事件（最 1 小判平成 7 ・ 2 ・23）
195	195	紅屋商事事件（最 2 小判昭和61・ 1 ・24）
196	196	京都市交通局事件（最 2 小判平成16・ 7 ・12）
197	197	紅屋商事事件（最 3 小判平成 3 ・ 6 ・ 4 ）
198	198	旭ダイヤモンド工業事件（最 3 小判昭和61・ 6 ・10）
199	199	吉野石膏事件（東京高決昭和54・ 8 ・ 9 ）
200	200	ネスレ日本・日高乳業事件（最 1 小判平成 7 ・ 2 ・23）

大内伸哉（おおうち　しんや）

1963年　生まれ
1995年　東京大学大学院法学政治学研究科博士課程修了（博士〔法学〕）
現　在　神戸大学大学院法学研究科教授
著　書　『労働条件変更法理の再構成』（有斐閣・1999）
　　　　『労働法実務講義』（日本法令・2002、第4版・2024）
　　　　『ケースブック労働法』（共編著、弘文堂・2005、第8版・2014）
　　　　『労働者代表法制に関する研究』（有斐閣・2007）
　　　　『雇用社会の25の疑問』（弘文堂・2007、第3版・2017）
　　　　『労働法学習帳』（弘文堂・2008、第3版・2013）
　　　　『労働法演習ノート』（編著、弘文堂・2011）
　　　　『人事と法の対話』（共著、有斐閣・2013）
　　　　『解雇改革』（中央経済社・2013）
　　　　『有期労働契約の法理と政策』（編著、弘文堂・2014）
　　　　『労働時間制度改革』（中央経済社・2015）
　　　　『労働法で人事に新風を』（商事法務・2016）
　　　　『AI時代の働き方と法』（弘文堂・2017）
　　　　『解雇規制を問い直す』（共編著、有斐閣・2018）
　　　　『会社員が消える』（文藝春秋・2019）
　　　　『非正社員改革』（中央経済社・2019）
　　　　『デジタル変革後の「労働」と「法」』（日本法令・2020）
　　　　『誰のためのテレワーク？』（明石書店・2021）
　　　　『労働法で企業に革新を』（商事法務・2021）
　　　　『人事労働法』（弘文堂・2021）　その他

最新重要判例200〔労働法〕　第8版

2009（平成21）年9月30日　　初版1刷発行
2011（平成23）年4月15日　　増補版1刷発行
2012（平成24）年9月15日　　第2版1刷発行
2014（平成26）年8月15日　　第3版1刷発行
2016（平成28）年4月15日　　第4版1刷発行
2018（平成30）年3月15日　　第5版1刷発行
2020（令和2）年3月30日　　第6版1刷発行
2022（令和4）年1月30日　　第7版1刷発行
2024（令和6）年2月28日　　第8版1刷発行

著　者　大　内　伸　哉
発行者　鯉　渕　友　南
発行所　株式会社　弘文堂　　　101-0062　東京都千代田区神田駿河台1の7
　　　　　　　　　　　　　　　TEL 03(3294)4801　　振替 00120-6-53909
　　　　　　　　　　　　　　　https://www.koubundou.co.jp

装　丁　遠　山　八　郎
印　刷　三美印刷
製　本　井上製本所

©2024　Shinya Ouchi. Printed in Japan

ISBN978-4-335-30130-8

人事労働法
―いかにして法の理念を企業に浸透させるか　　大内伸哉　著

「おこなわれている」労働法のエッセンスを紹介することに加え、「あるべき」労働法を大胆に提示。企業が人事管理において「労働者の納得を得るよう誠実に説明すべきである」という納得規範（行為規範）を軸とした「人事労働法」により、労働法を再設計したチャレンジングな書。　　　　　2900円

AI時代の働き方と法
―2035年の労働法を考える　　　　　　　大内伸哉　著

人工知能による労働革命の行き着く先は絶望か希望か。第4次産業革命により激変する雇用環境のなかで、私たちの働き方はどのように変わっていくのか。そして労働法はどう変わっていくべきか。また、政府はどのような政策をとるべきか。未来を見据えて大胆に論じる。　　　　　2000円

雇用社会の25の疑問〔第3版〕　　大内伸哉　著

あなたはこの知的挑発に応えられるか!? 雇用社会の疑問を懐疑の精神で再考し、読者に問いかける入門書。7年ぶりに全面リニューアルし「ジョブ型社会の到来」「ホワイトカラー・エグゼンプションの導入」「外国人労働者」等の新テーマを取り上げる。雇用ルールが変革する今、労使必読の教養書。3000円

ケースブック労働法〔第8版〕

【監修】菅野和夫
【編著】土田道夫・山川隆一・大内伸哉・野川忍・川田琢之

30講の主要テーマごとに、判例の根底にある考え方を探った上で法律上の問題点を抽出し、既存の法理の応用として新しい問題に対処できる能力を養成する法科大学院用テキスト。基礎的な問題から応用問題へと"Questions"が学習者の思考を導いてゆく。　　　　　4200円

*定価（税抜）は、2024年2月現在のものです。